谨以此书献给宿白先生

须弥山圆光寺

宿白 二〇一三年初夏

宁夏文物考古研究所丛刊之三十四

须弥山石窟考古报告

【壹】圆光寺区

上册

宁夏文物考古研究所
浙江大学文化遗产研究院　编著
须弥山石窟文物管理所

文物出版社

北京·2020

图书在版编目（ＣＩＰ）数据

须弥山石窟考古报告．壹，圆光寺区／宁夏文物考
古研究所，浙江大学文化遗产研究院，须弥山石窟文物管
理所编著．-- 北京：文物出版社，2020.9
　　ISBN 978-7-5010-6501-1

Ⅰ．①须… Ⅱ．①宁… ②浙… ③须… Ⅲ．①石窟-
考古发掘-发掘报告-固原 Ⅳ．① K879.295

中国版本图书馆 CIP 数据核字（2020）第 009576 号

审图号：GS（2021）1608 号

须弥山石窟考古报告【壹】圆光寺区

编　　著：宁夏文物考古研究所
　　　　　浙江大学文化遗产研究院
　　　　　须弥山石窟文物管理所
责任编辑：谷艳雪
责任印制：陈　杰
出版发行：文物出版社
社　　址：北京市东直门内北小街 2 号楼
邮　　编：100007
网　　址：http://www.wenwu.com
邮　　箱：web@wenwu.com
经　　销：新华书店
印　　刷：北京雅昌艺术印刷有限公司
开　　本：889×1194　1/8
印　　张：67
版　　次：2020 年 9 月第 1 版
印　　次：2020 年 9 月第 1 次印刷
书　　号：ISBN 978-7-5010-6501-1
定　　价：2680.00 元（全二册）

The Archaeological Report of the Xumishan Grottoes

I. Yuanguangsi Area

Volume 1

With Abstracts in English and Japanese

by

Ningxia Institute of Cultural Relics and Archaeology
Cultural Heritage Institute of Zhejiang University
Commission for the Preservation of the Xumishan Grottoes

Cultural Relics Press

Beijing · 2020

须弥山石窟考古（一期圆光寺区）团队

工作单位　宁夏文物考古研究所

　　　　　　浙江大学文化遗产研究院

　　　　　　固原市原州区须弥山文物管理所

总 顾 问　宿　白

统　　筹　罗　丰　曹锦炎

学术顾问　李裕群　杭　侃　朱岩石　陈悦新　魏正中

　　　　　　孟嗣徽　谢继胜

项目负责　李志荣　高　雷

考古记录　李志荣　高　雷　王　宇　柴平平　韩有成

数据采集　刁常宇　黄　硕　汪　斌　欧阳盼

测　　量　任泉桦　王静竹

图版拍摄　黄　硕　边东冬

线图清绘　张　瑞　高　雷　李庆华

线图校核　李裕群　韩有成　王　宇　柴平平

报告执笔　李志荣

英文翻译　丁晓雷

日文翻译　朱岩石

本项目为国家社科基金重大项目

本报告出版得到国家重点文物保护专项补助经费资助

凡　例

◎ 1.《须弥山石窟考古报告》是由宁夏文物考古研究所和浙江大学文化遗产研究院联合编写的多卷集考古报告，刊布 2012 年启动、分区段进行的须弥山石窟考古调查成果。须弥山圆光寺区为第一卷。

◎ 2.报告中各洞窟编号、分区，一仍 1982 年宁夏回族自治区文物管理委员会与中央美术学院调查时编定的编号、分区和之后加固整修保护工程期间新增附窟编号。

◎ 3.各卷报告以洞窟编号为序编次篇章。诸窟保存遗迹多寡悬殊，具体篇目据实际情况详略有异，不求划一。

◎ 4.遗迹叙述，按先窟外后窟内编次。

窟外遗迹中的窟檐建筑、排水设施、寺院等遗迹，根据实际情况，于相应洞窟遗迹项下叙述。

窟内遗迹叙述，按洞窟平面形制总述，然后分项展开。

中心柱窟，先叙述中心柱各壁，再叙述洞窟各壁；无中心柱窟，直接叙述洞窟各壁。叙述按顺时针方向，以前壁—右壁—后壁—左壁为次第。

各壁叙述，按从整体到局部、自下而上展开。壁面各龛，除前壁以右龛—左龛—中龛（窟门上小龛）为序外，其余壁面均以右龛—中龛—左龛次第描述。

前、后、左、右均以洞窟本身为准。

◎ 5.洞窟朝向一般为洞窟窟门的中轴线方向。各窟海拔高度测量点为洞窟窟门下槛中心。各窟间距，以各窟中轴线起计。

诸窟高程并窟外遗迹数据，以米为单位。窟内遗迹诸项以厘米为单位。

◎ 6.须弥山石窟群整体布局总图用带有 RTK 系统的 GPS 测量方法测量。崖壁立面图用 GPS 和全站仪结合的方法测量。

各洞窟采用浙江大学自主研发的多图像的三维重建技术进行数字测量，建立洞窟高保真模型，然后按石窟寺考古记录遗迹需要，输出正射影像图。以正射影像图为底图，人工清绘线图。

正射影像图，除具有一般测量意义外，还准确反映洞窟崖壁、造像、装銮、风化等传统测量线图难以表达的遗迹现象，在本系列报告中与线图一起发表。

目录

宿白先生与须弥山石窟调查   罗丰 李志荣 i

绪　章   1

 第一节　地理位置与环境   1

  一　石窟的地理形势与窟群遗迹的分布   1

  二　须弥山地区地质、水文、气象环境和石窟群保存现状 12

 第二节　须弥山石窟的著录、调查和加固整修保护回顾 14

  一　20 世纪 80 年代之前的著录和调查   15

  二　1982 年的调查   16

  三　1986 年至 1987 年的考古调查   20

  四　1983 年启动的须弥山石窟加固整修保护工程 21

 第三节　2012 年须弥山石窟考古工作   22

  一　须弥山石窟考古工作的再启动和浙江大学多图像文物三维建模技术的引入 22

  二　分区实施计划和启动区域的选定   23

  三　圆光寺区两次田野调查和室内资料整理 24

第一章　圆光寺区洞窟的分布   28

  一　圆光寺区山峰崖壁的形态   28

  二　洞窟的分布   29

第二章　第 40、40 窟附、41 窟   39

 第一节　第 40 窟   39

  一　位置及窟外遗迹   39

  二　平面形制和窟内遗迹   41

 第二节　第 40 窟附窟   44

  一　位置及窟外遗迹   44

  二　平面形制及窟内遗迹   44

 第三节　第 41 窟   49

  一　位置及窟外遗迹   49

  二　平面形制与窟内遗迹   52

第三章　第 42、43 窟　　　　　　　　　　　　　　　　55

　第一节　第 42 窟　　　　　　　　　　　　　　　　55
　　一　位置及窟外遗迹　　　　　　　　　　　　　55
　　二　平面形制与窟内遗迹　　　　　　　　　　　57
　第二节　第 43 窟　　　　　　　　　　　　　　　　58
　　一　位置及窟外遗迹　　　　　　　　　　　　　58
　　二　平面形制与窟内遗迹　　　　　　　　　　　60

第四章　第 44 窟　　　　　　　　　　　　　　　　　61

　第一节　位置及窟外遗迹　　　　　　　　　　　　61
　　一　位置　　　　　　　　　　　　　　　　　　61
　　二　窟外遗迹　　　　　　　　　　　　　　　　62
　第二节　平面形制与窟内遗迹　　　　　　　　　　67
　　一　平面形制　　　　　　　　　　　　　　　　67
　　二　四壁及顶部遗迹　　　　　　　　　　　　　67

第五章　第 45 窟及其附窟　　　　　　　　　　　　81

　第一节　第 45 窟位置及窟外遗迹　　　　　　　　81
　　一　位置　　　　　　　　　　　　　　　　　　81
　　二　窟外遗迹　　　　　　　　　　　　　　　　82
　第二节　第 45 窟平面形制与窟内遗迹　　　　　　90
　　一　平面形制及保存状况　　　　　　　　　　　90
　　二　中心柱　　　　　　　　　　　　　　　　　100
　　三　洞窟前壁　　　　　　　　　　　　　　　　138
　　四　洞窟右壁　　　　　　　　　　　　　　　　155
　　五　洞窟后壁　　　　　　　　　　　　　　　　174
　　六　洞窟左壁　　　　　　　　　　　　　　　　188
　　七　窟顶　　　　　　　　　　　　　　　　　　206
　第三节　第 45 窟附窟　　　　　　　　　　　　　209
　　一　位置及窟外遗迹　　　　　　　　　　　　　209
　　二　平面及窟内遗迹　　　　　　　　　　　　　210

第六章　第 46 窟　　　　　　　　　　　　　　　　219

　第一节　位置及窟外遗迹　　　　　　　　　　　　219
　　一　位置　　　　　　　　　　　　　　　　　　219
　　二　窟外遗迹　　　　　　　　　　　　　　　　220

第二节　第 46 窟窟内遗迹 222

　　一　洞窟平面形制及保存状况 222

　　二　中心柱 231

　　三　洞窟前壁 266

　　四　洞窟右壁 281

　　五　洞窟后壁 299

　　六　洞窟左壁 311

　　七　窟顶 324

第七章　第 47、47 窟附、48、49 窟 329

　第一节　第 47、47 附窟 329

　　一　第 47 窟 329

　　二　第 47 窟附窟 338

　第二节　第 48 窟 338

　　一　位置 338

　　二　窟外遗迹 338

　　三　平面形制及遗迹保存概况 339

　　四　中心柱 348

　　五　洞窟四壁 368

　　六　窟顶 393

　第三节　第 49 窟 394

　　一　位置 394

　　二　窟外遗迹 394

　　三　平面形制及窟内遗迹 397

第八章　第 50 窟 400

　第一节　位置及窟外遗迹 400

　　一　位置 400

　　二　窟外遗迹 400

　第二节　平面及窟内遗迹 405

　　一　洞窟形制现状 405

　　二　洞窟四壁 407

　　三　窟顶 409

　　四　洞窟壁画内容 409

第九章　圆光寺区现存两通明碑 420

　　一　"敕赐圆光"碑 420

二　"敕命之宝"碑　　　　　　　　　　　　　　427

第十章　结　语　　　　　　　　　　　　　434

　　一　圆光寺区诸窟开凿位置、形制、性质和组合　　　434

　　二　圆光寺诸窟的开凿工程遗迹·窟外遗迹　　　438

　　三　圆光寺诸窟的开凿工程遗迹·窟内遗迹　　　439

　　四　与圆光寺区诸窟相关的寺院营建遗迹　　　440

　　五　圆光寺区诸窟的重装遗迹　　　441

附　录　　　　　　　　　　　　　　　　445

　　附录一　须弥山石窟考古勘测与加固维修大事记（1959～1999）　　　446

　　附录二　宁夏固原须弥山圆光寺及相关番僧考　　　451

　　附录三　须弥山石窟大事记表　　　472

后　记　　　　　　　　　　　　　　　　479

英文提要　　　　　　　　　　　　　　　481

日文提要　　　　　　　　　　　　　　　482

表格目录

表 0-1　1962 年编号与 1982 年编号对照表　16

附表 1-1　圆光寺区诸窟位置、朝向、海拔及在山峰分布位置信息一览表　38

表 5-1　第 45 窟龛像信息总览表　99

表 5-2　第 45 窟中心柱基座四壁浮雕信息一览表　110

附表 5-1　第 45 窟佛、菩萨现状量度尺寸一览表　216

附表 5-2　第 45 窟各帐龛左右流苏详部列表　217

表 6-1　第 46 窟龛像信息总览表　230

表 6-2　第 46 窟中心柱基座四壁浮雕信息一览表　233

附表 6-1　第 46 窟佛、菩萨现状量度尺寸一览表　327

附表 6-2　第 46 窟各帐龛左右流苏详部列表　328

表 7-1　第 48 窟龛、像、壁画信息总览表　340

附表 7-1　第 48 窟龛像、壁画佛、菩萨现状量度尺寸一览表　399

表 8-1　第 50 窟左右壁壁画（灵官故事）遗迹表　410

表 10-1　圆光寺区洞窟的开凿与性质一览表　435

插图目录

1/　图 0-1　须弥山石窟的地理位置

3/　图 0-2　中国石窟寺分布图

4/　图 0-3　晨曦中的须弥山及其南端峡口

4/　图 0-4　初冬的须弥山

5/　图 0-5　第 1 窟与原潘堡—西吉公路

6/　图 0-6　从公路北望石门水

6/　图 0-7　原潘堡—西吉公路、第 1 窟、第 5 窟、石门水（寺口子河）及石窟群的整体形势

7/　图 0-8　须弥山诸峰

7/　图 0-9　第 5 窟大佛

8/　图 0-10　位于桃花沟深处的桃花洞区

9/　图 0-11　黑石沟山势

9/　图 0-12　从寺口子河对岸远眺石窟群全景

12/　图 0-13　须弥山植被现状

13/　图 0-14　整修工程前的相国寺第 51 窟现状

13/　图 0-15　第 48 窟后壁渗水情况

14/　图 0-16　第 45 窟前壁风化状况

14/　图 0-17　第 45 窟后壁风化状况

15/　图 0-18　第 48 窟（1959 年 7 月调查时编号为第七窟）中心柱前壁龛内造像

15/　图 0-19　第 46 窟（1959 年 7 月调查时编号为第五窟）右壁右龛造像

15/　图 0-20　第 1 窟壁面 1962 年白底墨书编号题记

16/　图 0-21　第 72 窟（当时编号为第 14 窟）左壁现存粉笔题记

18/　图 0-22　建立在 1982 年第 51 窟测图基础上的修缮工程示意图

18/　图 0-23　《须弥山石窟》书影

19/　图 0-24　第 46 窟前壁左龛右胁侍菩萨今昔对比

19/　图 0-25　第 46 窟右壁左龛右胁侍菩萨泥装剥落情况对照

19/　图 0-26　《图录》刊布修复前第 51 窟图版

20/　图 0-27　《图录》桃花洞整修前图版书影

20/　图 0-28　北京大学考古实习调查工作照

21/　图 0-29　《须弥山石窟内容总录》书影

22/　图 0-30　须弥山子孙宫区、圆光寺区现状

25/　图 0-31　1986 年李裕群绘圆光寺主峰正壁中心诸窟在崖壁的布局和窟外遗迹草图（右）和本次测绘的崖壁立面图（左）比较

26/　图 0-32　洞窟三维模型正射影像图输出示意图

27/　图 0-33　洞窟三维模型正射影像图输出示意图

28/　图 1-1　圆光寺区与子孙宫区、相国寺区位置关系

29/　图 1-2　圆光寺区山峰崖壁、台地和复建的圆光寺建筑群

29/　图 1-3　从子孙宫区山峰北坡东北俯瞰圆光寺及寺院山门外台阶

32/　图 1-4　圆光寺区洞窟在山峰各处分布鸟瞰

33/　图 1-5　第 40、41 窟在崖壁位置及与圆光寺关系

33/　图 1-6　第 42、43 窟在崖壁位置及与主峰正壁诸窟的关系

35/　图 1-7　主峰正壁第一层洞窟第 47、47 窟附、48 窟及窟前大殿一层内景

36/　图 1-8　洞窟及窟前大殿二层近景

36/　图 1-9　圆光寺区主峰正壁第三层洞窟第 44 窟

37/　图 1-10　从桃花沟相国寺区一侧西望第 50 窟

37/　图 1-11　第 40 窟附窟

39/　图 2-1　第 40 窟在圆光寺山峰西南坡位置

40/　图 2-2　第 40 窟窟外

40/　图 2-3　第 40 窟窟外立面正射影像图

41/　图 2-3A　第 40 窟窟外立面线图

42/　图 2-4　第 40 窟平面正射影像图

42/　图 2-4A　第 40 窟平面线图

42/　图 2-5　第 40 窟前后剖右视正射影像图

42/　图 2-5A　第 40 窟前后剖右视线图

42/　图 2-6　第 40 窟窟内遗迹

43/　图 2-7　第 40 窟窟内遗迹

43/　图 2-8　第 40 窟窟内遗迹

43/　图 2-9　第 40 窟窟内后部的小台

44/　图 2-10　第 40 窟附窟所在山峰形势

45/　图 2-11　第 40 窟附窟窟口遗迹

45/　图 2-12　第 40 窟附窟窟内遗迹

46/ 图 2-13 第 40 窟附窟窟内遗迹

46/ 图 2-14 第 40 窟附窟窟内遗迹

47/ 图 2-15 第 40 窟附窟外立面正射影像图

47/ 图 2-15A 第 40 窟附窟外立面线图

48/ 图 2-16 第 40 窟附窟平面正射影像图

48/ 图 2-16A 第 40 窟附窟平面线图

48/ 图 2-17 第 40 窟附窟前后剖右视正射影像图

48/ 图 2-17A 第 40 窟附窟前后剖右视线图

48/ 图 2-18 第 40 窟附窟前后剖左视正射影像图

48/ 图 2-18A 第 40 窟附窟前后剖左视线图

49/ 图 2-19 第 41 窟窟外遗迹

49/ 图 2-20 第 41 窟在崖壁的位置

50/ 图 2-21 第 41 窟窟外立面正射影像图

50/ 图 2-21A 第 41 窟窟外立面线图

51/ 图 2-22 第 41 窟窟门外左右造像残迹

51/ 图 2-23 第 41 窟窟外石阶残段

52/ 图 2-24 第 41 窟平面正射影像图

52/ 图 2-24A 第 41 窟平面线图

52/ 图 2-25 第 41 窟前后剖右视正射影像图

52/ 图 2-25A 第 41 窟前后剖右视线图

53/ 图 2-26 第 41 窟窟内遗迹

53/ 图 2-27 第 41 窟窟内遗迹

53/ 图 2-28 第 41 窟左壁中部大裂隙

54/ 图 2-29 第 41 窟窟内右前角残存立柱痕迹和窟顶横枋

55/ 图 3-1 第 42、43 并 44 窟在崖壁的位置

56/ 图 3-2 第 42 窟窟外

56/ 图 3-3 第 42 窟窟门与窟外脚窝

57/ 图 3-4 第 42 窟窟门外右侧山坡蹬道遗迹

57/ 图 3-5A 第 42 窟平面线图

58/ 图 3-6 第 43 窟窟外遗迹

59/ 图 3-7 第 43 窟窟外现状

59/ 图 3-8 2014 年 10 月清理的第 43 窟窟外蹬道遗迹

59/ 图 3-9 蹬道细部及蹬道作为栏杆遗迹的圆形凹孔洞

60/ 图 3-10A 第 43 窟平面线图

61/ 图 4-1 第 44 窟在圆光寺区主峰正壁的位置

62/ 图 4-2 从窟前大殿排水天沟看 44 窟

62/ 图 4-3 第 44 窟窟外

63/ 图 4-4 与登临第 44 窟相关的窟外遗迹

63/ 图 4-5 与登临第 44 窟相关的窟外遗迹

63/ 图 4-6 与登临第 44 窟相关的窟外遗迹

63/ 图 4-7 与登临第 44 窟相关的窟外遗迹

64/ 图 4-8 第 44 窟外立面正射影像图

65/ 图 4-8A 第 44 窟窟外立面线图

66/ 图 4-9 第 44 窟窟檐椽孔遗迹

67/ 图 4-10 第 44 窟窟口上部覆盖正壁中心所有洞窟范围的人字形排水沟槽

68/ 图 4-11 第 44 窟洞窟平面正射影像图

68/ 图 4-11A 第 44 窟洞窟平面线图

68/ 图 4-12 第 44 窟前后剖右视正射影像图

68/ 图 4-12A 第 44 窟前后剖右视线图

69/ 图 4-13 第 44 窟前后剖左视正射影像图

69/ 图 4-13A 第 44 窟前后剖左视线图

69/ 图 4-14 第 44 窟左右剖后视正射影像图

69/ 图 4-14A 第 44 窟左右剖后视线图

70/ 图 4-15 第 44 窟凹字形地面遗迹

70/ 图 4-16 第 44 窟门口通向第 45 窟的残洞

70/ 图 4-17 第 44 窟洞窟窟壁面、窟顶壁画遗存状况

70/ 图 4-18 第 44 窟右壁遗存正视

71/ 图 4-19 第 44 窟右壁遗存壁画总体

72/ 图 4-20 第 44 窟右壁下层壁画残迹细部

73/ 图 4-21 第 44 窟后壁

73/ 图 4-22 第 44 窟后壁右侧壁画

74/ 图 4-23 第 44 窟后壁右侧壁画细部一·鹤

74/ 图 4-24 第 44 窟后壁右侧壁画细部二·抚琴者

74/ 图 4-25 第 44 窟后壁右侧壁画细部三·持莲者

75/ 图 4-26 第 44 窟后壁右侧壁画细部四·留发童子

75/ 图 4-27 第 44 窟后壁右侧壁画细部五·趺坐田相袈裟者

76/ 图 4-28 第 44 窟后壁右侧下层壁画残迹一·佩戴足钏者

76/ 图 4-29 第 44 窟后壁右侧下层壁画残迹二·做说法状者

77/ 图 4-30 第 44 窟后壁左侧壁画

78/ 图 4-31 第 44 窟洞窟后壁左侧壁画细部·花盆牡丹

78/ 图 4-32 第 44 窟窟顶及顶面壁画遗迹状况

79/ 图 4-33 第 44 窟窟顶平面正射影像图

79/ 图 4-33A 第 44 窟窟顶平面线图

80/ 图 4-34 第 44 窟窟顶壁画遗存总体

81/　图 5-1　第 45、45 窟附、46 窟在圆光寺区主峰正壁的位置

82/　图 5-2　第 45 窟窟门及窟口遗迹

82/　图 5-3　第 45、46 窟窟外建筑遗迹

82/　图 5-4　第 45、46 窟窟外遗迹正射影像图

83/　图 5-5　第 45 窟窟口遗迹

83/　图 5-6　第 45 窟窟门遗迹

84/　图 5-7　第 45 窟窟门右上方龛像

84/　图 5-7-1　第 45 窟窟门右上方龛像

85/　图 5-8　第 45 窟窟门题记位置正射影像图

85/　图 5-9　第 45 窟门洞右壁题记遗迹

86/　图 5-10　第 45 窟窟门右壁第 1 则题记细部

86/　图 5-11　第 45 窟窟门右壁第 2 则题记细部

86/　图 5-12　第 45 窟窟门右壁第 3 则题记细部

87/　图 5-13　第 45 窟窟门右壁第 4 则题记细部

87/　图 5-14　第 45 窟窟门右壁第 5 则题记细部

87/　图 5-15　第 45 窟窟门右壁第 6 则题记细部

88/　图 5-16　第 45 窟窟门右壁第 7 则题记细部

88/　图 5-17　第 45 窟窟门右壁第 8 则题记细部

88/　图 5-18　第 45 窟窟门右壁第 9 则题记细部

88/　图 5-19　第 45 窟窟门右壁第 10 则题记细部

90/　图 5-20　第 45、46 窟窟外遗迹的阶梯形凿痕

91/　图 5-21　第 45 窟平面正射影像图

91/　图 5-21A　第 45 窟平面线图

92/　图 5-22　第 45 窟窟顶平面正射影像图

92/　图 5-22A　第 45 窟窟顶平面线图

93/　图 5-23　第 45 窟左右剖前视正射影像图

93/　图 5-24　第 45 窟左右剖后视正射影像图

93/　图 5-25　第 45 窟前后剖右视正射影像图

93/　图 5-26　第 45 窟前后剖左视正射影像图

94/　图 5-23A　第 45 窟左右剖前视线图

94/　图 5-24A　第 45 窟左右剖后视线图

94/　图 5-25A　第 45 窟前后剖右视线图

94/　图 5-26A　第 45 窟前后剖左视线图

95/　图 5-27　第 45 窟窟内全景

95/　图 5-28　第 45 窟窟内全景

96/　图 5-29　第 45 窟窟内全景

96/　图 5-30　第 45 窟窟内全景

97/　图 5-31　第 45 窟洞窟前壁残损情况

97/　图 5-32　第 45 窟洞窟右壁残损情况

98/　图 5-33　第 45 窟洞窟后壁残损情况

98/　图 5-34　第 45 窟洞窟左壁残损情况

101/　图 5-35　第 45 窟中心柱平面正射影像图

101/　图 5-35A　第 45 窟中心柱平面线图

102/　图 5-36　第 45 窟中心柱前壁正射影像图

102/　图 5-36-1　第 45 窟中心柱基座前壁伎乐

103/　图 5-37　第 45 窟中心柱右壁正射影像图

103/　图 5-37-1　第 45 窟中心柱基座右壁伎乐

104/　图 5-38　第 45 窟中心柱后壁正射影像图

104/　图 5-38-1　第 45 窟中心柱基座后壁伎乐

105/　图 5-39　第 45 窟中心柱左壁正射影像图

105/　图 5-39-1　第 45 窟中心柱基座左壁伎乐

106/　图 5-36A　第 45 窟中心柱前壁线图

106/　图 5-36A-1　第 45 窟中心柱基座前壁线图

107/　图 5-37A　第 45 窟中心柱右壁线图

107/　图 5-37A-1　第 45 窟中心柱基座右壁线图

108/　图 5-38A　第 45 窟中心柱后壁线图

108/　图 5-38A-1　第 45 窟中心柱基座后壁线图

109/　图 5-39A　第 45 窟中心柱左壁线图

109/　图 5-39A-1　第 45 窟中心柱基座左壁线图

110/　图 5-40　第 45 窟中心柱后壁基台、基座和柱身收进关系

112/　图 5-41　第 45 窟中心柱前壁右侧倚柱头

112/　图 5-42　第 45 窟中心柱前壁左侧倚柱头

113/　图 5-43　第 45 窟中心柱前壁龛背右上角凿通孔洞

113/　图 5-44　第 45 窟中心柱前壁龛帐饰正射影像图

113/　图 5-44A　第 45 窟中心柱前壁龛帐饰线图

114/　图 5-45a　第 45 窟中心柱前壁龛帐饰右侧

114/　图 5-45b　第 45 窟中心柱前壁龛帐饰中部

114/　图 5-45c　第 45 窟中心柱前壁龛帐饰左侧

114/　图 5-46　第 45 窟中心柱前壁龛左流苏龙首

114/　图 5-47　第 45 窟中心柱前壁龛左流苏龙首

114/　图 5-48　第 45 窟中心柱前壁龛右流苏

114/　图 5-49　第 45 窟中心柱前

壁龛左流苏

115/ 图 5-50A 第 45 窟中心柱前壁龛右流苏线图

115/ 图 5-51A 第 45 窟中心柱前壁龛左流苏线图

115/ 图 5-52 第 45 窟中心柱前壁龛右流苏雕凿细部

115/ 图 5-53 第 45 窟中心柱前壁龛左流苏雕凿细部

116/ 图 5-54 第 45 窟中心柱前壁龛主尊佛

116/ 图 5-55 第 45 窟中心柱前壁龛主尊佛面部装銮细部

116/ 图 5-56 第 45 窟中心柱前壁龛主尊佛面部贴金细部

117/ 图 5-57 第 45 窟中心柱前壁龛石刻佛衣衣缘彩绘局部

117/ 图 5-58 第 45 窟中心柱前壁龛右胁侍菩萨正射影像图

117/ 图 5-59 第 45 窟中心柱前壁龛右胁侍菩萨全貌

117/ 图 5-60 第 45 窟中心柱前壁龛右胁侍菩萨下部衣裙、装饰、持物及足下座细部

118/ 图 5-61 第 45 窟中心柱前壁龛左胁侍菩萨正射影像图

118/ 图 5-62 第 45 窟中心柱前壁龛左胁侍菩萨全貌

118/ 图 5-63 第 45 窟中心柱前壁龛左胁侍菩萨首、面、冠细部

118/ 图 5-64 第 45 窟中心柱前壁龛左胁侍菩萨下身衣裙及足下座并彩装细部

119/ 图 5-65 第 45 窟中心柱前壁龛背和龛顶装銮遗迹细部

119/ 图 5-66 第 45 窟中心柱前壁右倚柱装饰、题记

119/ 图 5-67 第 45 窟中心柱前壁龛左倚柱装饰、题记

120/ 图 5-68 第 45 窟中心柱前壁左倚柱题记

120/ 图 5-69 第 45 窟中心柱前壁右倚柱题记

120/ 图 5-70 第 45 窟中心柱右壁龛左胁侍菩萨头顶上部与相邻龛凿通情况

121/ 图 5-71a 第 45 窟中心柱右壁龛帐饰右侧

121/ 图 5-71b 第 45 窟中心柱右壁龛帐饰中部

121/ 图 5-71c 第 45 窟中心柱右壁龛帐饰左侧

121/ 图 5-72 第 45 窟中心柱右壁龛帐饰正射影像图

121/ 图 5-72A 第 45 窟中心柱右壁龛帐饰线图

121/ 图 5-73 第 45 窟中心柱右壁龛右流苏象首

122/ 图 5-74 第 45 窟中心柱右壁龛左流苏象首

122/ 图 5-75 第 45 窟中心柱右壁龛右流苏

122/ 图 5-76 第 45 窟中心柱右壁龛左流苏

122/ 图 5-77A 第 45 窟中心柱右壁龛右流苏线图

122/ 图 5-78A 第 45 窟中心柱右壁龛左流苏线图

123/ 图 5-79 第 45 窟中心柱右壁龛内造像基本情况

124/ 图 5-80 第 45 窟中心柱右壁龛右胁侍菩萨正射影像图

124/ 图 5-81 第 45 窟中心柱右壁龛右胁侍菩萨全貌

124/ 图 5-82 第 45 窟中心柱右壁龛右胁侍菩萨头冠细部

124/ 图 5-83 第 45 窟中心柱右壁龛右胁侍菩萨衣饰细部

125/ 图 5-84 第 45 窟中心柱右壁龛左胁侍菩萨正射影像图

125/ 图 5-85 第 45 窟中心柱右壁龛左胁侍菩萨全貌

125/ 图 5-86 第 45 窟中心柱右壁龛左胁侍菩萨头、冠细部

125/ 图 5-87 第 45 窟中心柱右壁龛左胁侍菩萨裙腰·泥装与原石刻关系

126/ 图 5-88 第 45 窟中心柱右壁龛内整体装绘情况

126/ 图 5-89 第 45 窟中心柱右壁龛右胁侍菩萨头光

126/ 图 5-90 第 45 窟中心柱右壁龛左胁侍菩萨头光

126/ 图 5-91 第 45 窟中心柱右壁龛龛背祥云细部

127/ 图 5-92 第 45 窟中心柱右壁龛龛外题记

127/ 图 5-93 第 45 窟中心柱后壁龛右胁侍菩萨头顶上相邻龛凿通情况

127/ 图 5-94 第 45 窟中心柱后壁龛帐饰正射影像图

127/ 图 5-94A 第 45 窟中心柱后壁龛帐饰线图

128/ 图 5-95a 第 45 窟中心柱后壁龛帐饰右侧

128/ 图 5-95b 第 45 窟中心柱后壁龛帐饰中部

128/ 图 5-95c 第 45 窟中心柱后壁龛帐饰左侧

128/ 图 5-96 第 45 窟中心柱后壁龛右流苏龙首细部

128/ 图 5-97 第 45 窟中心柱后壁龛左流苏龙首细部

128/ 图 5-98A 第 45 窟中心柱后壁龛右流苏线图

128/ 图 5-99A 第 45 窟中心柱后壁龛左流苏线图

128/ 图 5-100 第 45 窟中心柱后壁龛右流苏下部

128/ 图 5-101 第 45 窟中心柱后壁龛左流苏下部

129/ 图 5-102 第 45 窟中心柱后壁龛内三尊像整体状况

129/ 图 5-103 第 45 窟中心柱后壁龛主尊佛头细部

130/ 图 5-104 第 45 窟中心柱后壁龛右胁侍菩萨正射影像图

130/ 图 5-105 第 45 窟中心柱后壁龛右胁侍菩萨遗存整体情况

130/ 图 5-106 第 45 窟中心柱后壁龛右胁侍菩萨头冠细部

130/ 图 5-107 第 45 窟中心柱后壁龛右胁侍菩萨衣饰细部

131/ 图 5-108 第 45 窟中心柱后壁龛左胁侍菩萨正射影像

131/ 图 5-109 第 45 窟中心柱后壁龛左胁侍菩萨遗存整体情况

131/ 图 5-110 第 45 窟中心柱后壁龛左胁侍菩萨头、冠细部

131/ 图 5-111 第 45 窟中心柱后壁龛左胁侍菩萨衣饰细部

132/ 图 5-112 第 45 窟中心柱后壁龛内整体装銮情况

132/ 图 5-113 第 45 窟中心柱左壁龛左胁侍菩萨顶部可见其与相邻龛凿通情况

133/ 图 5-114a 第 45 窟中心柱左壁龛帐饰右侧

133/ 图 5-114b 第 45 窟中心柱左壁龛帐饰中部

133/ 图 5-114c 第 45 窟中心柱左壁龛帐饰左侧

133/ 图 5-115 第 45 窟中心柱左壁龛帐饰正射影像图

133/ 图 5-115A 第 45 窟中心柱左壁龛帐饰线图

133/ 图 5-116 第 45 窟中心柱左壁龛右流苏

133/ 图 5-117 第 45 窟中心柱左壁龛左流苏

133/ 图 5-118A 第 45 窟中心柱左壁龛右流苏线图

133/ 图 5-119A 第 45 窟中心柱左壁龛左流苏线图

134/ 图 5-120 第 45 窟中心柱左壁龛内三尊像整体状况

135/ 图 5-121 第 45 窟中心柱左壁龛主尊佛像

135/ 图 5-122 第 45 窟中心柱左壁龛主尊佛衣

135/ 图 5-123 第 45 窟中心柱左壁龛主尊佛头细部

136/ 图 5-124 第 45 窟中心柱左壁龛右胁侍菩萨正射影像图

136/ 图 5-125 第 45 窟中心柱左壁龛右胁侍菩萨遗存整体情况

136/ 图 5-126 第 45 窟中心柱左壁龛右胁侍菩萨头、冠细部

136/ 图 5-127 第 45 窟中心柱左壁龛右胁侍菩萨璎珞泥装与原石刻

137/ 图 5-128 第 45 窟中心柱左壁龛左胁侍菩萨正射影像图

137/ 图 5-129 第 45 窟中心柱左壁龛左胁侍菩萨遗存整体情况

137/ 图 5-130 第 45 窟中心柱左壁龛左胁侍菩萨头冠细部

137/ 图 5-131 第 45 窟中心柱左壁龛左胁侍菩萨石刻冠式细部

137/ 图 5-132 第 45 窟中心柱左壁龛左胁侍菩萨衣饰细部

137/ 图 5-133 第 45 窟中心柱左壁龛左胁侍菩萨腕钏细部

138/ 图 5-134 第 45 窟中心柱左壁龛内整体装銮情况

139/ 图 5-135 第 45 窟洞窟前壁正射影像图

140/ 图 5-135A 第 45 窟洞窟前壁线图

141/ 图 5-136 第 45 窟洞窟前壁右龛遗存整体情况

142/ 图 5-137 第 45 窟洞窟前壁右壁面供养人（右）

142/ 图 5-138A 第 45 窟洞窟前壁龛右流苏线图

142/ 图 5-139A 第 45 窟洞窟前壁右龛左流苏线图

142/ 图 5-140 第 45 窟洞窟前壁右龛左流苏雕凿细部

143/ 图 5-141 第 45 窟前壁右龛主尊佛头正面

143/ 图 5-142 第 45 窟前壁右龛主尊佛头左侧细部

143/ 图 5-143 第 45 窟洞窟前壁右龛主尊佛衣、覆座遗迹细部

144/ 图 5-144 第 45 窟洞窟前壁右龛右胁侍菩萨正射影像图

144/ 图 5-145 第 45 窟洞窟前壁右龛右胁侍菩萨遗存情况

144/ 图 5-146 第 45 窟洞窟前壁右龛右胁侍菩萨右手臂细部·泥装与原石作关系

145/ 图 5-147 第 45 窟洞窟前壁右龛左胁侍菩萨正射影像图

145/ 图 5-148 第 45 窟洞窟前壁右龛左胁侍菩萨遗存整体情况

145/ 图 5-149 第 45 窟洞窟前壁右龛左胁侍菩萨衣饰细部

146/ 图 5-150 第 45 窟洞窟前壁左龛遗存整体情况

147/ 图 5-151A 第 45 窟洞窟前壁左侧壁伎乐、供养人残迹线图

147/ 图 5-152 第 45 窟洞窟前壁左侧壁香炉、伎乐供养人残迹

147/ 图 5-153 第 45 窟洞窟前壁左侧壁居中香炉及左右伎乐细部

147/ 图 5-154 第 45 窟洞窟前壁左侧壁供养人持莲胡跪细部

147/ 图 5-155 第 45 窟洞窟前壁左龛帐饰正射影像图

147/ 图 5-155A 第 45 窟洞窟前壁左龛帐饰线图

148/ 图 5-156 第 45 窟洞窟前壁左龛帐饰及龛口

148/ 图 5-157 第 45 窟洞窟前壁左龛口帐饰细部

148/ 图 5-158 第 45 窟洞窟前壁左龛鸟首衔组绶细部

148/ 图 5-159A 第 45 窟洞窟前壁左龛右流苏线图

148/ 图 5-160A 第 45 窟洞窟前壁左龛左流苏线图

149/ 图 5-161 第 45 窟洞窟前壁左龛左流苏尾端花结细部

149/ 图 5-162 第 45 窟洞窟前壁左龛左流苏上的墨书题记

149/　图 5-163　第 45 窟洞窟前壁左龛内造像遗存整体情况

150/　图 5-164　第 45 窟洞窟前壁左龛主尊佛头正面

150/　图 5-165　第 45 窟洞窟前壁左龛主尊佛头左侧面

150/　图 5-166　第 45 窟洞窟前壁左龛佛座下墨书题记

150/　图 5-167　第 45 窟洞窟前壁左龛佛座下墨书题记细部

151/　图 5-168　第 45 窟洞窟前壁左龛右胁侍菩萨正射影像图

151/　图 5-169　第 45 窟洞窟前壁左龛右胁侍菩萨遗存整体情况

151/　图 5-170　第 45 窟洞窟前壁左龛右胁侍菩萨头、冠正面

151/　图 5-171　第 45 窟洞窟前壁左龛右胁侍菩萨头冠右侧细部

151/　图 5-172　第 45 窟洞窟前壁左龛右胁侍菩萨衣饰细部

152/　图 5-173　第 45 窟洞窟前壁左龛左胁侍菩萨正射影像图

152/　图 5-174　第 45 窟洞窟前壁左龛左胁侍菩萨整体保存情况

152/　图 5-175　第 45 窟洞窟前壁左龛左胁侍菩萨衣饰细部

153/　图 5-176　第 45 窟洞窟前壁左龛内整体装绘情况

154/　图 5-177　第 45 窟洞窟前壁窟门之上小龛整体遗存

156/　图 5-178　第 45 窟洞窟右壁正射影像图

157/　图 5-178A　第 45 窟洞窟右壁线图

158/　图 5-179　第 45 窟洞窟右壁通龛供养人遗存情况·第一组

158/　图 5-180　第 45 窟洞窟右壁通龛供养人遗存情况·第二组

158/　图 5-181　第 45 窟洞窟右壁通龛供养人细部

159/　图 5-182　第 45 窟洞窟右壁

右龛帐饰正射影像图

159/　图 5-182A　第 45 窟洞窟右壁右龛帐饰线图

159/　图 5-183　第 45 窟洞窟右壁右龛帐饰右侧衔流苏鸟首细部

159/　图 5-184　第 45 窟洞窟右壁右龛帐饰

159/　图 5-185　第 45 窟洞窟右壁右龛帐饰左侧衔流苏鸟首细部

159/　图 5-186　第 45 窟洞窟右壁右龛帐饰右侧坐佛

160/　图 5-187A　第 45 窟洞窟右壁右龛右流苏线图

160/　图 5-188A　第 45 窟洞窟右壁右龛左流苏线图

161/　图 5-189　第 45 窟洞窟右壁右龛遗存整体情况

161/　图 5-190　第 45 窟洞窟右壁右龛右侧带茎莲座下小狮子

161/　图 5-191　第 45 窟洞窟右壁右龛左侧带茎莲座下小狮子

162/　图 5-192　第 45 窟洞窟右壁右龛主尊菩萨

162/　图 5-193　第 45 窟洞窟右壁右龛主尊菩萨头冠、衣饰

162/　图 5-194　第 45 窟洞窟右壁右龛主尊菩萨衣饰遗存

162/　图 5-195　第 45 窟洞窟右壁右龛主尊菩萨衣饰遗存

163/　图 5-196　第 45 窟洞窟右壁右龛右胁侍菩萨正射影像图

163/　图 5-197　第 45 窟洞窟右壁右龛右胁侍菩萨遗存整体情况

163/　图 5-198　第 45 窟洞窟右壁右龛右胁侍菩萨头、冠

163/　图 5-199　第 45 窟洞窟右壁右龛右胁侍菩萨衣饰·泥装与原石刻关系

163/　图 5-200　第 45 窟洞窟右壁右龛右胁侍菩萨衣饰之泥装璎珞珠花

164/　图 5-201　第 45 窟洞窟右壁右龛左胁侍菩萨正射影像图

164/　图 5-202　第 45 窟洞窟右壁右龛左胁侍菩萨遗存整体情况

164/　图 5-203　第 45 窟洞窟右壁右龛左胁侍菩萨头、冠残迹

164/　图 5-204　第 45 窟洞窟右壁右龛左胁侍菩萨下身衣饰·泥装与原石刻关系

164/　图 5-205　第 45 窟洞窟右壁右龛左胁侍菩萨璎珞·泥装与原石刻关系

165/　图 5-206　第 45 窟洞窟右壁右龛内整体装绘遗存情况

165/　图 5-207　第 45 窟洞窟右壁右龛龛内整体装绘细部·右胁侍菩萨头光

166/　图 5-208　第 45 窟洞窟右壁中龛正射影像图

166/　图 5-209　第 45 窟洞窟右壁中龛遗存状况

166/　图 5-210　第 45 窟洞窟右壁中龛帐饰

166/　图 5-211　第 45 窟洞窟右壁中龛与右龛帐饰流苏

167/　图 5-212　第 45 窟洞窟右壁中龛内造像保存情况

167/　图 5-213　第 45 窟洞窟右壁中龛内通龛宝装莲座

167/　图 5-214　第 45 窟洞窟右壁中龛立佛佛头

167/　图 5-215　第 45 窟洞窟右壁中龛立佛头细部

168/　图 5-216　第 45 窟洞窟右壁中龛佛衣遗存状况

168/　图 5-217　第 45 窟洞窟右壁中龛立佛右臂处残存栈木

169/　图 5-218　第 45 窟洞窟右壁中龛右胁侍菩萨正射影像图

169/　图 5-219　第 45 窟洞窟右壁中龛右胁侍菩萨遗存整体情况

169/　图 5-220　第 45 窟洞窟右壁中龛右胁侍菩萨头冠

169/　图 5-221　第 45 窟洞窟右壁

中龛右胁侍菩萨提挽披帛之右手

169/ 图 5-222 第 45 窟洞窟右壁中龛右胁侍菩萨项饰及璎珞泥装

169/ 图 5-223 第 45 窟洞窟右壁中龛右胁侍菩萨雕刻精美的披帛和璎珞细部

169/ 图 5-224 第 45 窟洞窟右壁中龛右胁侍菩萨左臂残处戗木桩孔并泥装璎珞细部

170/ 图 5-225 第 45 窟洞窟右壁中龛左胁侍菩萨正射影像图

170/ 图 5-226 第 45 窟洞窟右壁中龛左胁侍菩萨遗存整体情况

170/ 图 5-227 第 45 窟洞窟右壁中龛左胁侍菩萨头冠残迹

170/ 图 5-228 第 45 窟洞窟右壁中龛左胁侍菩萨衣饰残迹

170/ 图 5-229 第 45 窟洞窟右壁中龛左胁侍菩萨衣饰残迹

171/ 图 5-230 第 45 窟洞窟右壁中龛内整体装绘情况

171/ 图 5-231 第 45 窟洞窟右壁中龛右胁侍菩萨头光细部

171/ 图 5-232 第 45 窟洞窟右壁左龛遗存整体情况

171/ 图 5-233 第 45 窟洞窟右壁左龛帐饰上部彩饰残迹

171/ 图 5-234A 第 45 窟洞窟右壁右龛右流苏线图

172/ 图 5-235 第 45 窟洞窟右壁左龛右流苏上桃形灯龛及表面装銮

172/ 图 5-236 第 45 窟洞窟右壁左龛三像遗存情况

172/ 图 5-237 第 45 窟洞窟右壁左龛主尊佛头泥装与原残石刻佛头

172/ 图 5-238 第 45 窟洞窟右壁左龛主尊左足泥装残迹

173/ 图 5-239 第 45 窟洞窟右壁左龛右胁侍菩萨正射影像图

173/ 图 5-240 第 45 窟洞窟右壁左龛右胁侍菩萨遗存整体情况

173/ 图 5-241 第 45 窟洞窟右壁左龛右胁侍菩萨右臂、璎珞原石刻遗迹

174/ 图 5-242 第 45 窟洞窟右壁左龛左胁侍菩萨残迹正射影像图

174/ 图 5-243 第 45 窟洞窟右壁左龛左胁侍菩萨残迹

174/ 图 5-244 第 45 窟洞窟右壁左龛整体装绘残迹

175/ 图 5-245 第 45 窟洞窟后壁正射影像图

176/ 图 5-245A 第 45 窟洞窟后壁线图

177/ 图 5-246 第 45 窟洞窟后壁遗存整体情况

177/ 图 5-247 第 45 窟洞窟后壁左下修补桩孔遗存

177/ 图 5-248 第 45 窟洞窟后壁中龛下部供养人残迹

177/ 图 5-249 第 45 窟洞窟后壁右龛遗存整体情况

177/ 图 5-250 第 45 窟洞窟后壁右龛帐饰左侧装绘遗迹及流苏龙首细部

178/ 图 5-251 第 45 窟洞窟后壁右龛右流苏

178/ 图 5-252A 第 45 窟洞窟后壁左龛右流苏线图

178/ 图 5-253 第 45 窟洞窟后壁右龛流苏

178/ 图 5-254 第 45 窟洞窟后壁右龛三像遗存

179/ 图 5-255 第 45 窟洞窟后壁右龛主尊佛右足在上跌坐

179/ 图 5-256 第 45 窟洞窟后壁右龛右胁侍菩萨残迹

180/ 图 5-257 第 45 窟洞窟后壁右龛左胁侍菩萨正射影像图

180/ 图 5-258 第 45 窟洞窟后壁右龛左胁侍菩萨遗存整体情况

180/ 图 5-259 第 45 窟洞窟后壁右龛左胁侍菩萨原石刻头冠细部

180/ 图 5-260 第 45 窟洞窟后壁右龛左胁侍菩萨石刻左臂、璎珞细部

180/ 图 5-261 第 45 窟洞窟后壁右龛内整体装绘残迹

181/ 图 5-262 第 45 窟洞窟后壁中龛保存整体情况

181/ 图 5-263 第 45 窟洞窟后壁中龛帐饰右侧及装绘遗存

181/ 图 5-264 第 45 窟洞窟后壁中龛三像遗存情况

182/ 图 5-265 第 45 窟洞窟后壁中龛主尊佛头正面

182/ 图 5-266 第 45 窟洞窟后壁中龛主尊佛头侧面

182/ 图 5-267 第 45 窟洞窟后壁中龛右胁侍菩萨正射影像图

183/ 图 5-268 第 45 窟洞窟后壁中龛右胁侍菩萨遗存整体情况

183/ 图 5-269 第 45 窟洞窟后壁中龛右胁侍菩萨头、冠正面

183/ 图 5-270 第 45 窟洞窟后壁中龛右胁侍菩萨头、冠侧面

183/ 图 5-271 第 45 窟洞窟后壁中龛右胁侍菩萨石刻细部

183/ 图 5-272 第 45 窟洞窟后壁中龛右胁侍菩萨原刻优美的手和腕钏残迹

184/ 图 5-273 第 45 窟洞窟后壁中龛左胁侍菩萨正射影像图

184/ 图 5-274 第 45 窟洞窟后壁中龛左胁侍菩萨遗存

184/ 图 5-275 第 45 窟洞窟后壁中龛左胁侍菩萨面部细部

184/ 图 5-276 第 45 窟洞窟后壁中龛左胁侍菩萨衣饰泥装细部

184/ 图 5-277 第 45 窟洞窟后壁中龛内整体装绘残迹

184/ 图 5-278 第 45 窟洞窟后壁中龛内整体装绘残迹

185/ 图 5-279 第 45 窟洞窟后壁左龛遗存整体情况

185/ 图 5-280 第 45 窟洞窟后壁左龛右流苏残迹

185/ 图 5-281A 第 45 窟洞窟后壁左龛右流苏线图

185/ 图 5-282 第 45 窟洞窟后壁左龛内造像遗存

186/ 图 5-283 第 45 窟洞窟后壁左龛主尊佛头侧面

186/ 图 5-284 第 45 窟洞窟后壁左龛右胁侍菩萨正射影像图

186/ 图 5-285 第 45 窟洞窟后壁左龛右胁侍菩萨遗存整体情况

186/ 图 5-286 第 45 窟洞窟后壁左龛右胁侍菩萨泥装头、冠细部

186/ 图 5-287 第 45 窟洞窟后壁左龛右胁侍菩萨衣装细部

187/ 图 5-288 第 45 窟洞窟后壁左龛左胁侍菩萨残迹正射影像图

187/ 图 5-289 第 45 窟洞窟后壁左龛左胁侍菩萨残迹遗存状况

187/ 图 5-290 第 45 窟洞窟后壁左龛左胁侍菩萨残迹头部伐木及伐木桩孔

188/ 图 5-291 第 45 窟洞窟后壁左龛整体装绘残迹

189/ 图 5-292 第 45 窟洞窟左壁正射影像图

190/ 图 5-292A 第 45 窟洞窟左壁线图

191/ 图 5-293 第 45 窟洞窟左壁遗存整体情况

191/ 图 5-294 第 45 窟洞窟左壁右龛供养人细部

191/ 图 5-295 第 45 窟洞窟左壁供养人（中）

191/ 图 5-296 第 45 窟洞窟左壁供养人（左）

191/ 图 5-297 第 45 窟洞窟左壁中龛供养人力士托举香炉细部

192/ 图 5-298 第 45 窟洞窟左壁右龛遗存整体情况

192/ 图 5-299 第 45 窟洞窟左壁右龛左侧残留帐饰

192/ 图 5-300 第 45 窟洞窟左壁右龛左侧残留帐饰细部

193/ 图 5-301A 第 45 窟洞窟左壁右龛左流苏线图

193/ 图 5-302 第 45 窟洞窟左壁右龛左流苏

193/ 图 5-302-1 第 45 窟洞窟左壁右龛左流苏结尾小蹲狮

193/ 图 5-303 第 45 窟洞窟左壁右龛造像遗存情况

194/ 图 5-304 第 45 窟洞窟左壁右龛主尊佛头

194/ 图 5-305 第 45 窟洞窟左壁右龛主尊佛头

194/ 图 5-306 第 45 窟洞窟左壁右龛主尊佛衣覆座

194/ 图 5-307 第 45 窟洞窟左壁右龛右胁侍菩萨残迹正射影像图

194/ 图 5-308 第 45 窟洞窟左壁右龛右胁侍菩萨残迹情况

195/ 图 5-309 第 45 窟洞窟左壁右龛左胁侍菩萨正射影像图

195/ 图 5-310 第 45 窟洞窟左壁右龛左胁侍菩萨遗存整体情况

195/ 图 5-311 第 45 窟洞窟左壁右龛左胁侍菩萨头、冠

195/ 图 5-312 第 45 窟洞窟左壁右龛左胁侍菩萨衣饰

196/ 图 5-313 第 45 窟洞窟左壁右龛内整体装绘残迹

197/ 图 5-314 第 45 窟洞窟左壁中龛遗存整体情况

197/ 图 5-315 第 45 窟洞窟右、后、左三壁中龛帐饰比较线图

197/ 图 5-316 第 45 窟洞窟左壁中龛通龛宝装莲座

198/ 图 5-317 第 45 窟洞窟左壁中龛主尊佛头正面

198/ 图 5-318 第 45 窟洞窟左壁中龛主尊佛头左侧面

198/ 图 5-319 第 45 窟洞窟左壁中龛主尊佛衣（上）

198/ 图 5-320 第 45 窟洞窟左壁中龛主尊佛衣（下）

199/ 图 5-321 第 45 窟洞窟左壁中龛右胁侍菩萨正射影像图

199/ 图 5-322 第 45 窟洞窟左壁中龛右胁侍菩萨遗存整体情况

199/ 图 5-323 第 45 窟洞窟左壁中龛右胁侍菩萨衣饰细部

199/ 图 5-324 第 45 窟洞窟左壁中龛右胁侍菩萨头冠细部

199/ 图 5-325 第 45 窟洞窟左壁中龛右胁侍菩萨衣饰、塑装璎珞珠花细部

199/ 图 5-326 第 45 窟洞窟左壁中龛右胁侍菩萨塑装璎珞珠花细部

200/ 图 5-327 第 45 窟洞窟左壁中龛左胁侍菩萨正射影像图

200/ 图 5-328 第 45 窟洞窟左壁中龛左胁侍菩萨遗存整体情况

200/ 图 5-329 第 45 窟洞窟左壁中龛左胁侍菩萨头、冠细部

200/ 图 5-330 第 45 窟洞窟左壁中龛左胁侍菩萨衣饰塑装

201/ 图 5-331 第 45 窟洞窟左壁中龛内整体装绘情况

201/ 图 5-332 第 45 窟洞窟左壁中龛内整体装绘细部

201/ 图 5-333 第 45 窟洞窟左壁中龛内整体装绘细部

202/ 图 5-334 第 45 窟洞窟左壁左龛遗存整体情况

203/ 图 5-335A 第 45 窟洞窟左壁左龛左流苏线图

203/ 图 5-336A 第 45 窟洞窟左壁左龛左流苏线图

203/ 图 5-337 第 45 窟洞窟左壁左龛右侧衔流苏之鸟首及鸟首之上小佛

203/ 图 5-337-1 第 45 窟洞窟左壁左龛右流苏之上的小佛

204/ 图 5-338 第 45 窟洞窟左壁左龛主尊佛头侧面

204/ 图 5-339 第 45 窟洞窟左壁左龛主尊佛手细部

204/ 图 5-340 第 45 窟洞窟左壁左龛右胁侍菩萨正射影像图

204/ 图 5-341 第 45 窟洞窟左壁左龛右胁侍菩萨遗存整体情况

204/ 图 5-342 第 45 窟洞窟左壁左龛右胁侍菩萨衣饰细部

204/ 图 5-343 第 45 窟洞窟左壁左龛右胁侍菩萨泥装衣饰细部

205/ 图 5-344 第 45 窟洞窟左壁左龛左胁侍菩萨正射影像图

205/ 图 5-345 第 45 窟洞窟左壁左龛左胁侍菩萨遗存整体情况

205/ 图 5-346 第 45 窟洞窟左壁左龛左胁侍菩萨头正面

205/ 图 5-347 第 45 窟洞窟左壁左龛左胁侍菩萨头侧面

206/ 图 5-348 第 45 窟洞窟左壁左龛左胁侍菩萨上身衣饰出露石作情况

206/ 图 5-349 第 45 窟洞窟左壁左龛左胁侍菩萨下身泥装衣饰

206/ 图 5-350 第 45 窟洞窟左壁左龛左胁侍菩萨衣饰细部

206/ 图 5-351 第 45 窟洞窟左壁左龛内整体装绘情况

206/ 图 5-352 第 45 窟洞窟左壁左龛内整体装绘局部

206/ 图 5-353 第 45 窟洞窟左壁左龛内整体装绘局部

207/ 图 5-354 第 45 窟窟顶左坡浮雕遗存情况

207/ 图 5-355 第 45 窟窟顶左坡浮雕遗存情况正射影像图

207/ 图 4-355A 第 45 窟窟顶左坡浮雕遗迹线图

207/ 图 5-356 第 45 窟窟顶左坡风化浮雕之上后期墨绘遗迹

208/ 图 5-357 第 45 窟窟顶右坡浮雕风化及晚期重新线绘的遗迹

208/ 图 5-358 第 45 窟窟顶后坡浮雕风化殆尽

208/ 图 5-359 第 45 窟窟顶前坡浮雕及与第 44 窟穿透的窟顶残洞遗迹

208/ 图 5-360 第 45 窟窟顶前坡浮雕及与第 44 窟穿透的窟顶残洞遗迹正射影像图

208/ 图 5-360A 第 45 窟窟顶前坡浮雕及与第 44 窟穿透的窟顶残洞遗迹线图

209/ 图 5-361 第 45 窟附窟窟外遗迹情况

209/ 图 5-362 第 45 窟附窟窟口平台之下的脚窝遗迹

210/ 图 5-363 第 45 窟附窟窟门左侧崖壁上的遗迹

211/ 图 5-364 第 45、45 窟附、46 窟连续平面图

211/ 图 5-365 第 45 窟与第 45 窟附窟连续平面正射影像图

212/ 图 5-366 第 45 窟附窟开凿的水窖及水窖原加盖的遗迹

212/ 图 5-367 第 45 窟附窟内窟门左侧壁开凿的通道口及其上开凿小龛遗迹

212/ 图 5-368 第 45 窟附窟内壁草泥装銮和题记

213/ 图 5-369 第 45 窟附窟洞窟后壁第 1 则题记遗迹

213/ 图 5-370 第 45 窟附窟洞窟后壁第 2 则、第 3 则题记遗迹

214/ 图 5-371 第 45 窟附窟第 4 则题记遗迹

215/ 图 5-372 第 45 窟附窟第 5 则、6 则题记遗迹

219/ 图 6-1 第 46 窟位置及与第 45 窟的关系

220/ 图 6-2 第 46 窟窟口及窟门遗迹

220/ 图 6-3 第 46 窟窟口及窟门遗迹细部

221/ 图 6-4 第 46 窟窟门内部的抹角处理

221/ 图 6-5 第 46 窟窟门左壁题记整体情况

222/ 图 6-6 第 46 窟窟门左壁第 1 则题记

222/ 图 6-7 第 46 窟窟门左壁第 2 则题记榜题框

222/ 图 6-8 第 46 窟窟门左壁第 3 则题记

223/ 图 6-9 第 46 窟平面正射影像图

223/ 图 6-9A 第 46 窟平面线图

224/ 图 6-10 第 46 窟窟顶平面正射影像图

224/ 图 6-10A 第 46 窟窟顶平面线图

225/ 图 6-11 第 46 窟左右剖前视正射影像图

225/ 图 6-12 第 46 窟左右剖后视正射影像图

225/ 图 6-13 第 46 窟前后剖右视正射影像图

225/ 图 6-14 第 46 窟前后剖左视正射影像图

226/ 图 6-11A 第 46 窟左右剖前视线图

226/ 图 6-12A 第 46 窟左右剖后视线图

226/ 图 6-13A 第 46 窟前后剖右视线图

226/ 图 6-14A 第 46 窟前后剖左视线图

227/ 图 6-15 第 46 窟洞窟内部遗存情况

227/ 图 6-16 第 46 窟洞窟内部遗存情况

227/ 图 6-17 第 46 窟洞窟内部遗存情况

228/ 图 6-18 第 46 窟洞窟内部遗存情况

228/ 图 6-19 第 46 窟洞窟前壁遗存情况

228/ 图 6-20 第 46 窟洞窟右壁遗存情况

229/ 图 6-21 第 46 窟洞窟后壁遗存情况

229/ 图 6-22 第 46 窟洞窟左壁遗存情况

229/ 图 6-23 第 46 窟洞窟前甬道地面向下凿深遗迹

232/ 图 6-24 第 46 窟中心柱平面正射影像图

232/ 图 6-24A 第 46 窟中心柱平面线图

234/ 图 6-25 第 46 窟中心柱前壁正射影像图

234/ 图 6-26 第 46 窟中心柱右壁正射影像图

235/ 图 6-27 第 46 窟中心柱后壁正射影像图

235/ 图 6-28 第 46 窟中心柱左壁正射影像图

236/ 图 6-25A 第 46 窟中心柱前壁线图

236/ 图 6-26A 第 46 窟中心柱右壁线图

237/ 图 6-27A 第 46 窟中心柱后壁线图

237/ 图 6-28A 第 46 窟中心柱左壁线图

238/ 图 6-29A 第 46 窟中心柱基座前壁线图

238/ 图 6-30A 第 46 窟中心柱基座右壁线图

238/ 图 6-31A 第 46 窟中心柱基座后壁线图

238/ 图 6-32A 第 46 窟中心柱基座左壁线图

239/ 图 6-33 第 46 窟中心柱基座前壁照片

239/ 图 6-34 第 46 窟中心柱基座右壁照片

239/ 图 6-35 第 46 窟中心柱基座后壁照片

239/ 图 6-36 第 46 窟中心柱基座左壁照片

241/ 图 6-37 第 46 窟中心柱柱身莲座右前角并倚柱柱础

241/ 图 6-38 第 46 窟中心柱柱身莲座左前角并倚柱柱础

241/ 图 6-39 第 46 窟中心柱后壁龛右倚柱柱础

241/ 图 6-40 第 46 窟中心柱后壁龛左倚柱柱础

241/ 图 6-41 第 46 窟中心柱柱身右前倚柱火焰柱头

242/ 图 6-42 第 46 窟中心柱柱身前壁拱龛龛楣遗迹

243/ 图 6-43 第 46 窟中心柱前壁龛楣上部居中坐佛和左右飞天遗迹

243/ 图 6-44 第 46 窟中心柱前壁右倚柱

243/ 图 6-45 第 46 窟中心柱前壁左倚柱

243/ 图 6-46 第 46 窟中心柱前壁左倚柱上部题记

244/ 图 6-47 第 46 窟中心柱前壁龛内造像遗存整体情况

245/ 图 6-48 第 46 窟中心柱前壁龛主尊佛头右侧细部

245/ 图 6-49 第 46 窟中心柱前壁龛主尊佛头肉髻螺发细部

245/ 图 6-50 第 46 窟中心柱前壁龛主尊佛改凿重装细部·突出中心柱前壁壁面的佛跌坐之腿、膝

245/ 图 6-51 第 46 窟中心柱前壁龛主尊佛座重塑细部

245/ 图 6-52 第 46 窟中心柱前壁龛主尊佛改凿重装细部·改细的佛腰和佛衣绘饰

245/ 图 6-53 第 46 窟中心柱前壁主尊佛改凿重装细部·佛衣沥粉贴金装銮

246/ 图 6-54 第 46 窟中心柱前壁龛右胁侍菩萨正射影像图

246/ 图 6-55 第 46 窟中心柱前壁龛右胁侍菩萨遗迹整体情况

246/ 图 6-56 第 46 窟中心柱前壁龛右胁侍菩萨头与上半身

246/ 图 6-57 第 46 窟中心柱前壁龛内右胁侍菩萨下身衣装及足下莲座

246/ 图 6-58 第 46 窟中心柱前壁龛右胁侍菩萨头部右耳石作与泥塑细部

246/ 图 6-59 第 46 窟中心柱前壁龛右胁侍菩萨原石作雕刻精美的手指细部

246/ 图 6-60 第 46 窟中心柱前壁龛右胁侍菩萨衣饰塑装、彩饰细部

247/ 图 6-61 第 46 窟中心柱前壁龛左胁侍菩萨正射影像图

247/ 图 6-62 第 46 窟中心柱前壁龛左胁侍菩萨整体遗存情况

247/ 图 6-63 第 46 窟中心柱前壁龛左胁侍菩萨足下莲座细部

247/ 图 6-64 第 46 窟中心柱前壁龛左胁侍菩萨原石作与泥装斑驳共存细部

247/ 图 6-65 第 46 窟中心柱前壁龛左胁侍菩萨头冠

248/ 图 6-66 第 46 窟中心柱前壁龛左胁侍菩萨细部

248/ 图 6-67 第 46 窟中心柱右壁龛帐饰正射影像图

248/ 图 6-67A 第 46 窟中心柱右壁龛帐饰线图

249/ 图 6-68 第 46 窟中心柱右壁龛右侧衔流苏龙首

249/ 图 6-69 第 46 窟中心柱右壁龛左侧衔流苏龙首

249/ 图 6-70 第 46 窟中心柱右壁龛右流苏

249/ 图 6-71 第 46 窟中心柱右壁龛左流苏

249/ 图 6-72A 第 46 窟中心柱右壁龛右流苏线图

249/ 图 6-73A 第 46 窟中心柱右壁龛左流苏线图

250/ 图 6-74 第 46 窟中心柱右壁龛右流苏覆压关系细部

250/ 图 6-75 第 46 窟中心柱右壁龛左流苏覆压关系细部

250/ 图 6-76 第 46 窟中心柱右壁龛造像遗存整体情况

251/ 图 6-77 第 46 窟中心柱右壁龛主尊泥装手、足

251/ 图 6-78 第 46 窟中心柱右壁龛主尊佛头

251/ 图 6-79 第 46 窟中心柱右壁龛主尊佛头

251/ 图 6-80 第 46 窟中心柱右

壁龛主尊佛内衣结带处绘出的墨绘

251/ 图 6-81　第 46 窟中心柱右壁龛主尊佛衣缘墨绘

251/ 图 6-82　第 46 窟中心柱右壁龛主尊佛衣彩饰遗迹

251/ 图 6-83　第 46 窟中心柱右壁龛主尊佛膝部薄衣装下原石作造像的彩色装銮残迹

252/ 图 6-84　第 46 窟中心柱右壁龛右胁侍菩萨正射影像图

252/ 图 6-85　第 46 窟中心柱右壁龛右胁侍菩萨遗存整体状况

252/ 图 6-86　第 46 窟中心柱右壁龛右胁侍菩萨衣饰

252/ 图 6-87　第 46 窟中心柱右壁龛右胁侍菩萨衣饰

252/ 图 6-88　第 46 窟中心柱右壁龛右胁侍菩萨衣饰

252/ 图 6-89　第 46 窟中心柱右壁龛右胁侍菩萨衣饰

253/ 图 6-90　第 46 窟中心柱右壁龛左胁侍菩萨正射影像图

253/ 图 6-91　第 46 窟中心柱右壁龛左胁侍菩萨遗存整体情况

253/ 图 6-92　第 46 窟中心柱右壁龛左胁侍菩萨足下座部分遗迹

253/ 图 6-93　第 46 窟中心柱右壁龛左胁侍菩萨头左侧残迹

254/ 图 6-94　第 46 窟中心柱右壁龛左胁侍菩萨衣饰

254/ 图 6-95　第 46 窟中心柱右壁龛左胁侍菩萨衣饰

254/ 图 6-96　第 46 窟中心柱右壁龛左菩萨衣饰

254/ 图 6-97　第 46 窟中心柱右壁龛左胁侍菩萨衣饰

254/ 图 6-98　第 46 窟中心柱右壁龛左胁侍菩萨衣饰

255/ 图 6-99　第 46 窟中心柱右壁龛内整体装绘

255/ 图 6-100　第 46 窟中心柱右壁龛内整体装绘细部

256/ 图 6-101　第 46 窟中心柱后壁龛遗存整体情况

256/ 图 6-102　第 46 窟中心柱后壁龛遗存整体情况

256/ 图 6-103　第 46 窟中心柱后壁龛左倚柱火焰宝珠柱头

256/ 图 6-104　第 46 窟中心柱后壁龛右倚柱火焰宝珠柱头

257/ 图 6-105　第 46 窟中心柱后壁龛龛楣整体装绘情况

257/ 图 6-106　第 46 窟中心柱后壁龛右倚柱六字真言装绘

257/ 图 6-106-1　第 46 窟中心柱后壁龛右倚柱六字真言装绘细部

257/ 图 6-107　第 46 窟中心柱后壁龛左倚柱六字真言装绘

257/ 图 6-107-1　第 46 窟中心柱后壁龛左倚柱六字真言装绘细部

258/ 图 6-108　第 46 窟中心柱后壁龛主尊佛像

258/ 图 6-109　第 46 窟中心柱后壁龛主尊佛头残迹

258/ 图 6-110　第 46 窟中心柱后壁龛主尊佛头残迹

258/ 图 6-111　第 46 窟中心柱后壁龛主尊佛上半身佛衣侧视

258/ 图 6-112　第 46 窟中心柱后壁龛主尊佛衣加绘交领

258/ 图 6-113　第 46 窟中心柱后壁龛主尊佛手泥装细部

259/ 图 6-114　第 46 窟中心柱后壁龛右胁侍菩萨正射影像图

259/ 图 6-115　第 46 窟中心柱后壁龛右胁侍菩萨遗存总体情况

259/ 图 6-116　第 46 窟中心柱后壁龛右胁侍菩萨头冠残迹

259/ 图 6-117　第 46 窟中心柱后壁龛右胁侍菩萨衣饰细部

259/ 图 6-118　第 46 窟中心柱后壁龛右胁侍菩萨衣饰细部

260/ 图 6-119　第 46 窟中心柱后壁龛左胁侍菩萨正射影像图

260/ 图 6-120　第 46 窟中心柱后壁龛左胁侍菩萨遗存整体情况

260/ 图 6-121　第 46 窟中心柱后壁龛左胁侍菩萨头冠残迹

260/ 图 6-122　第 46 窟中心柱后壁龛左胁侍菩萨衣饰细部

260/ 图 6-123　第 46 窟中心柱后壁龛左胁侍菩萨衣饰细部

261/ 图 6-124　第 46 窟中心柱后壁龛内至少两次整体装绘遗迹

262/ 图 6-125　第 46 窟中心柱左壁龛遗存整体情况

262/ 图 6-126　第 46 窟中心柱左壁龛帐饰

263/ 图 6-127　第 46 窟中心柱左壁龛帐饰细部正射影像图

263/ 图 6-127A　第 46 窟中心柱左壁龛帐饰细部线图

263/ 图 6-128　第 46 窟中心柱左壁龛右流苏

263/ 图 6-129　第 46 窟中心柱左壁龛左流苏

263/ 图 6-130A　第 46 窟中心柱左壁龛右流苏线图

263/ 图 6-131A　第 46 窟中心柱左壁龛左流苏线图

264/ 图 6-132　第 46 窟中心柱左壁龛造像整体遗存情况

264/ 图 6-133　第 46 窟中心柱左壁龛主尊佛头残迹

264/ 图 6-134　第 46 窟中心柱左壁龛主尊佛衣

264/ 图 6-135　第 46 窟中心柱左壁龛主尊佛衣装绘

264/ 图 6-136　第 46 窟中心柱左壁龛主尊佛衣装绘卷草纹

265/ 图 6-137　第 46 窟中心柱左壁龛右胁侍菩萨正射影像图

265/ 图 6-138　第 46 窟中心柱左壁龛右胁侍菩萨遗存整体情况

265/ 图 6-139　第 46 窟中心柱左

壁龛右胁侍菩萨头残迹

265/ 图 6-140 第 46 窟中心柱左壁龛右胁侍菩萨足下部分遗存情况

265/ 图 6-141 第 46 窟中心柱左壁龛右胁侍菩萨衣饰细部

265/ 图 6-142 第 46 窟中心柱左壁龛右胁侍菩萨衣饰细部

265/ 图 6-143 第 46 窟中心柱左壁龛右胁侍菩萨衣饰细部

266/ 图 6-144 第 46 窟中心柱左壁龛左胁侍菩萨正射影像图

266/ 图 6-145 第 46 窟中心柱左壁龛左胁侍菩萨遗存整体情况

266/ 图 6-146 第 46 窟中心柱左壁龛左胁侍菩萨足下莲座遗迹

266/ 图 6-147 第 46 窟中心柱左壁龛左胁侍菩萨衣饰细部

266/ 图 6-148 第 46 窟中心柱左壁龛内整体装绘遗迹

267/ 图 6-149 第 46 窟洞窟前壁正射影像图

267/ 图 6-149A 第 46 窟洞窟前壁线图

268/ 图 6-150 第 46 窟洞窟前壁整体设计营凿细部

268/ 图 6-151 第 46 窟洞窟前壁整体设计营凿细部

269/ 图 6-152 第 46 窟洞窟前壁右龛遗存整体情况

270/ 图 6-153 第 46 窟洞窟前壁右龛帐饰正射影像图

270/ 图 6-153A 第 46 窟洞窟前壁右龛帐饰线图

270/ 图 6-154 第 46 窟洞窟前壁右龛衔右流苏的龙首

270/ 图 6-155 第 46 窟洞窟前壁右龛衔左流苏的龙首残迹

270/ 图 6-156A 第 46 窟洞窟前壁右龛衔右流苏线图

270/ 图 6-157A 第 46 窟洞窟前壁右龛衔左流苏线图

271/ 图 6-158 第 46 窟洞窟前

壁右龛主尊佛头正视

271/ 图 6-159 第 46 窟洞窟前壁右龛主尊佛头侧视

271/ 图 6-160 第 46 窟洞窟前壁右龛主尊覆座佛衣

272/ 图 6-161 第 46 窟洞窟前壁右龛右胁侍菩萨正射影像图

272/ 图 6-162 第 46 窟洞窟前壁右龛右胁侍菩萨整体遗存情况

272/ 图 6-163 第 46 窟洞窟前壁右龛右胁侍菩萨整体遗存情况

272/ 图 6-164 第 46 窟洞窟前壁右龛右胁侍菩萨现状

272/ 图 6-165 第 46 窟洞窟前壁右龛右胁侍菩萨老照片

272/ 图 6-166 第 46 窟洞窟前壁右龛右胁侍菩萨右侧面

273/ 图 6-167 第 46 窟洞窟前壁右龛右胁侍菩萨足下残迹

273/ 图 6-168 第 46 窟洞窟前壁右龛左胁侍菩萨正射影像图

273/ 图 6-169 第 46 窟洞窟前壁右龛左胁侍菩萨遗存整体情况

273/ 图 6-170 第 46 窟洞窟前壁右龛左胁侍菩萨裙腰以下残迹

274/ 图 6-171 第 46 窟洞窟前壁右龛内整体装绘

274/ 图 6-172 第 46 窟洞窟前壁右龛整体装绘残迹细部

275/ 图 6-173 第 46 窟洞窟前壁左龛遗存整体情况

276/ 图 6-174 第 46 窟洞窟前壁左龛正射影像图

276/ 图 6-174A 第 46 窟洞窟前壁左龛线图

276/ 图 6-175 第 46 窟洞窟前壁左龛主尊佛头

277/ 图 6-176 第 46 窟洞窟前壁左龛右胁侍菩萨正射影像图

277/ 图 6-177 第 46 窟洞窟前壁

左龛右胁侍菩萨遗存整体情况

277/ 图 6-178 第 46 窟洞窟前壁左龛右胁侍菩萨头冠、衣饰

277/ 图 6-179 第 46 窟洞窟前壁左龛右胁侍菩萨头冠、衣饰

278/ 图 6-180 第 46 窟洞窟前壁左龛左胁侍菩萨正射影像图

278/ 图 6-181 第 46 窟洞窟前壁左龛左胁侍菩萨遗存情况

278/ 图 6-182 第 46 窟洞窟前壁左龛左胁侍菩萨衣饰遗迹

278/ 图 6-183 第 46 窟洞窟前壁左龛内整体装绘

279/ 图 6-184 第 46 窟洞窟前壁左龛龛背佛头右侧题记

279/ 图 6-185 第 46 窟洞窟前壁左龛龛背佛头右侧题记细部

280/ 图 6-186 第 46 窟洞窟前壁窟门之上小龛整体遗迹

280/ 图 6-187 第 46 窟洞窟前壁窟门之上小龛整体正射影像图

280/ 图 6-187A 第 46 窟洞窟前壁窟门之上小龛整体线图

281/ 图 6-188 第 46 窟洞窟前壁窟门之上小龛与前壁右龛关系

281/ 图 6-189 第 46 窟洞窟前壁窟门之上小龛与前壁左龛关系

281/ 图 6-190 第 46 窟洞窟前壁窟门之上小龛之右龛男供养人头戴大冠

281/ 图 6-191 第 46 窟洞窟前壁窟门之上小龛左龛女供养人头冠石刻、泥装残迹

282/ 图 6-192 第 46 窟洞窟右壁正射影像图

282/ 图 6-192A 第 46 窟洞窟右壁线图

283/ 图 6-193 第 46 窟洞窟右壁遗存整体情况

284/ 图 6-194 第 46 窟洞窟右壁右龛遗存整体情况

285/ 图 6-195 第 46 窟洞窟右壁右龛帐构帐饰

285/ 图 6-196 第 46 窟洞窟右壁正射影像图

285/ 图 6-196A 第 46 窟洞窟右壁右龛帐饰线图

285/ 图 6-197 第 46 窟洞窟右壁右龛右侧衔流苏之龙首

285/ 图 6-198 第 46 窟洞窟右壁右龛左侧衔流苏之龙首

285/ 图 6-199A 第 46 窟洞窟右壁右龛右流苏线图

285/ 图 6-200A 第 46 窟洞窟右壁右龛左流苏线图

285/ 图 6-201 第 46 窟洞窟右壁右龛左侧龙首上部开凿小龛

286/ 图 6-202 第 46 窟洞窟右壁右龛主尊菩萨头冠残迹

286/ 图 6-203 第 46 窟洞窟右壁右龛主尊菩萨头冠残迹

286/ 图 6-204 第 46 窟洞窟右壁右龛主尊菩萨衣饰装銮细部

287/ 图 6-205 第 46 窟洞窟右壁右龛主尊菩萨衣饰装銮细部

287/ 图 6-206 第 46 窟洞窟右壁右龛主尊菩萨衣饰装銮细部

287/ 图 6-207 第 46 窟洞窟右壁右龛右胁侍菩萨正射影像图

287/ 图 6-208 第 46 窟洞窟右壁右龛右胁侍菩萨遗存整体情况

287/ 图 6-209 第 46 窟洞窟右壁右龛右胁侍菩萨头冠细部

287/ 图 6-210 第 46 窟洞窟右壁右龛右胁侍菩萨持莲左手刻画细部

288/ 图 6-211 第 46 窟洞窟右壁右龛左胁侍菩萨正射影像图

288/ 图 6-212 第 46 窟洞窟右壁右龛左胁侍菩萨遗存整体情况

288/ 图 6-213 第 46 窟洞窟右壁右龛左胁侍菩萨头冠残迹

288/ 图 6-214 第 46 窟洞窟右壁右龛左胁侍菩萨泥装衣裙细部

289/ 图 6-215 第 46 窟洞窟右壁右龛内整体装绘遗迹

289/ 图 6-216 第 46 窟洞窟右壁右龛内整体装绘之云纹细部

289/ 图 6-217 第 46 窟洞窟右壁中龛遗存整体情况

289/ 图 6-218 第 46 窟洞窟右壁中龛帐饰

290/ 图 6-219 第 46 窟洞窟右壁中龛立佛头

290/ 图 6-220 第 46 窟洞窟右壁中龛立佛衣饰、身姿

291/ 图 6-221 第 46 窟洞窟右壁中龛立佛右手细部

291/ 图 6-222 第 46 窟洞窟右壁中龛立佛左手细部

291/ 图 6-223 第 46 窟洞窟右壁中龛内整体装绘遗迹

292/ 图 6-224 第 46 窟右壁左龛遗存整体情况

293/ 图 6-225 第 46 窟洞窟右壁左龛帐饰正射影像图

293/ 图 6-225A 第 46 窟洞窟右壁左龛帐饰线图

293/ 图 6-226 第 46 窟洞窟右壁左龛帐形帐饰

293/ 图 6-226-1 第 46 窟洞窟右壁左龛拱顶帐龛和帐饰细部

293/ 图 6-227 第 46 窟洞窟右壁左龛右侧衔流苏龙首

294/ 图 6-228A 第 46 窟洞窟右壁左龛右流苏线图

294/ 图 6-229A 第 46 窟洞窟右壁左龛左流苏线图

294/ 图 6-230 第 46 窟洞窟右壁左龛左流苏结尾细部

294/ 图 6-231 第 46 窟洞窟右壁左龛右流苏龙首上部小佛龛

295/ 图 6-232 第 46 窟洞窟右壁左龛主尊佛整体遗存情况

295/ 图 6-233 第 46 窟洞窟右壁左龛主尊泥装佛衣遗存情况

295/ 图 6-234 第 46 窟洞窟右壁左龛主尊佛头正面

295/ 图 6-235 第 46 窟洞窟右壁左龛主尊佛肉髻部分经泥装残迹

296/ 图 6-236 第 46 窟洞窟右壁左龛右胁侍菩萨正射影像图

296/ 图 6-237 第 46 窟洞窟右壁左龛右胁侍菩萨石作与泥装共存一身的遗存整体情况

296/ 图 6-238 第 46 窟洞窟右壁20 世纪 80 年代初老照片所示左龛保存情况

296/ 图 6-239 第 46 窟洞窟右壁与 20 世纪 80 年代旧照片同角度拍摄现状

296/ 图 6-240 第 46 窟洞窟右壁左龛右胁侍菩萨头冠

296/ 图 6-241 第 46 窟洞窟右壁左龛右胁侍菩萨头冠

297/ 图 6-242 第 46 窟洞窟右壁左龛右胁侍菩萨衣饰腰裙下部现存泥装与原石刻关系

297/ 图 6-243 第 46 窟洞窟右壁左龛右胁侍菩萨出露之足

297/ 图 6-244 第 46 窟洞窟右壁左龛左胁侍菩萨正射影像图

297/ 图 6-245 第 46 窟洞窟右壁左龛左胁侍菩萨遗存整体情况一

297/ 图 6-246 第 46 窟洞窟右壁左龛左胁侍菩萨遗存整体情况二

298/ 图 6-247 第 46 窟洞窟右壁左龛内整体装绘遗迹

298/ 图 6-248 第 46 窟洞窟右壁左龛右胁侍菩萨头光遗迹

298/ 图 6-249 第 46 窟洞窟右壁左龛左胁侍菩萨头光残迹

299/ 图 6-250 第 46 窟洞窟右壁左龛主尊佛右侧龛背墨书题记

300/ 图 6-251 第 46 窟洞窟后壁正射影像图

300/ 图 6-251A 第 46 窟洞窟后壁线图

301/ 图 6-252 第 46 窟洞窟后壁遗存整体情况

302/ 图 6-253 第 46 窟洞窟后壁

右龛整体情况

303/ 图 6-254 第 46 窟洞窟后壁右龛左侧火焰柱头残迹

303/ 图 6-255 第 46 窟洞窟后壁右龛左侧火焰柱莲花柱础残迹细部

303/ 图 6-256 第 46 窟洞窟后壁右龛龛楣之上右侧三佛残迹

303/ 图 6-257 第 46 窟洞窟后壁右龛龛楣之上左侧三佛残迹

303/ 图 6-258 第 46 窟洞窟后壁右龛龛楣之上居中佛及飞天残迹

303/ 图 6-259 第 46 窟洞窟后壁右龛主尊佛头

304/ 图 6-260 第 46 窟洞窟后壁右龛右胁侍菩萨正射影像图

304/ 图 6-261 第 46 窟洞窟后壁右龛右胁侍菩萨遗存整体情况

304/ 图 6-262 第 46 窟洞窟后壁右龛右胁侍菩萨头冠残迹

304/ 图 6-263 第 46 窟洞窟后壁右龛右胁侍菩萨衣饰

305/ 图 6-264 第 46 窟洞窟后壁右龛左胁侍菩萨正射影像图

305/ 图 6-265 第 46 窟洞窟后壁右龛左胁侍菩萨遗存整体情况

305/ 图 6-266 第 46 窟洞窟后壁右龛左胁侍菩萨泥装头冠遗迹

305/ 图 6-267 第 46 窟洞窟后壁右龛左胁侍菩萨泥装头冠与原石头冠遗迹关系

305/ 图 6-268 第 46 窟洞窟后壁右龛左胁侍菩萨衣饰细部

306/ 图 6-269 第 46 窟洞窟后壁右龛内整体装绘残迹

306/ 图 6-270 第 46 窟洞窟后壁右龛左胁侍菩萨头光装绘残迹

307/ 图 6-271 第 46 窟洞窟后壁中龛遗存整体情况

307/ 图 6-272 第 46 窟洞窟后壁中龛龛形龛饰残存状况

307/ 图 6-273 第 46 窟洞窟后壁中龛主尊佛头

307/ 图 6-274 第 46 窟洞窟后壁中龛主尊佛衣遗迹

307/ 图 6-275 第 46 窟洞窟后壁中龛主尊佛足遗迹

307/ 图 6-276 第 46 窟后壁中龛立佛右侧龛壁墨书题记

308/ 图 6-277 第 46 窟后壁左龛遗存整体情况

309/ 图 6-278 第 46 窟洞窟后壁左龛主尊佛头遗迹

309/ 图 6-279 第 46 窟洞窟后壁左龛右胁侍菩萨正射影像图

309/ 图 6-280 第 46 窟洞窟后壁左龛右胁侍菩萨遗存整体情况

309/ 图 6-281 第 46 窟洞窟后壁左龛右胁侍菩萨头冠遗迹

309/ 图 6-282 第 46 窟洞窟后壁左龛右胁侍菩萨头冠之花冠细部

310/ 图 6-283 第 46 窟洞窟后壁左龛左胁侍菩萨正射影像图

310/ 图 6-284 第 46 窟洞窟后壁左龛左胁侍菩萨遗存整体情况一

310/ 图 6-285 第 46 窟洞窟后壁左龛左胁侍菩萨遗存整体情况二

311/ 图 6-286 第 46 窟洞窟后壁左龛左胁侍菩萨塑装头冠细部

311/ 图 6-287 第 46 窟洞窟后壁左龛左胁侍菩萨塑装头冠细部

311/ 图 6-288 第 46 窟洞窟后壁左龛内整体装绘残迹

312/ 图 6-289 第 46 窟洞窟左壁正射影像图

312/ 图 6-289A 第 46 窟洞窟左壁线图

313/ 图 6-290 第 46 窟洞窟左壁遗存整体情况

313/ 图 6-291 第 46 窟洞窟左壁右龛遗存整体情况

314/ 图 6-292 第 46 窟洞窟左壁右龛帐饰残迹

314/ 图 6-293 第 46 窟洞窟左壁右龛左侧隐出衔流苏龙首残迹

314/ 图 6-294 第 46 窟洞窟左壁右龛右流苏残迹

314/ 图 6-295 第 46 窟洞窟左壁右龛左流苏

314/ 图 6-296A 第 46 窟洞窟左壁右龛右流苏线图

314/ 图 6-297A 第 46 窟洞窟左壁右龛左流苏线图

315/ 图 6-298 第 46 窟洞窟左壁右龛左流苏下部垂至通壁莲瓣之下

315/ 图 6-299 第 46 窟洞窟左壁右龛主尊佛整体遗迹

315/ 图 6-300 第 46 窟洞窟左壁右龛主尊佛头残迹

316/ 图 6-301 第 46 窟洞窟左壁右龛右胁侍菩萨正射影像图

316/ 图 6-302 第 46 窟洞窟左壁右龛右胁侍菩萨遗存整体情况

316/ 图 6-303 第 46 窟洞窟左壁右龛左胁侍菩萨正射影像图

316/ 图 6-304 第 46 窟洞窟左壁右龛左胁侍菩萨遗存情况

317/ 图 6-305 第 46 窟洞窟左壁右龛左胁侍菩萨头冠细部

317/ 图 6-306 第 46 窟洞窟左壁右龛左胁侍菩萨头冠细部

317/ 图 6-307 第 46 窟洞窟左壁右龛左胁侍菩萨衣饰遗迹

317/ 图 6-308 第 46 窟洞窟左壁右龛内装绘残迹

318/ 图 6-309 第 46 窟洞窟左壁中龛帐饰残迹

318/ 图 6-310 第 46 窟洞窟左壁中龛龛形造像遗存整体情况

318/ 图 6-311 第 46 窟洞窟左壁中龛主尊佛头

318/ 图 6-312 第 46 窟洞窟左壁中龛主尊佛头细部

318/ 图 6-313 第 46 窟洞窟左壁中龛主尊佛衣

318/ 图 6-313-1 第 46 窟洞窟左壁中龛主尊佛衣多次泥装遗迹

319/ 图 6-314 第 46 窟洞窟左壁左龛遗存整体情况

319/ 图 6-315 第 46 窟洞窟左壁左龛 20 世纪 80 年代初遗存整体情况

320/ 图 6-316 第 46 窟洞窟左壁左龛帐饰遗迹整体情况

320/ 图 6-317 第 46 窟洞窟左壁左龛帐饰右侧衔流苏龙首残迹

320/ 图 6-318 第 46 窟洞窟左壁左龛帐饰左侧与前壁右龛右流苏关系细部

320/ 图 6-319 第 46 窟洞窟左壁左龛右流苏

320/ 图 6-320 第 46 窟洞窟左壁左龛右流苏细部

321/ 图 6-321A 第 46 窟洞窟左壁左龛右流苏线图

321/ 图 6-322A 第 46 窟洞窟左壁左龛左流苏线图

321/ 图 6-323 第 46 窟洞窟左壁左龛主尊佛头正面

321/ 图 6-324 第 46 窟洞窟左壁左龛主尊佛头左侧面

322/ 图 6-325 第 46 窟洞窟左壁左龛主尊左手泥装残迹细部

322/ 图 6-326 第 46 窟洞窟左壁左龛右胁侍菩萨正射影像图

322/ 图 6-327 第 46 窟洞窟左壁左龛右胁侍菩萨遗存整体情况

322/ 图 6-328 第 46 窟洞窟左壁左龛右胁侍菩萨头冠细部

322/ 图 6-329 第 46 窟洞窟左壁左龛右胁侍菩萨头冠细部

323/ 图 6-330 第 46 窟洞窟左壁左龛左胁侍菩萨正射影像图

323/ 图 6-331 第 46 窟洞窟左壁左龛左胁侍菩萨遗存整体情况

323/ 图 6-332 第 46 窟洞窟左壁左龛左胁侍菩萨头冠细部

323/ 图 6-333 第 46 窟洞窟左壁左龛左胁侍菩萨衣饰细部

323/ 图 6-334 第 46 窟洞窟左壁左龛左胁侍菩萨衣饰细部

324/ 图 6-335 第 46 窟洞窟左壁左龛左胁侍菩萨衣饰细部

324/ 图 6-336 第 46 窟洞窟左壁左龛内装绘残迹

324/ 图 6-337 第 46 窟洞窟左壁左龛左胁侍菩萨与相邻前壁右龛右胁侍菩萨比对

325/ 图 6-338a 第 46 窟窟顶前坡

325/ 图 6-338b 第 46 窟窟顶右坡

325/ 图 6-338c 第 46 窟窟顶后坡

325/ 图 6-338d 第 46 窟窟顶左坡

325/ 图 6-339 第 46 窟窟顶仿木结构细部

325/ 图 6-340 第 46 窟窟顶枋木结构细部

326/ 图 6-341 第 46 窟窟顶右坡浮雕飞天残迹

326/ 图 6-342 第 46 窟窟顶后坡装銮残迹

326/ 图 6-342-1 第 46 窟窟顶后坡装銮残迹细部

329/ 图 7-1 第 47、47 窟附、48 窟在圆光寺区主峰正壁的位置

330/ 图 7-2 第 47 窟窟外遗迹现状

331/ 图 7-3 窟前建筑大殿及寺院庭院正视

331/ 图 7-4 窟前建筑大殿和寺院庭院侧视

332/ 图 7-5 第 49 窟窟前崖壁与窟前大殿基台的关系

332/ 图 7-6 窟前大殿基台东侧

332/ 图 7-7 窟前大殿基台西侧

333/ 图 7-8 地震台拆除后今窟前大殿未建前窟前大殿遗址

333/ 图 7-9 今圆光寺庭院台地全景

334/ 图 7-10 今圆光寺庭院台地近景

334/ 图 7-11 今圆光寺右侧配

殿后曾蓄养牲畜的石槽

334/ 图 7-12 2013 年本次调查时拍摄的今圆光寺实景

335/ 图 7-13 被用作地震台时期圆光寺区遗存状况老照片

336/ 图 7-14A 第 47 窟及第 47 窟附窟残迹平面线图

336/ 图 7-15 第 47 窟窟顶平面正射影像图

336/ 图 7-15A 第 47 窟窟顶平面线图

337/ 图 7-16 第 47 窟中心柱凿除痕迹

337/ 图 7-17 第 47 窟窟顶右角柱柱头、斜枋、帐构及窟顶横枋

337/ 图 7-18 第 47 窟窟顶右角细部

338/ 图 7-19 第 47 窟附窟窟外现状

339/ 图 7-20 第 48 窟窟外遗迹现状

339/ 图 7-21 第 48 窟窟门左侧加固墙

339/ 图 7-22 第 48 窟窟门左侧崖壁上蹬道遗迹

339/ 图 7-23 第 48 窟窟门左侧崖壁上蹬道细部

341/ 图 7-24 第 48 窟平面正射影像图

341/ 图 7-24A 第 48 窟平面线图

342/ 图 7-25 第 48 窟窟顶平面正射影像图

342/ 图 7-25A 第 48 窟窟顶平面线图

343/ 图 7-26 第 48 窟左右剖前视正射影像图

343/ 图 7-27 第 48 窟左右剖后视正射影像图

343/ 图 7-28 第 48 窟前后剖右视正射影像图

343/ 图 7-29 第 48 窟前后剖左视正射影像图

344/ 图 7-26A 第 48 窟左右剖前视线图

344/ 图 7-27A 第 48 窟左右剖

后视线图

344/ 图 7-28A 第 48 窟前后剖右视线图

344/ 图 7-29A 第 48 窟前后剖左视线图

345/ 图 7-30 第 48 窟中心柱整体保存情况之一·中心柱前壁和左壁

345/ 图 7-31 第 48 窟中心柱整体保存情况之二·中心柱后壁和左壁

346/ 图 7-32 第 48 窟中心柱整体保存情况之三·中心柱右壁壁画

347/ 图 7-33 第 48 窟洞窟整体遗迹之一·前壁残龛与龛外壁画

347/ 图 7-34 第 48 窟洞窟整体遗迹之二·前壁残龛与龛外壁画

347/ 图 7-35 第 48 窟洞窟整体遗迹之三·右壁残龛及龛内装绘

348/ 图 7-36 第 48 窟洞窟整体遗迹之四·未开龛的后壁残迹

348/ 图 7-37 第 48 窟洞窟整体遗迹之五·左壁二龛造像壁画遗迹

348/ 图 7-38 第 48 窟洞窟整体遗迹之六·左壁龛外壁画残迹

348/ 图 7-39 第 48 窟前壁与左壁角倚柱与窟顶横枋斜枋和帐构雕凿细部

349/ 图 7-40 第 48 窟中心柱前壁正射影像图

349/ 图 7-41 第 48 窟中心柱右壁正射影像图

350/ 图 7-42 第 48 窟中心柱后壁正射影像图

350/ 图 7-43 第 48 窟中心柱左壁正射影像图

351/ 图 7-40A 第 48 窟中心柱前壁线图

351/ 图 7-41A 第 48 窟中心柱

右壁线图

352/ 图 7-42A 第 48 窟中心柱后壁线图

352/ 图 7-43A 第 48 窟中心柱左壁线图

353/ 图 7-44 第 48 窟基座前砖砌须弥座

353/ 图 7-44-1 第 48 窟基座前砖砌须弥座束腰部位砖雕细部

355/ 图 7-45 第 48 窟中心柱前壁龛三尊造像遗存整体情况

355/ 图 7-46 第 48 窟中心柱前壁与其前砖砌须弥座关系

356/ 图 7-47 第 48 窟中心柱前壁龛右胁侍菩萨遗存整体情况

356/ 图 7-48 第 48 窟中心柱前壁右胁侍菩萨正射影像图

356/ 图 7-49 第 48 窟中心柱前壁龛右胁侍菩萨头部残迹

356/ 图 7-50 第 48 窟中心柱前壁龛左胁侍菩萨正射影像图

356/ 图 7-51 第 48 窟中心柱前壁龛左胁侍菩萨遗存整体情况

356/ 图 7-52 第 48 窟中心柱前壁龛左胁侍菩萨泥装头冠残迹

356/ 图 7-53 第 48 窟中心柱前壁龛左胁侍菩萨身姿衣饰细部

356/ 图 7-54 第 48 窟中心柱前壁龛左胁侍菩萨身姿衣饰细部·璎珞珠花

357/ 图 7-55 第 48 窟中心柱前壁龛内主尊、胁侍菩萨原刻头光又经整体装绘的情况

357/ 图 7-56 第 48 窟中心柱前壁右胁侍菩萨头光遗迹

357/ 图 7-57 第 48 窟中心柱前壁左胁侍菩萨头光遗迹

357/ 图 7-58 第 48 窟龛背主尊佛和右胁侍菩萨间墨绘卷草

357/ 图 7-59 第 48 窟龛背主尊和左胁侍菩萨间墨绘卷草

358/ 图 7-60 第 48 窟中心柱前壁龛外壁面横枋下壁画残迹

358/ 图 7-61 第 48 窟中心柱前壁龛外横枋下壁画折枝花细部

358/ 图 7-62 第 48 窟中心柱前壁龛外右侧壁画瓶插花

358/ 图 7-63 第 48 窟中心柱前壁龛外左侧壁画瓶插花

358/ 图 7-63-1 第 48 窟中心柱前壁龛外左侧壁画瓶插花细部

359/ 图 7-64 第 48 窟中心柱前壁龛外右侧壁面与中心柱右壁整体装绘遗迹

359/ 图 7-65 第 48 窟中心柱前壁龛外左侧壁面与中心柱左壁整体装绘遗迹

360/ 图 7-66 第 48 窟中心柱前壁龛外左侧壁画题记一

360/ 图 7-67 第 48 窟中心柱前壁龛外左侧壁画题记二

360/ 图 7-67-1 第 48 窟中心柱前壁龛外左侧壁画题记二细部

360/ 图 7-68 第 48 窟中心柱右壁壁画残处暴露的地仗做法细部

361/ 图 7-69 第 48 窟中心柱右壁壁画遗存整体情况

362/ 图 7-70 第 48 窟中心柱右壁壁画左菩萨头部及头光细部

362/ 图 7-71 第 48 窟中心柱右壁壁画左上角小坐佛头细部

363/ 图 7-72 第 48 窟中心柱后壁遗存整体情况

363/ 图 7-73 第 48 窟中心柱后壁上部左侧残壁画

363/ 图 7-74 第 48 窟中心柱后壁上部右侧存与中心柱左壁相连的壁画残迹

363/ 图 7-75 第 48 窟中心柱后壁下部和右壁跨壁的壁画地仗

363/ 图 7-76 第 48 窟中心柱左壁遗迹整体情况

364/ 图 7-77 第 48 窟中心柱左壁龛内三尊未完全凿造完成的一佛二弟子造像

364/ 图 7-78 第 48 窟中心柱左壁龛主尊佛

364/ 图 7-79 第 48 窟中心柱左壁龛主尊佛头侧面

365/ 图 7-80 第 48 窟中心柱左壁龛右弟子正射影像图

365/ 图 7-81 第 48 窟中心柱左壁龛右弟子遗存整体情况

365/ 图 7-82 第 48 窟中心柱左壁龛左弟子正射影像图

365/ 图 7-83 第 48 窟中心柱左壁龛左弟子遗存整体情况

366/ 图 7-84 第 48 窟中心柱左壁龛内整体装绘情况

366/ 图 7-85 第 48 窟中心柱左壁龛外右侧坐佛壁画遗存情况

366/ 图 7-86A 第 48 窟中心柱左壁龛外右侧壁画坐佛线图

367/ 图 7-87 第 48 窟中心柱左壁龛外坐佛壁画遗存上起第一佛

367/ 图 7-88 第 48 窟中心柱左壁龛外右侧上起第二坐佛

367/ 图 7-89 第 48 窟中心柱左壁龛外右侧上起第二坐佛像左上榜题

367/ 图 7-90 第 48 窟中心柱左壁龛外右侧上起第三坐佛

367/ 图 7-91 第 48 窟中心柱左壁龛外右侧上起第三坐佛细部

367/ 图 7-92 第 48 窟中心柱左壁龛外右侧上起第三坐佛右上榜题

367/ 图 7-93 第 48 窟中心柱左壁龛外壁画上起第四佛残迹

368/ 图 7-94 第 48 窟中心柱左壁龛外左侧坐佛壁画遗迹

368/ 图 7-94-1 第 48 窟中心柱左壁龛外左侧坐佛壁画细部

369/ 图 7-95 第 48 窟洞窟前壁正射影像图

370/ 图 7-95A 第 48 窟洞窟前壁线图

371/ 图 7-96 第 48 窟洞窟前壁遗存整体情况

371/ 图 7-97 第 48 窟洞窟前壁遗存整体情况

371/ 图 7-98 第 48 窟洞窟前壁右龛整体情况

372/ 图 7-99 第 48 窟洞窟前壁右龛主尊佛头及头光残迹

372/ 图 7-100 第 48 窟倚柱、窟顶、枋整体装绘壁画残迹

372/ 图 7-101 第 48 窟洞窟前壁倚柱柱头装绘残迹

373/ 图 7-102 第 48 窟洞窟前壁右龛外坐佛壁画遗存情况

374/ 图 7-103 第 48 窟洞窟前壁左龛及整体装绘壁画残迹

374/ 图 7-104 第 48 窟洞窟前壁左龛外壁画残迹

374/ 图 7-104-1 第 48 窟洞窟前壁左龛外跃坐佛残迹细部

375/ 图 7-105 第 48 窟洞窟右壁正射影像图

376/ 图 7-105A 第 48 窟洞窟右壁线图

377/ 图 7-106 第 48 窟洞窟右壁遗存整体情况

377/ 图 7-107 第 48 窟洞窟右壁后端横枋柱头残迹

378/ 图 7-108 第 48 窟洞窟右壁右龛遗存整体情况

378/ 图 7-109 第 48 窟洞窟右壁右龛内装銮残迹

378/ 图 7-110 第 48 窟洞窟右壁右龛外与中龛之间壁面壁画残迹

378/ 图 7-111 第 48 窟洞窟右壁中龛遗存情况

379/ 图 7-112 第 48 窟洞窟右壁中龛内整体装绘、菩萨头光及云纹、虹光

379/ 图 7-112-1 第 48 窟洞窟右壁中龛内装绘细部

379/ 图 7-112-2 第 48 窟洞窟右壁中龛右胁侍菩萨头光细部

及其外云纹

379/ 图 7-112-3 第 48 窟洞窟右壁中龛内装绘云纹细部

379/ 图 7-112-4 第 48 窟洞窟右壁中龛内云纹、虹光细部

379/ 图 7-112-5 第 48 窟洞窟右壁中龛虹光细部

379/ 图 7-112-6 第 48 窟洞窟右壁中龛虹光及左侧墨绘竹石细部

380/ 图 7-113 第 48 窟洞窟后壁正射影像图

381/ 图 7-113A 第 48 窟洞窟后壁线图

382/ 图 7-114 第 48 窟洞窟后壁遗存整体情况

383/ 图 7-115 第 48 窟洞窟左壁正射影像图

384/ 图 7-115A 第 48 窟洞窟左壁线图

385/ 图 7-116 第 48 窟洞窟左壁右侧风化情况

385/ 图 7-117 第 48 窟洞窟左壁左侧上部残剥情况

385/ 图 7-118 第 48 窟洞窟左壁左龛下后世补砌情况

385/ 图 7-119 第 48 窟洞窟左壁中龛遗存整体情况

386/ 图 7-120 第 48 窟洞窟左壁中龛内造像

387/ 图 7-121 第 48 窟洞窟左壁中龛右胁侍菩萨

387/ 图 7-122 第 48 窟洞窟左壁中龛左胁侍菩萨

387/ 图 7-123 第 48 窟洞窟左壁中龛左胁侍菩萨头部及上身细部

388/ 图 7-124 第 48 窟洞窟左壁中龛内整体装绘情况

388/ 图 7-124-1 第 48 窟左壁中龛内装绘细部

389/ 图 7-125 第 48 窟左壁中龛外坐佛壁画遗迹

389/ 图 7-126 第 48 窟洞窟左壁中龛外右起第一佛

389/ 图 7-127 第 48 窟洞窟左壁

中龛外右起第二佛

390/ 图 7-128 第 48 窟洞窟左壁中龛外右起第三佛及其左侧松石细部

390/ 图 7-129 第 48 窟洞窟左壁左龛龛形及造像遗存整体情况

391/ 图 7-130 第 48 窟左壁左龛内造像遗存整体情况

392/ 图 7-131 第 48 窟左壁左龛内整体装銮

393/ 图 7-132 第 48 窟左壁左龛外壁面整体装绘残迹

393/ 图 7-133a 第 48 窟窟顶前坡仰视

393/ 图 7-133b 第 48 窟窟顶右坡仰视

393/ 图 7-133c 第 48 窟窟顶后坡仰视

393/ 图 7-133d 第 48 窟窟顶左坡仰视

394/ 图 7-134 第 48 窟窟顶右坡装绘残迹细部

395/ 图 7-135 第 49 窟窟口和窟前天然岩体

395/ 图 7-136 第 49 窟窟前就岩体开凿的踏道

395/ 图 7-137 第 49 窟窟门

396/ 图 7-138 第 49 窟窟门右壁线刻供养人

396/ 图 7-138-1 第 49 窟窟门右壁线刻供养人细部

396/ 图 7-139 第 49 窟窟门左右梁孔遗迹

396/ 图 7-140 第 49 窟今窟檐之上原窟檐橼孔遗迹

397/ 图 7-141 第 49 窟左侧岩壁一座曾搭建护檐的水窖遗迹

397/ 图 7-142A 第 49 窟平面线图

398/ 图 7-143 第 49 窟窟顶平面正射影像图

398/ 图 7-143A 第 49 窟窟顶平面线图

398/ 图 7-144 第 49 窟四壁及窟顶

398/ 图 7-145 第 49 窟四壁现状

398/ 图 7-146 第 48 窟四壁现状

400/ 图 8-1 圆光寺区第 50 窟与相国寺、桃花洞区相望形势

401/ 图 8-2 第 50 窟与圆光寺区主峰正壁诸窟关系

402/ 图 8-3 第 50 窟前沿山势开凿呈 90 度转折的蹬道

402/ 图 8-4 第 50 窟前前段蹬道沿旧蹬道重新剔凿

402/ 图 8-5 第 50 窟前旧蹬道遗迹和新蹬道细部

403/ 图 8-6 第 50 窟窟前蹬道后端

403/ 图 8-7 第 50 窟窟前可绕行通洞窟的平缓山坡

404/ 图 8-8 第 50 窟窟前砖砌的前坡窟前建筑

404/ 图 8-9 第 50 窟窟前建筑

404/ 图 8-10 第 50 窟砖砌窟檐和原开凿洞窟窟口遗迹

404/ 图 8-11 从第 50 窟洞窟内部看其前壁坍塌及后以砖补砌的遗迹情况

405/ 图 8-12A 第 50 窟平面测图

405/ 图 8-13A 第 50 窟前后剖左视线图

406/ 图 8-14 第 50 窟内现存 2001 年新塑灵官像之一和新绘后壁

406/ 图 8-15 第 50 窟内现存 2001 年新塑灵官像之二和右壁原灵官壁画残迹

406/ 图 8-16 第 50 窟内现存 2001 年新塑灵官像之三和左壁原灵官壁画残迹

407/ 图 8-17 第 50 窟窟顶残迹

407/ 图 8-18 第 50 窟前壁壁画残迹

408/ 图 8-19 第 50 窟右壁壁画残迹

408/ 图 8-20 第 50 窟后壁新绘壁画和掩于其下的原有壁画

409/ 图 8-21 第 50 窟左壁壁画残迹

409/ 图 8-22 第 50 窟窟顶及窟顶壁画残迹

411/ 图 8-23 第 50 窟左壁上起第一行右起第一幅壁画"对师发誓"

411/ 图 8-23-1 "对师发誓"细部一

411/ 图 8-23-2 "对师发誓"细部二

411/ 图 8-23-3 "对师发誓"细部三

412/ 图 8-24 第 50 窟左壁第一行第二幅壁画"萨祖焚庙"

412/ 图 8-25 第 50 窟左壁第一行第三幅壁画"舍金济世"

412/ 图 8-25-1 "舍金济世"细部

413/ 图 8-26 第 50 窟左壁第一行第四幅壁画"萨祖爷灵官治瘟"

413/ 图 8-26-1 "萨祖爷灵官治瘟"细部

413/ 图 8-27 第 50 窟左壁第二行第一幅壁画"萨祖供养(?)参拜"

413/ 图 8-27-1 "萨祖供养(?)参拜"细部一

413/ 图 8-27-2 "萨祖供养(?)参拜"细部二

414/ 图 8-28 第 50 窟左壁第二行第二幅壁画"灵官普救众生"

414/ 图 8-28-1 "灵官普救众生"细部一

414/ 图 8-28-2 "灵官普救众生"细部二

414/ 图 8-29 第 50 窟左壁第二行第三幅壁画"灵官点帅将"

415/ 图 8-29-1 "灵官点帅将"细部一

415/ 图 8-29-2 "灵官点帅将"细部二

415/ 图 8-29-3 "灵官点帅将"细部三

415/ 图 8-30 第 50 窟左壁第二 行第四幅壁画"萨祖传天□"

415/ 图 8-30-1 "萨祖传天□" 细部

415/ 图 8-31 第 50 窟左壁第三 行第一幅壁画"灵官□□□"

416/ 图 8-32 第 50 窟左壁第三 行第二幅壁画"灵官入水府"

416/ 图 8-33 第 50 窟左壁第三行第三幅壁画"灵官道□□"

416/ 图 8-34 第 50 窟左壁第三 行第四幅壁画"怒容收火精"

416/ 图 8-34-1 "怒容收火精" 细部

417/ 图 8-35 第 50 窟右壁第一 行壁画残迹

418/ 图 8-35-1 第 50 窟右壁第 一行壁画残迹细部一

418/ 图 8-35-2 第 50 窟右壁第 一行壁画残迹细部二

418/ 图 8-35-3 第 50 窟右壁第 一行壁画残迹细部三

418/ 图 8-36 第 50 窟右壁第二 行壁画残迹

418/ 图 8-36-1 第 50 窟右壁第 二行壁画残迹细部

419/ 图 8-37 第 50 窟右壁第三 行壁画残迹

419/ 图 8-37-1 第 50 窟右壁第 三行壁画残迹细部一

419/ 图 8-37-2 第 50 窟右壁第 三行壁画残迹细部二

419/ 图 8-37-3 第 50 窟右壁第 三行壁画残迹细部三

420/ 图 9-1 "敕赐圆光"碑碑阳

420/ 图 9-2 "敕赐圆光"碑碑阴

420/ 图 9-3 "敕赐圆光"碑碑阳 碑额

421/ 图 9-4 "敕赐圆光"碑碑阳

422/ 图 9-5 "敕赐圆光"碑碑阳 拓本

424/ 图 9-6 "敕赐圆光"碑碑阴 碑额

425/ 图 9-7 "敕赐圆光"碑碑阴

426/ 图 9-8 "敕赐圆光"碑碑阴

拓本

427/ 图 9-9 "敕命之宝"碑

427/ 图 9-10 "敕命之宝"碑碑阳 碑额

428/ 图 9-11 "敕命之宝"碑碑阳

429/ 图 9-12 "敕命之宝"碑碑阳 拓本

431/ 图 9-13 "敕命之宝"碑碑阴 ("敕赐禅林")

432/ 图 9-14 "敕命之宝"碑碑阴 ("敕赐禅林")拓本

10/ 测图 1 须弥山石窟洞窟分布 全图

30/ 测图 2 圆光寺区洞窟分布 (叠加)总平面图

32/ 测图 3 圆光寺区主峰正壁洞 窟分布和窟外遗迹立面图

34/ 测图 4 圆光寺区主峰正壁剖 面图

34/ 测图 5 圆光寺区主峰正壁第 一层洞窟(第 47、47 窟附、 48、49 窟)平面图

35/ 测图 6 圆光寺区主峰正壁第 二层洞窟(第 45、45 窟附、 46 窟)平面图

36/ 测图 7 圆光寺区第三层洞窟 (第 40～44、50 窟)平面图

宿白先生与须弥山石窟调查

罗丰　李志荣

一

第一本须弥山石窟的报告书要出版了，在我们终于松了一口气的时候，自然而然地又想起了宿白先生。

须弥山报告的整理出版，与其说是宿白先生长久的心愿，还不如说是宿白先生一个长长的心病，现在可以算得上是还了一个许下先生很久的愿，虽然先生已无法目睹。宿白先生从 1984 年起至 2000 年曾四次前往须弥山石窟考察，其中时间最长的 1986、1987 两个年度，每年在须弥山的时间都长达一月之久，须弥山也是先生石窟考古生涯中浸注心血最多的一个石窟之一。

2001 年的春天，记得是在一个灰蒙蒙的上午，笔者之一罗丰去北京大学朗润园宿府拜访宿白先生。那时我刚担任宁夏文物考古研究所所长不久，宿先生虽对我能否胜任人事关系复杂的单位工作仍表示担忧，但还是对宁夏在考古方面的几项工作提供了方向性的指导，其中也说到了须弥山石窟报告的整理编写。我顺口向宿先生表达了想法，北京大学考古学系既然曾经调查过须弥山圆光寺，能否重新启动编写工作。宿先生见我随口说来，并非成熟考虑，就谈到他所担心的事：北大原来的须弥山圆光寺调查，是受宁夏文管会的委托而开展的，现在由考古所接手，有无障碍？他知道，过去两个单位之间并不和谐。我马上表态，宁夏文管会已经撤销，由我们接手并无不妥，请先生放心，宁夏方面我会协调一致。"如果这样，你可去找马世长商量，先把图找来，再核对原来的调查记录，然后再说报告编写的事情。"并叮咛说马世长身体不好，事又多，你多催着点。随后我找到拄着拐杖、拖着病身但情绪高涨的马世长先生。听我转达宿先生的想法后，马老师十分高兴，说由你们接手当然好呀，这件事终于又可以启动了！接着他委托陈悦新来具体操办。陈悦新曾经参加过 20 世纪 80 年代的须弥山调查（本报告说的第二次考古调查），在宁夏工作多年之后，当时刚入北大随马世长读博士学位。

不久，消息传来，结果令人失望，图丢了。原来北大考古学系几次搬家，须弥山调查时绘制的大部分图纸不知所踪，同时遗失的还有一些文字记录。马世长听说后，几次对我说，遗失是不可能的，再找找。当然没有下文。每当宿先生问我和马世长商议的结果，我只能王顾左右而言他。有一次在北大勺园开会我向马老师建议，要不要一起去向宿先生说明情况，马老师满脸为难地说："还是由你说比较方便，宿先生也不好说你。"看来这个恶人只好由我来做了。听说图没了，宿先生非常吃惊，又详细询问了寻找过程，说那以后须弥山的报告就成问题了。接着又说了很长的一段话，简要大意是，石窟调查主要是调查者要仔细地看，一切观察的结果都要落在图上，图纸是石窟报告整理的基础，也是成果，调查记录只是图纸的补充和辅助。为了不使宿先生失望，我信心满满地向宿先生保证，会补绘缺图，重新组织力量调查。宿先生摇摇头，满脸狐疑，失望和不信任挂在脸上："那就试试看吧。"

　　从此以后的数年间，我们在国家文物局的支持下重启调查，却又累起累仆，困难迭起，进展缓慢。宿先生对重新调查每每用警惕的目光注视，几番反复之后不被宿先生看好的调查活动几成僵局，我也有些丧气了。

　　调查工作陷入僵局的原因主要有两个，一是缺少石窟专业人员主持，二是石窟测量绘图的结果大家都不满意。时间拖了很久，所谓的石窟测量调查也时断时续地进行着，仍没有拿出一张大家满意的测图，人员却换了好几拨。2010年情况终于出现了转机，这一年原浙江省文物考古研究所所长曹锦炎先生受命组建浙江大学文化遗产研究院。一次会上偶遇谈及有无机会合作，我借机向他讲述须弥山调查的情况，曹所长称他们正在尝试利用数字化技术进行一些测量活动，俩人一拍即合，决定联合调查须弥山石窟。曹所长并称北京大学李志荣很快加盟浙江大学，可以请她来负责这一项目。

　　接着我在北京向宿先生汇报我们与浙江大学的合作意向，宿先生说由浙大方面李志荣负责须弥山调查是可以的，她虽然没有做过石窟，但完全可以胜任，只要协调好与原有宁夏方面人员关系。得到宿先生的支持，我心里稍有些底，我们的须弥山调查测绘一向不被宿先生看好认可。2011年年中刚调入浙大的李志荣和浙江大学数字化团队很快来到须弥山石窟，在初步数字信息化采集工作之后，大家都觉得这样的办法虽然还在摸索之中，但无疑是可行的。在调查工作团队的组建中，我们充分考虑了既往工作的延续性，也邀请相关专家一起工作。来年五月，我再次向宿先生报告了准备情况及调查人员的构成，宿先生表示，这样看来工作可以展开了，并明确告诉我，须弥山石窟的调查工作就由李志荣主持吧，其他人有时间就去，调查就是要有人一直盯在现场，随时解决出现的问题，并批评道你们以前那样不行。

随即我们两家签署须弥山石窟联合调查协议，并请宿白先生担任总顾问。宿先生欣然接受了我们的邀请，调查工作终于可以开始了。宿先生听了弥山石窟初步考察的收获，非常高兴，随即我们一起商定考古组织的基本架构和设想。他看过在须弥山试验数字化技术的成果，觉得能够利用这一技术解决须弥山石窟测量问题，只简单地说，"那就抓紧干吧！"

二

宿白先生关注须弥山石窟实际是他推动中国石窟寺考古调查的一个组成部分，他用相当多的时间来思考中国佛教考古的问题，尤其是石窟寺调查的具体方法，许多重要石窟的考古调查工作都是在先生的亲自指导下进行的，也是他学术生涯中不可或缺的一环。

如果我们希望正确地评价宿白先生对中国石窟寺考古的贡献，那么将其放在 20 世纪中国石窟寺调查的长河中去认识的话，大约应该是一个不错的角度。在宿白先生的学术生涯中，佛教考古是他研究的重点之一，除藏传佛教考古外，他花费了很大的功夫来研究、推动中国石窟寺考古的调查、研究工作。在宿白先生进行的一系列开创性工作中，他的每一部著作几乎都标志着佛教考古学科一个新的起点，我们都可以从中学习到许多东西，如提出问题的角度、解决难题的方法和可靠而不被注意的材料信息等等。他会轻而易举地抓住问题的本质进行讨论，与长广敏雄的论战完全突显了他的这种才能。几十年后的今天，这些著作仍然是学术领域中的经典著述，《中国石窟寺研究》《藏传佛教寺院考古》，甚至未正式刊行的著名的《敦煌七讲》，都是这样的著作。

云冈石窟是宿白先生研究石窟寺考古的开始，关注云冈石窟可以推及解放以前的 1947 年。那时他在整理北京大学图书馆所藏的善本书籍过程中，意外地发现清代金石学家缪荃孙传抄的《永乐大典》天字韵《顺天府》条中引了元人《析津志》。《析津志》中有一篇《大金西京武州山重修大石窟寺碑记》。缪荃孙所抄《金碑》虽系迄录但却是孤本，因为他所抄录的这册《永乐大典》在庚子事变中已不知所踪。后来宿先生依据这篇碑文所记的云冈十寺，来研究云冈石窟中寺院的历史。他采用注释的体例，谨慎地推测了其中五个寺院的位置。后来在与日本著名考古学家长广敏雄的辩论中，详尽地论述了这篇《金碑》史料上的可靠性，以及一些刻铭、文献在研究石窟寺考古时的重要性和使用原则，特别强调石窟附近的一些寺院建筑遗迹的延续和继承性。

实际上宿白先生从 1950 年参加雁北文物考察团到过云冈石窟后，多次前往云冈石窟进行调查，他的多篇有关云冈石窟的论文就是实地考古调查的心得。在此基础上他提出了著名的"云冈模式"这一石窟考古上的重要概念。宿白先生从魏道武帝占据平城以来的百年历史事实出发，指出云冈石窟实际上是北魏王朝集中各地优秀人才、财富、技术的产物。云冈石窟的三个阶段都与当时崇佛思想、南北交流、宗佛思潮密不可分。迁洛以后，云冈的大型石窟营造中辍，大批中小型洞窟盛行，是皇家势力撤出后由留平、复来贵族充分利用平城旧有技艺的结果。它的式样与洛阳地区石窟联系甚密，杂染华风是必然。云冈石窟影响范围之广、延续时间之长，是其他任何石窟所不能比拟的。北魏领域内的任何石窟建造都是参考了云冈石窟新兴的营造模式或以此为典范。

敦煌莫高窟是宿白先生关注的另外一个重点。大约从 20 世纪 60 年代初开始，宿先生在敦煌文物研究所讲述著名的敦煌学七讲，学生们根据他的讲课记录，整理了《敦煌七讲》。在这次系列讲座中，宿白先生主要从中国石窟寺研究的历史出发，系统地梳理了石窟寺考古研究中的若干问题。他的这些思考虽然大都见于后来发表的若干文章当中，但其中若干关于石窟寺考古具体调查方法和需要解决的问题，现在仍然值得我们领会思考。

中国境内最早进行石窟寺考古调查的是外国探险家，斯坦因、勒柯克、伯希和等人在新疆、河西的调查报告书是学术界了解克孜尔、敦煌石窟的基础。内地佛教遗址考古调查最早在 20 世纪初年，日本学者在这方面用功最多，尤其是抗日战争期间，日本军队占据华北地区后，他们对云冈、龙门、响堂山石窟进行了大规模的调查和详尽的勘测，并且很快出版了考古报告。1936 年，长广敏雄、水野清一等调查龙门石窟，1941 年出版《河南洛阳龙门石窟之研究》；1936 年调查响堂山石窟，次年《河北磁县河南武安响堂山石窟》出版。当然，长广、水野用力最多的是云冈石窟，调查时间几乎伴随着整个抗日战争，报告的整理时间更长，从 1952 年开始到 1956 年出版《云冈石窟：西历五世纪中国北部佛教石窟寺院的考古调查报告》，共 16 卷 32 册。至于一些云冈石窟零星发掘品的整理，更是要晚至 2006 年，才由冈村秀典整理出版（冈村秀典编《云冈石窟·遗物篇》，京都：朋友书店，2006 年）。这部考古报告是中国石窟寺报告中最重要的一部，也是宿白先生最重视的一部，多次向我们推荐这部报告。他曾指出这部书是石窟寺考古报告编写的一个蓝本；但同时也指出，长广敏雄和水野清一在编写过程中的一些分歧，他们的意见分别表现在各自主持的报告部分。报告的日文部分主要由长广敏雄主持编写，英文部分的主持人是水野清一。水野邀请国立博物馆的原田治郎进行翻译。翻译并未按日文一一对应，并请一位美国人 Peter. C. Swann 担任校对工作。所以水野花了大量时间向译者逐一叙述云冈石窟，水野对云冈石窟的看法主要体现在英文部分。宿白先生提醒在阅读英文部分时要注意这种差异。

宿先生对这些日本石窟报告的总体评价是：南北响堂山石窟报告因为

时间太短，较为粗糙一些，龙门石窟相对从容要稍好一些，但问题很多。云冈石窟报告则更好，它可以看成是 20 世纪上半叶日本学术界对我国石窟研究的一个总结。不过在宿先生眼中，日本人关于佛教考古著述中最高水平的著作，是京都大学的《居庸关》。居庸关的过街三塔除去许多雕刻造像外，过街塔洞还铭刻许多其他文字，所以当时京都大学集中许多各方面的专家共同研究。历史方面有藤枝晃、日比野丈夫，图像方面有高田修，梵文、藏文方面有长尾雅人、八思巴文、西夏文方面有西田龙雄，回鹘文方面有江实，陀罗尼文方面有利惇氏、梶山雄一等。这些人都是当时不二之人选，因此报告的总体水平要超过《云冈石窟》。当然这是由于居庸关材料的特殊性决定的，一般的石窟调查，《云冈石窟》仍具有重要的参考性，包括报告书的形式。

宿先生虽然觉得日本人石窟考古研究在推进中国石窟考古研究时有着非常重要的意义，但他早在 60 年代就指出其中的一些缺陷。例如他们的研究偏重于题材考证，无法了解题材的发展；一些现象只有一些不大肯定的推测，而无正确阐释。即使对内容的考察，也只能注意其表面现象，而无法重视其内部关系。另外，一个致命的缺陷是掌握的材料不够全面，像天梯山、麦积山、敦煌莫高窟这些重要的材料，他们都不了解，无法进行比较研究。虽然日本学者以网罗文献著称，宿先生却觉得他们在参考文献方面受到一些限制，像金代《武州山重修大石窟寺碑记》这样重要的文献，在长广敏雄看来有点儿来历不明，从而不被重视。还有他们对于禅宗、密宗的理解有点儿片面。因为这些问题的研究都与道德传统、生活习惯、习俗等有密切关联，而不能仅用自身的理解去研究，他们在这方面也有困难，无法深入。

石窟寺考古是宿白先生长期思考的历史考古学问题之一，尤其是石窟寺的考古调查，这是石窟寺研究的基础。早在 60 年代，他在著名的《敦煌七讲》中专门用两讲的篇幅讲解了他的思考和方法。

宿白先生认为：石窟寺考古首先要探讨排年、分期和性质，然后才能进一步讨论它的社会性质。因此，注重窟室形制、布局、分组和各种形象题材、组合与造像特征的调查记录是最重要的环节。考古学的基础是层位学和类型学，石窟寺的考古学记录，相当于考古学的层位学。石窟寺考古学的记录，不是一般性的调查记录，它所要达到的最高标准是在考古对象被破坏以后，可以根据调查记录，进行复原工作。这一点，对于石窟遗迹来讲，尤其重要，因为石窟的寿命不可能永久存在下去，它会一点一点地消失，最后全部损毁。阿富汗巴米扬石窟的被毁，完全突显了详尽考古调查工作的重要性。

正式的石窟考古学记录，是石窟寺的科学档案，共有六项工序，所有进行石窟调查工作的人员都应当掌握：

（一）测绘

完整的测绘图应当有：连续平、立面图，这便于我们了解被测窟在窟群中间的位置，也要注意窟外檐、栈道等遗迹平面图，要求与连续平、立面图相匹配，用不同高的线条表示高低。还应当注意已经消失的迹象，如幢幡架、燃灯架、栏杆等，当然造像等复杂遗迹更要重视，应该用方格基线剖面图，纵、横剖面都要有，最好能延至窟外，可以看出其与上下窟的关系，还要能表示出改建痕迹。各壁的立面和各壁画面的实测图，复杂的壁画要有细部原大白描图、窟顶图。窟前木构图，要分清原装和后装，注重材、栔、分和斗口、榫卯等古建筑的构造和做法。塑像实测图应包括，正视、左右侧视、后视、俯视图等。衣纹、佛面、花纹及后塑部分都要有细部图。窟前遗址图。石窟解剖、轴线投影图，虽然原理简单，但实际操作起来麻烦，最好能有。

（二）尺寸登记表

这项工作应与测绘同时进行，与图相辅而行，彼此不可偏废。尤其要注意实测图中不易表现出的尺寸。

（三）照相草图和登记

照相的部位要画出草图，照片、草图都要记录。

（四）墨拓

墨拓最好由记录者制作。它的对象是石窟中的各种石刻、木刻、砖雕等。因墨拓的延伸关系，注重其神。

（五）文字、卡片记录

以上述各种图为单位制作单位大卡片。卡片描述必须客观准确，不作任何考证，必要时可以作附注。

（六）简单小结卡片

各种图表、卡片记录完之后，要由负责人作简单小结卡片，检查各种记录、图表之间相互关系，内容必须统一，不能有矛盾。小结时要有图表总目录，图表要进行统一编号。

宿白先生指出在整个石窟考古中最为重要的是造像的测量，而造像的测量不仅要注意造像的现状，还要从造像制度方面考虑问题。造像的经典都来自一定的佛教规制图样，几次大的佛像传入，主要是根据图样。虽然，我们现在在《大藏经》中找不到一本造像经典，但历代工匠肯定是依照经典尺寸来造像的。一些佛经如《阿娑缚抄》《觉禅抄》《别尊杂记》和《画像要集》等密宗经典都提到过造像的尺寸、颜色、布局。他特别到注意一部名为《造像量度经》的藏文经。这部关于造像的经典最早由元人幢吉祥从梵文译成藏文，大约在明代中期出现汉译本，现在的汉译本是由精通藏文的蒙古族人工布查布在清乾隆年间译出。《造像量度经》中有一些图样，并且根据经文对佛的坐立、佛面、菩萨、佛母、天王进行比例分析。例如头与身的比例，面部各部位的比例，坐与立的比例，佛与菩萨的比例等。虽然这些比例关系并不一定完全符合诸多石窟造像尺寸，但对于我们理解造像比例关系规律、为我们研究藏传佛教的形象、仪式提供帮助，也是通往唐密图样的桥梁。

宿白先生关于石窟考古调查的思想是全面的，方法具体而详尽，即使过去五十多年，由于技术的进步，一些过于艰困的测量已经变得相对简单。但是宿白先生所要求的具体操作方法、关注问题仍具有现实指导意义，或者说我们仍然没有达到宿先生所要求的水准。

在宿白先生的晚年，他在不同的场合，依然强调这些原则，并加以发挥。当一些技术尝试性地运用到石窟调查之中，宿白先生总是给予热情的鼓励和支持。他提醒调查时要注重人员的结构，强调考古学者如何主导调查方向，而不至于成为技术的附庸。

三

大约是在 2011 年 10 月份，初查须弥山回到杭州不久，李志荣接到宿先生电话，希望到一趟北京，一是要听 9 月在须弥山初察数字化三维建模技术在须弥山石窟第 45 窟前壁西龛进行数字化测量实验的结果，二是要求到北大考古系资料室借出日本人云冈报告，好好念一遍。

2012 年 4 月须弥山石窟第三次考古调查正式开始。这次工作与此前石窟寺考古的最大区别，就是计算机数字化测量记录技术的引进和应用。因此，这次工作可以定义为是一次在数字化技术介入条件之下的石窟寺考古实践，甚至可以说是尝试。须弥山石窟考古工作从团队组织到具体环节，都是在宿白先生学术思想之下对石窟寺考古方法论在新条件下的学术实践和方法论探索。

团队的组织。地面遗迹的田野调查，除不发掘之外，工作与田野考古无异，同样需要对遗迹的全面细致的观察，从整体到局部的测量，对观察和测量遗迹的全面的文字记录，以及对观察和测量并文字记录的遗迹的全面的摄影记录，做到尽可能全面地把遗迹信息多方位地记录下来、呈现出来。石窟寺遗址除历史地理诸环境因素外，还有窟外遗迹、窟前遗迹和窟内遗迹，极为复杂，依照宿先生的要求，需有考古工作者率专业的考古测量工作者、考古摄影师，数字化工程师，无分别地全面观察和记录。须弥山石窟考古调查团队，就是由宁夏文物考古研究所和浙江大学文化遗产研究院联合组成的一个由考古工作者、摄影师、测量工作者和数字化工作者组成的团队，后者是数字化技术介入在团队组织中的反映。

整理石窟寺研究史。宿先生说，梳理研究史，对考古工作而言，最重要的是为了更好地了解遗迹得以成为今天现状的来龙去脉。从某种程度上说，梳理历史文献的也是这个道理。因此，一切与遗迹面貌有关的行为，不论是学术调查、研究还是加诸考古遗址上的其他行为——对石窟寺而言，当然还包括石窟寺的保护整修等等——都应当纳入研究史。本次工作，除梳理方志文献外，梳理了自须弥山石窟被发现以来历次的著录和调查，特别专门梳理了 1983 年以来大规模的须弥山整修工程。这次整修工程不仅改变了须弥山的整体面貌，顺着修整工程的"功业"逆流而上逐项"剔除"，正好可以复原整修工程前须弥山石窟的面貌。而两次大规模的调查，对须弥山石窟群进行了科学编号和分区，公布的包括题记和图版在内的资料，记录保存了 20 世纪 80 年代中期洞窟内外遗迹的实况，对认识今天的遗迹面貌、两次调查的学术贡献和整修工程中抢救保护遗迹的时代贡献，意义非凡。研究史的梳理使本次工作建立在扎实的基础之上，并保持了前人工作的延续性。中国现存的石窟寺大都不仅经过几代学者若干次的调查研究，而且也几乎都经过 1949 年以来若干次修缮和加固保护工程，立足遗迹梳理研究史，当不仅仅适用于须弥山石窟。

整体布网测绘。现存的中国石窟寺，和须弥山石窟一样，均为自然历史环境独特、区划复杂、洞窟众多的石窟群，如何进行可持续的考古工作，到目前为止尚是一个令从事石窟寺考古的机构感到困难的问题。幸而目前测量技术进步使这个问题的解决成为可能。用在大遗址考古中普遍使用的带 RTK 的全站仪首先对石窟群连同其选址环境进行布网测绘，不论后续具体实施的详细考古调查从石窟群的哪个区哪个窟开始，都会归宗于窟群整体。这是现代测量技术给当前石窟寺考古工作带来的便利。须弥山石窟工作中，我们首先安排了整体布网测量，之后选择从须弥山石窟群的核心区段圆光寺区开始。目前须弥山子孙宫区全部和相国寺区第 51 窟及其附窟的田野工作已经全部结束，局部的测量和整体布网测量之间实现了宏观和微观记录的统一。

石窟寺的数字化测量及测图。如前所述，石窟寺记录中首要而繁难的就是具体石窟寺洞窟内外的测量。数字化技术引入之前的传统测量，是借助工程测量三视图的方法，设立测量基点、基线，建立坐标系，然后借助各种传统的测量工具，测量遗迹在坐标中的位置，形成石窟寺的平面、立面、剖面图，理论上通过三视图，可以复原石窟寺洞窟内外遗迹的三维空间和遗迹全貌。但由于石窟寺遗迹的复杂性，要做到精准测量极不容易，做到完全复原只是理想而已。数字化技术引进石窟寺考古中解决洞窟内外的测量问题，其过程与传统测量正好相反。2012 年须弥山一期工作具体的做法是，用多图像三维建模的方法，首先获得洞窟内外遗迹的三维空间模型，然后再从这个已经获得的三维模型中，根据考古记录呈现遗迹的需要，获得各种数字化的测量图——正射影像图。这样形成的正射影像图的每个点都是数字测量的结果，可以用作传统意义上测图的底图，清绘之后就成为可反映洞窟遗迹及遗迹关系的线图。令人感动的是，宿先生几乎是立刻就理解了这种新技术能给石窟寺考古带来怎样的促进，只是不断督促说，线图绘制，那一定得做考古的人盯着，数字化工程师也好、清绘的人也好，不了解遗迹和遗迹关系，或理解不深，是画不出来的。我们谨遵教诲不敢放松，坚持与数字化测量同时工作，在现场完成石窟寺考古观察和记录，并不断地给数字化作业工程师讲解遗迹，让他们了解他们工作的对象以及目标。

然而以数字化测图为底清绘而成传统线图，并没有预想的那么容易。数字化记录的是遗迹包括质感、色彩、风化、残损等的全面信息，正射影像图因此就成了把遗迹和遗迹关系呈现得十分丰富繁复的底图，远超传统测量所得，给清绘带来了取舍难题。通过从数字测图到清绘成线图的全过程，事实上可见两种测图表达内容的差异，前者可以看作对遗迹全貌的客观记录，而线图——其功能已经不再是用以复原洞窟的空间信息——表达的更应该是考古工作者对遗迹的观察认识。数字化的底图使表现更多遗迹信息的更加细腻的线图成为可能。也正是在这样的过程中，进一步认识了数字化记录的优越性。最后我们坚持两种测图同时发表。

石窟寺遗迹的文字记录。无须多言，和任何考古工作一样，考古记录需在现场面对遗址遗迹不断地深入观察的基础上进行。关于这一点，宿先生总是在说，使劲看，看明白，看不明白也就不可能记录明白。而石窟寺遗迹包括选址营凿的工程遗迹，如果有窟前寺院营建的话，还有地面寺院的营建遗迹，进入洞窟，则有洞窟形制、布局遗迹，还有造像遗迹，还包括在开凿洞窟过程中形成的工艺遗迹，还有石窟寺存续的漫长时间里不断重装的遗迹，如同传统考古地层学所示的不同文化层叠压一样，都需要不予人为轻重分别地全面记录。对于晚期遗迹，宿先生说，那当然要记录了！须弥山石窟的记录，虽不敢说确实看明白了，但却谨遵教诲，使劲看了，认真地记录了窟外窟内的遗迹、开凿的遗迹和晚期重装的遗迹，看见了洞窟营凿的匠心，看到了手工时代的雕凿技艺对遗迹形成的影响，看见了遗迹细部中充满的生动的变化，最重要的是，常被一笔而过的"晚期重装"，对于像须弥山石窟这样在晚期有过系统性重装的石窟寺，被详尽记录。正是透过晚期重装遗迹，开凿时期洞窟遗迹才被"暴露"，特别是造像遗迹。事实上，不论开凿还是重装，都是人们为实现自己的信仰理想付出努力劳作倾尽心力的结果，不论早晚都不能稍有忽视。而正是须弥山案例，我们获得了历史时期保护修缮石窟寺文物的具体知识。也是在现场的观察记录中，我们同时草绘了全部图表，和洞窟形制、布局的手绘记录，重点的开凿和重装遗迹的草图记录，特别是标注出哪些遗迹需要专门图版，哪些地方需要用线图呈现，哪些地方必须用正射影像图呈现等等，客观上使考古记录成为统领其他各专业配合的核心。

数字化技术和考古工作的融合。须弥山石窟考古引入数字化技术在石窟寺考古界当然不是第一次，但把数字化技术作为石窟寺考古记录的新方法的技术环节，而不仅仅是为实现传统石窟测量目标的辅助工具，却是第一次。如何使数字化技术真正成为考古记录的新帮手，提升石窟寺遗迹记录的成果质量，因此成为一个问题。在须弥山石窟的田野工作中，我们坚持"考古的立场"，也就是数字化技术的工作目标是为记录石窟寺的遗迹服务的，这项技术应当跟着石窟寺，或者说考古记录的要求改进和升级；我们坚持"考古的在场"，就是强调数字化田野作业过程中，考古工作者必须和他们一起工作，向数字化工程师解析不同方位、类型遗迹的内容，提出需要数字化技术进行工作的明确需求；同时坚持"考古的标准"，就是数字化技术的使用过程，甚至计算过程必须符合考古学"科学客观"的要求，保证其过程的科学性，杜绝人工干预和违背科学路径的任何虚假结果，其成果要达到"一旦洞窟塌损，则可根据这些资料进行复原"的标准。

图版拍摄。洞窟测量记录的遗迹，表达的是遗迹客观的存在，反映的是石窟营凿者、重装者的思想和用一定工艺手法实施完成所呈现的客观结果的遗留，即使有了数字化技术可以记录遗迹的形色信息了，但我们观察、记录时与遗迹的交流和遗迹给予的启发和我们从中的认知获得，却是不可测量的，比如石窟群所在的壮美山河和雕凿遗存的微妙转折。因此图版拍摄，反映的就主要是测量无法完全反映的、观察者认为需要特别强调并希望能够同时呈现和表达的遗迹整体或细部，是考古工作者主观的角度和板眼所在，不可稍微轻忽。不同类型的记录用不同的方法，从事者都应当是专业的。在须弥山石窟考古工作中，我们强调根据考古要求摄影的图版由专业摄影师完成，每一帧都应当是真正的摄影作品，构图、布光和画面符合专业摄影标准。我们先后拍摄两次，其中还得到文物出版社资深编辑蔡敏的专门指点。

报告的编写。须弥山考古报告编写过程中，我们把"原真呈现"遗迹本身确定为报告的目标，并以此为准安排章节，尽量做到文字、测图、图版均成系统，彼此相辅成成。这是我们对先生教诲的理解。报告结语，以遗迹为核心总结，也是宿先生在报告写作过程中反复强调的，"不要牵涉别的石窟的事，年代问题的讨论可放在最后一卷"。

其实，没有比记录客观事实更难的事了。从两次田野工作完成到报告最终付印，前后用了差不多八年时间，固然我们学力不强怠惰懒散，而编写石窟寺考古报告之难也确实非从事者难以体会。

行文至此，不禁怀念起并不久远的须弥山石窟考古调查事前事中到报告编写的那些永不复返的不短的岁月。那时候，宿先生精神尚好，关怀心切，我们在田野工作的每一天，都要向宿先生汇报，和先生保持着热线联系，听着先生兴奋的回应和针对新情况的指导教诲。在室内工作的每一阶段，差不多一个月就带着整理的文字，不断出来的图，奉在先生面前。先生只要一听到须弥山石窟考古的新发现和新进展，总是说"好！好！"发自内心的欣喜难以名状。先生家的墙上，一直贴着一幅须弥山壮美的全景，那是这次工作拍摄的先生心系的须弥山。直到先生辞世，照片都未从先生家的墙上摘下来过，成为先生最后岁月的背景。

从宿白先生第一次上须弥山的 1984 年算起，至今已经整整过去三十五年，须弥山报告的出版能稍慰我们对宿白先生深深的怀念。

绪　章

第一节　地理位置与环境

一　石窟的地理形势与窟群遗迹的分布

1. 地理形势

须弥山石窟位于今宁夏回族自治区固原市原州区[1]西北约55千米的须弥山，是中国西北地区重要的石窟群之一，1982年被公布为全国重点文物保护单位。（图0-1、0-2）

须弥山为六盘山余脉，北纬36.16°，东经106.58°，主峰（山脊名青山梁子）海拔2109米，长约3000米，宽约1500米，由东南向西北蜿蜒矗立。周围群峦起伏，形势壮美。（图0-3、0-4）

其山南端为峡口，俗称寺口子，自古即是通往西域古驿道上的重要关

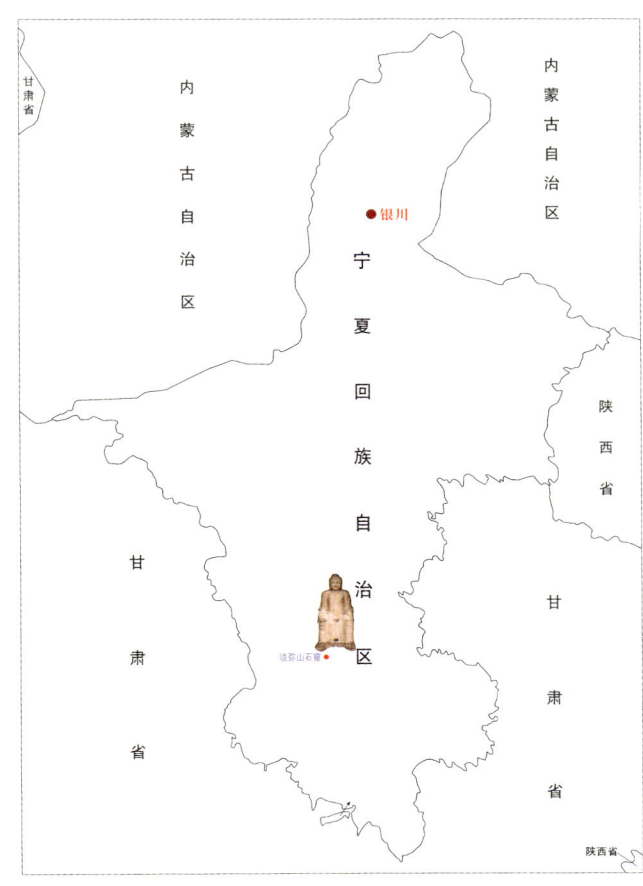

图 0-1　须弥山石窟的地理位置

[1]
即原州城。"原州当陇山尾间，六盘北垂，泾水发源于此，向东南流，高平川（今清水河）发源于此，向西北流，黑水（今长源水）、瓦亭川（陇水）亦导源州之西南境而南流，故地当泾、渭、河曲间之最高处（等高线约1800米上下），而势颇坦豁，是以汉有高平之名，后有原州之目。然众水导源，遂为交通枢纽，置关亦最多。汉世萧关故城即近在州城东南三十里。唐世此关虽废，然别置关城甚多：有石门关在州西北九十里之石门水口，……石门关盖当原州西出会州道，……重关险阻，回环州境，外控河、陇，内拱一城，故此州自昔为西北军事重镇。"（严耕望：《唐代交通图考》第2卷"河陇碛西区"，"中研院史语所"，1985年，第403、404页）

· 1 ·

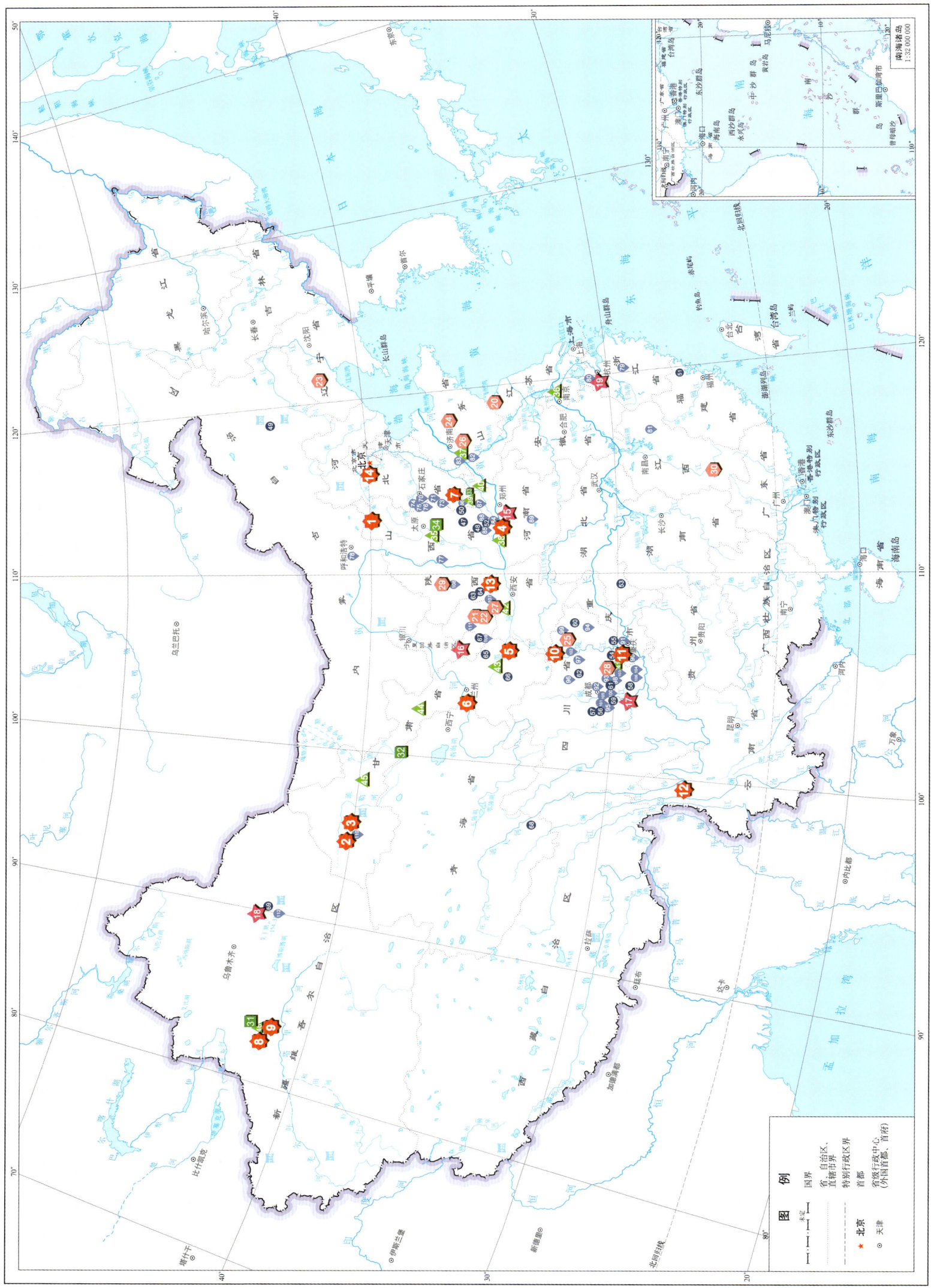

🔶 1. 云冈石窟；2. 敦煌莫高窟；3. 瓜州榆林窟；4. 龙门石窟；5. 麦积山石窟；6. 炳灵寺石窟；7. 响堂山石窟（南北响堂）；8. 克孜尔千佛洞；9. 库木吐喇千佛洞；10. 广元石窟（含皇泽寺、千佛崖）；11. 大足石刻（含北山、宝顶山）；12. 石钟山石窟；13. 药王山石刻；14. 房山雷音洞；15. 须弥山石窟；16. 巩县石窟；17. 乐山大佛；18. 柏孜克里克千佛洞；19. 飞来峰造像：

⭐ 20. 孔望山摩崖造像；21. 北石窟寺；22. 南石窟寺；23. 义县万佛堂；24. 驼山石窟；25. 巴中南龛石窟；26. 济南千佛崖造像（包括龙虎塔、九顶塔）；27. 彬县大佛寺；28. 安岳卧佛院石窟；29. 钟山石窟；30. 通天岩石窟：

⬡ 31. 森木塞姆千佛洞；32. 马蹄寺石窟群；33. 灵泉寺石窟；34. 龙山石窟：

🟩 35. 天龙山石窟；36. 南京栖霞山千佛崖石窟；37. 泰安白佛山石窟；38. 义马鸿庆寺石窟；39. 安阳小南海石窟；40. 浚县大伾山摩崖及石刻；41. 安岳毗卢洞石刻造像；42. 麟游慈善寺石窟；43. 武山水帘洞——大像山石窟；44. 武威天梯山石窟；45. 张掖文殊山石窟；46. 克孜尔尕哈石窟：

🔺 47. 高平羊头山石窟；48. 泽州碧落寺；49. 巴林左旗真寂之寺石窟；50. 平顺金灯寺石窟；51. 柄云洞造像；52. 博爱县青天河摩崖造像；53. 湖北仙佛寺石窟；54. 潼南大佛寺摩崖造像；55. 合川涞滩二佛寺摩崖造像；56. 蒲江飞仙阁；57. 邛崃石笋山石窟；58. 荣县大佛寺石窟；59. 夹江千佛岩石窟；60. 通江千佛岩石窟；61. 仁寿牛角寨石窟；62. 梓潼卧龙山千佛岩石窟；63. 富县石泓寺石窟；64. 黄陵万安禅院石窟；65. 庄浪县云崖寺和陈家洞石窟；66. 武山木梯寺石窟；67. 泾川王母宫石窟；68. 玉树贝大日如来佛石窟寺和勒巴沟摩崖；69. 吐峪沟石窟：

🔵 70. 石家庄封龙山石窟；71. 蜂峰水浴寺石窟；72. 唐县卧佛寺摩崖造像；73. 武安法华洞石窟；74. 平山县朝伽山摩崖造像；75. 武安朝阳阁石窟；76. 晋中石马寺石窟；77. 临汾七里脚千佛洞；78. 土默特左旗广化寺造像；79. 新泰大佛寺；80. 余杭南山造像；81. 仙居南峰山造像；82. 泰安东平棘梁山石刻；83. 武清清佛岩洞石窟造像；84. 林州千佛洞石窟；85. 吉利万佛山石窟；86. 卫辉香泉寺石窟；87. 焦作官谷千佛石窟；88. 武陟千佛阁石窟；89. 方城县佛沟摩崖造像；90. 江津石门大佛寺石窟；91. 重庆南岸弹子石大佛寺摩崖造像；92. 广安冲相寺摩崖造像；93. 乐至圆佛寺摩崖造像；94. 广安冲相寺摩崖造像；95. 卫辉郑山、丹棱郑山摩崖造像；96. 绵阳碧水寺摩崖造像；97. 南充西禹迹山摩崖造像；98. 资阳半月山摩崖造像；99. 巴中白乳溪石窟；100. 仁寿能仁寺摩崖造像；101. 眉山中岩寺摩崖造像；102. 南无西大像山摩崖造像；103. 内江翔龙山摩崖造像；104. 泸州玉蟾山摩崖造像；105. 仁寿县水村摩崖造像；106. 叙永西禹迹山摩崖造像；107. 宜君石窟群；108. 青凉山万佛洞石窟及瓮额塔；109. 华亭石拱寺石窟；110. 酒泉五个庙石窟；111. 庆阳石空寺石窟；112. 吐鲁番柏西哈石窟：

🔹 113. 昌马石窟；114. 喀什三仙洞；115. 鄯善七颗星石窟；116. 叶城棋盘洞；117. 胜金口石窟；118. 鄂托克旗阿尔巴斯苏木百眼窑；119. 赤峰喀喇沁山；120. 巴林左旗洞山前后昭庙；121. 宣化下花园；122. 皮央东嘎石窟；123. 扎拉鲁普哈石窟

图 0-2 中国石窟寺分布图

图 0-4　初冬的须弥山 （由南向北拍摄。落雪的山峰即须弥山主峰青山梁子，画面左上即寺口子水库）

図 0-3　晨曦中的须弥山及其南端峡口　（由东向西拍摄）

图 0-5　第 1 窟与原潘堡—西吉公路　（公路打破古驿道，仅在临崖外侧留有原古驿道路面和路沿残段，被利用为公路护栏。古驿道路沿上残存有规律布局的圆形柱洞。为保护石窟，经石窟一段公路已改道至寺口子河对岸，原公路经石窟段已成为须弥山景区内道路）

[2]
沿寺口子河东北行约 10 千米的今固原黄铎堡镇，有宋代修筑的平夏城和怀德军军城遗址，即唐代石门关关城旧址。今从平夏城遗址西眺，可清楚望见须弥山石窟分布的东面崖壁。

[3]
俗称寺口子河。1958~1959 年始，在寺口子河上游修建水库，即位于峡口西约 300 米须弥山西麓的寺口子水库（参见固原市原州区党史区志编纂委员会《固原市原州区志》，方志出版社，2010 年，第 26 页）。

隘——石门关[2]。石窟群最南端高近 5 米的立佛（编号为第 1 号窟）即开凿在临峡的峭壁上，其前为穿峡而出蜿蜒东北流的石门水[3]和 20 世纪 50 年代沿古驿道修建的潘堡——西吉公路（现景区内路段已变成内部道路）。（图 0-5 ~ 0-7）

　　山势东南折向西北，在须弥山东坡凸出连绵数座石峰，形态嶙峋，地貌丰富，之间隔以深谷鸿沟。在诸峰朝向东南的崖壁上，上下左右成片、成组开凿共一百余座大小不等、形制各异的石窟。居中第三峰和第四峰，

图 0-8　须弥山诸峰　（自须弥山博物馆屋顶由东向西拍摄）

图 0-9　第 5 窟大佛　（高 20.8 米，正视航拍）

最为形胜。其前有天然的缓平台地，石窟外还有地面寺院遗迹。而开凿在第一峰南坡崖壁上高达 20 米的大佛坐像（第 5 窟），成为须弥山的标志。（图 0-8、0-9）

图 0-10　位于桃花沟深处的桃花洞区　（2014年10月雪后由东向西拍摄）

　　在第三、第四二峰之间，有鸿沟向北深入，沟壑幽深，名为桃花沟。沟深处峰回路转，一座山峰正当谷口，山阳崖壁上劈山开凿洞窟一组。主窟室凿有后门，通往后侧由天然壑口形成的狭窄台地，别有洞天。（图 0-10）

　　山之最北名黑石沟，山谷崖壁上还开凿有零星的洞窟。（图 0-11）

　　山之东麓台地，俗称和尚坟。现须弥山景区新增设施主要集中布局于此。

　　如上，南起寺口子，北至黑石沟，东起和尚坟，西靠青山梁，南北约1998.1 米、东西约 344.4 米范围内，开凿在须弥山诸峰崖壁上的洞窟和造像，共同构成须弥山石窟群。（图 0-12）

图0-11 黑石沟山势 （由东南向西北拍摄）

图0-12 从寺口子河对岸远眺石窟群全景

2.石窟群的编号和分区概况

石窟群探明、编号的洞窟共151个，其中独立编号的洞窟132个，编为附窟的洞窟19个。根据编号洞窟在须弥山诸峰自然分布的特点，区划为八个单元，分别是大佛楼区（1～5窟，第一峰）、子孙宫区（6～39窟，第二峰）、圆光寺区（40～50窟，第三峰）、相国寺区（51～103窟，第四峰）、桃花洞区（104～108窟，桃花沟深处）、松树洼区（109～118窟）、三个窑区（119～125窟）和黑石沟区（126～132窟）。其中前五区，临河当道，朝阳面谷，洞窟相对密集，为须弥山石窟群的主体。（测图1）

背炭沟

青

山

须

山

梁

弥

子

山

六盘山脉

黑石沟区
（126~132 窟）

三个窑区
（119~125窟）

松树洼区
（109~118窟）

相圆寺区
（51~103窟）

桃花洞区
（104~108窟）

圆光寺区
（40~50窟）

40窟附窟

子孙宫区
（6~39窟）

大佛楼区
（1~5窟）

大滩

冲

沟

须

子

河

口

路

寺

堤坝

寺口子水库

至S202

毛家台子

景区入口
游客中心

须弥山博物馆

P

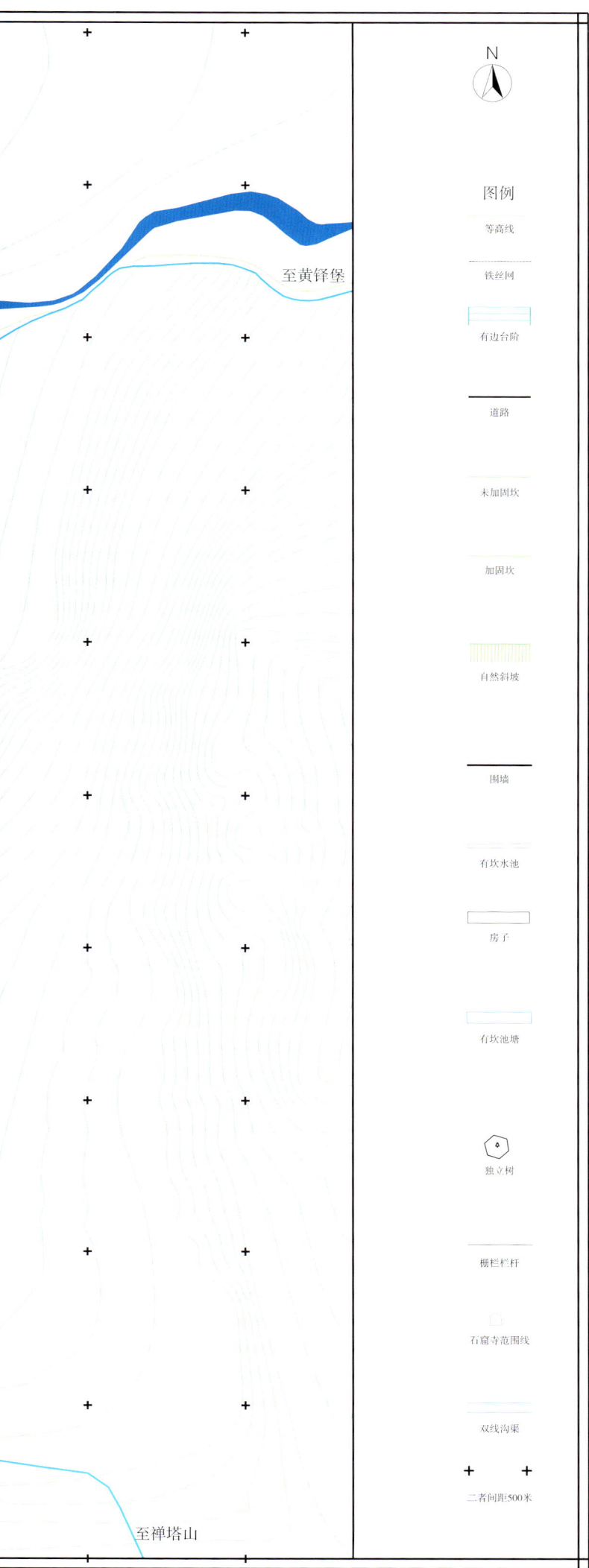

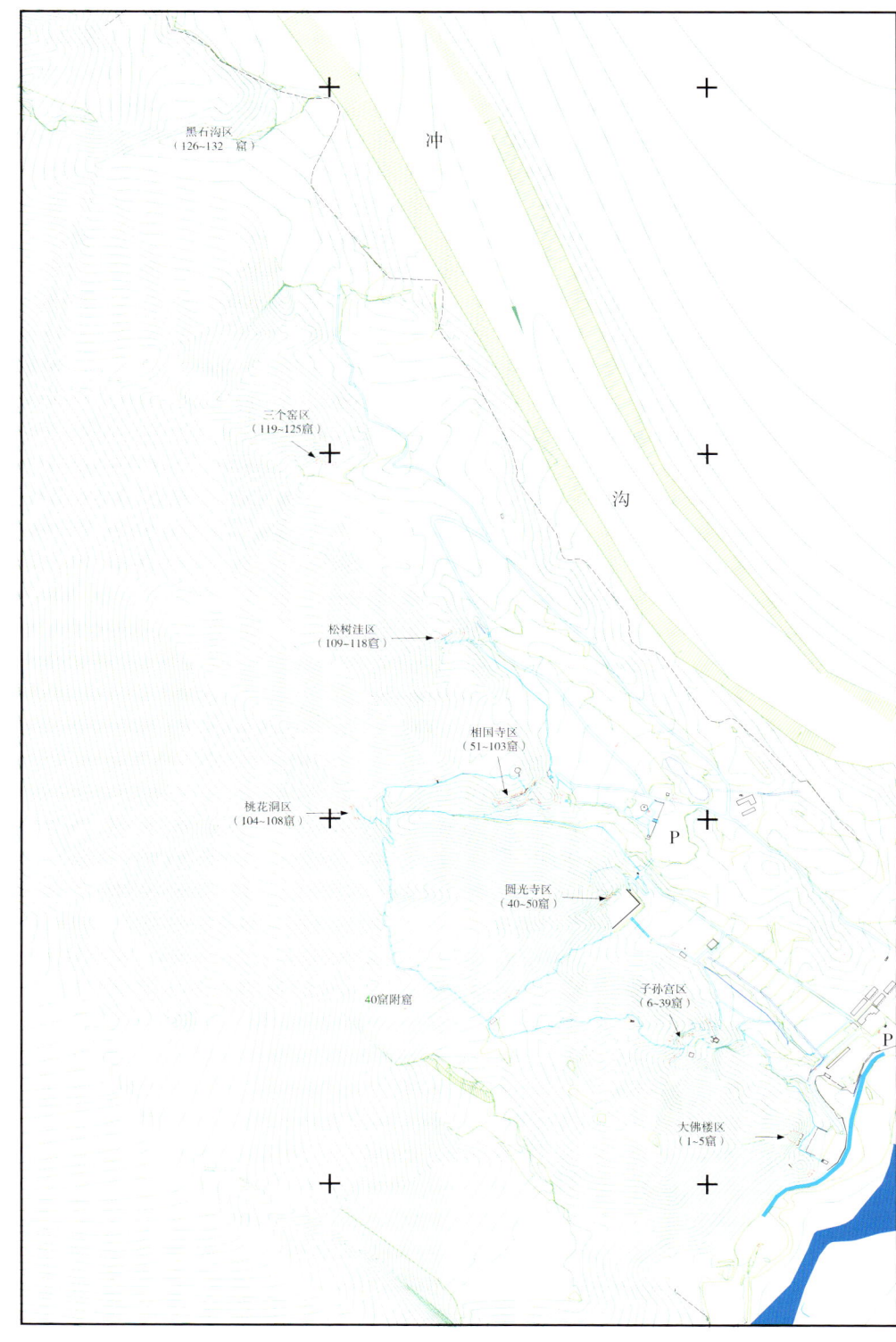

测图1 须弥山石窟洞窟分布全图 （2013年7月数字化制图 北京54坐标系为原点起算 1985年国家里程基准 1996年版图式）

图 0-13 须弥山植被现状

二　须弥山地区地质、水文、气象环境和石窟群保存现状

1. 须弥山的水文地质气象环境

固原地区盛行东南风，西北风次之，一般在冬春两季锋面风影响较大。[4]
其中须弥山石窟所在的三营镇地区，受欧亚大陆及青藏高原气候控制，冬
季寒冷，春季气温多变，夏季短暂凉爽，秋季降温迅速。年平均降水量
434.1 毫米，8 月最大降雨量 103.1 毫米，年平均蒸发量 459.7 毫米，年平
均相对湿度 63.1%，年平均大风（8 级左右）天气 13.6 天。[5]

须弥山发源于六盘山的清水河西侧山地，山体由白垩系砂岩、泥岩、
泥灰岩和第三系砂岩、砂砾岩构成。[6]（图 0-13）

第三系砂岩，呈紫红色、橙黄色中粗沙粒状结构，主要由黏土质矿物
及铁质、碳酸盐所胶结，它与碎屑矿物构成薄膜式胶结和溶蚀式胶结。碎屑
矿物的主要成分是石英，其余是斜长石、燧石、白云母、方解石、磁铁矿等。
岩石抗压强度约 25 千克 / 平方厘米，抗折强度约为 10 千克 / 平方厘米。岩
质疏松，遇水遇湿极易风化剥落。[7]

须弥山石窟所在区域，位于我国南北地震带北段，统称六盘山地震带
或西海固地震区。区内新构造运动强烈，是地震多发区之一，历史上多
次发生破坏性强烈地震。特别是民国九年（1920 年）12 月 16 日海原、
固原等县发生 8.5 级强烈地震，民国十年（1921 年）4 月固原又发生 6.5
级地震，都造成山崩地裂、房屋倒塌、伤亡惨重的巨大损失。[8]地震导
致须弥山大佛楼区、相国寺区、桃花洞区、圆光寺区诸大型洞窟、造像
坍塌损坏。

[4]
固原市原州区党史区志编纂委员会《固原市原州区志》，方志出版社，2010 年，第 81 页。
[5]
《固原市原州区志》，第 112 页。
[6]
须弥山背风面阳的崖壁上，散布油松，并有灌木和草甸植被，草木葱荣；背阳向风之处，却生机寥然。据须弥山老者讲，寺口子水库修建前，须弥山松林茂密，后水库民工为取暖烧火将松树砍伐殆尽。1956 年刘敏《甘肃省固原县的石窟造像》一文中："（须弥山）群山丛聚，且多峭壁，有寺河流经山下，山间苍松翠柏，杂花野卉，异常繁茂。"（《文物参考资料》1956 年第 4 期）
[7]
本书中的水文地质资料主要摘录自文化部文物保护科学技术研究所石窟研究室高级工程师姜怀英、杨玉柱《须弥山石窟修缮工程的主要做法和经验》，此文中水文资料为参与 1982 年第一次须弥山石窟整体调查的固原水文地质二队提供（《宁夏文物》1988 年总第 2 期，第 18~28 页）。另还参考了《固原市原州区志》有关章节。
[8]
《固原市原州区志》，第 23 页。

2. 石窟群保存现状

由于处在活跃的地震带，历经千百年沧桑变迁，特别罹经 1920 年海原大地震，须弥山山崖、窟室出现裂缝和大面积坍塌、剥落，大部分洞窟的造像雕刻和壁画题刻漫漶残毁，一些大型洞窟（如第 5、33、51、105 窟等）窟壁崩塌。[9]（图 0-14）

另外，疏松的石质、剧烈的风力和逐年增加的雨水等，是造成石窟风化病害的根源。随着西部生态环境不断改善，须弥山区域雨量正逐年增加。春夏之季，有时连续一周大雨，洞窟内渗水严重。而洞窟所在崖壁海拔多在 1700 米左右，风力强劲，致使洞窟内潮解岩体极易坍落。[10]（图 0-15）

目前，各区洞窟间原有山间蹬道几乎风化无存；整修工程中新剔凿的蹬道，距今不到三十年，有的也已风化殆尽。洞窟内部，风蚀潮解不断，有些洞窟的造像已经风化到极难测量描摹的地步。（图 0-16、0-17）

图 0-14 整修工程前的相国寺第 51 窟现状

图 0-15 第 48 窟后壁渗水情况 （画面中闪光处为雨后洞窟渗水反光）

[9]
《须弥山石窟修缮工程的主要做法和经验》，《宁夏文物》1988 年总第 2 期，第 19 页。
[10]
在须弥山进行田野工作的两年间，亲历了须弥山烈风、大雨对石窟的危害。2012 年 4 月开始第一次田野工作，对须弥山的烈风印象极深。2013 年 6、7 月第二次田野工作期间，须弥山地区多次暴雨。6 月 20 日开始的雨持续了三天。7 月 8 日开始的雨则延续了近一周，13 日晨上山查看雨后洞窟情况时，发现全部洞窟的北壁都呈渗水状，其余各壁湿气严重。进一步证实不断渗水是洞窟北壁保存状况最差的客观原因。第 45 窟附窟外崖壁上的水道流水如瀑布，第 49 窟新建窟檐和第 45、46 窟窟檐与岩体连接处均漏水严重。从第 45 窟窟顶前坡通第 44 窟的残洞，随雨水下漏很多红泥砂土；第 45 窟残损最严重的右壁和后壁交界处，又坍落很多的岩体，落地成粉。第 45 窟附窟右下角的水窖，积水过半，晴后逐渐渗漏入下层第 47、48 窟窟顶和后壁。洞窟内凡留存后期重装草泥的地方或是整修工程中用水泥封护的部位都比较干燥，风化相对较轻。圆光寺区洞窟的风化状况是须弥山石窟群的缩影，须弥山石窟的保护已成了必须面对的当务之急。首要的第 45 窟附窟水窖必须设法立刻断流，第 45 与第 44 窟间的残洞应尽快封堵。

图 0-16　第 45 窟前壁风化状况

图 0-17　第 45 窟后壁风化状况

第二节　须弥山石窟的著录、调查和加固整修保护回顾

　　须弥山石窟最早著录于 1956 年。其调查著录大致以 20 世纪 80 年代为界分为两个阶段。20 世纪 80 年代有两次较大规模的工作，一次是 1982 年主要由宁夏回族自治区文物管理委员会（以下简称"文管会"）和中央美术学院（以下简称"中央美院"）美术史系联合进行的须弥山石窟第一次全面调查，另一次是 1986～1987 年由宁夏回族自治区文物管理委员会和北京大学考古学系联合组织的考古调查。两次调查之间另有一项重要工作，即 1983 年启动、1984 年动工、历时五年的须弥山石窟加固整修工程。

一　20 世纪 80 年代之前的著录和调查

1956 年，刘敏发表《甘肃省固原县的石窟造像》[11]，首次向社会和学术界介绍须弥山石窟造像。此篇不足千字的文章，分五区介绍了 20 世纪 50 年代中期须弥山造像保存较多的若干洞窟的状况。虽然比甘南天水麦积山诸石窟的调查著录晚 15 年[12]，且极简略，但除作为记录须弥山石窟的最早文献的价值外，其按区分述须弥山诸窟的方式，客观上反映了须弥山诸窟分布的特点，对须弥山的进一步调查和保护有开创之功。

1961 年，《文物》第 2 期发表朱希元《宁夏须弥山圆光寺石窟》一文，介绍作者 1959 年 7 月实地考察、自行编号的须弥山 60 余洞窟中有佛像保存的 17 个洞窟（包括了今天大佛楼区、子孙宫区、圆光寺区、相国寺区、桃花洞区的洞窟）。朱希元的调查，一是其按考察行进路线记录了 17 个洞窟在须弥山的方位，反映了当时各区间相对隔绝的关系；二是刊布了须弥山石窟的若干照片，这是须弥山石窟形象资料第一次公开发表。照片[13]显示当时的洞窟造像保存得比较完整。其中图 8，即今 46 窟右壁右龛，显示当时主尊菩萨和胁侍菩萨头冠及眉目发髻保存完好。（图 0-18、0-19）

1962 年，宁夏回族自治区文化局首次组织对须弥山石窟进行调查，对造像保存较好的 20 个窟正式编号，今仍可见此次编号以白底墨书形式题写于各洞窟壁面（图 0-20）。本次调查编号的第 14 窟（1982 年编号为第 72 窟）左壁金大定廿一年七月二十九日（1181 年，西夏仁宗赵仁孝乾祐十二年）题记右侧壁面，至今保留有当时工整的粉笔题记："1962 年 5 月 21 日调查描字"（图 0-21）。

1962 年的调查，未见正式工作成果发表。从遗留在诸窟的工作遗迹看，当时拣选编号的 20 个洞窟，今天依然是须弥山保存较好且遗迹最为丰富的洞窟。1962 年 20 个洞窟编号与 1982 年编号对照，见表 0-1。

[11]
刘敏《甘肃省固原县的石窟造像》，《文物参考资料》1956 年第 4 期。
[12]
冯国瑞先生第一次调查麦积山石窟的时间是 1941 年 4 月 9 日，同年 7 月出版了《麦积山石窟志》（参见邓健吾《麦积山石窟的研究及早期石窟的两三个问题》，《中国石窟·天水麦积山》，文物出版社，1998 年，第 219～229 页）。
[13]
这些照片与稍后 1982 年第一次全面调查时的照片相比要整伤完整得多。

图 0-18　第 48 窟（1959 年 7 月调查时编号为第七窟）中心柱前壁龛内造像　（从画面看当时佛和菩萨像，塑装保存完整）

图 0-19　第 46 窟（1959 年 7 月调查时编号为第五窟）右壁右龛造像　（从画面看塑装主尊菩萨面，冠均基本完整）

图 0-20　第 1 窟壁面 1962 年白底墨书编号题记

图 0-21　第 72 窟（当时编号为第 14 窟）左壁现存粉笔题记

表 0-1　1962 年编号与 1982 年编号对照表

1962 年编号	1982 年编号
1	1　（大佛楼区）
2	5　（大佛楼区）
3	24　（子孙宫区）
4	32　（子孙宫区）
5	45　（圆光寺区）
6	46　（圆光寺区）
7	48　（圆光寺区）
8	51　（相国寺区）
9	54　（相国寺区）
10	62　（相国寺区）
11	67　（相国寺区）
12	69　（相国寺区）
13	70　（相国寺区）
14	72　（相国寺区）
15	78　（相国寺区）
16	79　（相国寺区）
17	80　（相国寺区）
18	82　（相国寺区）
19	83　（相国寺区）
20	105　（桃花洞区）

　　1963 年 2 月 21 日，须弥山石窟被公布为宁夏回族自治区重点文物保护单位。[14]

　　之后经历"文化大革命"，未见正式的调查活动。

二　1982 年的调查

　　1982 年 2 月，须弥山石窟被国务院公布为第二批全国重点文物保护单位。之后，须弥山石窟受到各级政府和文物主管部门的重视。同年 5 月，为了给开展保护管理工作提供必要的科学依据，自治区文化局邀请中央美术学院美术史系王泷先生带领师生，与自治区地矿局水文地质二队工程技

[14]
《固原市原州区志》，第 27 页。

术人员以及当地文博工作者，并聘请专业摄影师，对须弥山石窟进行联合测绘调查（参见附录一）。

这次调查，第一次全面勘察了须弥山石窟的保存状况，对分布于须弥山诸峰的 132 个洞窟进行编号、著录，测绘完成须弥山石窟洞窟位置分布图，并对部分重点洞窟龛像进行实测。

与此同时，自治区文管会、文化局，还指导和支持固原县人民政府，正式划定须弥山石窟的保护范围，建立文物管理所（1982 年 9 月 7 日），树立保护标志，初步完成须弥山石窟四有档案建设。以上工作为开展保护修缮工程提供了第一手准确资料，为管理工作创造了必要条件。

1982 年的调查，是须弥山石窟群调查史上一次重要的科学调查，对日后陆续开展的须弥山石窟科学工作意义重大。主要体现在以下诸方面：

1. 对洞窟的编号和分区

1982 年调查最重要的贡献是对须弥山石窟遗存的洞窟进行了全面编号和分区。这次工作，首先根据须弥山石窟的自然分布，在遵从由南至北大原则的前提下，同时考虑洞窟在所在崖壁的实际分布，基本依从自上而下顺序，将全部现存的洞窟予以编号。共编次洞窟 132 个，同时根据洞窟分布相对集中、区隔独立的特点，将 132 个洞窟分划为 8 个区，依次为大佛楼区（第 1～5 窟，共 5 窟）、子孙宫区（第 6～39 窟，共 34 窟）、圆光寺区（第 40～50 窟，共 11 窟）、相国寺区（第 51～103 窟，共 53 窟）、桃花洞区（第 104～108 窟，共 5 窟）、松树洼区（第 109～118 窟，共 10 窟）、三个窑区（第 119～125 窟，共 7 窟）和黑石沟区（第 126～132 窟，共 7 窟）。其中大佛楼区、子孙宫区、圆光寺区、相国寺区、桃花洞区等五个区域，构成须弥山石窟群的主体。1982 年 7 月，自治区地矿局水文地质二队在测绘的须弥山石窟地形图中标示了以上编号和分区。之后在 1984～1988 年整修工程期间新发现洞窟，按就近原则，编为某窟的附窟。

以上编号查清和囊括了现存须弥山全部人工开凿的洞窟数量、方位；分区反映了现存洞窟分布相对集中，又划然独立的客观实际；各区的命名，提示了该区洞窟与其他遗迹或环境诸因素的依存状况。大佛楼区，得名于该处的大佛和大佛楼遗迹[15]；子孙宫区，提示该区某些洞窟功能发生了改变[16]；圆光寺区和相国寺区，提示洞窟与窟前寺院遗址的可能关系[17]；桃花洞区、松树洼区和黑石沟区，是根据其所在区位的自然风貌或地名命名；三个窑区，则是根据民间对此区洞窟数量的认识得名。三个窑和黑石沟区，位于须弥山石窟群尾闾，虽数量不多，亦独立分区，提示注意其所在区域、数量与窟群中心地区洞窟繁聚之间的可能关系。因此，虽然须弥山石窟分区是出于方便的一个客观区划，不能反映和说明须弥山石窟营凿和各区间相互关系的历史情况，但其命名中确实包含了调查者对洞窟分布相关遗迹信息的观察。

与 1962 年择选 20 个洞窟相比，本次编号，将全部人工开凿的洞窟遗迹，

[15]
"第 5 窟，因在窟外建造过木结构的楼阁，俗称大佛楼，据崖壁上残存的梁孔分析，该楼为依崖建造的窟檐结构……""第 5 窟开凿在……北侧山崖上，窟前堆积了大量的风化岩和碎砖瓦砾……"（参见《须弥山石窟修缮工程的主要做法和经验》，《宁夏文物》1988 年总第 2 期，第 29 页）。大佛脚下立有明成化十二年《重修圆光寺大佛楼记》碑石。

[16]
《须弥山石窟》（文物出版社，1988 年）第 206 页，图版二九"子孙宫外景"图版说明："第 6 至 39 窟分布在东南向的山崖上，其中一些北魏开凿的中心塔柱式窟，是须弥山石窟创建最早的一批洞窟。一些洞窟在近代经过改造，塑有娘娘和娃娃山，因而俗称'子孙宫'。"

[17]
圆光寺区窟前建有寺院，今依旧址复建的圆光寺院内保存两通明成化石碑记录寺院兴废本末。相国寺区寺院遗址目前未经正式发掘，情况不明，但第 51 窟窟前的平缓台地提示此处或曾经建设过地面寺院。1987 年北京大学考古调查期间，正值整修工程进行中，曾在相国寺窟前进行勘察，发现了建筑构件和佛像残片（参见附录一）。

无论其造像存废，一一予以编号，打破此前偏重能反映"石窟艺术"、造像保存好的洞窟的倾向，体现出调查者全面关注历史遗迹的考古调查理念，也体现了调查者对遗迹创造者的敬畏和尊重。两次编号的变迁，反映着调查研究者对石窟遗迹认识的变化。

［18］
参见《须弥山石窟修缮工程的主要做法和经验》指页，《宁夏文物》1988年总第2期。
［19］
该书出版时，须弥山整修工程已经结束（1984～1988年），故经整修的洞窟均在现状条增补了修整后的情况。
［20］
参见《图录》图版说明和第219页"后记"。

2. 对洞窟遗迹和题记的记录和测绘

此次调查对全部洞窟的遗迹和题记进行了文字记录和测量，编写了须弥山石窟第一部内容总录；测绘了须弥山石窟分布总图；测绘了子孙宫区、圆光寺区、相国寺区和桃花洞区造像遗迹保存较好的洞窟，特别是测绘了修复前的第51窟（图0-22）和105窟，保存了这些洞窟修复前的资料[18]。

第51窟修缮工程示意图

图0-22 建立在1982年第51窟测图基础上的修缮工程示意图

3. 本次调查的成果

此次调查的成果，收入1988年由文物出版社出版的《须弥山石窟》[19]（以下称"《图录》"）一书（图0-23）。这部著作刊发须弥山石窟图191幅，图版说明14页；发表了根据1982年7月宁夏回族自治区地质局水文地质二队测量的1：1000须弥山测量图清绘的《须弥山石窟洞窟位置分布图》，以及由中央美院测绘的第5窟、24窟、46窟、51窟、62窟、67窟测图28幅；刊出全部132个洞窟的内容总录29页，包括当时发现的38则题记。书前刊发由调查主持者王泷和牛达生执笔的《须弥山石窟》长文。文章根据洞窟分布、龛像特点、现存碑刻题记并结合史志文献，论述须弥山石窟开凿于北魏、北周、唐，北周是其盛期，之后特别是明代复兴经营的历史。

191帧图版照片，占全书篇幅的三分之二，大多拍摄于1984年整修工程之前或过程中[20]，也包含部分1988年整修工程完成后前后对比的照片。这些图片是须弥山石窟实况图像的首次全面刊布，拍摄于距今30年前，大部分又在加固整修工程前，具有十分重要的史料价值。如圆光寺诸窟照片，

须弥山石窟

图0-23 《须弥山石窟》书影

图 0-24　第 46 窟前壁右龛右胁侍菩萨今昔
对比　（左. 菩萨现状　右.《图录》刊布的同尊菩萨）

图 0-25　第 46 窟右壁左龛右胁侍菩萨泥装
剥落情况对照　（左. 菩萨泥装剥落的现状　右.《图
录》刊布的第 46 窟右壁左龛照片，可见菩萨泥装保存较多）

图 0-26　《图录》刊布修复前第 51 窟图
版　（左. 窟顶和中心柱坍塌情况　右. 右壁和后壁造像
露天暴露情况）

保存了 20 世纪 80 年代诸窟造像保存实况。与今天比，当时许多完存的造像泥
装今天已经剥落无存[21]。（图 0-24、0-25）当时图版反映得十分清晰的烟
熏壁面而今也已大多风化剥落，可知 30 年来须弥山石窟风化日趋加剧。
第 51 窟的图版则反映了 1985～1986 年 51 窟修复前的实况[22]。（图 0-26）
第 105 窟的图版一三五～一三七（图 0-27），则是洞窟复原工程清理后壁

[21]
当时造像残剥处，1984～1988 年的整修工程中，
大多抹水泥封护。
[22]
参见《图录》第 40 页第 51 窟内容总录后"现状"
说明条。

图 0-27 《图录》桃花洞整修前图版书影

一三五 第105窟前室
135 Ante-chamber of Cave 105

一三六 第105窟中心柱
136 Central pillar in Cave 105

一三七 第105窟中心柱
137 Central pillar in Cave 105

［23］
《须弥山石窟修缮工程的主要做法和经验》一文指出"（105窟）修缮前窟内堆石如山，连洞门都被塌落下来的石头堵住了。""该窟的修缮就是从清理积石开始，凡属坍塌下来的雕刻品一律归安复位……"《宁夏文物》1988年总第2期，第23页。惜没有图片，此可补。
［24］
须弥山石窟维修工程办公室雷润泽、韩兆民《须弥山石窟加固整修工程总结》，姜怀英、杨玉柱《须弥山石窟修缮工程的主要做法和经验》，《宁夏文物》1988年总第2期。
［25］
此时占用圆光寺区寺院遗址设立的地震台刚刚拆除，新窟前大殿还没有建设。这次测绘可算是一次抢救性记录，弥补了维修工程时对寺院建筑遗迹没有全面记录的缺憾。惜图纸未见刊布。
［26］
参与当时调查的现中国社会科学院考古研究所边疆研究室主任李裕群完好保存着从1986年8月8日～1988年11月的工作日志和当时绘制的草图。
［27］
《须弥山石窟内容总录》，文物出版社，1997年。

坍塌前的照片，是今天辨识洞窟原始遗迹的重要参照[23]。

1982年的调查，成为1984年的须弥山石窟整修工程的科学基础之一，保证了须弥山石窟整修工程的高质量完成，使须弥山石窟整修工程成为20世纪80年代以来建立在科学调查基础上进行古迹修缮保护的范例[24]。

三 1986年至1987年的考古调查

1986年5月起至1987年年底，北京大学考古学系石窟寺考古研究生班由宿白先生和马世长先生带队（图0-28），联合自治区文管会和须弥山石窟管理所的工作人员，对须弥山石窟进行为期近20个月的考古测绘调查。目标是在1982年工作的基础上，进一步全面调查测绘、收集石窟洞窟资料，编写忠实、全面记录须弥山石窟的考古报告。

1986年5月21日～26日，调查组抢在窟前大殿动工前，测绘了圆光寺诸窟窟前平面和外立面[25]。1986年8月至1987年1月，全面考察、记录须弥山八区洞窟，绘制洞窟平面和崖壁立面草图，全面了解须弥山各区石窟内容和特点[26]。

在此基础上，重点对圆光寺区诸窟形制、造像作了测绘和详细的文字记录，为编写圆光寺区洞窟考古报告积累资料。1987年冬，工作小组二赴须弥山，校核圆光寺区洞窟记录。期间在极艰苦的条件下，用一月时间对须弥山全部132个洞窟及其附窟重新核查，测绘了洞窟的全部平面图和剖面图。

1997年12月，调查成果之一《须弥山石窟内容总录》[27]（以下简称"《总录》"）出版。

《总录》全书198页，按分区、窟号编排的总录文字并测图共154页，

图 0-28 北京大学考古实习调查工作照 （图中正在沿45窟附窟外脚窝登窟的人是宿白先生。翻拍自须弥山圆光寺内陈列室）

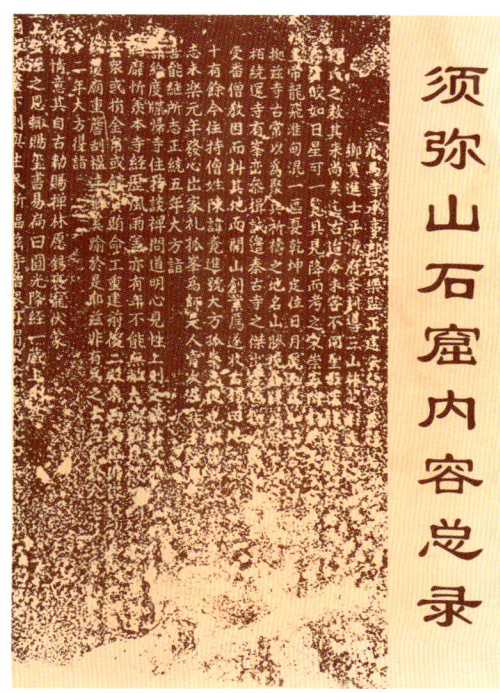

图 0-29 《须弥山石窟内容总录》书影

［28］
《总录》"几点说明"第二条，第27页。
［29］
陈悦新《须弥山石窟概述》四"须弥山石窟的特点""（一）各时期的洞窟分区开凿"，《总录》，第22页。
［30］
因地质、气候等自然因素，须弥山石窟的自然风化剥蚀在持续不断地发生。因调查时间早，《总录》和《图录》内容中最有价值的部分是其对早期遗迹的文字和照相记录，特别是有些当时著录的题记今已漫漶不可读或完全蚀失。《总录》图版二"子孙宫区"，《图录》未载，反映整修工程前未新凿蹬道时子孙宫区洞窟间的联络实况。
［31］
须弥山加固整修工程完成后除以上两份文件外，没有再出版过详细记录工程情况的档案性质的修缮报告，这两份文件因此特别值得在调查须弥山遗迹时高度重视。其中大佛楼、相国寺第51窟及窟前寺院遗迹、圆光寺诸窟窟前寺院复原前和第105窟窟前建筑诸遗迹，为《图录》和《总录》所无，尤其重要。两份文件未附图版和图纸，《图录》的部分图版和说明聊可稍补，也值得充分注意。现已分别补入本报告诸卷相应遗迹的记录中。
［32］
两篇文献中分别记录了整修恢复前的大佛楼区第5窟窟前建筑遗迹、圆光寺寺院遗迹、相国寺建筑遗迹和桃花洞窟前大殿建筑遗迹等，为前述《图录》和《总录》所缺载，惜未见任何遗迹现状实测图。

最后配附彩色图版25幅。书前有马世长先生的前言，记述调查工作和《总录》编纂本末，正文前附发陈悦新《须弥山石窟概述》，作为本次工作的总结，统领全书。（图0-29）

与《图录》中仅29页、未附测图的内容总录相比，《总录》加详了洞窟形制、造像遗迹的观察记录，洞窟内容的叙述编次，将"年代"列为首项，并强调："须弥山石窟无确凿纪年铭刻和文献资料可作判定时代的依据，故洞窟的时代系根据该窟龛的形制、题材内容、造像特点以及洞窟所处的区域，进行排比归纳，找出他们演变的规律并与其他有纪年可考石窟的比较，科学地推断出来的"［28］。断代研究的推进，是此次考古调查的成果之一。其结果显示的年代相近的洞窟在同一区或同一区崖壁某段集中的现象，对进一步认识须弥山石窟群洞窟相对集中于一区一段、各区相对分散独立的遗迹特点和其营凿背景的关系有所启发［29］。

限于体例，《总录》并不能反映须弥山石窟的全面信息。但作为《图录》之外第二部关于须弥山石窟的著作，其出版推动了学术界对中华人民共和国成立以后新发现的这处西部重要石窟的关注和研究［30］。

四 1983年启动的须弥山石窟加固整修保护工程

1983年5月，文化部文物保护科学技术研究所（现中国文化遗产研究院）工程师姜怀英等主持编制须弥山抢修方案和实施计划，根据洞窟位置分布图、重点洞窟实测图和洞窟残损和病害的勘察实况，提出分期分批治理须弥山石窟病害的措施，拟定须弥山石窟加固修缮计划，6月呈报国家文物局获批，正式启动须弥山石窟的加固整修保护工程。工程1984年4月开工，1988年8月结束。《须弥山石窟加固整修工程总结》和《须弥山石窟修缮工程的主要做法和经验》两份总结性文件［31］，提供了事关须弥山整体环境风貌到具体洞窟加固修复做法诸事的丰富信息。

历时五年的须弥山石窟加固整修工程，规模浩大，是须弥山石窟营凿史上划时代的事件。"加固处理危裂山体六处，修复遭损坏的洞窟七十四座，复原窟壁崩塌的大型窟室七座，修复大型造像三尊，恢复木构窟檐六座、亭子三处、圆光寺庙院一所，剔凿砌筑登山栈道台阶二千三百余级（长约一千六百米），砌筑砖石护坡护墙二千余立方米，装设钢铁扶手护栏一千二百余米，修建跨沟大小桥梁四座"等工程。两篇总结性文献反映的内容，可看作对整修前须弥山石窟群残损现状和洞窟分布原状的一次记录。整修工程中对须弥山水文、地质、地震等科学信息的调查，对须弥山洞窟残损、病害成因的分析，对具体洞窟残迹分别采取的清理、加固、复原措施，特别是其中作为修复依据的崖壁、洞窟、窟前等与石窟寺院建筑相关的遗迹记录［32］，都是今天调查和记录须弥山石窟寺遗迹需特别重视的内容。特别是，为遏止造像局部残破面进一步扩大恶化，整修工程中还对造像的残破断面，特别是晚期泥装与原石造像共存的残破部位，实施水泥涂抹封

图 0-30　须弥山子孙宫区、圆光寺区现状　（航拍）

护[33]。凡此种种，整修工程的结果已然成为今天须弥山石窟现状的一部分。追踪修缮工程因此成了从当前现状探求、还原历史遗迹面貌的必要工作。（图 0-30）

　　1988 年整修工程之后至今，须弥山环境整治和洞窟保护在持续进行中[34]。与整修工程相比，总的来说是局部的，并未对整修后形成的从整体环境到洞窟造像面貌造成大的改变。

　　尽管有种种保护努力，须弥山洞窟仍处在不断风化和不断潮解的危险之中，亟须在全面调研的基础上再施抢救性保护。

　　抢救和保护石窟寺遗迹最基础的方法是对其遗迹进行全面的科学记录，编定档案式的、记录其全面遗迹的考古报告，这是石窟寺考古的任务。

第三节　2012 年须弥山石窟考古工作

一　须弥山石窟考古工作的再启动和浙江大学多图像文物三维建模技术的引入

　　近年，洞窟岩石自然风化加剧，部分已呈粉末状损害，须弥山石窟宝贵的遗迹有消失之虞。全面调查和记录须弥山石窟群的遗迹，建立完备的基础档案，为研究和保护服务，变成一项急迫任务。这也是一直关注着须弥山石窟考古工作的前辈和曾经为须弥山石窟倾注过热情和心力的人们关切的工作。

［33］
《须弥山石窟加固整修工程总结》中未提及，但在现场观察中发现水泥封护面积相当大，已经成了今天观察须弥山石窟遗迹时无法回避的情况。

［34］
其户与须弥山遗迹主体有直接关系的，一是从 1991 年 5 月开始的洞窟防风化试验和实施（1991 年 5 月，进行化学保护加固实验工程。1992 年 9 月，须弥山石窟雕刻品防风化化学保护开始进行扩大试用，分别对第 85、90 窟残破洞窟和有残破雕像的洞窟进行喷涂加固处理，共处理面积约为 125 平方米。2002 年 9 月，须弥山石窟实施第一期防风化化学保护工程，历时一个月，共加固处理面积 615 平方米）；二是 2003 年 9 月开始的洞窟安全防护工程，历时三个月，给 70% 以上的重点洞窟安装了钢门窗；三是 2006 年 7 月实施须弥山山前公路改道工程，将 20 世纪 50 年代沿石门峡口原古驿道修建的潘堡—西吉公路途经须弥山石窟群的一段改道于寺口子河沟对岸，以减缓车辆振动对须弥山石窟的破坏。

石窟寺考古的基本任务，就是用现代考古学的方法，利用各种可能的手段，对现存石窟寺遗迹的实际情况进行全面、客观、真实的记录；在此基础上，研究其综合反映的历史、宗教、艺术、科技诸问题，进而讨论这些重要遗迹在中国文明进程中的意义。全面、客观、真实记录，特别是精确测量，"要达到一旦石窟寺全部毁废后，能根据记录恢复石窟寺之原貌"[35]的标准。这是严格、甚至严苛的标准。对遗迹现象极为复杂的石窟寺而言，作为记录中最重要工作之一的测绘工作往往使人望而却步，客观上成了制约石窟寺考古工作的瓶颈和难题。石窟寺考古的田野工作甚至因此沉寂了较长时间。新世纪以来，日趋成熟的计算机三维数字技术，被积极着手组织石窟寺考古工作的各大石窟寺管理科研院所陆续引入，用以解决长期制约石窟寺考古的洞窟测绘问题，成为这个时期石窟寺田野考古引人注目的特点。

2012 年 4 月，经过充分的调研和准备，宁夏文物考古研究所与浙江大学文化遗产研究院成立了"须弥山石窟数字化考古项目组"，联合进行须弥山石窟考古工作。项目组成员包括考古、测量、计算机数字化信息采集、图版摄影、线图绘制等不同专业人员，具体负责田野调查和室内整理、报告编写诸项工作的组织、实施。

本次考古工作的目标，预计用 5～7 年的时间，以浙江大学自主研发的多图像三维重建技术替代传统人工洞窟测绘，全面、科学、详尽地对须弥山石窟进行考古测量和记录，建立须弥山石窟群全息数据库，出版须弥山石窟考古报告，为学术界提供包括海量数字化信息在内的可靠的第一手资料。同时，通过须弥山石窟考古实践，探索高新技术引入条件下石窟寺考古调查的程序、方法与传统技术条件下石窟寺田野考古记录方法的新旧融合之道。

二　分区实施计划和启动区域的选定

1. 按区分段安排考古调查

本次工作，根据须弥山石窟八个分区，分阶段安排考古调查的组织和实施，分卷编写反映各区段遗迹全面调查成果的考古报告。

2. 启动区域：圆光寺区（第 40~50 窟）

须弥山石窟群的八个区段中，圆光寺区地位殊要。这是因为：

一，圆光寺区诸窟，是须弥山诸区中唯一明确记录并保存窟前寺院建筑基址的一区。保存在复建的圆光寺寺院内的两通明代成化碑，追记了明代经营圆光寺史事及其历史沿革本末，事关须弥山本身的兴废变迁，是解开须弥山营凿历史的关键[36]。

二，圆光寺区洞窟和造像均相对完存，洞窟开凿时期凿造的石像和后期重装的遗迹浑然共处，最能反映须弥山营造史上两个最重要时期——开

［35］
徐苹芳《中国石窟寺考古学的创建历程——读宿白先生〈中国石窟寺研究〉》，《文物》1998 年第 2 期，第 56 页。
［36］
谢继胜先生曾专门撰文论述须弥山圆光寺历史。参见附录二《宁夏固原须弥山圆光寺及相关番僧考》。

凿时期和重装时期——政治、宗教、艺术、洞窟开凿、经营等重要信息，从 1956 年最早著录到 1986 年北京大学考古测绘调查均首选该区，可见其在须弥山石窟中具枢纽地位。

三，圆光寺区保存造像数量最多，遗迹最丰富，却风蚀最严重，最亟待抢救记录和保护。

因此，确定以圆光寺区为启动本次考古工作的首个区域。

3. 建立统领各区的地理信息系统和数据库（GIS）

分段组织调查，如何整合各段结果是关键环节。

我们把采用 RTK 设备对须弥山石窟群整体形势进行细致布网测绘获得的规范化、一体化的测绘数据，与须弥山航拍数据以及各洞窟细密三维测绘数据进行融合，使各微观洞窟连同其所有造像数据，在全局的精确测量坐标中得到明确定位，建立将宏观、微观信息相互融合的地理信息系统，解决分段调查与全局数据整合问题。

为更加有效地管理和利用数字化考古所获得的海量信息资料，本次工作还将根据工作的分步进展，研发、建立以须弥山数字化考古为首例的石窟寺考古信息共享数据库，支持存放、管理包括须弥山石窟在内跨区域石窟寺遗址信息，支持石窟寺遗址宏观、中观、微观尺度的三维、图像、视频、文档等多形态信息，支持通过编号、年代、空间分布等线索组织检索及呈现数据。

三 圆光寺区两次田野调查和室内资料整理

2012 年 4 月至 6 月，须弥山石窟数字化考古项目组，在须弥山石窟进行为期两个月的第一次田野调查。

期间首先整体考察了须弥山石窟全部遗迹；完成了须弥山窟群总图布网实测；完成圆光寺区逐层洞窟平面图的实测和崖壁立面图的实测；完成了圆光寺区第 45、46、48 三个洞窟的三维数字化信息采集；完成了圆光寺全部洞窟的文字记录；拍摄完成反映须弥山石窟群整体形势的图版。

在室内整理过程中，工作组于 2012 年 12 月底完成了初步数字计算，建立了第 45、46、48 三个洞窟的数字模型，并根据考古要求，求得三个洞窟包括洞窟平面图、各壁面立面图、洞窟剖视图等正射影像图，并开始尝试以正射影像图为底图的石窟线图清绘工作。2013 年田野工作开始之前，绘制完成了所有线图的第一稿。同时完成了按体例整理编写的须弥山石窟各洞窟记录初稿。绘制完成窟群和圆光寺区总图第一稿。完成各层洞窟平面图和叠加平面图。

2013 年 5 月至 7 月，工作小组第二次进入须弥山石窟，进行圆光寺区第二次田野工作。主要的任务是补测此前须弥山石窟和圆光寺区整体测量遗漏的遗迹和数据，完成第 45、46、48 窟外其余 8 个洞窟的数字化数据采集并在现场完成其数字模型的计算，生成正射影像图；完成须弥山石窟群的航拍；补充完成全部洞窟题记、彩装等细部信息的分类记录；拍摄完成圆光寺区所有洞窟的图版；在洞窟现场核校线图第一稿；用传统方法复核正射影像图测量数据。结束工作前，核对了在田野工作中完成的所有测图、图版和记录并第二次整体考察了须弥山石窟全区。

之后，在浙江大学实验室优化所有洞窟的数字化计算成果，按石窟寺考古的要求，完成所有洞窟的高清正射影像图，并在此基础上第二次绘制线图。2014 年 2 月，完成了全部 11 个洞窟的实测线图绘制，完成"须弥山圆光寺"报告初稿。[37]

综上，两年的田野调查和室内整理，完成了圆光寺区洞窟遗迹的文字记录；测量完成须弥山石窟总图、圆光寺区总图、崖壁遗迹立面图、所有洞窟的正射影像图；清绘完成以正射影像图为底图的线图、宏观和微观的图版拍摄等。

关于上述工作，有如下几点需要说明：

1. 窟外遗迹的测量和窟内遗迹的记录

窟外遗迹的测量。 与 1982 年和 1986 年（图 0-31）的调查相比，现圆光寺区诸窟窟外遗迹已经发生了变化，特别是主峰正壁新建二层窟前大殿遮挡了洞窟窟前崖壁，窟前、窟外的遗迹较难观察。我们使用全站仪，在没有被遮挡的崖壁和地面尽量多布置测点，尽可能地"剔除"窟前建筑，呈现崖壁现状立面。如此作业测得的崖壁立面与 1986 年北京大学记录的崖壁草图相比，大关系十分相近。说明整修工程确实做到尽可能保存原有遗迹，未做大的改动。现洞窟间的联络蹬道等，大部分经过拓凿或完全新凿，在总图中绘出，在文字记录中予以说明。

窟内遗迹的记录。 圆光寺区诸洞窟，特别是主峰正壁遗存丰富的第45、46、48 三窟，窟内遗迹包括开凿时期和重装时期的遗迹，两者斑驳共存（后者还不止一个时期），是不同历史时期须弥山宗教信仰活动的遗迹。记录时根据重装、原凿遗迹遗存的实际情况，按照先外后内，先晚后早的次序予以记录，不做人为取舍。

［37］

2014 年 2 月 22 日，宁夏文物考古研究所、浙江大学文化遗产研究院邀请北京大学考古文博学院杭侃、魏正中，中国社会科学院考古研究所李裕群、朱岩石，浙江大学人文学院谢继胜，北京联合大学陈悦新和文物出版社蔡敏、谷艳雪诸位先生，在北京召开"须弥山圆光寺"审稿会。与会专家学者对将新技术引入须弥山考古启动项目取得的成果给予充分肯定，认为这是具有指导性意义的有益探索。

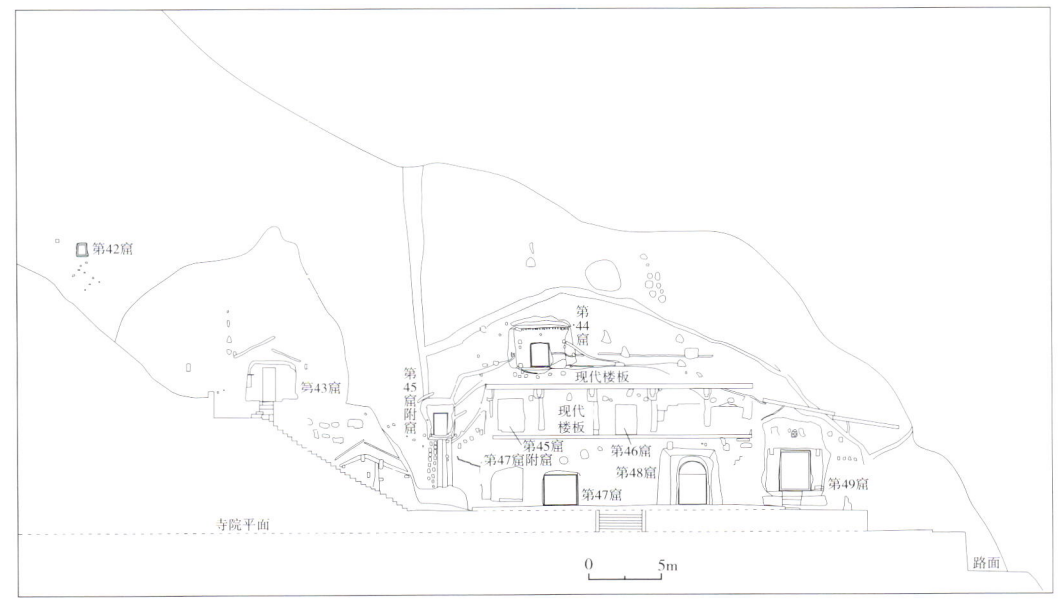

图 0-31　1986 年李裕群绘圆光寺主峰正壁中心诸窟在崖壁的布局和窟外遗迹草图（右）和本次测绘的崖壁立面图（左）比较

2. 正射影像图

正射影像图是采用三维数字测量形成的反映洞窟各类信息的数字测图。

三维数字测量的原理与传统测绘不同。传统的测量，借用工程测量和机械测量三视图原理，确定统一的水平和竖向基线，作为测量基准，测得洞窟的平面、剖面和壁面的投影图，用以反映并从理论上复原和建构石窟的空间结构。

三维数字测量与传统测量过程相逆，首先采用计算机技术建构出石窟的原尺寸空间模型，然后利用洞窟的空间模型，设定水平和竖向投影面，求得能够充分反映和说明洞窟形制、结构、造像布局等内容的平面图、剖视图、壁面和窟顶的投影图等各类正射影像图。

正射影像图除具有精确的空间量度数据外，同时还带有测量对象色彩、质感、残损风化情况等传统测绘难以兼顾的信息，与传统测量相比，记录的遗迹更真实丰富。

需要指出，正射影像图中的平面图、剖视图，除表现剖切界面、看视方向遗迹投影外，还能反映出被剖切岩体，如中心柱窟的中心柱，在看视方向表面遗迹的镜像，为三维数字测量所特有，能反映肉眼不可见的一些遗迹关系，在图件上统一显示为与遗迹原色不同的深红色。（图0-32、0-33）

四壁的正射影像图投影面，取平行于壁面的方向设置。洞窟平面的正射影像图，剖切面取中心柱正壁主尊腰部的水平面，向下投影。洞窟剖视正射影像图，其纵向剖切面取窟门朝向角度确定的垂直面，其横向剖切面取与前者正交的垂直面，剖切面交线定位于中心柱（中心柱窟）或洞窟（无中心柱窟）的水平几何中心。各洞窟具体投影面和剖切面位置图件上不再一一标出。

图0-32　洞窟三维模型正射影像图输出示意图　（第45窟中心柱右壁壁面）

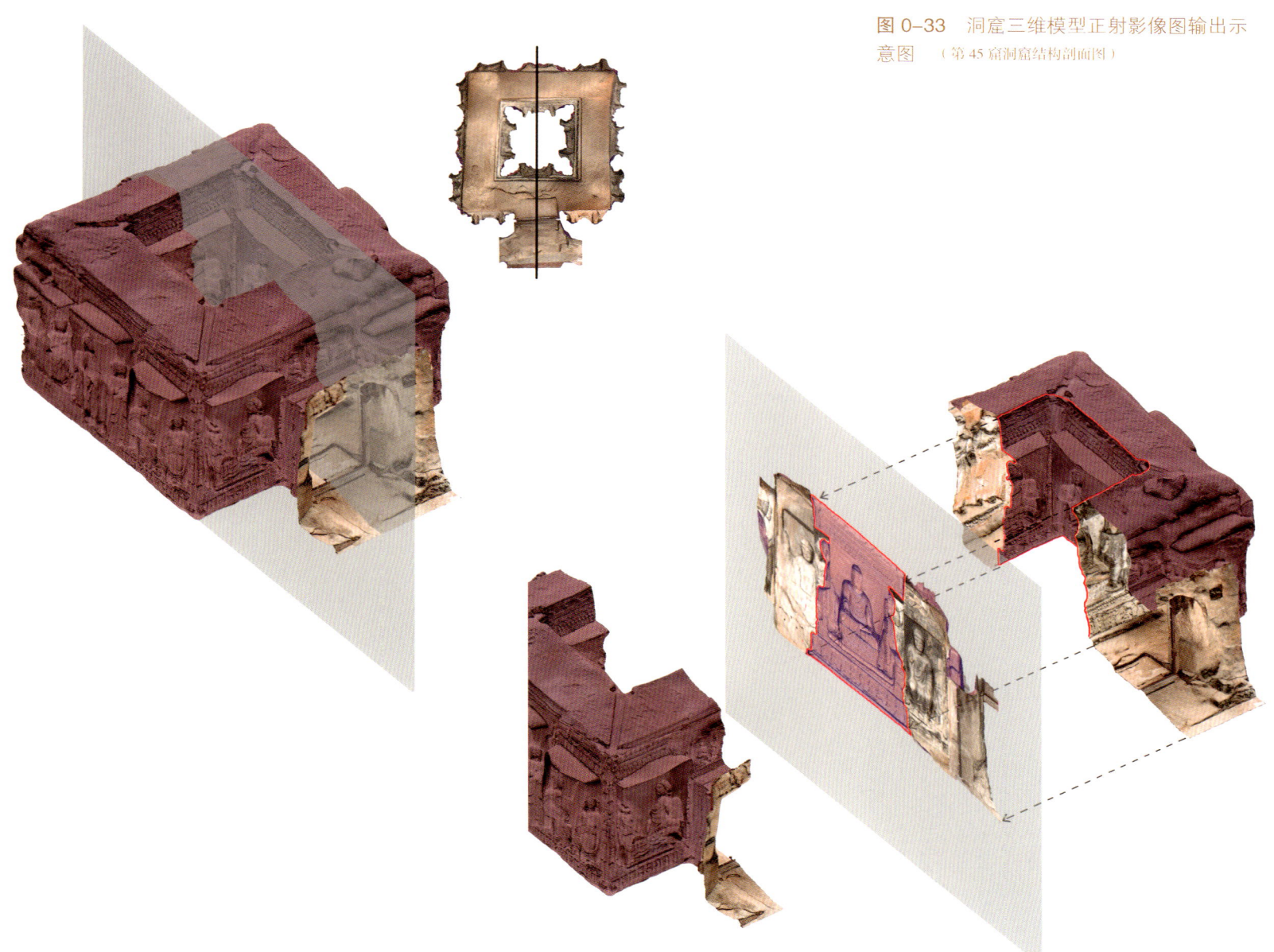

图 0-33　洞窟三维模型正射影像图输出示意图　（第 45 窟洞窟结构剖面图）

3. 线图和本报告线图的绘制

　　本报告洞窟的所有线图，都是以正射影像图为测量底图绘制，并在洞窟逐一核对后清绘完成的。洞窟测绘，是一种考古观察记录，线图因此成为考古工作者专业观察的一种表达。线图绘制要从正射影像图的“全息信息”中“提取”能够反映和说明洞窟形制、造像遗迹等人工雕凿和装銮遗迹等有意义的信息，而不是简单地过录或描摹。从记录角度，线图和正射影像图功能互补，同时发表，使报告信息更全面严整。

　　全程参与 1982 年以来须弥山石窟调查和保护的原宁夏文物局局长雷润泽先生提供了《须弥山石窟考古勘测与加固维修大事记（1959～1999）》，内容翔实，附录于后。

　　最后为本报告的英文、日文提要。

第一章　圆光寺区洞窟的分布

一　圆光寺区山峰崖壁的形态

圆光寺区东南邻子孙宫区，西北与相国寺区毗邻。（图1-1）

洞窟所在山峰，与子孙宫区所在第二峰间有峡长山谷，与相国寺区所在第四峰隔桃花沟，为须弥山第三峰，最高海拔1811.05米，当全山之中。洞窟集中所在的主峰东南面崖壁平整壁立（下文简称"主峰正壁"，朝向南偏东44°），主峰正壁前是一处面积约2036.88平方米（东西约51.75米，南北约39.36米）的开敞台地，海拔约1688米。台地上现有1984～1988年整修工程期间于明代圆光寺旧址上复建的寺院建筑一区：琉璃卷棚悬山顶山门三间，左右对称布局的琉璃卷棚悬山顶东西配殿各五间，贴主峰正壁五间重檐歇山楼阁式窟前大殿一座并琉璃单坡挟屋一间，外围砌砖墙。东侧围墙北端开一座便门，门内紧贴崖壁东坡，建简易单坡砖屋一间。寺

图1-1　圆光寺区与子孙宫区、相国寺区位置关系　（航拍）

图 1-2　圆光寺区山峰崖壁、台地和复建的圆光寺建筑群　（航拍）

图 1-3　从子孙宫区山峰北坡东北俯瞰圆光寺及寺院山门外台阶

院山门前有 83 级台阶，通往与子孙宫区相间的山谷谷底[1]。（图 1-2、1-3）

二　洞窟的分布

圆光寺区现共有洞窟 14 个。包括第 40 至 50 窟等 11 个编号窟及第 40、45、47 各自的附窟。（测图 2、3；图 1-4）

第 40 窟、41 窟分布在圆光寺区山峰西南坡西端。第 40 窟东南距 41 窟约 10 米，高出 41 窟约 3 米。出今寺院山门右行，攀 300 余米蹬道可达。（图 1-5）

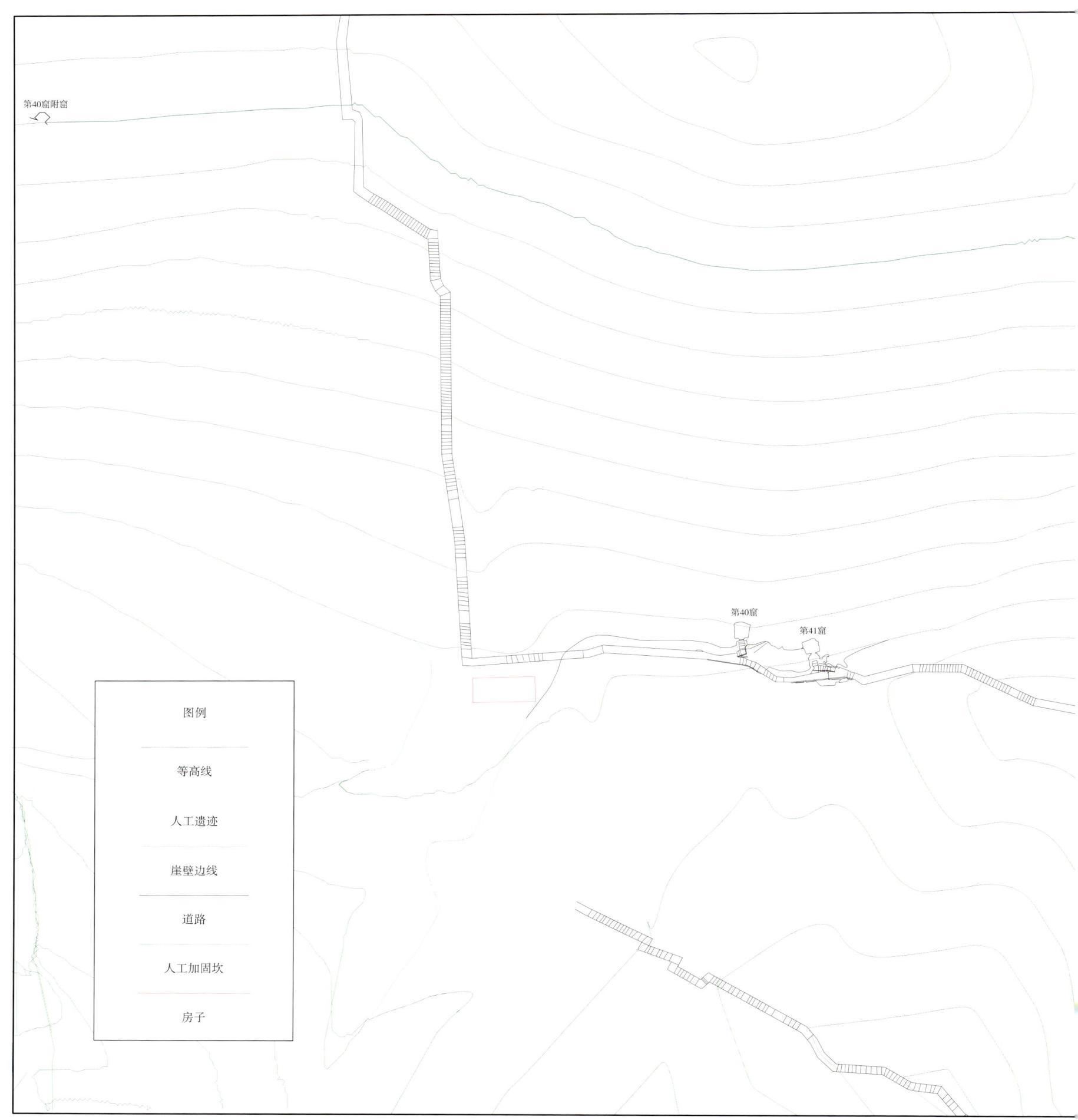

第40窟附窟

第40窟

第41窟

图例

等高线

人工遗迹

崖壁边线

道路

人工加固坎

房子

测图 2 圆光寺区洞窟分布（叠加）总平面图

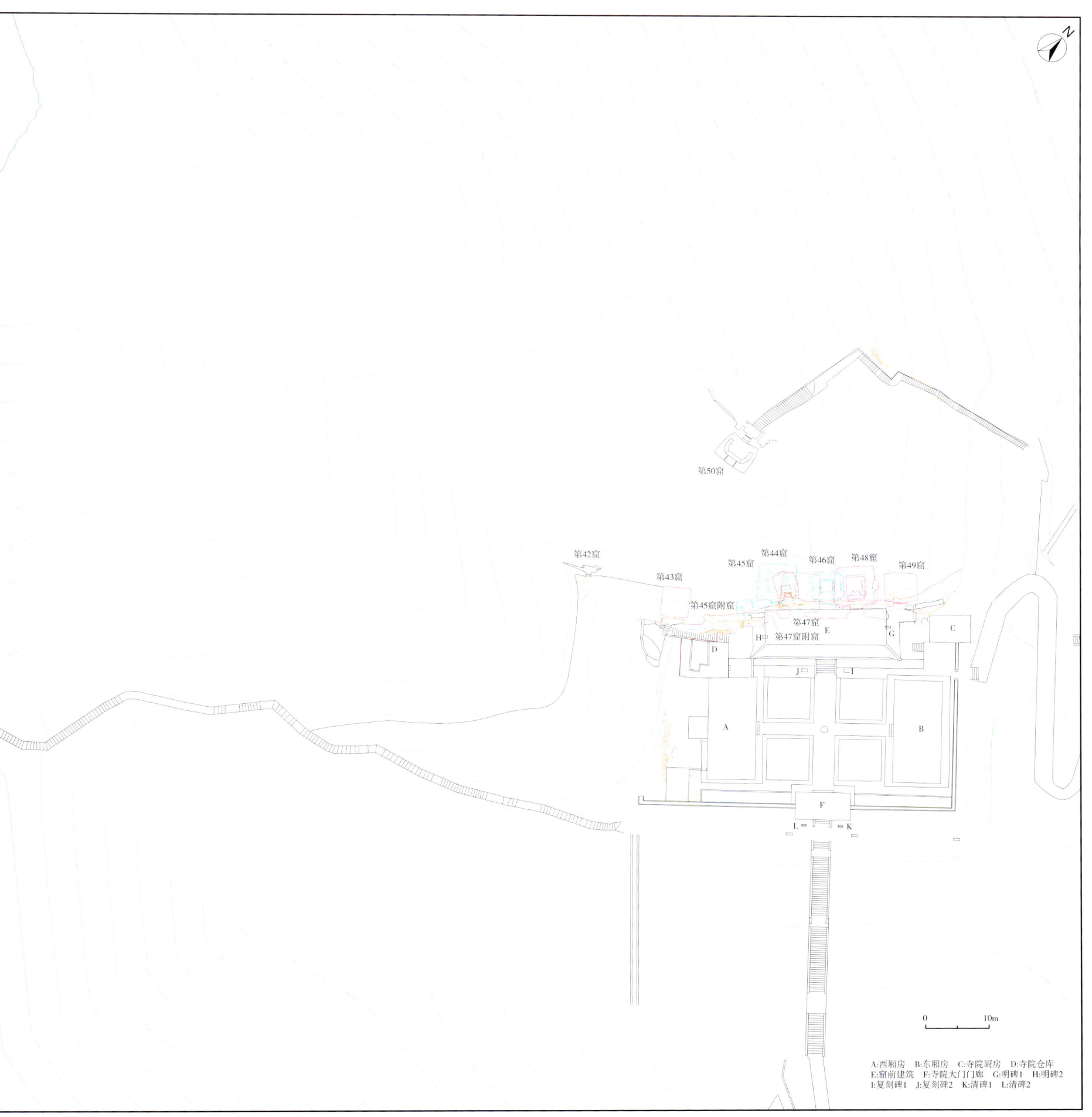

第50窟

第42窟　　　　　　　　第45窟　第44窟　第46窟　第48窟　　第49窟
　　　　　　第43窟
　　　　　　　　　　第45窟附窟
　　　　　　　　　　　　　第47窟　　E
　　　　　　　　　　H中　第47窟附窟　　　　G　　　C
　　　　　　　D
　　　　　　　　　　　J　　I
　　　　　A　　　　　　　　　　　　　B

　　　　　　　　F
　　　L　　　K

0　　　　　　　10m

A:西厢房　B:东厢房　C:寺院厨房　D:寺院仓库
E:窟前建筑　F:寺院大门门廊　G:明碑1　H:明碑2
I:复刻碑1　J:复刻碑2　K:清碑1　L:清碑2

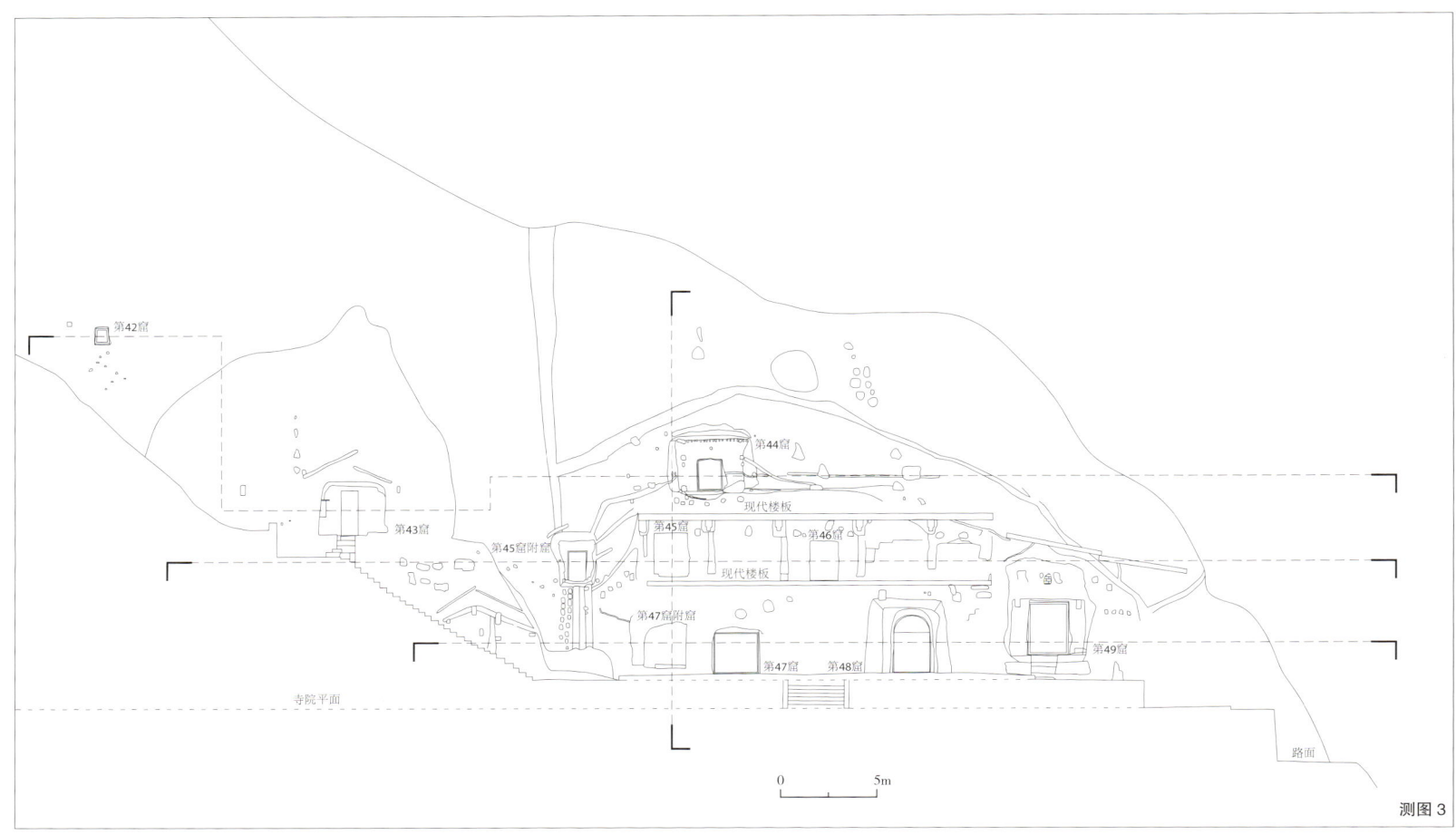

测图3　圆光寺区主峰正壁洞窟分布和窟外遗迹立面图

图1-4　圆光寺区洞窟在山峰各处分布鸟瞰　（航拍）

　　第42窟位于主峰正壁最西端山坳内的峭壁上，东距第43窟约14.79米。比第43窟高约9.49米，为圆光寺主峰正壁中最偏最高的洞窟。第43窟位于主峰正壁西端，东距第45窟约16.8米，比45窟高约3米。（图1-6）

　　第44、45、45附、46、47、47附、48、49窟等8个窟分三层集中分布在主峰正壁中心。（测图4）

　　第47、47附、48、49窟，位于主峰正壁第一层。第47、48二窟开凿

图 1-5　第 40、41 窟在崖壁位置及与圆光寺关系

图 1-6　第 42、43 窟在崖壁位置及与主峰正壁诸窟的关系

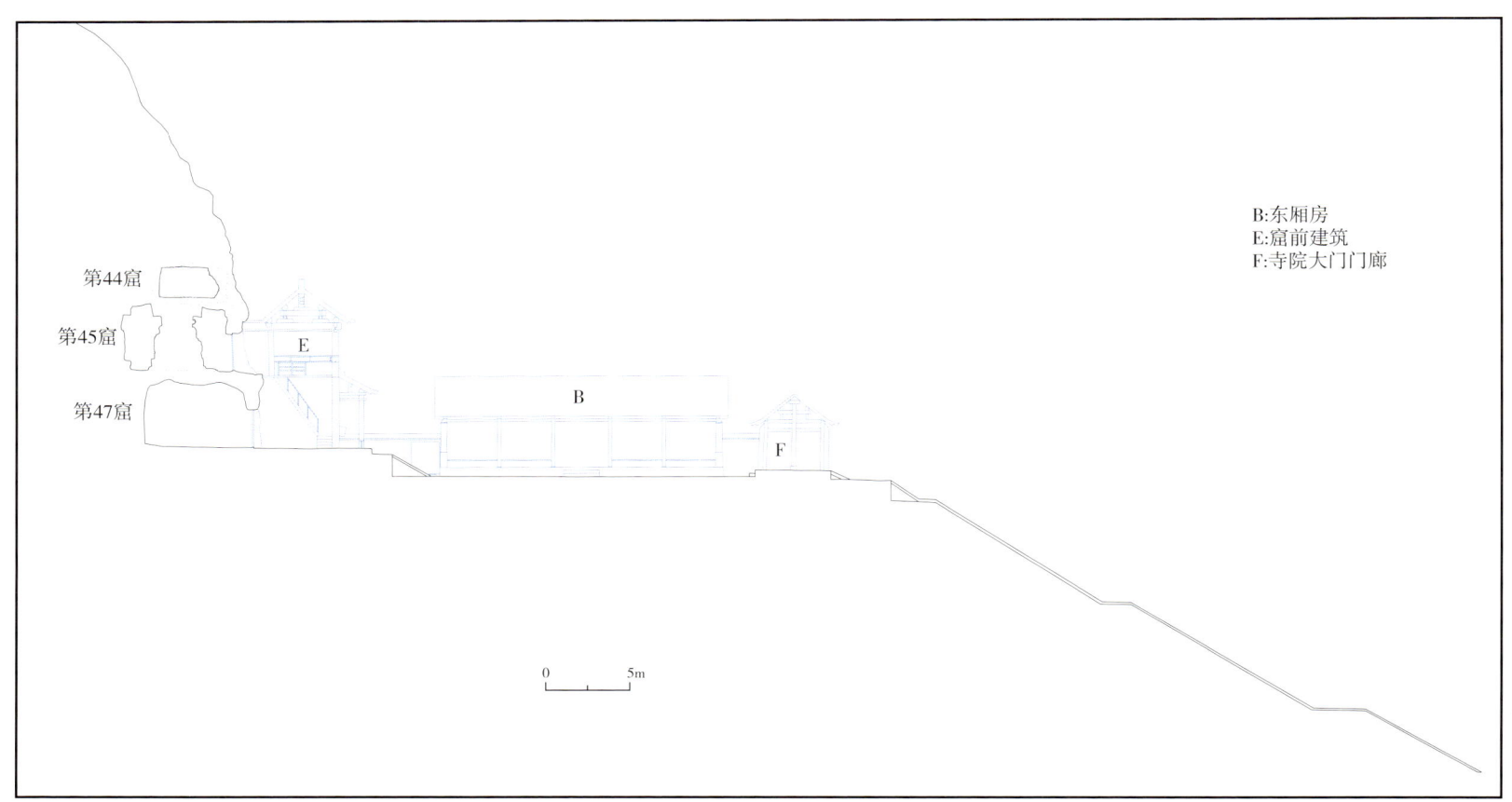

测图 4　圆光寺区主峰正壁剖面图

B:东厢房
E:窟前建筑
F:寺院大门门廊

第44窟
第45窟
第47窟

E

B

F

0　　　5m

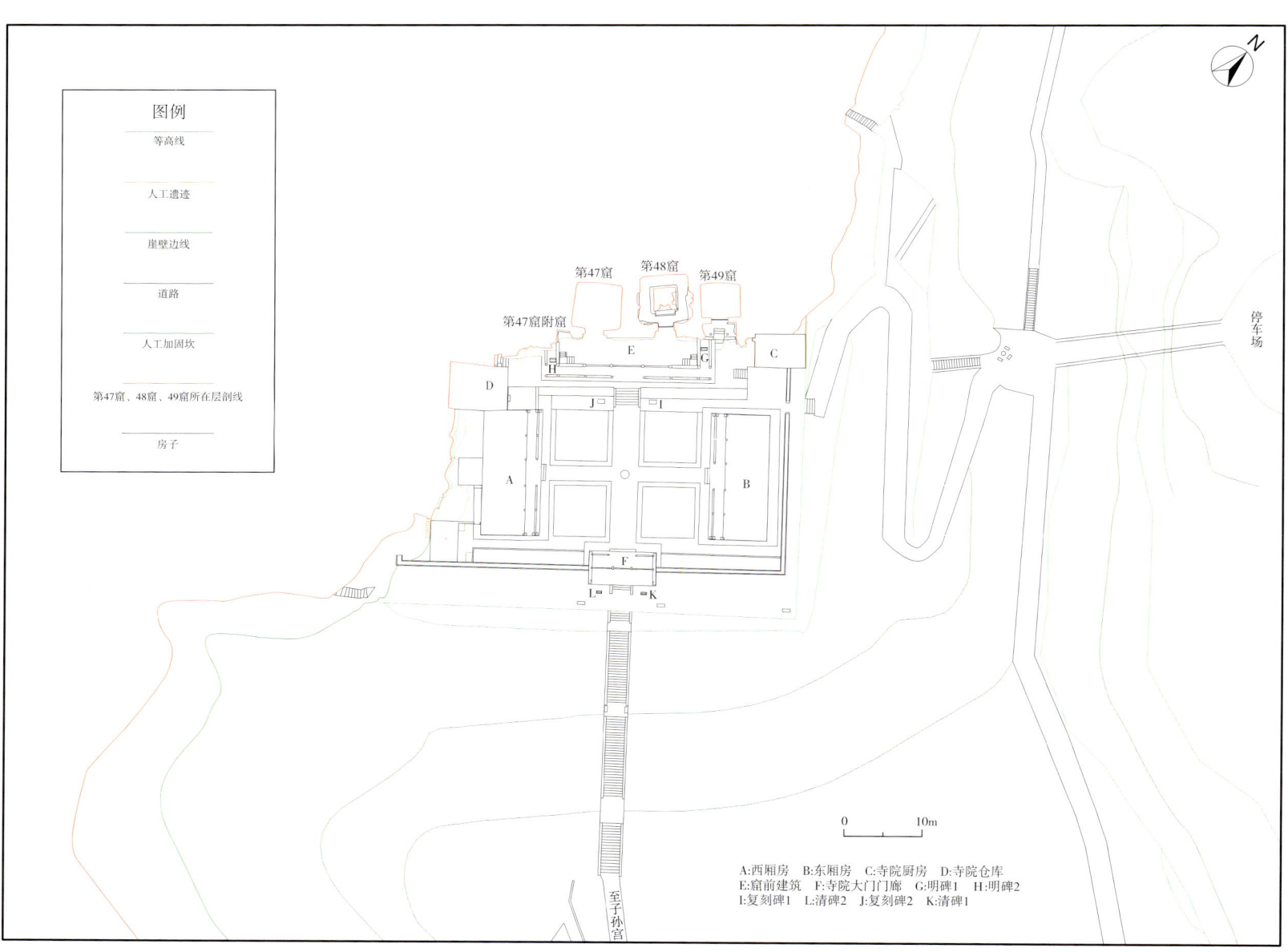

图例

等高线

人工遗迹

崖壁边线

道路

人工加固坎

第47窟、48窟、49窟所在层剖线

房子

第47窟　第48窟　第49窟

第47窟附窟

E

H　G　C

D

J　I

A　　　B

F

L　K

停车场

至子孙宫

0　　　10m

A:西厢房　　B:东厢房　　C:寺院厨房　　D:寺院仓库
E:窟前建筑　　F:寺院大门门廊　　G:明碑1　　H:明碑2
I:复刻碑1　　L:清碑2　　J:复刻碑2　　K:清碑1

测图 5　圆光寺区主峰正壁第一层洞窟（第 47、47 窟附、48、49 窟）平面图

高度几乎相同，左右比邻。第49窟稍高。第47窟附窟位于第47窟右前方。第47、47附、48窟三窟窟前为今阁楼式大殿第一层。第49窟前窟檐是主殿左侧挟屋。（测图5；图1-7）

第45、45附、46窟，位于主峰正壁第二层。第45、46二窟左右毗邻，第45窟附窟在45窟右前，与45窟窟前凿有甬道相通。第45窟附窟未纳入窟前大殿。（测图6；图1-8）

第44窟，位于主峰正壁第三层，在第45窟上方偏左。新建窟前大殿

图1-7 主峰正壁第一层洞窟第47、47窟附、48窟及窟前大殿一层内景

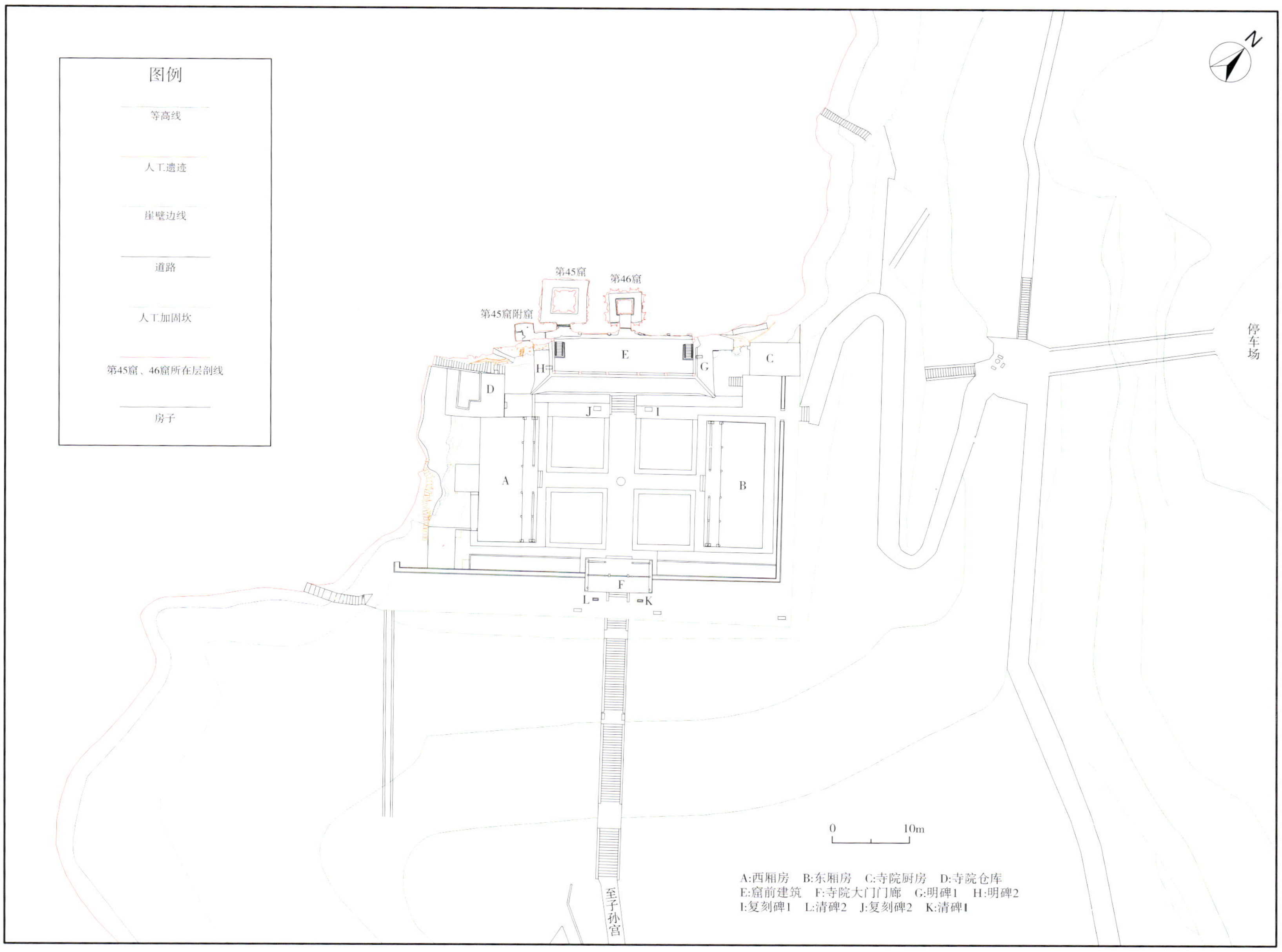

图例

等高线

人工遗迹

崖壁边线

道路

人工加固坎

第45窟、46窟所在层剖线

房子

第45窟　第46窟

第45窟附窟

D

H

E

G

C

J

I

A

B

F

L

K

0 — 10m

A:西厢房　B:东厢房　C:寺院厨房　D:寺院仓库
E:窟前建筑　F:寺院大门门廊　G:明碑1　H:明碑2
I:复刻碑1　L:清碑2　J:复刻碑2　K:清碑1

至子孙宫

测图6 圆光寺区主峰正壁第二层洞窟（第45、45窟附、46窟）平面图

未将其纳入，亦未建通临路径，现无法正常登临。（测图7；图1-9）

第50窟，开凿在山峰东北坡近乎直立的陡峭崖壁上，与前述洞窟相反，面向相国寺。出今寺院左侧便门，下行至山脚复左转，攀119级蹬道方可达（图1-10）。

第40窟附窟，位于第40窟西北，开凿于与第40窟所在山坡隔谷峙立的另一座独立山峰上，发现后就便编为第40窟附窟，实际上不在圆光寺区的范围内。（图1-11）

各洞窟朝向、海拔高度参见本章附表1-1。

图 1-8　洞窟及窟前大殿二层近景　（第 45 窟附窟未纳入窟前大殿）

图 1-9　圆光寺区主峰正壁第三层洞窟第 44 窟

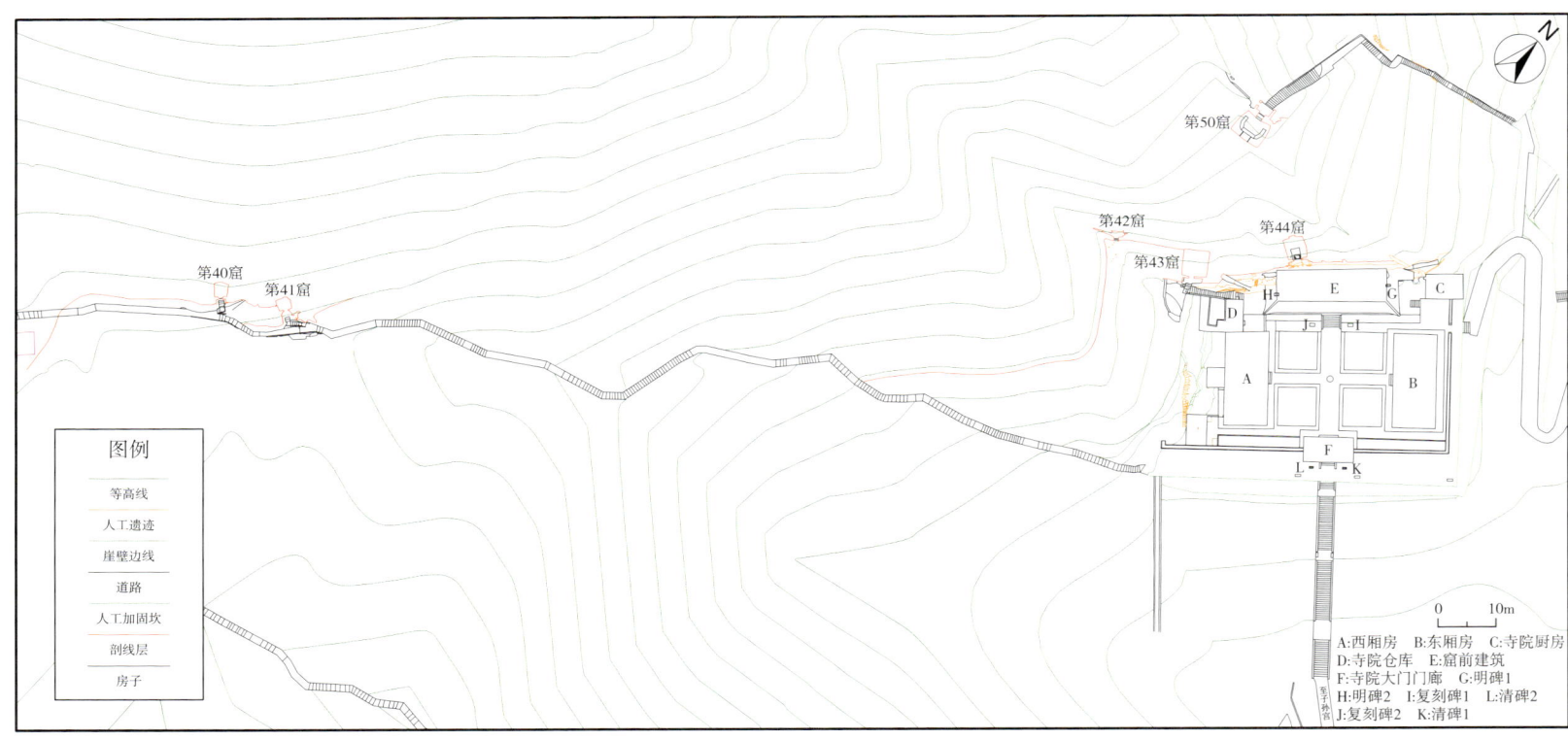

测图 7　圆光寺区第三层洞窟（第 40 ~ 44、50 窟）平面图

图 1-10　从桃花沟相国寺区一侧西望第 50 窟　（位于圆光寺区山峰东北坡峭壁、出圆光寺左侧便门登临、蹬道右阶清楚）

图 1-11　第 40 窟附窟　（独立开凿于与第 40 窟所在山坡隔谷峙立的另一座山峰）

附表 1-1　圆光寺区诸窟位置、朝向、海拔及在山峰分布位置信息一览表

洞窟编号	窟门朝向	距寺内香炉底座的垂直距离（米）	洞窟开凿海拔（米）	分布位置
第 40 窟	129°	59.84	1748.03	山峰西南坡西端
第 40 窟附窟	158°	92.36	1780.55	山峰西隔谷独立山峰崖壁
第 41 窟	125°	56.73	1744.92	山峰西南坡西端
第 42 窟	134°	19.09	1707.28	主峰正壁最西端山坳内
第 43 窟	139°	9.6	1697.79	主峰正壁西端
第 44 窟	127°	10.78	1698.97	主峰正壁集中分布洞窟的第三层
第 45 窟	136°	6.52	1694.71	主峰正壁集中分布洞窟的第二层
第 45 窟附窟	131°	6.48	1694.67	主峰正壁集中分布洞窟的第二层
第 46 窟	136°	6.49	1694.68	主峰正壁集中分布洞窟的第二层
第 47 窟	141°	1.84	1690.03	主峰正壁集中分布洞窟的第一层
第 47 窟附窟	127°	2.07	1690.26	主峰正壁集中分布洞窟的第一层
第 48 窟	134°	1.75	1689.94	主峰正壁集中分布洞窟的第一层
第 49 窟	136°	2.83	1691.02	主峰正壁集中分布洞窟的第一层
第 50 窟	353°	42.97	1731.16	圆光寺山峰东北坡

第二章　第 40、40 窟附、41 窟

第一节　第 40 窟

一　位置及窟外遗迹

第 40 窟位于圆光寺区所在山峰西南坡西端，为圆光寺区石窟群最西端的编号洞窟（参见测图 2）。窟门朝向 129°。海拔 1748.03 米。东距第 41 窟约 10 米，南与子孙宫区山峰北坡隔山谷相望。窟下 4 米处为向南凸出的山体，现凿、砌有登临洞窟的蹬道。（图 2-1）

窟前依崖壁走势开凿窟口。

窟口梯形，上宽 1.50 米，下宽 1.63 米，高约 1.30 米（左右稍有差）。

图 2-1　第 40 窟在圆光寺山峰西南坡位置

图 2-2 　第 40 窟窟外 　（窟号标志牌错为"第 041 窟"）

0 　　　50cm

图 2-3 　第 40 窟窟外立面正射影像图

图 2-3A　第 40 窟窟外立面线图

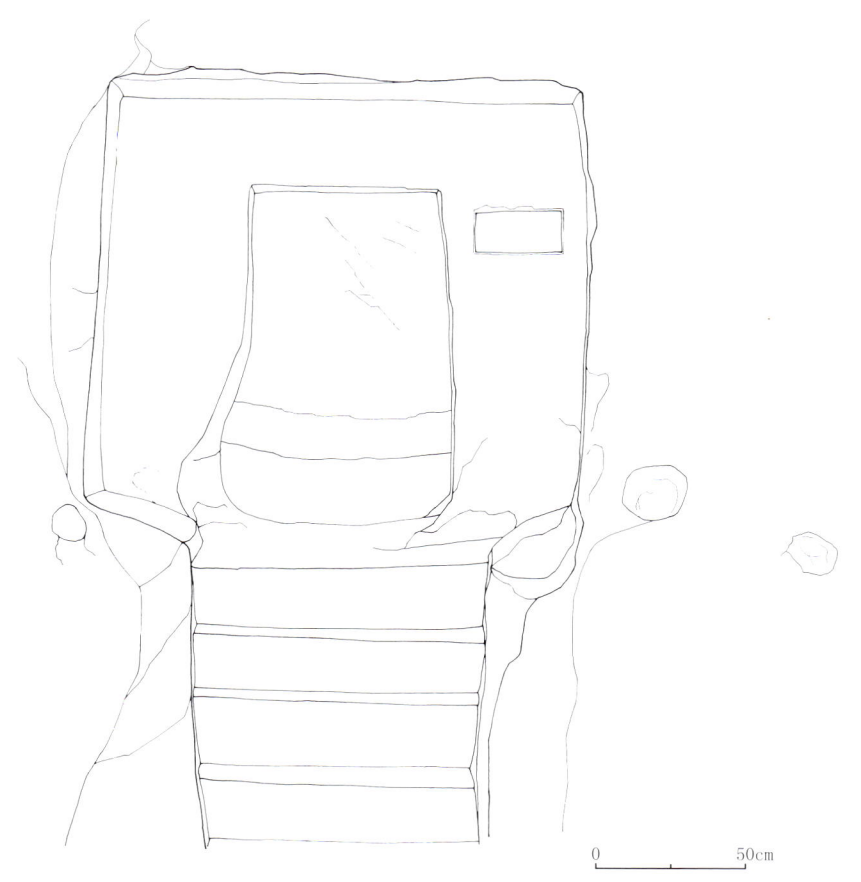

0　　　　50cm

窟口平台深约 0.70 米，顶高 1.41 米。

　　窟口后壁居中开窟门。窟门右框稍残，上宽约 0.60 米，下宽约 0.70 米，高 1.11 米，门壁厚 0.51 米。

　　窟口四周为峭壁，凸凹不平，布满小坑、苔藓。窟口左侧存由东至西延至窟口平台的蹄状脚窝 3 个。最西一窝凿于平台上，开口向上；余二窝上下宽均约 18 厘米，残深约 10 厘米。窟口平台中部石阶踏道四级，踏道左转为石砌踏道三级至山坡蹬道。这些踏道和蹬道，均为整修工程中新凿。

　　窟门所在壁面修平，不存泥装、雕刻、题记等遗迹。窟门现在安装铁栅栏门，铁门两侧窟门框残处以水泥加固修补。（图 2-2、2-3、2-3A）

二　平面形制和窟内遗迹

　　洞窟平面方形。方向与窟口方向不同，角度差为 13.9°。（图 2-4、2-4A）

　　洞窟地面、四壁、窟顶均风蚀残剥严重。其中后壁向内剥蚀成凹坑，窟顶中部隆起。大略测得前宽 210.7 厘米，后宽 244.0 厘米，右深 235.2 厘米，左深 208.8 厘米，高约 121.5 ~ 163.4 厘米。左前顶部遗有窟角倚柱上部残迹，据此推知，洞窟四角原应雕凿有仿木结构倚柱，隆起的窟顶原或为覆斗顶。（图 2-5、2-5A、2-6 ~ 2-8）

　　窟内后部距窟门约 103.6 厘米处凿有一长方形小台。小台与后壁相接处塌陷，仅左右两端尚好。台前后宽约 103.5 厘米，左右长约 215 厘米，残高约 28 厘米，约可供一人坐卧。（图 2-9）

　　窟顶熏迹严重。

0   1m

2-4

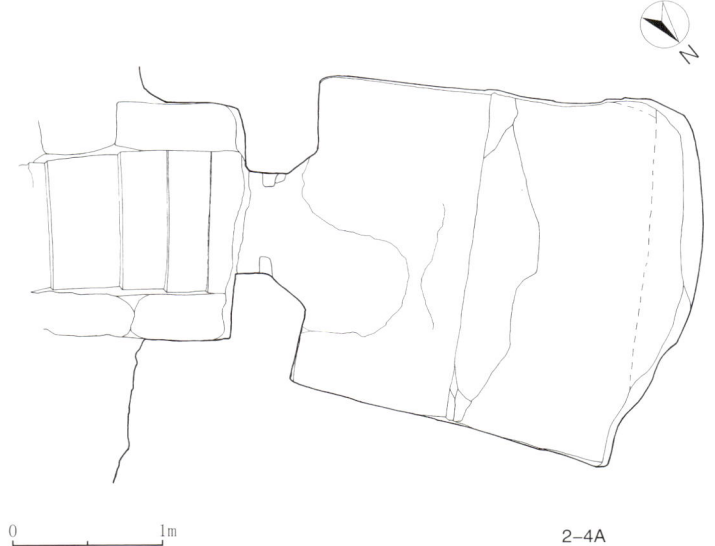

0   1m

2-4A

0   1m

2-5

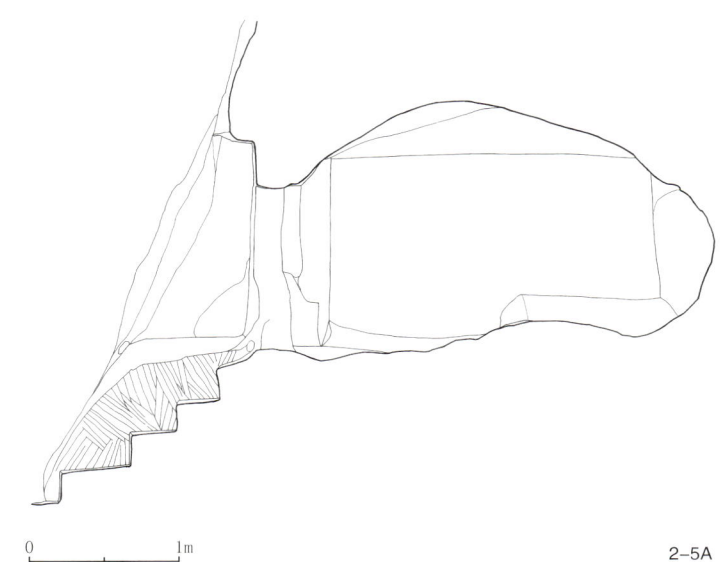

0   1m

2-5A

2-6

图 2-4　第 40 窟平面正射影像图

图 2-4A　第 40 窟平面线图

图 2-5　第 40 窟前后剖右视正射影像图

图 2-5A　第 40 窟前后剖右视线图

图 2-6　第 40 窟窟内遗迹（由右后向左前拍摄）

图 2-7　第 40 窟窟内遗迹（由右前向左后拍摄）

图 2-8　第 40 窟窟内遗迹（洞窟右前角存倚柱遗迹）

图 2-9　第 40 窟窟内后部的小台

第二节 第 40 窟附窟

一 位置及窟外遗迹

第 40 窟附窟位于第 40 窟西南，开凿于与第 40 窟所在山坡隔谷峙立的一座独立山峰的平整崖壁上，面向寺口子河南岸山峰（禅塔山）。窟门朝向 158°，海拔 1780.55 米。与第 40 窟直线距离 138.51 米，比第 40 窟高 32 米。（图 2-10）

窟前凿有窟口。

窟口大致梯形，上宽 1.76 米，下宽 1.93 米，右高 1.65 米，左高 1.67 米。窟口平台深约 0.18 米，顶深约 0.14 米。（图 2-11）

窟口后壁开凿窟门。门洞左、右壁并下沿均残剥，仅上沿平整，最宽至 1.59 米，最高至 1.49 米；原窟门宽约 0.67 米，高 0.81 米，门壁厚 0.64 米。（图 2-12 ~ 2-14）

窟口下斜坡凿有脚窝，供上下攀援。（图 2-15、2-15A）

二 平面形制及窟内遗迹

洞窟平面横长方形，平窟顶。（图 2-16~2-18、2-16A~2-18A）

图 2-10 第 40 窟附窟所在山峰形势

图 2-11 第 40 窟附窟窟口遗迹

图 2-12 第 40 窟附窟窟内遗迹 （由内向外拍摄）

图 2-13　第 40 窟附窟窟内遗迹　（由右向左拍摄）

图 2-14　第 40 窟附窟窟内遗迹　（由左向右拍摄）

图 2-15　第 40 窟附窟外立面正射影像图

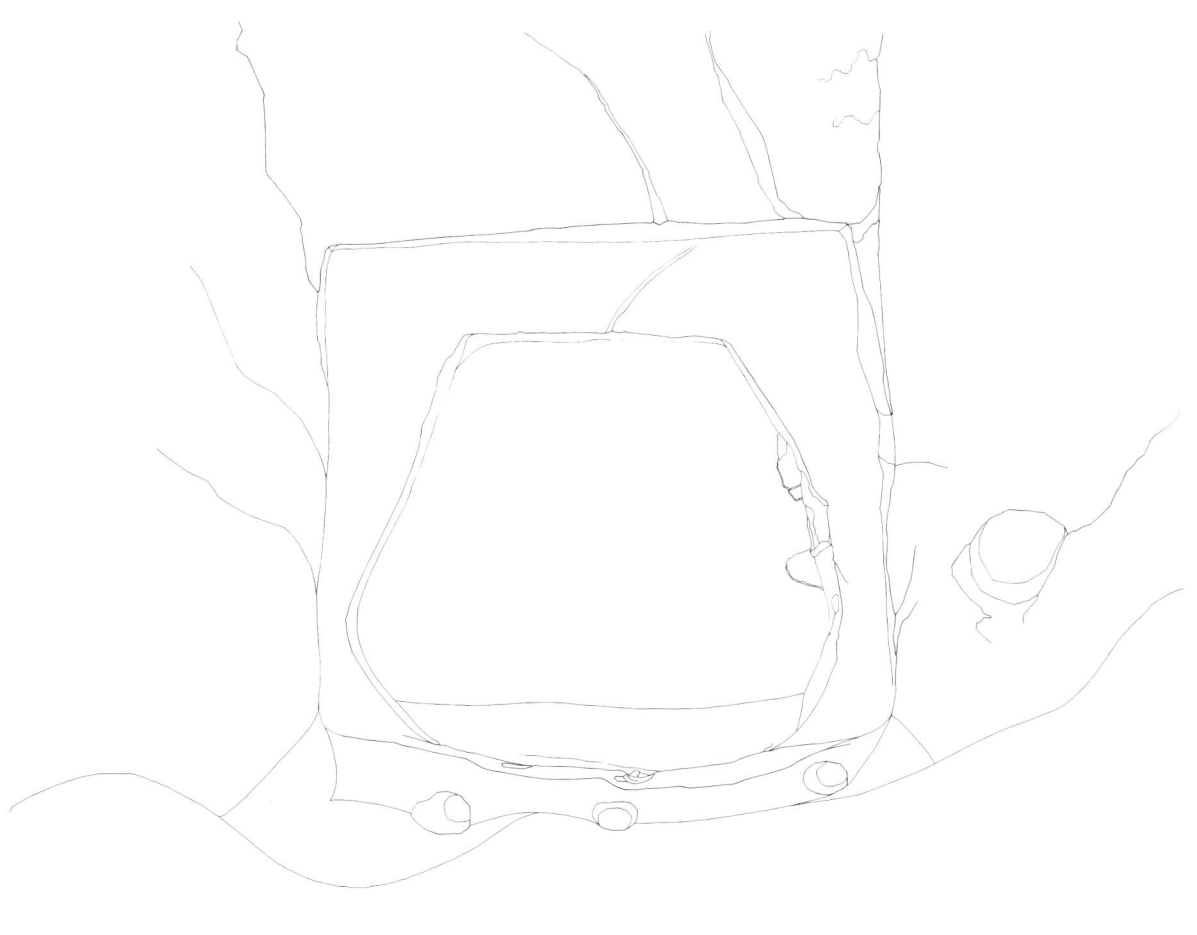

图 2-15A　第 40 窟附窟外立面线图

图 2-16　第 40 窟附窟平面正射影像图

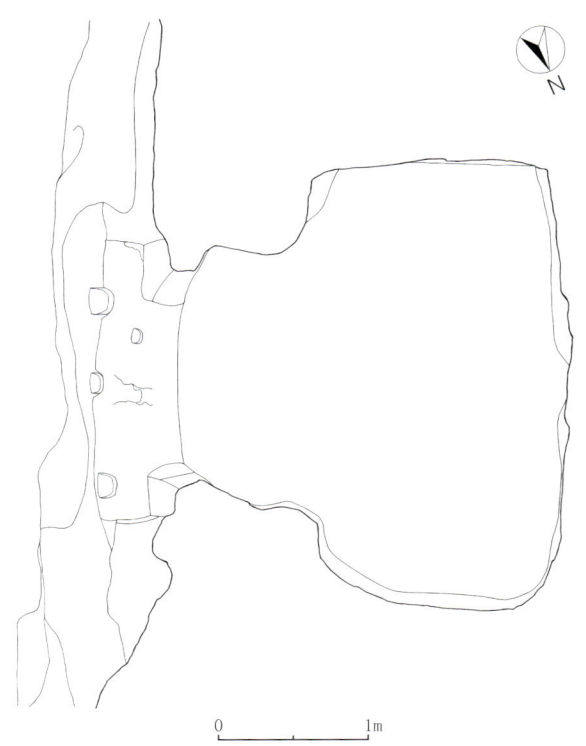

图 2-16A　第 40 窟附窟平面线图

图 2-17　第 40 窟附窟前后剖右视正射影像图

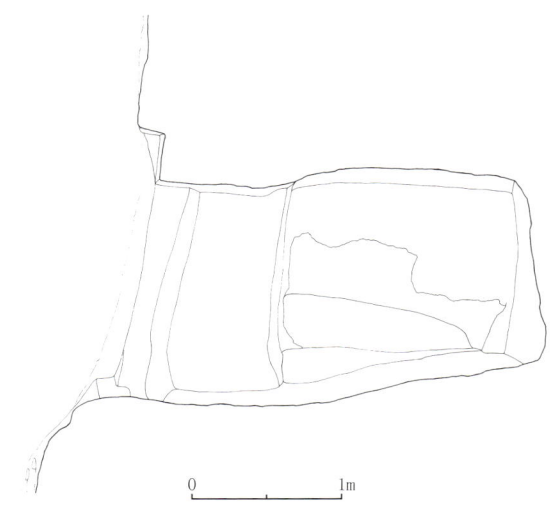

图 2-17A　第 40 窟附窟前后剖右视线图

图 2-18　第 40 窟附窟前后剖左视正射影像图

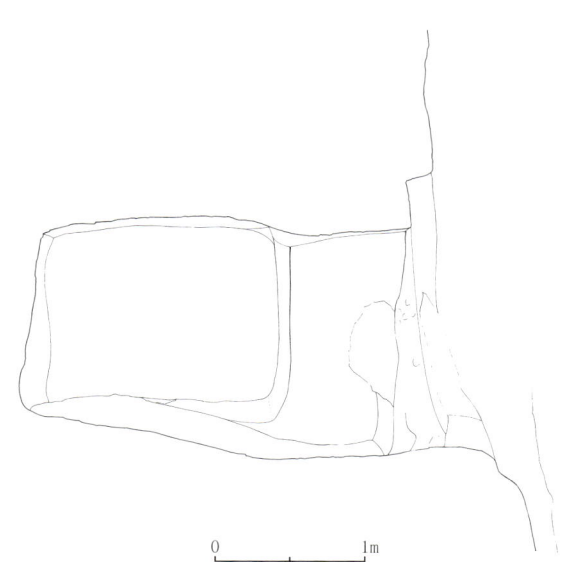

图 2-18A　第 40 窟附窟前后剖左视线图

洞窟左、右、后壁基本平整，测得洞窟后宽207.0厘米，右深110.0厘米，左深107.0厘米，高81.0厘米。仅容一人坐卧。

窟门左右壁和地面残剥，致使门道下沉，低于洞窟地面32.1厘米。

窟内无造像遗迹。熏迹严重。（参见图2-12～2-14）

第三节　第41窟

一　位置及窟外遗迹

第41窟位于圆光寺区所在山峰西南坡西端，西距第40窟约10米。海拔1744.92米，比圆光寺地面高56.73米。窟门朝向125°，与子孙宫所在山峰隔谷相望。（参见测图1；图2-19）。

其位置正当谷口，常年经受风蚀，岩体多裂隙，局部有坍塌。

窟前开凿有较深窟口，类似窟前前室。周围崖壁因风蚀，多裂隙，局部有坍塌，左侧裂隙较大，似残洞。（图2-20）

图 2-19　第 41 窟窟外遗迹
图 2-20　第 41 窟在崖壁的位置

图 2-21A 第 41 窟窟外立面线图

图 2-21 第 41 窟窟外立面正射影像图

图 2-22　第 41 窟窟门外左右造像残迹
图 2-23　第 41 窟窟外石阶残段

窟口梯形，顺山坡走势倾斜，顶部与左部残甚，顶残宽约 1.38 米，底残宽约 1.79 米，高约 1.78 米。窟口平台右侧深约 2.03 米，左侧大略相等，顶残深 0.81 米。窟口后壁左右两角，有二立像残迹。右像轮廓清楚，高约 1.59 米，残宽 0.39 米，稍前倾，面貌无存。左像形貌均不可辨。（图 2-21、2-21A、2-22）

口左侧残洞下方有疑似脚窝遗迹。现窟口平台中部新凿踏道 3 阶，连左转石阶，通往山峰西南坡蹬道。左转石阶内侧贴近石壁处可见残存旧有石阶残段 4 阶，被新凿石阶打破，应是登临石窟的原始蹬道残迹。（图 2-23）

窟口后壁居中开凿窟门。窟门大致呈梯形，顶宽约 0.75 米，底宽约 1.25 米，高约 1.61 米，门壁厚约 0.72 米。门壁左右已残，今安装铁栅门，门周缝隙以水泥修补加固。

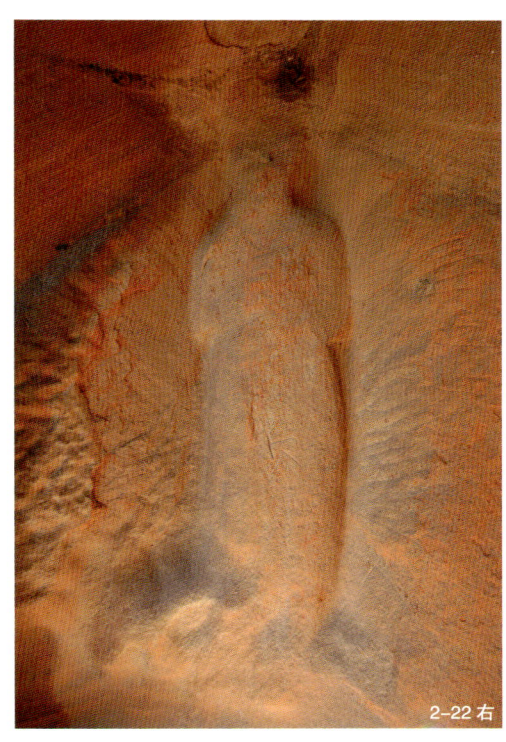

二 平面形制与窟内遗迹

洞窟平面方形。方向与窟门方向稍异，角度差为13.8°。

窟内风化严重，后壁被山体裂隙破坏，裂隙由窟顶后切断左右两壁后部及地面中部，裂缝宽约15厘米，左壁断裂严重，形成宽约90厘米的深隙，内有流水冲刷侵蚀痕迹。（图2-24、2-24A、2-25、2-25A、2-26~2-28）

洞窟前壁底长230.7厘米，顶长211.2厘米，高185.4厘米；右壁底长240.6厘米，顶长225.4厘米，高180.4厘米；后壁底长243.6厘米，顶

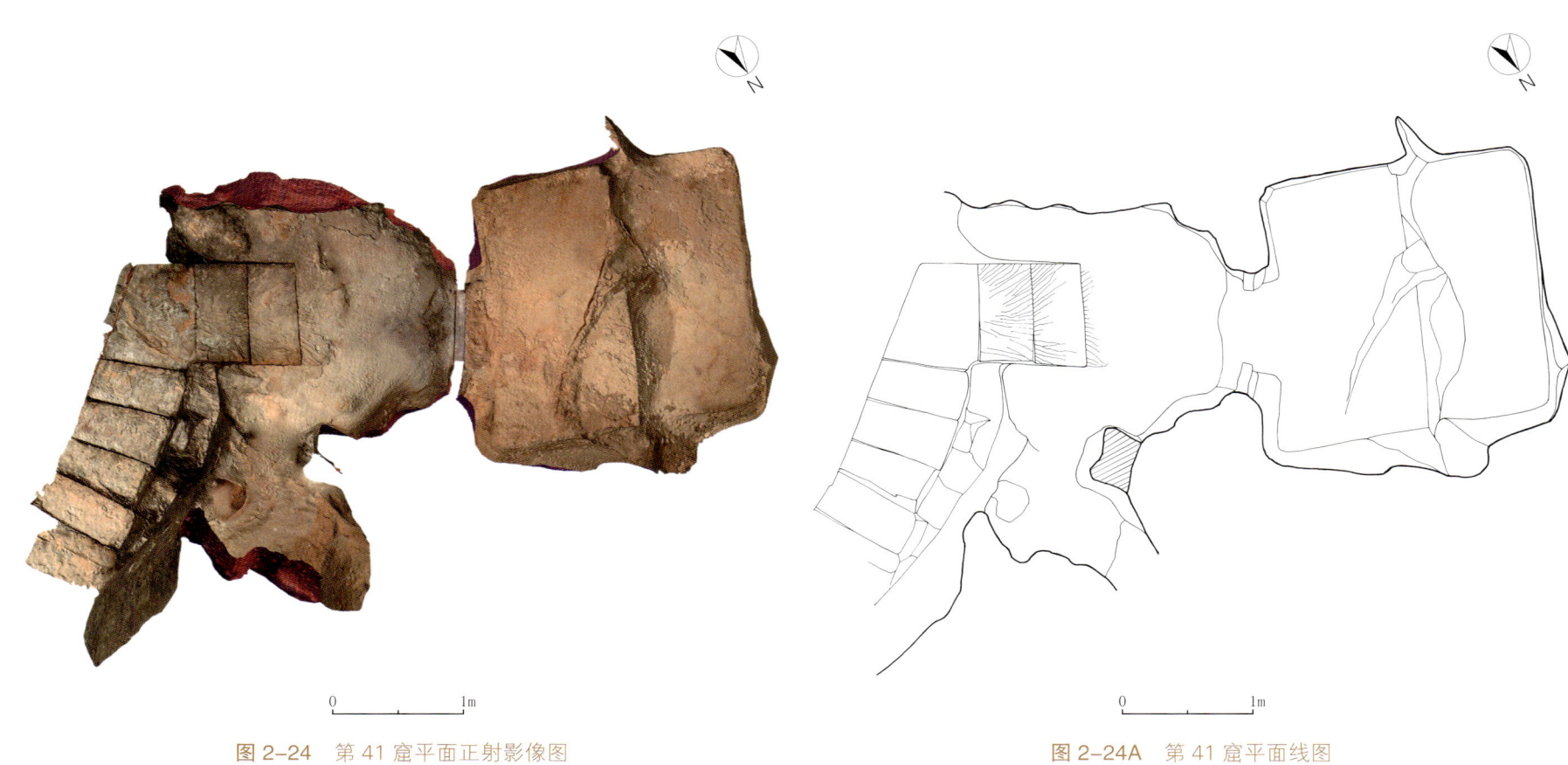

图 2-24　第 41 窟平面正射影像图　　　　　　　图 2-24A　第 41 窟平面线图

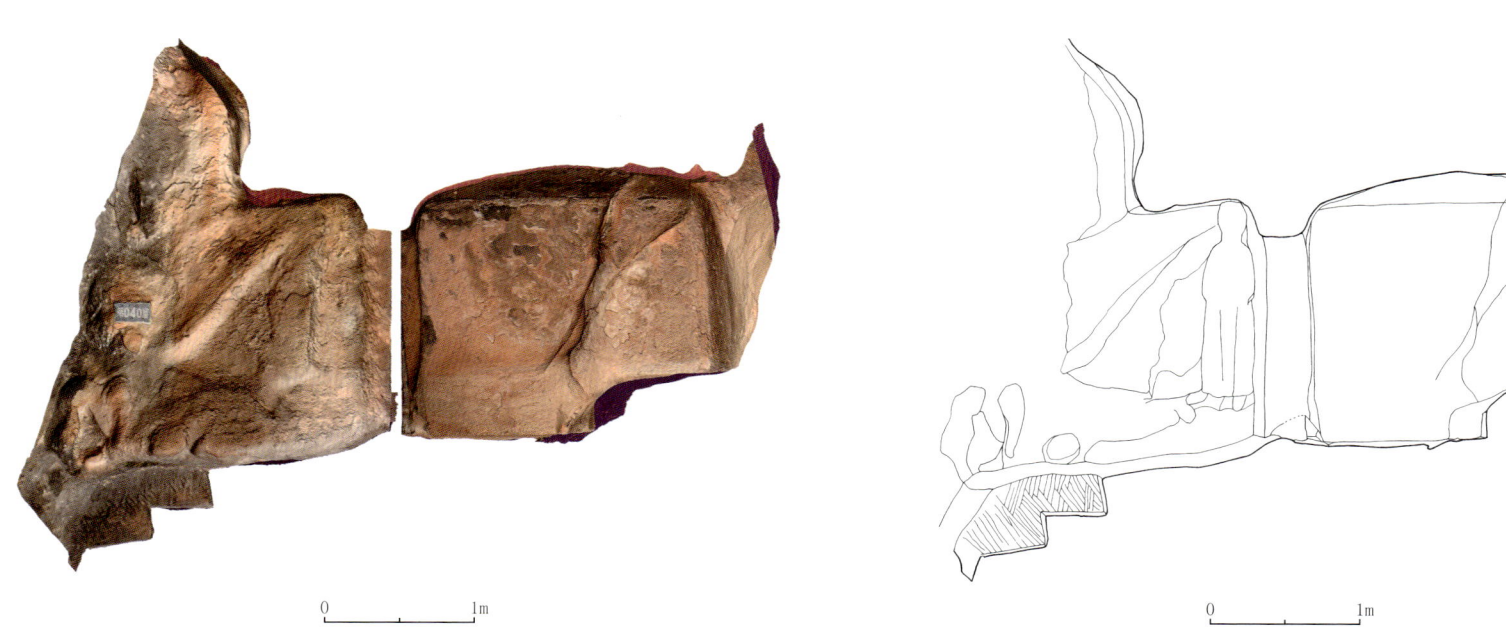

图 2-25　第 41 窟前后剖右视正射影像图　　　　　图 2-25A　第 41 窟前后剖右视线图

图 2-26　第 41 窟窟内遗迹 （由右向左拍摄）

图 2-27　第 41 窟窟内遗迹 （由左向右拍摄）

图 2-28　第 41 窟左壁中部大裂隙 （由右向左拍摄）

图 2-29　第 41 窟窟内右前角残存立柱痕迹和窟顶横枋　（由左后向右前拍摄）

长 213.3 厘米，高 150.4 厘米；左壁底长 240.4 厘米，顶残长 234.2 厘米，高 183.3 厘米。洞窟右前角残存立柱痕迹，右壁残存窟顶横枋痕迹及右前角斜枋残段（图 2-29）。立柱柱形不可辨，无柱础、栌斗痕迹；横枋断面形状不可辨，斜枋残存少许，情况类似。据此推测，第 41 窟平面形制与前述第 40 窟大体相似：方形窟，四角雕仿木结构倚柱，顶为方形仿木结构覆斗顶。

　　洞窟后部与第 40 窟同样凿留小台，左右长 237.3 厘米，前后宽 110.2 厘米，高 42.1 厘米。比第 40 窟小台稍高。前沿距前壁 153.2 厘米。

　　洞窟烟熏痕迹现存。

第三章 第42、43窟

第一节 第42窟

一 位置及窟外遗迹

第42窟位于圆光寺区主峰正壁窟群最西端山坳内的峭壁上。窟门方向134°。海拔1707.28米，为圆光寺主峰正壁最偏最高的洞窟。东距第43窟14.79米，比第43窟高9.49米。现从第43窟到达第42窟无安全蹬道，需攀援崖壁，十分危险。近洞窟附近壁面凿有由东至西"之"字形分布的脚窝8个，目前还是登临第42窟的可靠路径。在窟外右侧山坡有残存的蹬迹。（参见测图2、3；图3-1～3-4）

图3-1 第42、43并44窟在崖壁的位置 （含第43窟前梯道）

图 3-2　第 42 窟窟外

图 3-3　第 42 窟窟门与窟外脚窝

图 3-4　第 42 窟窟门外右侧山坡蹬道遗迹

窟门直接凿于崖壁壁面，无窟口。门洞宽 0.56 米，高 0.66 米，壁厚 0.23 米。现安装铁栅栏门。

窟门洞及窟外无雕刻、题记等遗迹。

二　平面形制与窟内遗迹

洞窟平面横长方形。

四壁风化裂隙严重。宽 220.0 厘米，深 100.0 厘米，高 120.0 厘米。仅可容人。（图 3-5A）

窟内无造像及壁画遗迹。

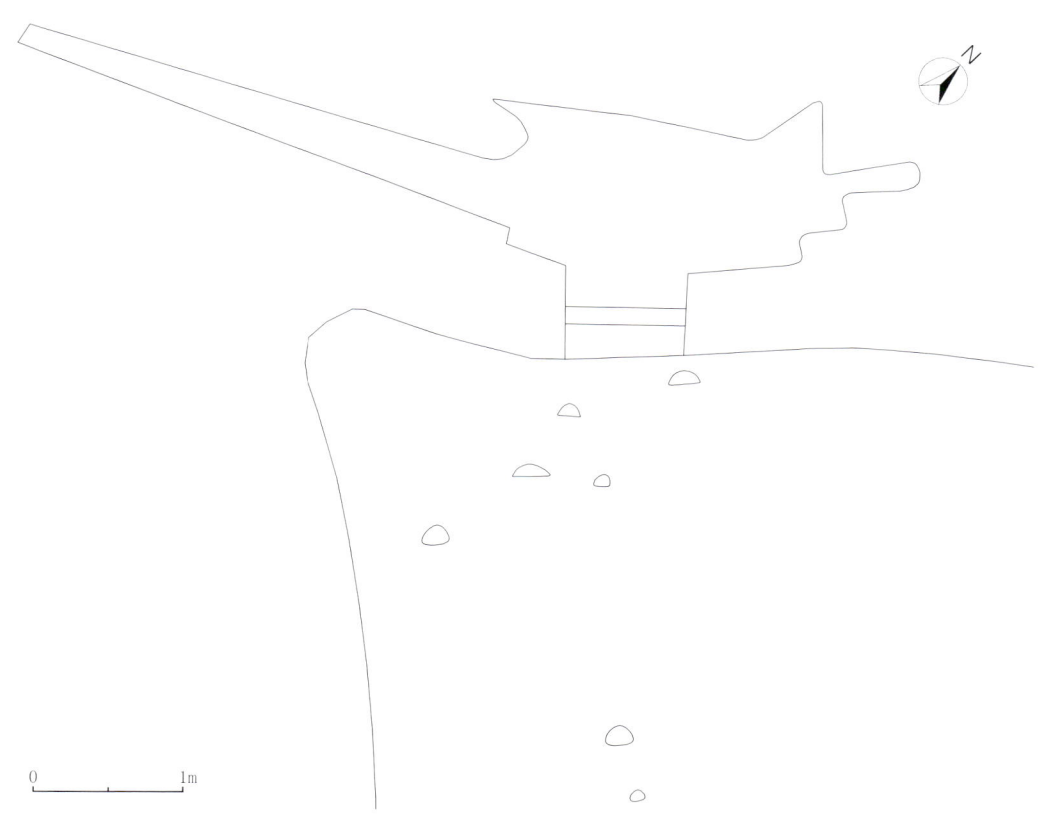

图 3-5A　第 42 窟平面线图

第二节　第 43 窟

一　位置及窟外遗迹

第 43 窟位于圆光寺区主峰正壁西端，西距第 42 窟 14.79 米，东距第 45 窟 16.80 米。窟门方向 139°。海拔高度 1697.79 米，比第 45 窟高约 3 米。（参见测图 2、3 及图 3-1）

窟前凿有窟口，类似前室。

窟口宽 3.45 米，高 1.90 米，深 0.83 米。

窟口后壁正中凿窟门。

整修工程开工后的 1988 年之前，43 窟窟前有三级石阶，沿洞窟东南缘与圆光寺正面崖壁呈 90 度的山麓凿有直通 43 窟的一长梯道，其南端保存较好，北侧因山体崩塌而残，梯道外侧凿有圆形凹孔，系梯道栏杆遗迹。（图 3-6）

图 3-6　第 43 窟窟外遗迹　（20 世纪 80 年代后期整修工程结束之后拍摄）

图 3-7　第 43 窟窟外现状　（目前该窟为住寺僧人居所）

图 3-8　2014 年 10 月清理的第 43 窟窟外蹬道遗迹

图 3-9　蹬道细部及蹬道作为栏杆遗迹的圆形凹孔洞

洞窟现为今圆光寺住持师父起居处。窟口周边经过改造，新砌了踏道，并修筑了窟前小平台，原石阶已不见。（图 3-7）

20 世纪 60 年代至 1986 年 4 月，寺口子地震台占用圆光寺区台地，第 43 窟曾被用作固原地震台的监测站，为方便上下，贴崖壁砖砌了通往圆光寺窟前台地的蹬道。整修工程中和近年又有修整，原凿通第 43 窟梯道，已荒废不用。除梯道北段遗迹已崩塌殆尽外，保存较好的南端，因雨水风蚀以及草木根系侵蚀等原因也已湮没，最后一级至山脚，今被圆光寺山门右侧院墙遮挡。本次工作中逐一清理了保存的蹬道（图 3-8），和作为梯道栏杆遗迹的圆形凹孔。（图 3-9）

窟口上方的崖壁上，凿有呈人字形分布的两道排水道。左长 3.15 米，右长 2.10 米。

二　平面形制与窟内遗迹

洞窟平面近方形，平顶。

窟内四壁现堆满物品，窟顶加施苇席吊顶，难以观察。仅测得洞窟基本尺寸[1]，宽 445.0 厘米，进深 476.0 厘米，高 226.0 厘米。（图 3-10A）

洞窟内无造像等其他遗迹。

[1]　与《总录》第 75 页记录的洞窟宽 4.2 米、进深 5.10 米、高 2.42 米一组尺寸稍有出入。

图 3-10A　第 43 窟平面线图

第四章 第44窟

第一节 位置及窟外遗迹

一 位置

第44窟位于圆光寺区主峰正壁三层洞窟之最上层，第45窟上方。窟门方向127°。海拔1698.97米，比第43窟高1米余，比第45窟高4.26米。（参见测图2、3；图4-1）

第44窟之下的崖壁现被新建的圆光寺窟前大殿遮挡和覆盖，贴近窟前崖壁的是大殿屋顶排水天沟（图4-2）。大殿内未安置可登临第44窟的设施，现无法正常登临。20世纪80年代调查是借由第45窟窟顶贯穿到第44窟地面的残洞搭梯上下，本次调查则是跨过大殿二层东侧栏杆穿过第49窟窟檐屋

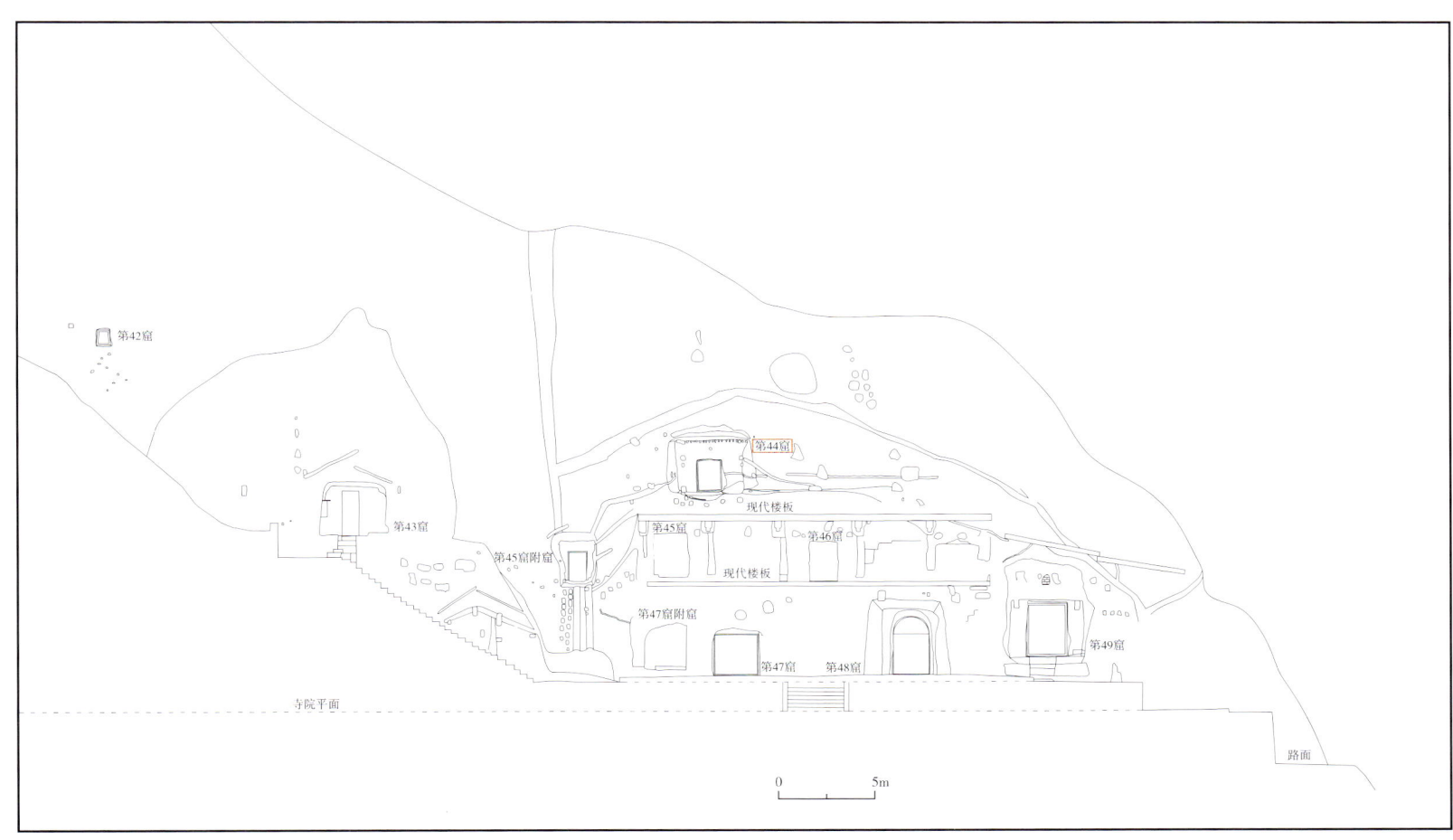

图4-1 第44窟在圆光寺区主峰正壁的位置

顶折而攀行，均较险难。在第44窟被正常使用的历史时期，应辟有供上下通达的路径。

二 窟外遗迹

第44窟窟外遗迹[1]有三种，一种是可能与第44窟上下有关的蹬道或设施遗迹，一种是窟口和窟前建筑遗迹，一种是洞窟上方崖壁上的排水遗迹。（图4-3）

现第46窟东侧、第48窟上方崖壁和第45窟附窟窟门东侧崖壁上，都遗有若干具有明显规律的人工凿痕，可能曾是通第44窟蹬道或与修建第44窟蹬道设施相关的遗迹。（参见测图3；图4-4～4-7）

窟前就山势开凿有类似前室的窟口。窟口左右壁经人工平整，就山势大致呈三角形，因岩体坍塌，仅后部尚存部分壁面。窟口底宽约3.46米，顶宽约3.46米，高2.95米。平台右深约0.87米，左深约1.18米；顶右深约0.28米，左深0.36米，仅稍凿入崖壁。后壁部分坍剥并有水平裂隙，完整处可见平整壁面留下的不规则錾痕。

后壁居中凿出窟门。门洞壁稍斜，左侧已坍塌。门现高1.73米，现宽1.28米，门壁残厚约0.32米，风残严重。现安装铁栅门，残坏处以水泥封护。（图4-8、4-8A）

图 4-2 从窟前大殿排水天沟看 44 窟 （由西向东拍摄）

[1]
第44窟窟外遗迹，有些是关涉整个圆光寺区主峰正壁的遗迹，为方便计，记于第44窟窟外遗迹项下；有些直接关涉第44窟，则又需以其他洞窟为参照才能说明，其详情记于相关洞窟之下，如下文提及的通行蹬道遗迹等，请读者注意。

图 4-3 第 44 窟窟外

图 4-4　与登临第 44 窟相关的窟外遗迹 （第 45 窟附窟窟外崖壁上有规律的凿孔）

图 4-5　与登临第 44 窟相关的窟外遗迹 （第 45 窟附窟窟外左侧崖壁有规律的凿孔。拍摄于北京大学调查期间）

图 4-6　与登临第 44 窟相关的窟外遗迹 （第 48 窟左侧上方今左侧楼梯之下梯道遗迹）

图 4-7　与登临第 44 窟相关的窟外遗迹 （第 48 窟左侧上方梯道遗迹细部）

图 4-8　第 44 窟外立面正射影像图

50cm

0

图 4-8A 第 44 窟窟外立面线图

窟口后壁的窟门上方及左右两侧均见有凿孔。窟门上方 0.44 米处居中凿圆孔 1 个，孔径约 0.14 米；再上至窟口顶部之下，一排共 21 个细密竖向长方形凿孔，遗迹跨度 3.8 米，孔均高 0.13 米，宽 0.08 米，间距约 0.10 米。窟门右侧约 0.6 米处凿有方形或圆角方形孔 3 个，上下成列，其中最下一个方形，高 0.28 米，宽 0.26 米，紧接窟口地面。窟门左侧约 0.9 米处凿圆角方形孔 2 个，上下排列，位置基本与右侧上方二孔对应，接近地面处被坍塌的建筑堆积所埋，估计原也有凿孔。（图 4-9）

窟口平台下方约 0.5 米的壁面上也有凿孔，共 6 个，方形或圆角方形，孔高约 0.26 米，宽约 0.30 米，深约 0.20 米，形状与大小均与窟门左右侧凿孔相似。高低略有差，基本成排。（参见图 4-2）

上述凿孔，应该是第 44 窟曾建造过窟檐或窟前房屋的遗迹。

窟口正上方的崖壁上凿有大致呈人字形的排水（引水）沟槽，已风化。窟口左右的崖壁上分布着自然风蚀形成的零星孔洞。

上述排水（引水）沟槽的上部崖壁上，凿有覆盖圆光寺区正壁中心所有洞窟范围的人字形排水沟槽，应当是圆光寺区正面崖壁各洞窟被作为整体经营时营作的遗迹[2]。沟槽右长 10.29 米，左长 24.15 米，跨度达 29.9 米。（图 4-10）

图 4-9　第 44 窟窟檐椽孔遗迹

[2]
参见第九章《结语》"三、圆光寺区的窟前寺院"遗迹。

图4-10 第44窟窟口上部覆盖正壁中心所有河窟范围的人字形排水沟槽

第二节 平面形制与窟内遗迹

一 平面形制

洞窟平面为纵深稍长的不规则方形。宽339.6厘米，深367.2厘米，高176.4厘米。四壁不平直，右壁比左壁稍长，左壁微弯，前壁比后壁稍宽。（图4-11～4-14、4-11A～4-14A）

窟内地面前低后高，倾斜显著，近前壁处稍残。窟门前凿有长198.2厘米、宽160.0厘米、深29.0厘米的门道，使窟内地面呈凹字形。（图4-15）

在门道地面近窟门处，有一个宽约60厘米的残洞，与第45窟窟顶南坡贯通，残洞断面壁厚约30厘米。为防范雨水侵入和残洞的进一步扩大，现砌筑方形矮栏维护[3]。（图4-16）

右壁凿有浅龛，后壁凿有深龛，左壁仅见凿龛的痕迹。

窟顶四周平，从居中近窟门处起凿浅穹隆。

四壁、窟顶曾绘饰壁画，现有极少量遗存。窟内无造像。（图4-17）

二 四壁及顶部遗迹

前壁。窟门不居中，距右壁83.3厘米，距左壁103.1厘米。窟门两侧壁面残剥严重。（参见图4-15）

右壁。距前壁约84厘米处凿有浅龛。下龛极浅，龛高54厘米、宽89厘米、深约2～3厘米，距地面23.8厘米。其上沿凿深为又一壁龛，龛高58.0厘米、宽94.8厘米、深约19～21厘米。龛壁遗有粗糙錾痕，下部龛壁留抹泥的痕迹。（图4-18）

距浅龛左边约46厘米，遗留约0.4平方米的壁画一块（图4-19）。壁画连同地仗厚约0.7厘米。从残存遗迹看，其造作方式是，首先在壁面錾凿

[3]
第44窟内部的自然风化残剥，以窟门附近的地面、窟顶和壁面最严重。这与窟檐损坏、窟门洞开，致风雨自由侵蚀有关。现虽安装了铁栅窟门，仍不能有效防范风雨。窟门内地面残洞周边虽砌筑了防护矮栏墙，但仍难防止侵蚀第44窟的风雨下灌至第45窟。两次田野工作期间，每逢风雨时节，大量风化岩砂和着雨水从此残洞下泄至第45窟前壁，致前壁右龛成为第45窟残蚀最严重的一龛。

图 4-11A 第 44 窟洞窟平面线图

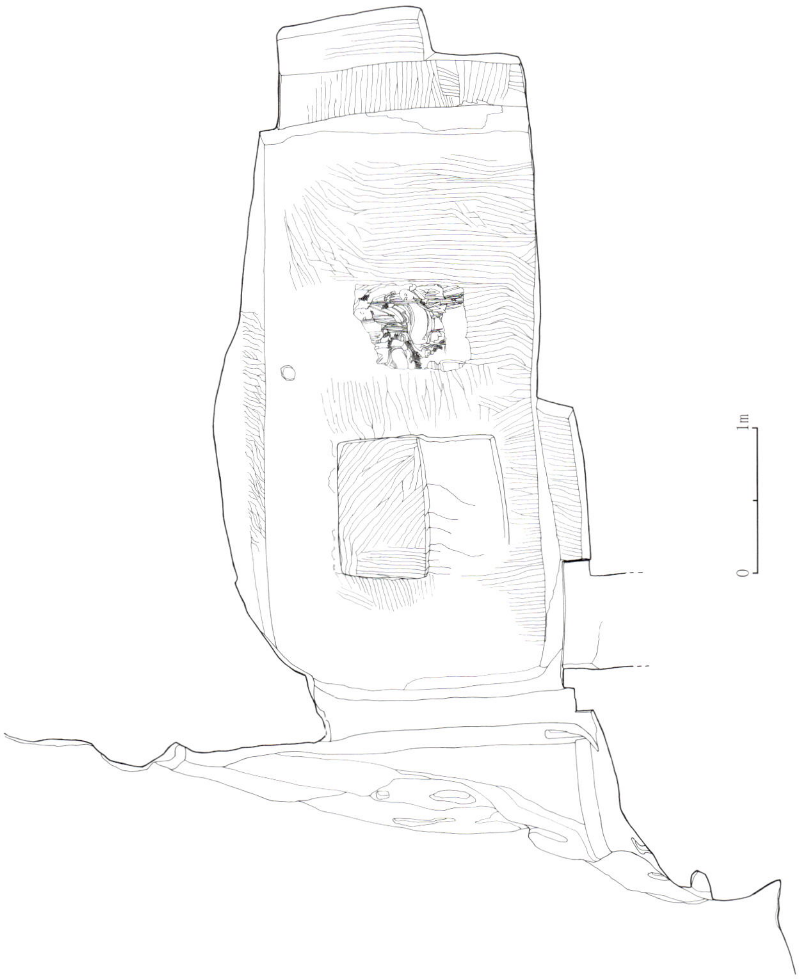

图 4-12A 第 44 窟前后剖右视线图

图 4-11 第 44 窟洞窟平面正射影像图

图 4-12 第 44 窟前后剖右视正射影像图

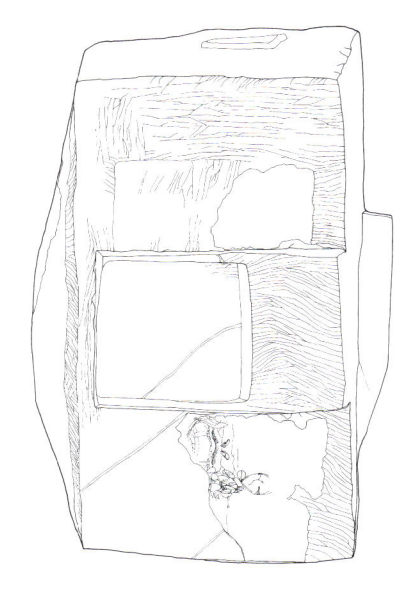

图 4-14A　第 44 窟左右剖后视线图

图 4-14　第 44 窟左右剖后视正射影像图

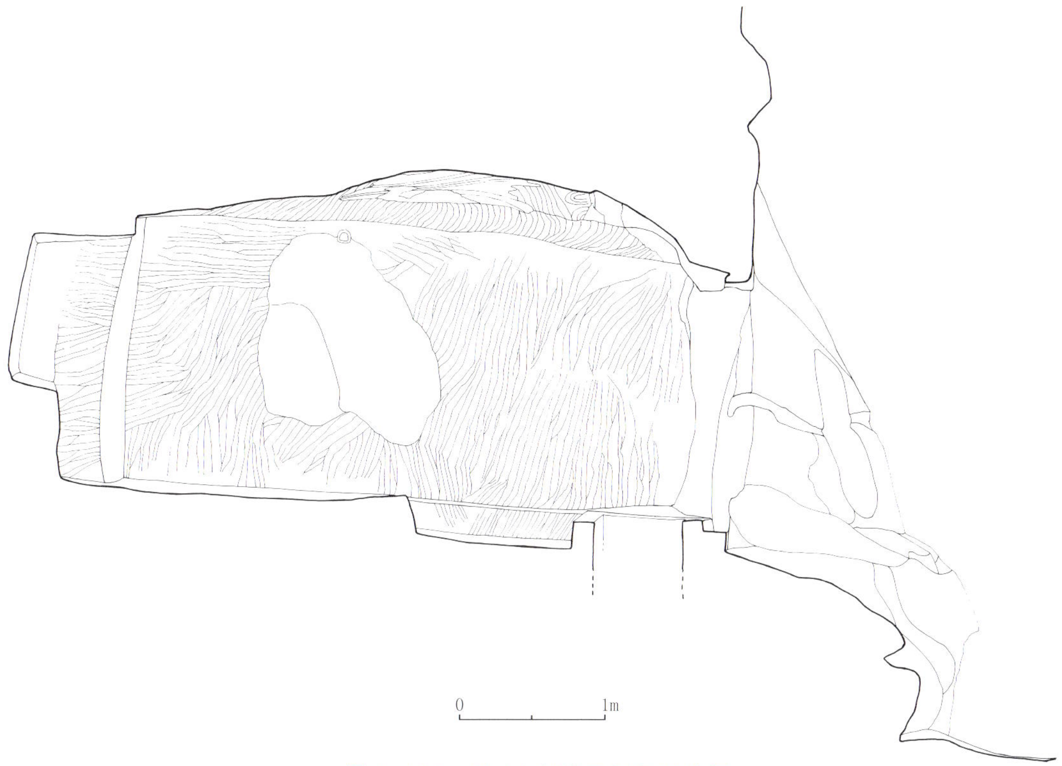

图 4-13A　第 44 窟前剖后左视线图

图 4-13　第 44 窟前剖后左视正射影像图

图 4-15　第 44 窟凹字形地面遗迹

图 4-16　第 44 窟门口通向第 45 窟的残洞

图 4-17　第 44 窟洞窟壁面、窟顶壁画遗存
状况

图 4-18　第 44 窟右壁遗存正视　（其右为龛，
其左为壁画残迹）

图 4-19　第 44 窟右壁遗存壁画总体▶

图 4-20　第 44 窟右壁下层壁画残迹细部

形成粗糙凿痕，然后在壁面上抹麦秸泥地仗，再加抹细泥一层，之后涂白灰底，再施彩画。

壁画人物面部、手足以赭线勾画，服饰、姿态以墨线勾画再填施彩色。色调青绿，局部衣服织物团花，施以沥粉工艺。

画面中一皓眉老僧，面容慈祥，双耳下垂佩戴大耳珰，着灰色交领内衣，外披绿地云纹团花褐色衣缘袈裟，趺坐于山石座上，双手比画，似在讲经说法。其右侧为坐于绿草蒲团的另一僧人局部，从残存不多的画面看，僧人着灰地赭色写生大丽菊团花纹样袈裟。在老者左前方，侍立一弟子，面容清净庄严，着深灰色地环形小团花交领袈裟，双手握挂一杖。杖下有柄，上有尖，均加工光洁，中间斑驳似老藤。老僧身后还有一立者，仅可见其袈裟下部局部。老僧正前面绘一圆形高几，残存大半，可见几面上置一圆肩器物[4]。画面笔力遒劲，人物刻画古拙，姿容生动传神，是壁画中上佳之作。

在所见上层壁画下面隐约可见下层壁画的形象。（图4-20）

在残存壁画正上方有圆形凿孔一，恰据壁面之中，也是右壁值得注意的遗迹。

后壁。正中开一壁龛，自壁底起凿，高约166厘米、宽约109.8厘米、深约33.9厘米。在该龛内上部距地面约64.1厘米处，又凿一高99.3厘米、宽94.9厘米、深27厘米的龛几乎齐顶。龛内无造像，也未见陈设造像的遗存。龛壁均裸，凿痕间有白灰遗存。龛左右残存壁画各一块。右侧面积稍大。右侧壁画左残边近龛右边，显示此龛、壁面应亦满绘壁画。（图4-21）

龛右残存壁画面积不足0.7平方米。画面中在距地面约40厘米处，有宽约3厘米的水平框栏一层，框栏下为白灰涂饰的墙面，反映出壁画曾有界框等布局安排。（图4-22）

[4]
此物应为安置香炉之香几。参见 王世襄《明式家具珍赏》第26页"香几"条，文物出版社，2003年。

图 4-21　第 44 窟后壁
图 4-22　第 44 窟后壁右侧壁画

　　残存壁画用线、着色方式与右壁相同。画面前为山石流水，内一平整庭院，院中一鹤（图4-23）昂首向右单足振翅立。鹤右绘一坐于敷草石座上抚琴的人物（图4-24），仅残存琴和一抚琴之手并衣服局部。鹤左绘一留发、戴耳珰、着僧袍者（图4-25），俯身临一莲池，一手抚持一莲茎，莲池内荷叶茂盛、莲花盛开。持莲者身后为一留发童子（图4-26），着绿地小花袍，腰系带，双手托举一坛，腰插一柄蒲扇，面朝左，做殷勤服侍状。童子身侧为一山石榻，榻上放一双牛鼻芒鞋，敷草石座上是趺坐着田相袈裟者（图4-27、4-28）残迹——座、衣在画面中占很大比例，当属一主要人物。画面人物，均以绛色线勾勒面容、墨线勾勒衣装，局部敷绿色，线条、设色生动。

图 4-23　第 44 窟后壁右侧壁画细部一·鹤

图 4-24　第 44 窟后壁右侧壁画细部二·抚琴者

图 4-25　第 44 窟后壁右侧壁画细部三·持莲者

图 4-26　第 44 窟后壁右侧壁画细部四·留
发童子

图 4-27　第 44 窟后壁右侧壁画细部五·跌
坐日相袈裟者

4-26

4-27

·75·

图 4-28　第 44 窟后壁右侧下层壁画残迹
一·佩戴足钏者

图 4-28　第 44 窟后壁右侧下层壁画残迹
一·佩戴足钏者

图 4-29　第 44 窟后壁右侧下层壁画残迹
二·做说法状者

鹤后一山石座上可见一人物左腿、右足局部，均佩戴足钏（图4-28），以赭色线绘。莲池前立二僧人，以赭色线勾面和手，衣、发墨线。其中高者做说法状（图4-29），留发，斜披袈裟，矮者似着僧袍，面目残。以上人物，均被上层画面覆盖，是下层壁画的残迹[5]。

龛左残存壁画（图4-30）大约0.3平方米，画面剥蚀较前两块壁画严重，仍可见其下画框栏线，基本与右侧平齐。画面最上绘一鹿，墨线勾勒，姿态生动。鹿前侧绘一置于山石上的花盆（图4-31），盆底饰以长莲瓣纹，内养牡丹花，画面斑驳。

[5]
也不能排除或是正式壁画剥落后所显露的未被采用的壁画画稿遗迹。

图4-30 第44窟后壁左侧壁画

[6]
应该是与罗汉题材有关的内容，但因残剥已经无法判断具体的情况了（参见宿白《记新剥出的蓟县观音阁壁画》，《魏晋南北朝唐宋朝考古文稿辑丛》，文物出版社，2011年，第376～378页）。且画面中人物衣饰等均与明代受藏传佛教艺术影响的罗汉题材画相近（参见谢继胜《明代藏传佛教艺术史》）。

[7]
第44窟壁面虽保存不多，但不论艺术价值和历史价值都很高。惜第44窟目前保存状况很差，如前所述，洞窟潮解风化之忧未解，担心壁画会随壁面风化而残灭。建议在保存全部信息资料之后，揭取回博物馆保存。

图4-31　第44窟洞窟后壁左侧壁画细部·花盆牡丹

画面下方，可见二僧人形象，为下层壁画。其中左侧僧人面容、衣服、身光、头光清楚。

从残存画面看，上层壁画内容为依松石、坐山水且胡貌梵相的佛教人物[6]，下层壁画遗迹不多，不敢判断。

左壁。基本平整，布满錾痕。近窟门处风蚀残剥，近后壁处似有后期凿劈开龛痕迹，与右、后壁龛比较，应非同期开凿。无壁画遗存。在与右壁相应位置，也有圆孔一。（参见图4-16、4-17）

窟顶。近前壁处风蚀残剥，有大面积坍落。与壁面连接的平直部分，錾痕与壁面相同。"穹隆顶"部分，有打凿过程形成的波浪形錾痕，在穹顶壁画脱落后显示出来。（图4-32、4-33、4-33A）

顶部壁画仅存"穹隆顶"局部。壁画构图内圆外方，对称布局，中心部分不存，仅可见墨绘退晕边，中心外两圈闭口金刚杵，间隔莲瓣一层，之间饰以灰黑绿或灰绿色带（图4-34），外方的部分为两层饰以卷草纹的纹饰带，岔角部分绘制一束莲花饰。壁画色调以灰、墨、绿、白为主。以上绘饰的壁画之下，可隐约看见有不止一层线条存在，但大的构图基本一致，现存者为最后一次重绘的遗留，重绘的方式也是在原画的基础上再刷白灰后绘饰线条、颜色。[7]

图4-32　第44窟窟顶及顶面壁画遗迹状况

图 4-33　第 44 窟窟顶平面正射影像图
（可见壁画遗存情况）
图 4-33A　第 44 窟窟顶平面线图

4-33

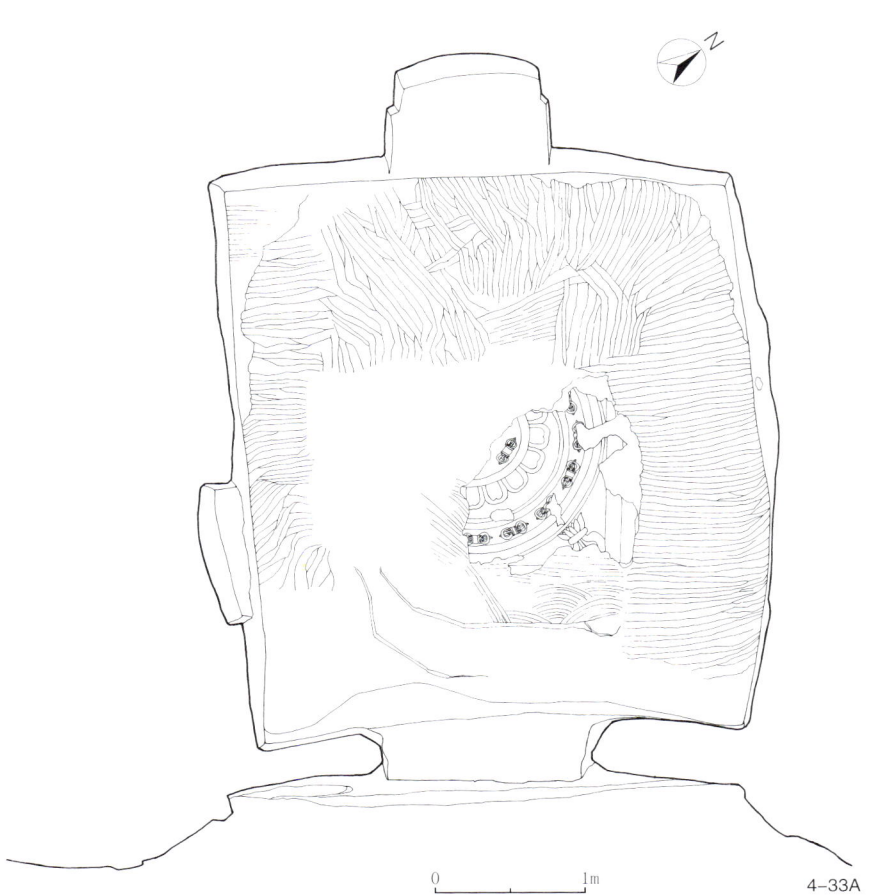

4-33A

图 4-34　第 44 窟窟顶壁画遗存总体

第五章 第 45 窟及其附窟

第一节 第 45 窟位置及窟外遗迹

一 位置

第 45 窟位于第 44 窟下方，是圆光寺主峰正壁第二层的洞窟之一。海拔 1694.71 米，比今圆光寺地面高 6.52 米。窟门方向 136°。（图 5–1）

第 45 窟附窟在其西前，二窟间有甬道相通。第 46 窟在其东，二窟窟门中心线间距 8.10 米，相邻壁面间距 1.8 米。三窟基本同高。现通过窟前大殿梯道可达。（参见测图 6）

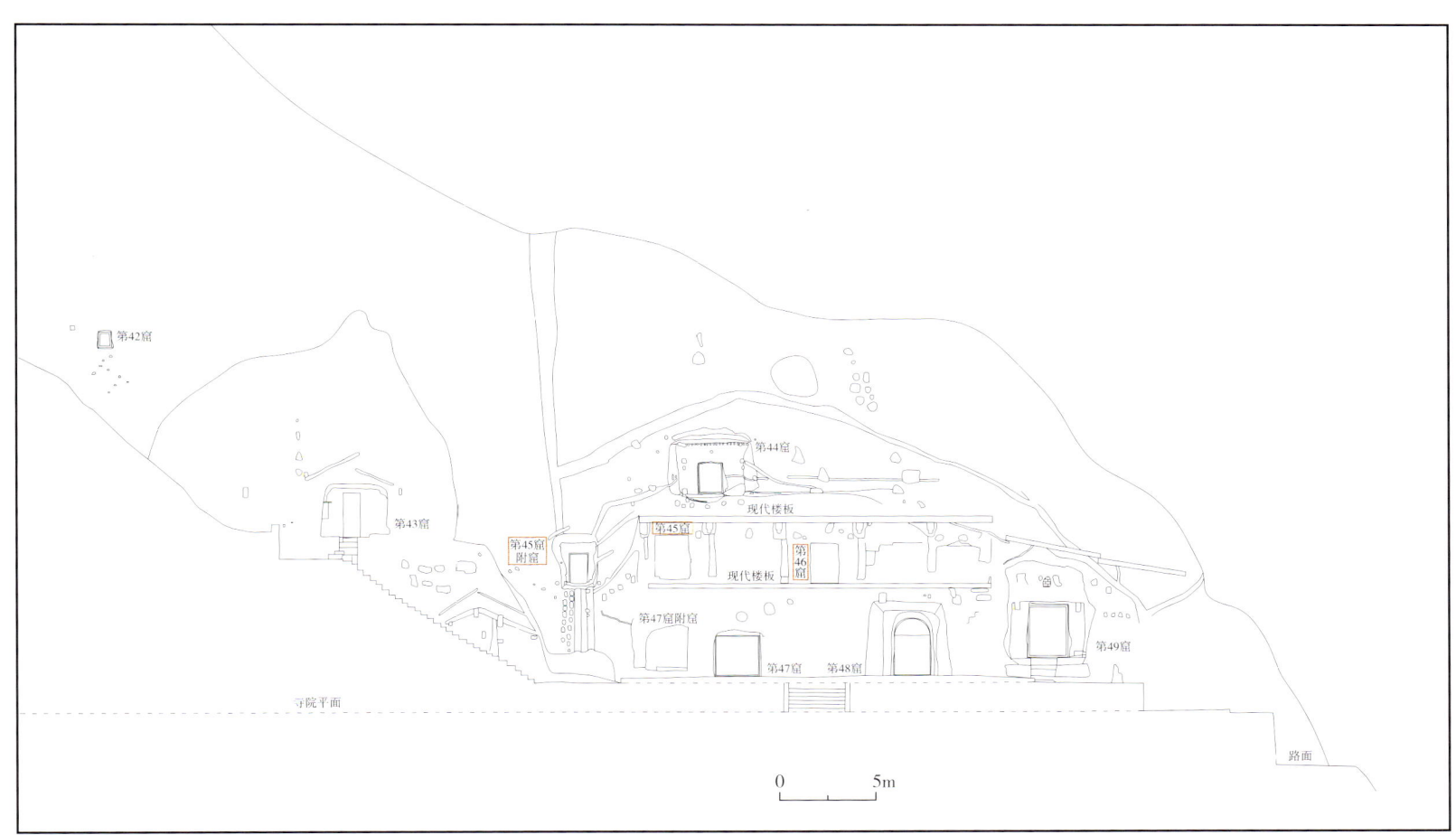

图 5–1 第 45、45 窟附、46 窟在圆光寺区主峰正壁的位置

二 窟外遗迹

窟外遗迹主要有两种，一是窟口及相关遗迹，二是与第46窟作为一个整体的窟外建筑遗迹。（图5-2～5-4）

图5-2　第45窟窟门及窟口遗迹
图5-3　第45、46窟窟外建筑遗迹
图5-4　第45、46窟窟外遗迹正射影像图

5-2

5-3

5-4

图 5-5　第 45 窟窟口遗迹

图 5-6　第 45 窟窟门遗迹

（一）窟口及相关遗迹

1. 窟口

窟前曾经开凿窟口。由于崖壁剥蚀、坍塌和后期不断地利用改造，窟口左右的具体情况已不清。现窟口大约在今窟门前地面左右 2.58 米、前后约 1.0 米的范围（图 5-5）。窟口顶部原深度已不可知。现窟口上约 1.50 米为新建窟前大殿屋顶。

窟口后壁开凿窟门。窟门方形，稍残。现安装铁栅门，残处以水泥修补。（图 5-6）

门洞右壁、顶基本完整。门洞右上角和右壁上部，存部分加工平整的外门框转角细部遗迹，知原窟门外凿作向外斜抹面的门框（洞窟内部也同样作抹角处理，详第 45 窟窟内遗迹）。门洞左壁风蚀残剥严重，下部局部坍塌。根据铁栅门右侧被凿成"门砧石"的部分遗迹和与其联通的窟内地面遗迹，知现存"门砧石"的上皮应该就是原门洞地面的大略位置。据此测知，门洞高约 2.26 米，宽 1.82 米，门壁厚 0.80 米。

5-5　　　　5-6

图 5-7　第 45 窟窟门右上方龛像

2. 窟门上方龛像

门洞之上，距门洞外上沿约 0.16 米处，现存一高约 0.35、宽约 0.34、深约 0.04 米的浅龛，内有造像 3 尊。造像漫漶，可辨均侧身面向窟门中心侍立，最前像似合十持莲。（图 5-7、5-7-1）

此龛左侧壁面风化剥蚀，从起伏斑驳残迹看，此前亦曾雕凿龛像，具体情况现已难分辨。[1]

3. 门洞右壁题记

门洞右壁现存题记。距"门砧石"上皮约 2.06 米处有一规整凿孔，孔高 0.14、宽 0.15、深 0.10 米，打破了题记所在壁面。

题记现可辨认者 10 则[2]。其中阴刻题记 1 则，墨书题记 9 则。阴刻题记题写在一个高 0.65、宽 0.33 米的方形榜题框内，处于最下层，其上覆盖白灰，成为其他墨书题记题写的地仗。地仗有两层，题记有的写于底层，有的写在上层。均竖行书写。（图 5-8、5-9）

现按自上而下，由右至左记录如次：

（1）阴刻题记。刻于榜题框内左右两侧，其上覆有白灰（图 5-10）。内容为：

　　姚文真张口元
　　口宰靳文[3]

图 5-7-1　第 45 窟窟门右上方龛像

[1]
《总录》在第 77 页第 45 窟窟外遗迹项下记录如下："门上方开五个小龛（现残存三个），龛内雕像，风化漫漶，仅见残迹。"
[2]
1986 年北京大学调查记录的为 11 则。《总录》内容为"固原卫口口官行口口"的题记本次调查未见。本次调查在第 8 则题记的右侧与"弥"字同高的位置现有三个写在上层的白灰地仗上的墨书，只是字迹现无法辨认，是否为这条题记，已无法考证。
[3]
《总录》的记载为："姚文真张叔元」口口吕宰靳文口。"（第 80 页）此次调查中"叔""吕"已辨认不出，"吕"前面的两字和"文"后面的一字均已无痕迹。

图 5-8 第 45 窟窟门题记位置正射影像图

图 5-9 第 45 窟门洞右壁题记遗迹

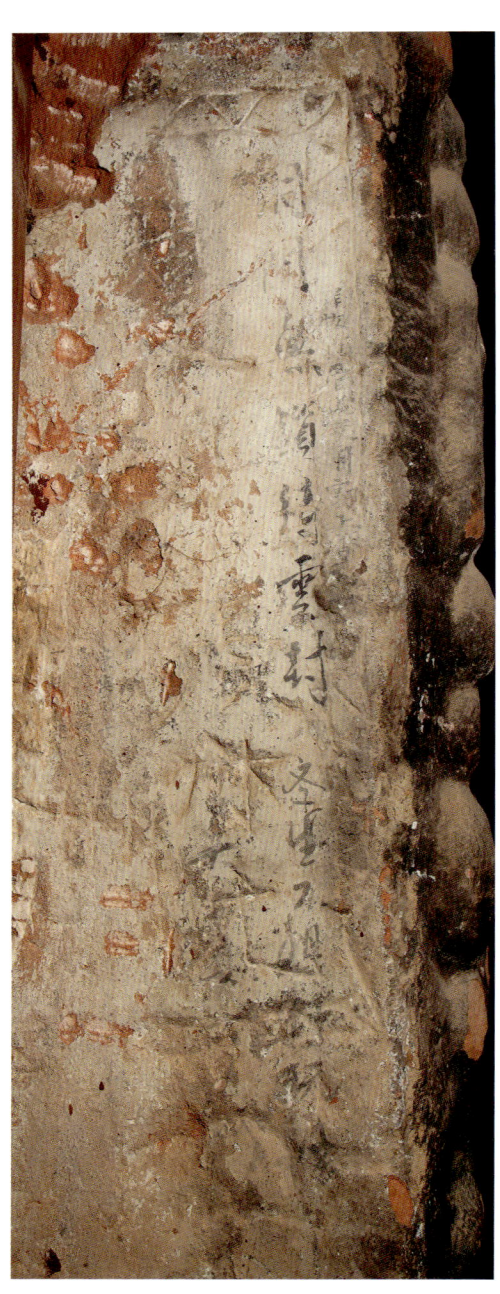

图 5-10　第 45 窟窟门右壁第 1 则题记细部　　　图 5-11　第 45 窟窟门右壁第 2 则题记细部　　　图 5-12　第 45 窟窟门右壁第 3 则题记细部

（2）墨书题记。书于第 1 则题记榜题框右边的白灰地仗之上，字迹清晰，一行 12 字（图 5-11）。内容为：

群牧所管屯吏目郭上香到此

（3）墨书题记。位于第 2 则题记的左侧，顺第 1 则题记榜题框内侧边书写，写于上层的白灰地仗上，双行，第一行字迹清晰，第二行应该是题名或时间，已不可辨（图 5-12）。内容为：

洞门无锁待云封　　学生不想行□法
□□□□[4]

（4）墨书题记。门壁中部右侧边，第 3 则题记之下，高度大约与窟内前壁右龛右侧流苏底端的穗形饰位置齐，书于上层的白灰地仗上，字体

[4]
《总录》录文为："洞门无锁待云封学生不想行玩法」□□□□。"

图 5-13　第 45 窟窟门右壁第 4 则题记细部

图 5-14　第 45 窟窟门右壁第 5 则题记细部

图 5-15　第 45 窟窟门右壁第 6 则题记细部

小而清晰（图 5-13）。内容为：

　　金玉满堂

　　（5）墨书题记。起始位置写于第 1 则题记"张"字之上，书于下层白灰地仗上，字体大体可辨（图 5-14）。内容为：

　　因为功名事
　　□修古须弥
　　保我今年进
　　□意修门间[5]

　　（6）墨书题记。位于第 4 则题记左上方，书于上层的白灰地仗上（图 5-15）。内容为：

[5]
《总录》的记载为："因为功德事」藏修古须弥」保我今年进」愿意修门间。"（第 80 页）内容总录中的"德"在本次调查中辨认为"名"，字体有点模糊。

图 5-16　第 45 窟窟门右壁第 7 则题记细部

图 5-17　第 45 窟窟门右壁第 8 则题记细部

图 5-18　第 45 窟窟门右壁第 9 则题记细部

图 5-19　第 45 窟窟门右壁第 10 则题记细部

至古名山无人朝

□□□人难修造

（7）墨书题记。位于第 5 则题记的左侧，下层白灰地仗之上，起始位置与第 5 则题记"意"字平齐，字体较小，大多可辨认（图 5-16）。内容为：

黑□□

崇祯元年□月□日来见□□□□□

佛像被风吹尘埋不忍目□诚□□□

一□保□进学□□□□[6]

此则题记时间在明末崇祯元年（1628 年），距明天启（1622 年）固原七级地震六年。与第 5 则写于同层地仗，应为第 5 则题记的纪事说明。

[6]
《总录》记载为："黑水口……」崇祯元年□月□日来见此门户洞开」佛像被风吹尘埋不忍目击诚许做门」一保佑进学□□□□。"（第 80 页）

当时窟门洞开敞，佛像蒙尘，似已破败。

（8）墨书题记。位于第 1 则题记榜题框内的左侧下端，紧贴榜题框内侧边书写，写于上层的白灰地仗上，字迹清楚（图 5-17）。内容为：

　　南无阿弥陀佛

（9）墨书题记。位于第 1 则题记榜题框左侧外下部，书于上层的白灰地仗上，现白灰脱落较多，字迹大多已辨认不清（图 5-18）。内容为：

　　黑水苑
　　□□□金□□世隆□□□□□□□[7]

（10）墨书题记。位于第 9 则题记的左上方，书于上层白灰地仗上，白灰大多已脱落，字体多数不清（图 5-19）。内容为：

　　……州□□□□□□苑围长魏禄上香
　　……在此见佛□□□□[8]

（二）窟前建筑遗迹

第 45、46 窟窟前建筑遗迹（参见测图 3 及图 5-2、5-3），是圆光寺区主峰正壁整体窟前建筑、窟前寺院遗迹的一部分，二窟窟前建筑遗迹为一个整体，一并叙述如次。

第 45、46 窟窟前建筑，即今窟前大殿二楼后壁的四至范围，西起第 45 窟窟门与第 45 窟附窟甬道界，东至第 49 窟窟檐右侧突出的岩体，上至第 44 窟窟口平台下方，下至第 47、48 窟窟口上方的平整崖壁。壁面有梁孔、倚柱槽、阶梯状浅台和平整崖壁留下的凿痕，整体为旧迹。壁面有风化剥蚀，局部还留有白灰痕迹。（参见图 5-4）

梁孔共 5 个，边缘均有风化。其中第 45 窟窟门左右各 1 个，右者被新建梁架所用，左者断面长方形，高约 0.38 米，宽 0.28 米，二者间跨度 2.91 米。第 46 窟窟门左右各 1 个，断面长方形，尺寸相当，高约 0.35 米，宽约 0.29 米，二者间跨度 2.77 米。第 45、46 窟之间壁面 1 个，风化严重，孔高约 0.53 米，宽约 0.38 米，与相邻第 45、46 窟的梁孔等距，各约 2.55 米。几个梁孔大致同高，距今二楼地面约 2.4 米。

倚柱槽痕迹有 6 处。第 45 窟右侧 1 处，高 1.45 米，下留高约 0.90 米，柱槽似开在半壁高处；左侧 1 处，高 2.28 米，下留高 0.36 米似柱础。第 46 窟右侧 1 处，高 1.98 米，下留高 0.36 米似柱础；左侧有 3 处，左 1 高 2.17 米、下留高 0.18 米似柱础，左 2 残高 1.88 米、下留高 0.54 米以承柱，左 3 在与第 49 窟窟檐遗迹分界之内侧，高 1.62 米、下留高 1.07 米。以

[7]
《总录》记载为："黑水苑」□□□金事刘世隆到此□□□□。"（第 80 页）
[8]
《总录》记载为："□□□州府□州人黑水苑围长魏禄上香」……在此见佛□□□。"（第 80 页）

图 5-20 第 45、46 窟窟外遗迹的阶梯形凿痕

上倚柱槽间距，第 46 窟左右两侧的二槽间距稍大，约 4.02 米，其余基本相同，约 3.6 米。柱槽打破了梁孔所在的壁面，并有意避开梁孔，应比梁孔为晚。

第 46 窟左侧 1、2、3 柱槽之间凿有阶梯形小台（图 5-20），距窟前地面高低不一，本身长短也不同。其功能和成因不敢妄断，或可能是与通往第 44 窟路径相关的营作遗迹。

第二节　第 45 窟平面形制与窟内遗迹

一　平面形制及保存状况

第 45 窟为方形中心柱窟。宽约 580.1 厘米，深约 570.8 厘米，高 380.3 厘米。（图 5-21～5-26、5-21A～5-26A、5-27～5-30）

四壁、地面，因人工开凿，加上自然和人为的风蚀、破坏致交界处有不同程度残损[9]，故洞窟平面边界难以绝对整齐平正（图 5-31～5-34）。据所存者测量其底平面，四壁大致长度：前壁 600.7 厘米，右壁 569.2 厘米，后壁 600.0 厘米，左壁 560.5 厘米（左壁弧度未计）。

居中方形中心柱，坐于基座之上。基底四面尺寸分别是：前面 352.0

[9]
各洞窟后壁及相关联处均最残。两年田野调查中，尽管每日清扫，洞窟地面依然时落沙土，说明洞窟风化时刻未停，而洞窟西北角落土最潮湿，呈沙粒状，潮解风化烈于其他各处。盖后壁接山体，难断来自山体渗水，又远离窟门，鲜见阳光，长年阴湿，但遇烈风，极易潮解风蚀，故风化最重。两窟相邻的壁面情况就好得多，可见断水去湿的重要。造成洞窟整体残损的是自然力，非人力，亟望引起重视，采取措施。

· 90 ·

图 5–21A　第 45 窟平面线图

0 ⊢—⊢—⊣ 1m

图 5–21　第 45 窟平面正射影像图

0 ⊢—⊢—⊣ 1m

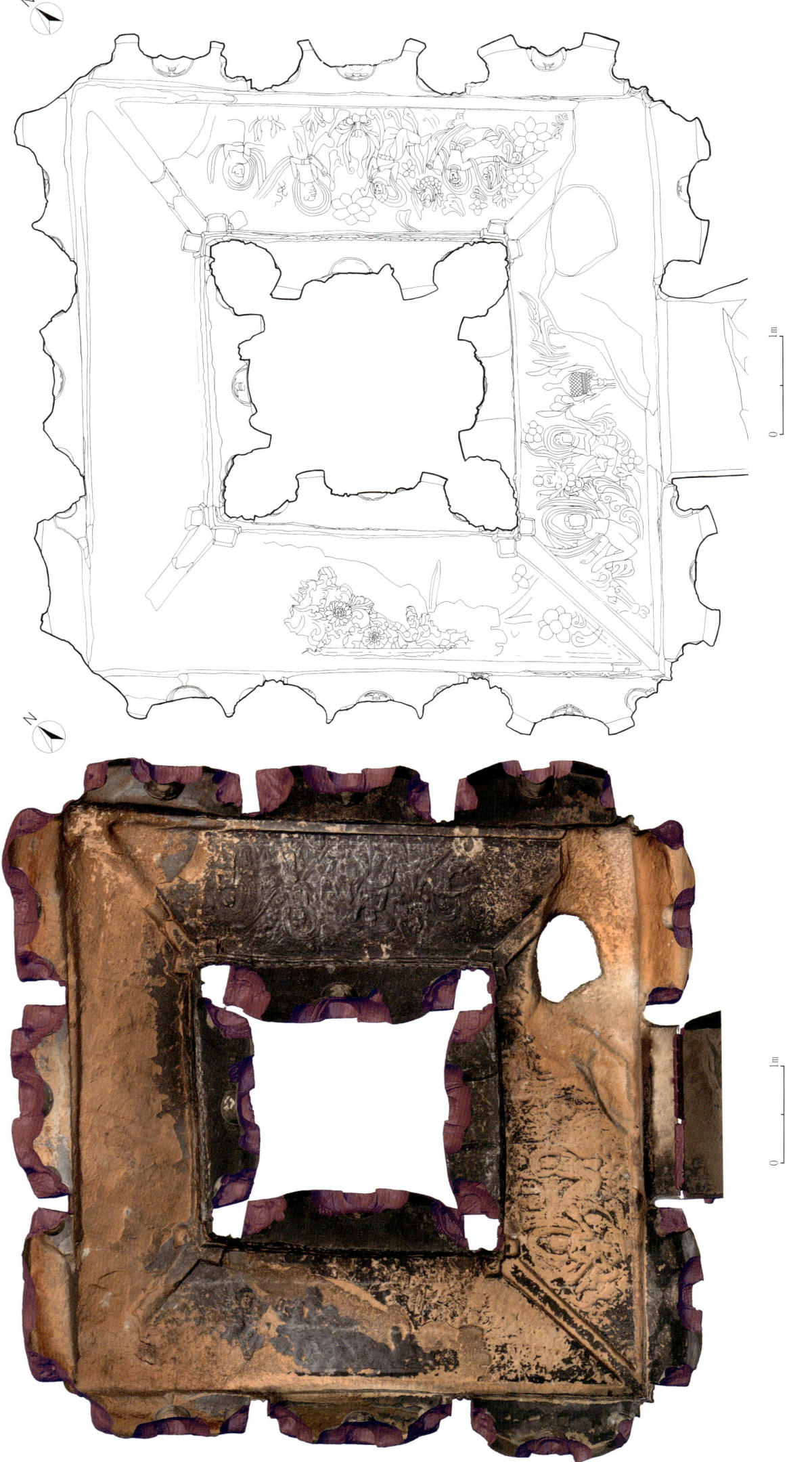

图 5-22A　第 45 窟窟顶平面线图

图 5-22　第 45 窟窟顶平面正射影像图

图 5-26　第 45 窟前剖后视左视正射影像图

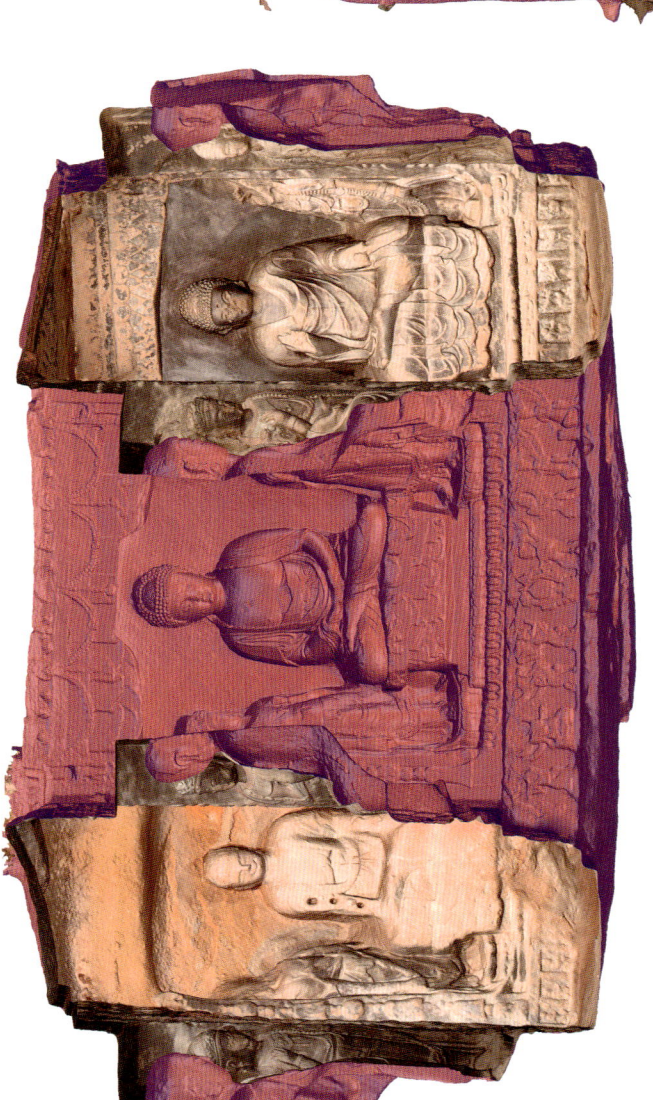

图 5-23　第 45 窟左右剖前视正射影像图

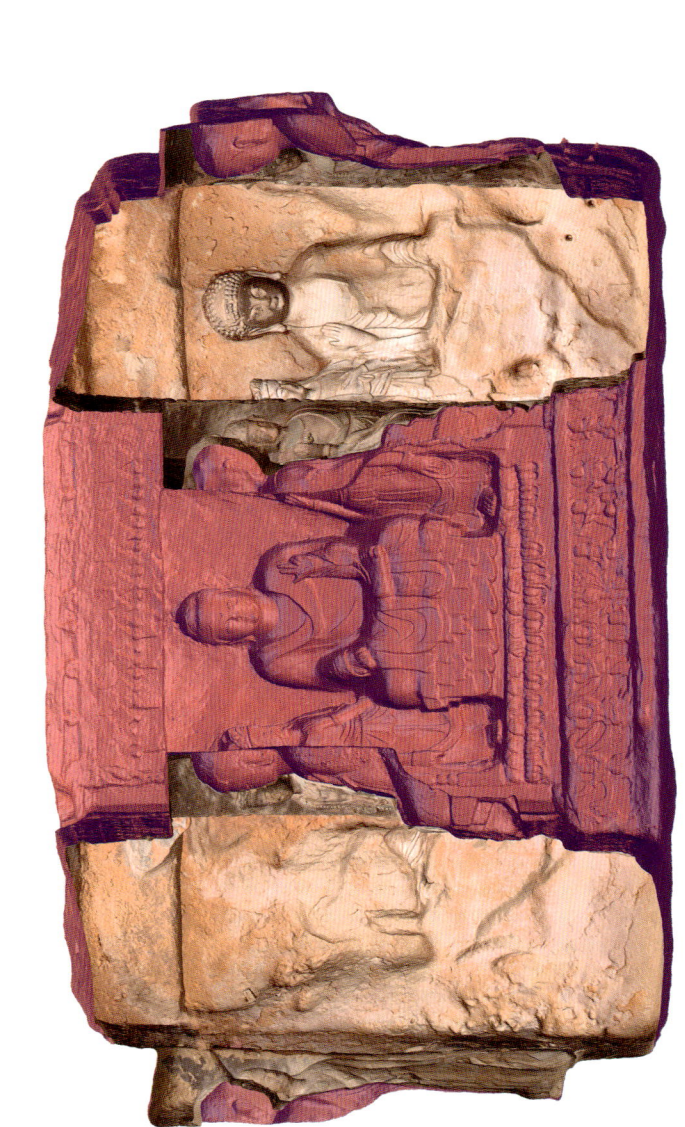

图 5-24　第 45 窟右剖后视正射影像图

图 5-25　第 45 窟前剖后视右视正射影像图

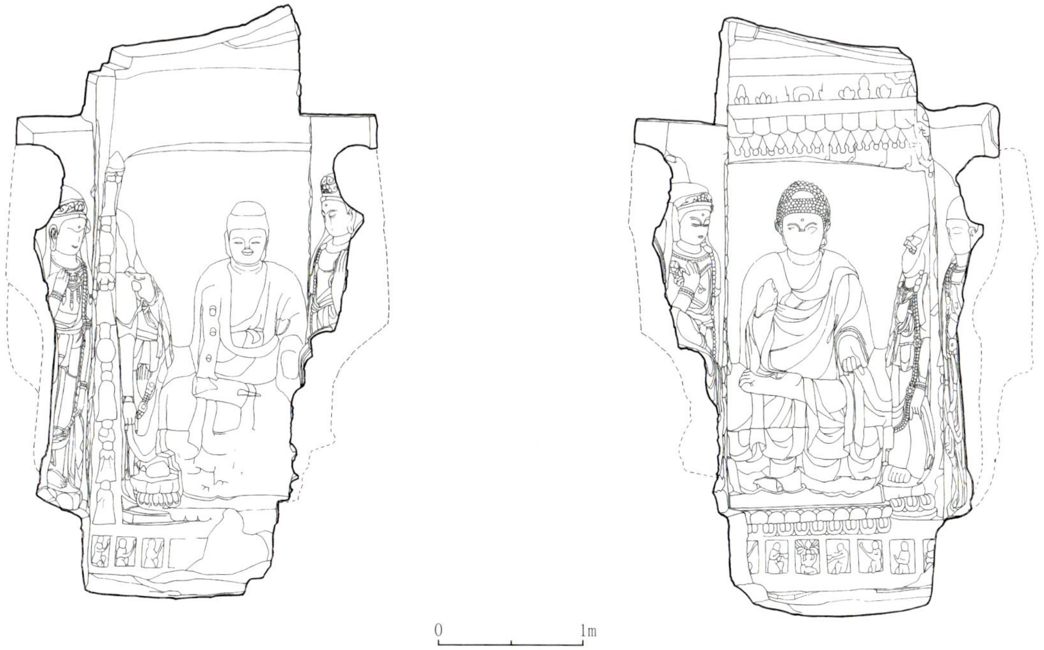

图 5-25A 第 45 窟前后剖后右视线图

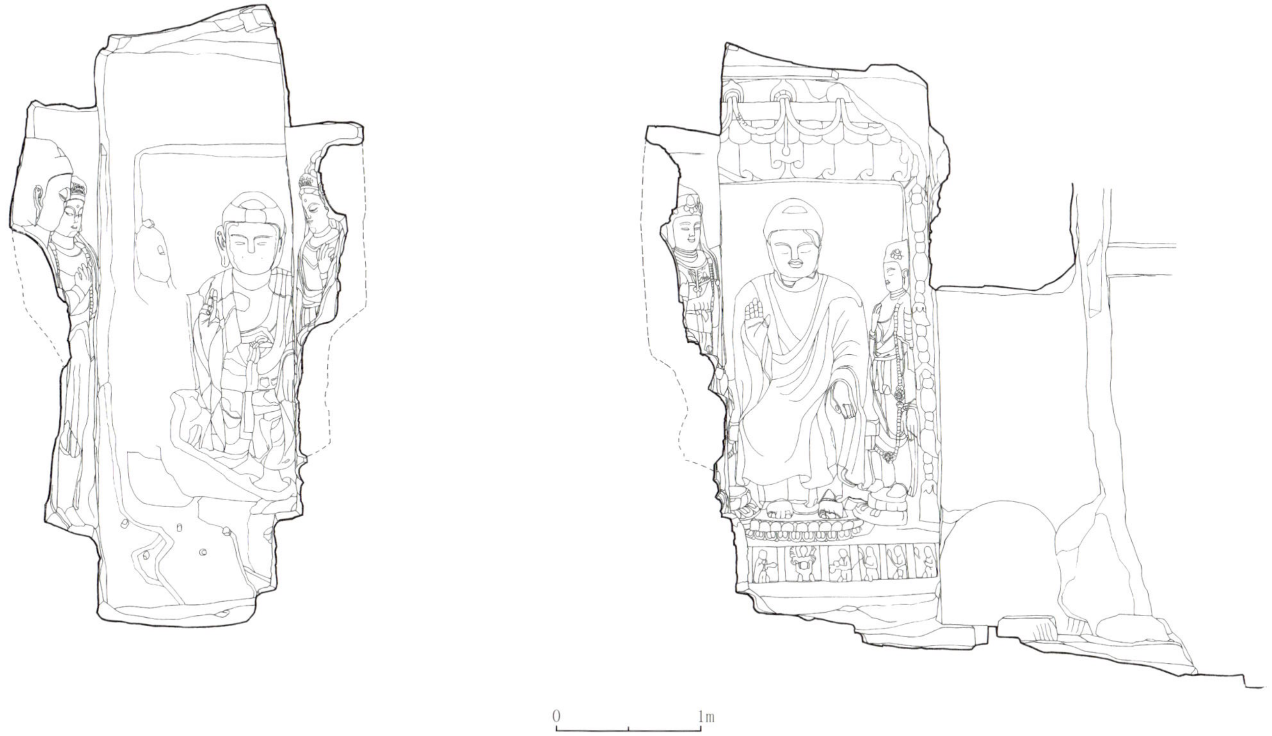

图 5-26A 第 45 窟前后剖后左视线图

图 5-23A 第 45 窟左右剖前视线图

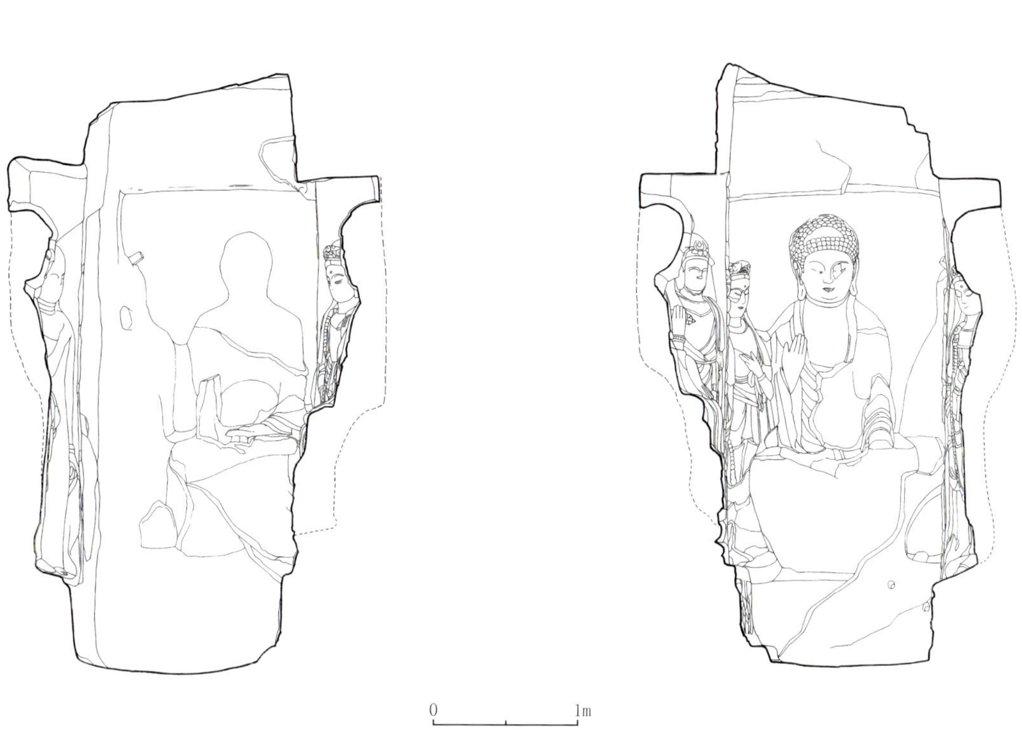

图 5-24A 第 45 窟左右剖后视线图

图 5-27　第 45 窟窟内全景　（从洞窟右前角拍摄）

图 5-28　第 45 窟窟内全景　（从洞窟右前角拍摄）

图 5-29　第 45 窟窟内全景　（从洞窟左后角拍摄）

图 5-30　第 45 窟窟内全景　（从洞左前角拍摄）

图 5-31 第 45 窟洞窟前壁残损情况

图 5-32 第 45 窟洞窟右壁残损情况

图 5-33　第 45 窟洞窟后壁残损情况

图 5-34　第 45 窟洞窟左壁残损情况

厘米，右面338.1厘米，后面329.1厘米，左面341.4厘米，差距明显。

中心柱与壁面间甬道地面，风化残剥严重，唯左侧保存稍好，后高前低。甬道地面前后左右宽度不同，前宽约123.0厘米，右宽120.0厘米，后宽109.0厘米，左宽112.0厘米。前甬道与窟门相连位置下凿出长方形槽，形成下沉式的窟前地面，深12.0厘米，左右长171.0厘米，前后宽约75.0厘米。

中心柱与洞窟四壁均开方形帐龛。四壁各壁开三龛，中心柱四面各开一龛，合计大龛15，小龛1（窟门上方），共16龛。大龛均垂直凿进式。大龛内造像均为一主尊二胁侍一铺三身像，小龛内凿一铺五身像。（表5-1）

表5-1　第45窟龛像信息总览表

龛所在位置		尺寸（厘米）	龛形	帐饰	流苏瑞兽（禽）	造像组合	泥装情况	主尊重装性质	主尊佛（菩萨）姿态特点
中心柱（含基座）	前壁	宽214.0 高258.6 深49.6	垂直凿进式绰幕龛口拱顶帐龛	四重	龙首	一佛二菩萨	主尊改装、贴金。菩萨均泥装。左菩萨泥装所存不多，基本可算原石造像	改装性重装	结跏趺坐，右足在上
	右壁	宽230.5 高266.3 深55.5	垂直凿进式方形龛口拱顶帐龛	三重	象首	一佛二菩萨	三像均经后期塑装，局部厚重，保存较好，只菩萨局部脱落	依原样修复性重装	结跏趺坐，左足在上
	后壁	宽219.3 高230.3 深50.3	垂直凿进式方形圆角龛口拱顶帐龛	三重	龙首	一佛二菩萨	三像均经塑装，塑装厚重，保存较好，仅局部泥装脱落	依原样修复性重装	结跏趺坐，左足在上
	左壁	宽232.4 右高255.2 左高263.7 深55.3	垂直凿进式方形斜上龛口拱顶帐龛	三重	龙首	一佛二菩萨	三像均经泥装。菩萨泥装有残剥，菩萨面部露出石作原状	依原样修复性重装	结跏趺坐，左足在上
前壁	右龛	残宽178.6 高252.8 深34.5	垂直凿进式方形龛口帐龛	残	残	一佛二菩萨	均经泥装，现存少许。佛、左菩萨可看作石像原作，遭严重风化		结跏趺坐，左足在上
	供养人		通壁开供养人小列龛，仅存三身，余残						
	中龛（窟门之上）	底宽166.7 上残宽170.1 高90.3（中）深4.3	拱形龛口小龛			三佛二菩萨	均经泥装。菩萨与右佛泥装脱剥。主尊佛与左佛座、身泥装保存完好	改装性重装	结跏趺坐，右足在上
	左龛	宽175.0 高240.3 深44.5	垂直凿进式方形龛口拱顶帐龛	三重	鸟首	一佛二菩萨	三像均经重装。有残剥	依原样修复性重装	结跏趺坐，左足在上
	供养人		以居中托举香炉为中心左右各四身，胡跪持莲蕾侧身供养						
右壁	右龛	宽172.6 高262.8 深54.1	垂直凿进式方形圆角龛口拱顶帐龛	三重	鸟首	一倚坐菩萨主尊左右二胁侍菩萨	三像均经泥装，大部残剥，石像遗存与泥装遗迹斑驳共存	依原样修复性重装	倚坐菩萨像
	中龛	宽189.9 高302.9 深50.0	垂直凿进式方形圆角龛口平顶帐龛	左右分束帐帷无帐饰		一立佛二菩萨	三像均经泥装。残剥风化严重	依原样修复性重装	立像
	左龛	宽173.2 高260.8 残深34.7	垂直凿进式方形龛口拱顶帐龛	残，存晚期绘饰	残	一佛二菩萨	经泥装。残剥严重。仅存造像轮廓、残迹并风化裸岩	依原样修复性重装	结跏趺坐，左足在上
	供养人		通壁供养人列龛，对应上面各龛分组，存13身						

龛所在位置		尺寸（厘米）	龛形	帐饰	流苏瑞兽（禽）	造像组合	泥装情况	主尊重装性质	主尊佛（菩萨）姿态特点
后壁	右龛	宽 172.1 高 271.1 深 36.6	垂直凿进式方形龛口帐龛	残，存晚期藏传佛教绘饰	龙首（左）	一佛二菩萨	经泥装。残剥严重	依原样修复性重装	结跏趺坐，右足在上
	中龛	宽 197.9 高 288.1 深 48.8	垂直凿进式方形圆角龛口平顶帐龛	左右分束帐帷无帐饰		一立佛二菩萨	主尊泥装厚重，已隆起空鼓，轻叩有声。佛菩萨泥装剥蚀露出的原石像，也分层、剥蚀将尽	依原样修复性重装	立像
	左龛	残宽 167.9 高 254.4 深 44.5	垂直凿进式方形龛口拱顶帐龛	残	残	一佛二菩萨	均经泥装。主尊佛和右菩萨泥装存部分。左菩萨风蚀残剥仅存岩体轮廓大致	依原样修复性重装	结跏趺坐，左足在上
	供养人					通壁供养人列龛，残剥殆尽			
左壁	右龛	残宽 157.6 高 244.4 深 40.1（左） 深 41.7（中）	垂直凿进式方形龛口拱顶帐龛	三重	象首（左）	一佛二菩萨	均经泥装。右菩萨残，主尊和左菩萨泥装和泥装脱剥后石造像共存	依原样修复性重装	结跏趺坐，右足在上
	中龛	宽 170.5 高 270.0（右）， 高 260.0（左） 深 45.1	垂直凿进式方形圆角龛口平顶帐龛	左右分束帐帷无帐饰		一立佛二菩萨	均经泥装。泥装保存较好	依原样修复性重装	立像
	左龛	宽 157.2 高 225.5 深 53	垂直凿进式方形龛口拱顶帐龛	三重	鸟首	一倚坐佛二菩萨	三像均经泥装。左菩萨泥装脱剥，上半身全露出石造原像	依原样修复性重装	倚坐佛
	供养人					通壁供养人列龛，对应上面各龛分组，现存 22 格列龛			

四壁列龛之下，通壁开方形浅列龛，内浮雕供养人像。中心柱基座四角雕象首（身），之间雕香炉、伎乐供养。

窟顶四面斜坡，可见鲜明垂弧，为仿覆斗帐顶。各坡间及坡与各壁间界刻方形斜枋和横枋。四坡原均浮雕群像，之上可见晚期墨线描绘。前坡左侧有穿通第 44 窟地面的残洞。（参见图 5-22A）

龛像均经后期泥塑装。泥装厚薄、保存情况不一。

洞窟烟熏痕迹显著，局部因后期使用时有遮挡而免遭熏黑。

二 中心柱

由基台、基座、柱身组成。（图 5-35 ~ 5-39、5-35A ~ 5-39A、5-36-1 ~ 5-39-1、5-36A-1 ~ 5-39A-1）

（一）中心柱基台

基台为方形矮台。

前壁。边缘稍残，大致面貌清楚，正面右侧局部完整。底长约352.0厘米，高约13.0厘米。

右壁。与前壁相连处保存尚好，与后壁相连处轮廓已不清。底长338.1厘米，高12.0厘米。

图 5-35　第 45 窟中心柱平面
正射影像图
图 5-35A　第 45 窟中心柱平面
线图

0   40cm

图 5-36   第 45 窟中心柱前壁正射影像图

图 5-36-1   第 45 窟中心柱基座前壁伎乐

图 5-37　第 45 窟中心柱右壁正射影像图

图 5-37-1　第 45 窟中心柱基座右壁伎乐

图 5-38　第 45 窟中心柱后壁正射影像图

图 5-38-1　第 45 窟中心柱基座后壁伎乐

图 5-39　第 45 窟中心柱左壁正射影像图

图 5-39-1　第 45 窟中心柱基座左壁伎乐

图 5-36A　第 45 窟中心柱前壁线图

0　　　40cm

图 5-36A-1　第 45 窟中心柱基座前壁线图

0　　　20cm

图 5-37A 第 45 窟中心柱右壁线图

图 5-37A-1 第 45 窟中心柱基座右壁线图

0   40cm

0   20cm

图 5-38A 第 45 窟中心柱后壁线图

0   40cm

图 5-38A-1 第 45 窟中心柱基座后壁线图   0   20cm

图 5-39A　第 45 窟中心柱左壁线图

　　0　　　　40cm

图 5-39A-1　第 45 窟中心柱基座左壁线图　　　　　　0　　　20cm

后壁。左侧从左起约85.1厘米范围残。底长329.1厘米，高约15.2厘米。

左壁。保存较好，仅边缘稍风化。底长341.4厘米，高11.2厘米。

（二）基座

基座方形，位于基台之上，四壁较基台收进。因基座壁面平整程度不一，收进尺寸不同：前壁约12.1厘米；右壁约20厘米；后壁壁面微呈内弧，故中部收进达20.0厘米，左侧残，不明，右侧约16.3厘米；左壁壁面也内凹不平，收进10.2～13.4厘米不等。（图5-40）

基座四角跨面刻出完整象首、身，象首之侧面为基座边缘，以象鼻收分。基座四面，即象首之间的壁面，刻分上下边栏，浮雕香炉一座及伎乐供养八身。香炉居中，伎乐相向分列左右。（表5-2；图5-36-1～5-39-1）

图5-40　第45窟中心柱后壁基台、基座和柱身收进关系

表5-2　第45窟中心柱基座四壁浮雕信息一览表 *

位置	尺寸（厘米）	左右界	壁面浮雕内容								
			右4	右3	右2	右1	居中	左1	左2	左3	左4
前壁	下 332.6 上 313.3 高 49.0	象鼻收分	击齐鼓者 D	吹竽篪者 C	弹箜篌者 B	弹曲柄琵琶者 A	香炉	吹笙者 E	吹排箫者 F	拍腰鼓者 G	吹横笛者 H
右壁	下 320.3 上 306.1 高 48.0	象鼻收分	吹竽篪者 C	弹箜篌者 B	吹笙者 E	吹排箫者 F	香炉	弹曲柄琵琶者 A	残，拍板者？ I	吹横笛者 H	拍腰鼓者 G
后壁	下 316.7 上 299.7 高 47.5	象鼻收分	吹小竽篪者？ L	弹曲柄琵琶者 A	吹篪者 J	抚琴者 K	香炉	击齐鼓者 D	弹箜篌者 B	拍腰鼓者 G	吹横笛者 H
左壁	下 325.9 上 317.0 高 50.0	象鼻收分	弹曲柄琵琶者 A	吹横笛者 H	拍腰鼓者 G	吹排箫者 F	香炉	吹笙者 E	残	吹竽篪者 C	击齐鼓者 D

* 伎乐乐器的定名参考冯汉骥《前蜀王建墓发掘报告》相关考证，文物出版社，2002年。

前壁。边缘大体保存完好。下边长 332.6 厘米，上边长 313.3 厘米，高 49.0 厘米，象鼻收分显著。

右侧象首已风蚀漫漶，仅见耳、鼻并忍冬轮廓等象首大致。左侧象首可见耳、鼻、目、牙和忍冬。

象首间壁面，上下栏局部已残，上栏高约 4.0 厘米，下栏高约 2.1 厘米。右起第三身伎乐至基座左侧并其上佛座下部未遭烟熏。

香炉居中，通高 40.2 厘米。坐于五瓣覆莲座上；圆柱柄上绕二圈轮；上为鼓腹圆肩炉身，底部刻仰莲一匝，炉腹中间刻带上下缘的三角穿道纹饰一匝，再上炉身肩部收分稍峻；再上炉盖，盖顶为带座火焰宝珠式捉手。香炉左右从莲座两侧刻饰四叶忍冬各一组，每组忍冬之上为五瓣覆莲承托的火焰宝珠。

香炉右侧伎乐（以香炉为中心由近及远。下同），一弹曲柄琵琶者（右1），一弹筌篌者（右2），一吹竽篥者（右3），一击齐鼓者（右4）；香炉左侧伎乐，一吹笙者（左1），一吹排箫者（左2），一拍腰鼓者（左3），一吹横笛者（左4）。伎乐高矮不一，大约在40厘米左右，虽风蚀严重，仍可见姿态皆自然生动，雕作手法洗练概括。

左3、左4伎乐头部遗留有补塑桩孔。左3孔宽3.5厘米，高4.5厘米，因孔内有泥，深度不可量测；左4孔宽2厘米，高3.5厘米，孔内现也有填泥。

右壁。边缘大体保存完好。下边长 320.3 厘米，上边长 306.1 厘米，高 48.0 厘米，象鼻收分显著。

右侧象首刻出象鼻、牙、含四叶忍冬，并带大象前腿。头顶部稍残，使座角象形不够完整。左侧象首已风蚀漫漶，可见忍冬轮廓及象首大致。

象首间壁面，比前壁风化严重，上下栏界限只隐约可见。伎乐神形细瘦，诸像布局显疏朗。

香炉居中，高 39.5 厘米。形式与前壁大体同，唯风化较重，仅存整体轮廓，炉身细部装饰漫漶无存。香炉左右自莲座两侧出曼妙五叶忍冬各一组，存姿态轮廓。

香炉右侧伎乐，一吹排箫者（右1），一吹曲笙者（右2），一弹筌篌者（右3），吹竽篥者（右4）；香炉左侧伎乐，一弹曲柄琵琶者（左1），一拍板者？（左2），一吹横笛者（左3），一拍腰鼓者（左4）。伎乐身高与香炉高相埒，高约40厘米，风蚀严重，但从遗迹仍可见其姿态自然生动舒展，雕刻手法洗练。

后壁。边缘大致保存完好。下边长 316.7 厘米，上边长约 299.7 厘米，高 47.5 厘米，象首部位稍低，象鼻收分显著。右侧象首连带雕出象腿，与右壁右侧同。

象首间壁面，上下栏清楚可测，上栏高约 7.5 厘米，下栏高约 5.2 厘米。香炉占壁面较大空间，伎乐排布十分不均匀。左侧第一、第二身伎乐紧贴香炉，且彼此过分挨近。

香炉居中，总高36.3厘米。风化较重，莲座漫漶，整体轮廓与前壁同，仅肩腹处可辨雕博山纹样，与前壁异。香炉两侧雕五叶忍冬和莲蕾，仅存姿态轮廓。

香炉右侧伎乐，一抚琴者（右1），一吹篪者（右2），一弹曲柄琵琶者（右3），吹小筚篥者（右4）；香炉左侧伎乐，一击齐鼓者（左1），一弹筌篌者（左2），一拍腰鼓者（左3），一吹横笛者（左4）。伎乐高34.3厘米，虽风蚀，仍可见姿态生动，雕刻手法洗练。

左壁。下边长325.9厘米，上边长317.0厘米，高50.0厘米。

右侧象首鼻侧刻饰忍冬一组。左侧象首鼻侧刻卷叶忍冬。左右侧象首，面、耳、目、牙、鼻均栩栩如生，为象首保存最好的一面。

象首间壁面，上下栏高低不等，风化残剥严重，上栏高约8.7厘米，下栏高约3.6厘米。

香炉居中，高37.2厘米。炉身风化，遭熏黑，仅存形态。形制同前壁，莲座、柄和鼓腹炉身并捉手，均显高瘦。莲座两侧各伸出四叶忍冬并两枝带茎花蕾。

香炉右侧伎乐，一吹排箫者（右1），一拍腰鼓者（右2），一吹横笛者（右3），一弹曲柄琵琶者（右4）；香炉左侧四身，一吹曲笙者（左1），一残、持乐器不明者（左2），一吹筚篥者（左3），一击齐鼓者（左4）。伎乐高约38.1厘米。排布不十分均匀，香炉左右二身与香炉颇迫近。虽遭风蚀，且左侧第二身（左2）残，伎乐保存情况仍为诸面最好者，特别是右侧吹排箫者（右1）、左侧吹排笙者（左1），乐器、吹奏情态鲜明，刻画生动。

仅香炉和左侧第一身伎乐遭熏黑。

（三）柱身

基座之上为柱身。柱身方形，转角为八边形倚柱，上置栌斗承托横枋并出头及来自窟顶四坡交界的斜枋。柱身四壁较基座收进，尺寸不一：前壁约8厘米左右；右壁约8.3厘米；后壁约16～20厘米不等；左壁约10.2～13.4厘米不等。

倚柱下承以覆莲础，顶置栌斗。右前角倚柱高306.6厘米；柱础高2.5厘米，宽20.4厘米；栌斗通高18.1厘米，通宽30.2厘米。右后角倚柱高310.3厘米；柱础高7.1厘米，宽25.4厘米；栌斗通高27.6厘米，通宽30.5厘米。左后角倚柱高309.4厘米；柱础高6.0厘米，宽20.8厘米；栌斗通高29.1厘米，宽27.8厘米。左前角倚柱高305.3厘米；柱础高2.3厘米，宽22.0厘米；栌斗通高20.0厘米，宽31.7厘米。

栌斗之上为横枋，并于栌斗外出头。出头部分因与窟顶四坡相接而随窟顶坡度向下弯折，使得"枋"与枋之"出头"位置不完全对应，其仿木作性质鲜明。（参见图5-22A，图5-41、5-42）

倚柱之间的柱身四面，各开一垂直凿进式方形帐龛，龛内凿一佛二菩

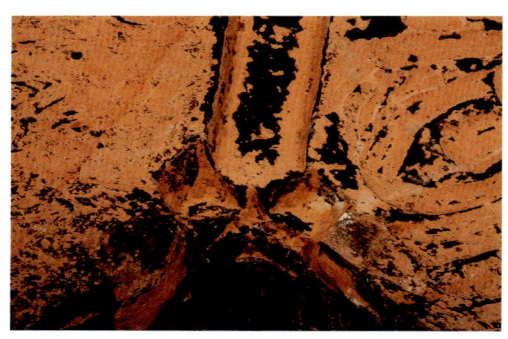

图5-41　第45窟中心柱前壁右侧倚柱头
（可见栌斗、横枋及其出头并窟顶斜枋）

图5-42　第45窟中心柱前壁左侧倚柱头

萨组合造像，龛外严饰繁缛帐饰。

1. 前壁

壁面下宽 296.8 厘米（自两倚柱外缘。下同），上宽 291.6 厘米（以栌斗底倚柱外缘计。下同），右高 322.8 厘米（从基座上皮至横枋上皮。下同），左高 320.3 厘米。[10] 两侧八角倚柱均可见三面，右柱柱础留存较薄，左柱柱础被凿残。右柱边长约 10.8 厘米，左柱边长 12.1 厘米。帐龛上部横枋高 6.6 厘米。龛口宽 214.0 厘米（龛口最宽处。下同），高 258.6 厘米（从基座上皮至龛口顶部正中下皮。下同），深 49.6 厘米（由于龛背深度不一，取中央值。下同），后壁微弧。与右壁相邻处凿通，龛右顶角现一孔洞。（参见图 5-22A；图 5-43）

1）帐龛帐饰

倚柱之间安置帐枋，长约 264.1 厘米，高 12 厘米。其上山花蕉叶火焰宝珠装饰帐枋与横枋之间高约 8.1 厘米的穹隆帐顶，其下悬垂四层繁缛帐饰。（图 5-44、5-44A）

帐饰第一层，即最外层，为四垂双联珠璎珞，总结于帐枋之上的火焰宝珠。垂弧正中饰以五瓣珠花，两侧悬垂链式系铃璎珞。（图 5-45a、b、c）

璎珞之下为上下相次帐幔。上层垂鳞一匝，垂鳞下为由中心向左右卷折的帷幔。

帷幔之下为绰幕重帏。绰幕左右双分，下垂至龛口下缘菩萨所站立之莲台上，以帐钩分束两侧。帐钩形态、伸入帐龛内侧之状刻画细微。龛口与倚柱间形似帐框，悬垂自垂鳞两侧隐出龙首口衔的流苏，长与龛内通龛覆莲高齐。（图 5-46 ~ 5-49）

右流苏。自龙首顶起[11]计长约 267.1 厘米，覆压在由龛内右胁侍菩

图 5-44　第 45 窟中心柱前壁龛帐饰正射影像图

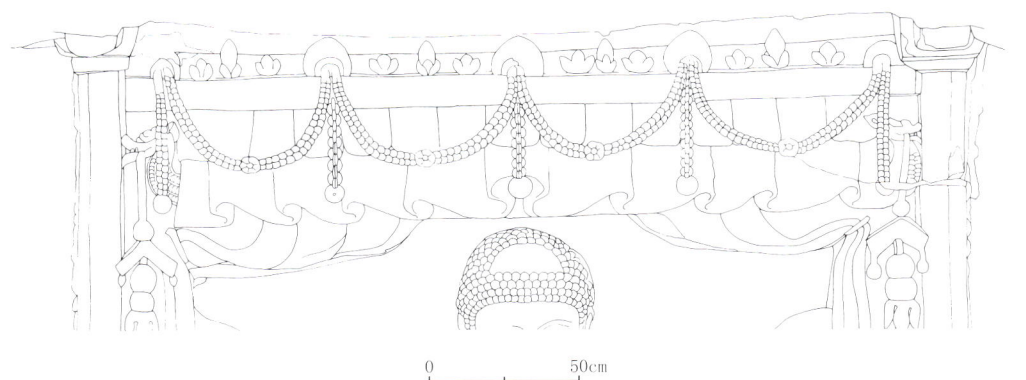

图 5-44A　第 45 窟中心柱前壁龛帐饰线图

[10]
如此将整个壁面看作一个整体，符合开凿洞窟时匠作处置布列尺寸时的实际操作情况。

[11]
以下流苏长度均由口衔流苏的瑞兽或鸟头顶起计，不再一一说明。

图 5-45a　第 45 窟中心柱前壁龛帐饰右侧
图 5-45b　第 45 窟中心柱前壁龛帐饰中部
图 5-45c　第 45 窟中心柱前壁龛帐饰左侧
图 5-46　第 45 窟中心柱前壁龛右流苏龙首
图 5-47　第 45 窟中心柱前壁龛左流苏龙首
图 5-48　第 45 窟中心柱前壁龛右流苏
图 5-49　第 45 窟中心柱前壁龛左流苏

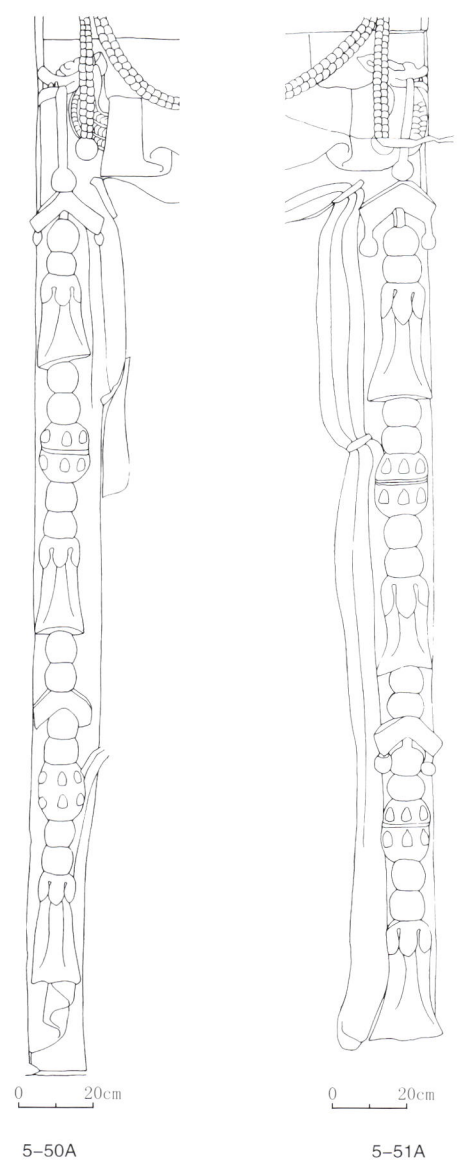

图 5-52　第 45 窟中心柱前壁龛右流苏雕凿细部

图 5-53　第 45 窟中心柱前壁龛左流苏雕凿细部

5-50A　　　　　　　　　　5-51A

图 5-50A　第 45 窟中心柱前壁龛右流苏线图
图 5-51A　第 45 窟中心柱前壁龛左流苏线图

萨右手挽提的披帛之上（图 5-50A）。由龙口总衔组绶，串系二组磬状饰物（以下简称"磬"）、二组铃铛（以下简称"铃"）及三组饰以三莲瓣的缨穗（以下简称"三瓣莲穗"），中间间以双珠。具体组织次第如下：

> 龙首—组绶—单珠—磬（双角各系一珠）—双珠—三瓣莲穗—双珠—铃—双珠—三瓣莲穗—双珠—磬—双珠—铃—双珠—三瓣莲穗

左流苏。长 286.1 厘米（图 5-51A）。组织次第如下：

> 龙首—组绶—单珠—磬（双角各系一珠）—双珠—三瓣莲穗—双珠—铃—双珠—三瓣莲穗—双珠—磬（双角各系一珠）—双珠—铃—双珠—三瓣莲穗

最后一组三瓣莲穗最长，且覆压在倚柱之上。

　　两侧流苏璎珞之形、高浅或由匠工雕刻手法而刻画稍异。流苏组织与龛内造像、龛口装饰之间互有叠压，说明龛面按整体设计一次雕凿完成。（图5-52、5-53）

　　2）龛内造像

　　龛内凿造一佛二胁侍菩萨。三尊像均位于通龛凿出的宝装覆莲座上。莲座高低不等，右高约 17.0 厘米，中部高 13.6 厘米，左高 15.7 厘米[12]（参见图 5-36、5-36A）

[12]
因手工雕凿故，洞窟内几乎没有完全平直的线条，也因此几乎没有完全均等整齐的长宽高尺寸。今给出的量度尺寸，除注明的以外，均以洞窟居中位置取值，其变化在正射影像图和线图中显示清楚，读者可清楚观察到。

图 5-54　第 45 窟中心柱前壁龛主尊佛

图 5-55　第 45 窟中心柱前壁龛主尊佛面部
装銮细部

图 5-56　第 45 窟中心柱前壁龛主尊佛面部
贴金细部

　　主尊佛经后期重塑、装金；左右菩萨均曾经薄泥装，右菩萨头冠存部
分泥装，左菩萨泥装所存不多，基本可看作原石刻造像。

　　主尊佛。结跏趺坐、双脚上翻于仰莲台承托的须弥座上。须弥座上部
被佛衣覆盖，仅露出佛衣缘下的束腰部分。佛通高 246.0 厘米（含座），
坐高 177.1 厘米；肩宽 83.2 厘米，趺坐两腿最宽 130.0 厘米；头高 59.2 厘米，
宽 46.3 厘米；面高 34.2 厘米，宽 35.0 厘米。（图 5-54）

　　面相圆润饱满，藏青色螺发，发正中半月形髻珠，眉、目、口、鼻残
（图 5-55、5-56）。袒胸饱满，见双乳，着内衣，带系乳下。披覆上衣，
衣裹压腿，上衣衣缘披覆于须弥座台正面与侧面。双腿交叉，双足足心上
露交置双膝上，右足在前，右手放左手上，叠置于腹前，结定印。

　　佛面及身臂，残存贴金及红色地仗痕。嘴角残留朱丹。上衣绛红色，

［13］
2013 年 7 月 26 日，国家非物质文化遗产固原
隆德杨氏彩塑传人，年届 90 高龄的杨栖鹤先生，
专程为本次圆光寺调查涉及的泥塑工艺诸问
题，到圆光寺现场进行指导。指出，塑像贴金
箔时，底色一般选择大红色，如此衬托出的金
色最为明亮饱满。又经大足石窟考古部邓启兵
先生告知，正在修复中的大足千手千眼观音菩
萨，贴金的底色有红色也有黑色，本次维修时
贴金的底色为红色。千手千眼观音最早的贴金
记录是明代隆庆四年（1570 年）（参见《大足
石刻铭文录》，第 253 页，重庆出版社，1999
年）。另隋代雷音洞贤劫千佛柱上佛像的贴金
底色也是红色。

图 5-57 第 45 窟中心柱前壁龛石刻佛衣衣
缘彩绘局部

局部曾贴金，剥落处露出朱红地仗［13］。内衣束带青蓝，衣褶涂红。

塑装佛衣之下，露出三层凿作幔卷状的佛衣下摆，覆盖了须弥座束腰
以上几乎全部面积，是塑装前原石造主尊佛佛衣。石作佛衣也经绘饰装銮，
衣、缘、褶上遗存有绿、墨、绛红及墨线画等彩装遗迹，最外衣缘边饰宽
约 5.15 厘米，内绿底绘墨线牡丹。（图 5-57）

从遗迹看，佛像装銮不止一次。塑装的佛衣与石作佛衣，范围、面貌
分划截然。

右胁侍菩萨。侧身侍立于佛右侧仰莲台上。通高 217.6 厘米，莲台高
14.6 厘米，净高 203.0 厘米；肩宽 58.3 厘米，头高 52.4 厘米，宽 41.1 厘米；
面高 25.2 厘米，宽 23.5 厘米。（图 5-58、5-59）

头着泥装花冠，冠后垂宝缯至肩、臂。面相饱满，眉目残，两耳垂至
颈。颈部四条纹线。

菩萨体态丰满，腹微鼓，上身右袒，斜着僧祇支，外披帛，下着裙，
裙腰外翻，长及足面。左手屈抬于前胸，握一带茎莲蕾；右手垂于体侧，
提挽自左臂下垂向右绕裙的帛带和环状系穗物。帛带尾缓飘至右侧流苏之
下，呈三层卷折。

项饰联珠串成的宽大桃形项饰。双肩垂挂双排联珠璎珞，下环至裙底，
敷压在帛带，中串饰六瓣珠花。双手佩腕钏。（图 5-60）

图 5-58 第 45 窟中心柱前壁龛
右胁侍菩萨正射影像图

图 5-59 第 45 窟中心柱前壁龛右胁侍菩萨
全貌

图 5-60 第 45 窟中心柱前壁龛右胁侍菩萨
下部衣裙、装饰、持物及足下座细部

图5-61 第45窟中心柱前壁龛左胁侍
菩萨正射影像图

图5-62 第45窟中心柱前壁龛左胁侍菩萨
全貌

图5-63 第45窟中心柱前壁龛左胁侍菩萨
首、面、冠细部

图5-64 第45窟中心柱前壁龛左胁侍菩
萨下身衣裙及足下座并彩装细部

左足前伸向佛，右足侧向前，二足均残。足下莲台前低后高。

菩萨全身遭熏黑。彩装不可辨。

左胁侍菩萨。 侧身侍立于佛左侧重层仰莲台上。通高213.3厘米，莲台高16.5厘米，净高196.8厘米；肩稍歪，宽55.2厘米；头高52.7厘米，宽39.1厘米；面高24.3厘米，宽23.0厘米；花蔓冠高14.1厘米。（图5-61、5-62）

戴花蔓冠，冠后宝缯双垂及肩、臂。发际整齐，面相丰圆，方颊广额，弯眉、细目、直鼻，小口含笑内收（稍残），双耳贴脸颊垂至颈。颈刻线三重。冠上悬垂之花蔓装饰以及冠口左右发辫状束冠组穗刻画细致逼真，为第45窟乃至整个圆光寺区洞窟诸菩萨中花蔓冠刻作保存最好的。（图5-63）

菩萨身姿较右者纤细，腹部平坦。斜着僧祇支，系花结带，左肩披帛，下身着及足面长裙，裙腰外翻。右手向上曲于胸前项饰之上，持物残不可辨，左手下垂体侧，提撩绕过右臂及裙身的披帛尾。披帛尾长及通龛宝装覆莲，自然贴于龛内侧。（图5-64）

项饰宽平桃形，下缘垂饰忍冬式如意宝珠。项饰右内刻忍冬纹样，左内刻坐于莲座之上的火焰宝珠并半璧形饰。璎珞自左肩斜挂，以双排联珠串间以三颗大圆珠串成。双手佩腕钏。

裙下露足，左足前伸，足面稍残，右足仅刻出三趾。足下莲台前低后高，同右菩萨。

此为第45窟保存最好的原凿菩萨像，身、姿、衣、饰均存石作原式。

菩萨身上尚存黑色裙缘与绿色裙身及外翻赭色裙腰并赭色披帛和龛侧流苏局部等彩装残迹，与主尊佛像泥装大衣下原刻佛衣彩装同色，应为同一时期装銮遗留。

龛内整体装绘。 龛顶绘饰卷草，为佛的整体身光。佛身后龛背熏黑，现

图 5-65　第 45 窟中心柱前壁龛背和龛顶装銮遗迹细部

全部涂白。（图 5-65）

3）倚柱正面装饰与题记

两侧倚柱正面，涂白色薄地仗，画卷草，卷草间为藏传佛教"八宝"图案。右为花、罐、双鱼、盘长结；左为法轮、法螺、伞、盖。二柱卷草八宝装饰之上，距各自柱础上皮约 210 厘米处，各存题记一则。（图 5-66、5-67）

左柱题记。有残高 16 厘米、残宽约 8 厘米的题记框，题记框以墨线数层绘制，下绘仰莲托，斑驳难辨。墨书文字 5 行，漫漶难读。（图 5-68）

　　……
　　……
　　□造像信□□□人□□□□
　　□□□家□□□□□
　　金佛共壹龛□舍赏□□[14]

右柱题记。有高 15 厘米、宽 9.5 厘米的题记框，题记框以墨线数层精心绘制，下墨绘仰莲托（总高 19.5 厘米），与左柱同。框内墨书题记 4 行，稍清晰可读。（图 5-69）

　　作巨扶祈家居迪□□
　　□□□吉祥如意□
　　大明弘治十八年四月十五日起
　　□五月十八吉旦开光[15]

两则题记在倚柱上的位置高度相同，题记框形制一样，从书写方

5-66　　5-67

图 5-66　第 45 窟中心柱前壁右倚柱装饰、题记

图 5-67　第 45 窟中心柱前壁左倚柱装饰、题记

[14]
《总录》记载为："……」……」□造像信□□□人□□□□」……信氏□家□□□□」金佛共壹龛靈舍赏□□。"（第 80 页）此次调查中，"信氏""靈"字已脱落。

[15]
《总录》记载为："作巨扶祈家居迪□家」眷平安吉祥如意□」大明弘治十八年四月十五日起」装五月十八吉日开光。"（第 80 页）此次调查中，"家""眷平安""装"字均已不清。

图 5-68　第 45 窟中心柱前壁左倚柱题记　　　图 5-69　第 45 窟中心柱前壁右倚柱题记　　　图 5-70　第 45 窟中心柱右壁龛左胁侍菩萨头顶上部与相邻龛凿通情况

向释读，应为分书于两柱，记弘治十八年（1505 年）四月十五日至五月十八日，为期一月，为一龛佛像装金的纪事题记。从题记位置和内容看，本龛应即是题记中被装金的佛龛[16]。

2. 右壁

壁面下宽 296.4 厘米，上宽 293.4 厘米，右高 342.5 厘米，左高 331.0 厘米。右柱可见二面并与帐框相接的第三面少许，柱下覆莲础莲瓣已模糊，左柱可见三面，柱下覆莲础被凿残。右柱边长约 8.5 厘米，左柱边长 8.2 厘米。横枋高 8.2 厘米。龛口近方形，宽约 230.5 厘米，高 266.3 厘米，顶部中央深 55.5 厘米，后壁微弧。与前壁相邻处凿通，左胁侍菩萨头顶现一孔洞。（参见图 5-22A；图 5-70）

1）帐龛帐饰

倚柱之间安置帐枋，帐枋左侧残，残长约 229.4 厘米，高 11.2 厘米。帐枋与横枋之间的穹隆帐顶压缩至仅高约 6.6 厘米，致使帐枋之上的山花蕉叶火焰宝珠与横枋相接，帐枋下为比前壁稍简化的帐饰。（图 5-71a、b、c，图 5-72、5-72A）

帐饰三层，第一层垂鳞，垂鳞下为重层系珠三角挂幔，挂幔之下是由龛中央左右卷折的帷幔。挂幔左右端各隐出一象首（图 5-73、5-74），长鼻翻卷，象牙清晰，口衔组绶串系的流苏。

流苏组织式样与前壁稍异：如磬仅一组，作流苏之总起；出现了梭形饰物（以下简称梭）；在前述三瓣莲穗之外，增加了一种下部收束似桃尖的三瓣莲穗（以下简称桃形穗）；饰物之间间隔出现了三珠。

右流苏。长 297.4 厘米，及近龛底（图 5-75、5-77A）。组织如次：

［16］
本龛遭后期烟熏，近人又在龛背、龛顶涂白，意在压覆烟熏痕迹。尽管如此，龛顶和左右倚柱正面后期彩装之地仗、表色、花纹及题记仍可辨识如上。

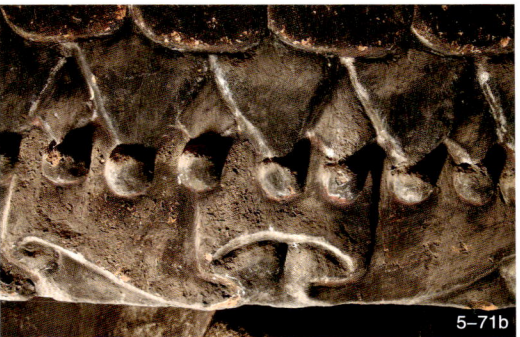

0   40cm

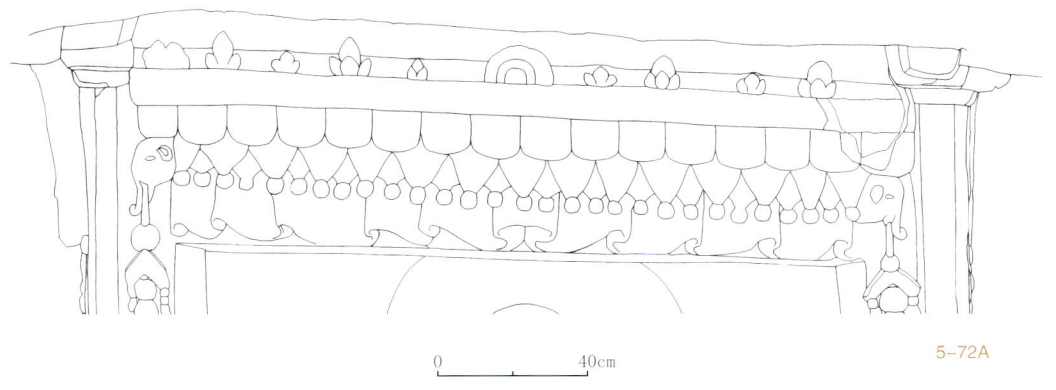

0   40cm   5-72A

图 5-71a 第 45 窟中心柱右壁龛帐饰右侧

图 5-71b 第 45 窟中心柱右壁龛帐饰中部

图 5-71c 第 45 窟中心柱右壁龛帐饰左侧

图 5-72 第 45 窟中心柱右壁龛帐饰正射影像图

图 5-72A 第 45 窟中心柱右壁龛帐饰线图

图 5-73 第 45 窟中心柱右壁龛流苏象首

图 5-74 第 45 窟中心柱右壁龛左流苏象首

象首—组绶—珠（大）—磬（双角各系一珠穗，稍残）—三珠—铃—双珠—梭—双珠—桃形穗（尖向右）—双珠—铃—双珠—梭—双珠—三瓣莲穗。

左流苏。长 289.4 厘米，及基座上底（图 5-76、5-78A）。组织与右大同小异，只桃形穗的方向相反，隔珠数量大小稍有差：

象首—组绶—珠（小）—磬（双角各系一珠穗，稍残）—双珠—铃—双珠—梭—双珠—桃形穗（尖向左）—双珠—铃—双珠—梭—双珠—三瓣莲穗

流苏经彩装。留绿、绛等彩装遗迹。

2）龛内造像

龛内凿通龛仰覆莲台，长 234.7 厘米。其中覆莲为宝装莲花，约 14 组，莲瓣宽高悬殊，平均高约 16 厘米左右；仰莲为重层莲，高 9.8 厘米左右。上为一佛二菩萨三尊像。（参见图 5-37、5-37A）

三像均经后期重新塑装，局部塑装厚重，使像显臃肿。重装像保存较好，只局部重装泥皮残破脱落处可见覆盖于其下的原石刻。（图 5-79）

主尊佛。结跏趺坐于方形须弥座上。须弥座下层台没于仰莲座内，未刻出，上层台两重叠涩，中束腰被四重佛衣覆盖。佛连座通高 236.1 厘米，坐高 182.7 厘米；肩宽 98.0 厘米，趺坐之腿最宽 132.8 厘米；头高 61.6 厘米，宽 44.7 厘米；面高 36.3 厘米，宽 34.8 厘米。[17]

面相浑圆，未塑螺发，肉髻平滑不显，上饰半月形髻珠。弯眉、鼓睑、目微张下视。鼻残，双耳下垂至颈。颈粗壮浑圆，中部残处可见石刻，量

图 5-75　第 45 窟中心柱右壁龛右流苏
图 5-76　第 45 窟中心柱右壁龛左流苏
图 5-77A　第 45 窟中心柱右壁龛右流苏线图
图 5-78A　第 45 窟中心柱右壁龛左流线苏图

［17］
经后期重新塑装的佛像和菩萨像的尺度与石刻原作，相差甚大，从量度尺寸即可见。

图 5-79　第 45 窟中心柱右壁龛内造像基本情况　（佛衣泥装脱落处露出石刻佛衣原作）

图 5-80　第 45 窟中心柱右壁龛右胁侍菩萨
正射影像图

图 5-81　第 45 窟中心柱右壁龛右胁侍菩萨
全貌

图 5-82　第 45 窟中心柱右壁龛右胁侍菩萨
头冠细部

图 5-83　第 45 窟中心柱右壁龛右胁侍菩萨
衣饰细部

知此处泥装厚约 0.5 厘米。

　　着通肩式宽厚佛衣，露僧祇支，未见带。佛衣裹覆腿，左足露，足心向上放右膝上，衣绕足腕下垂至须弥座。佛衣呈四层卷折式样，满覆佛座。最外层红黑交错彩妆为田相衣式样。右手腕下装塑出佛衣袖，是泥装时塑者添加的内容。重装佛衣最下部有局部泥装剥落，见泥装甚薄，其下原石凿佛衣完存，与前壁泥装佛衣之下覆座层叠式样类似。知本尊佛像佛衣泥装是按石作原样塑作的。

　　右手屈举至肩，掌心外露，左手屈臂置于左膝，作说法印。

　　右胁侍菩萨。 面向龛外侧身跣足侍立于佛右侧。高 206.2 厘米；肩宽 54.3 厘米；头高 54.6 厘米，宽 45.0 厘米；冠至下巴高 39.6 厘米；面高 27.1 厘米，宽 25 厘米；泥装花冠高 8.8 厘米，宽 36.0 厘米。高及佛额际，身宽约仅及佛身之半。（图 5-80、5-81）

　　头部原石雕花蔓冠，被泥塑花冠所遮掩，冠侧下垂缯带至肩、臂。面丰满圆润，中部残，额际有圆毫，发际中分圆转，与前壁全露石雕的左胁侍菩萨方颊广额大异。弯眉，鼓脸，双目下视，双耳下垂至颈。颈浑圆，中残处可见颏下石刻颈线三重。（图 5-82）

　　上身袒，双肩披帛，帛带一尾绾系腹前转折如绶带。下着裙垂至足面，腰际裙腰外翻，系带双垂至裙底，外翻裙腰被彩饰边缘，色与裙异，似外

5-80

0　　20cm

5-81

5-82

5-83

· 124 ·

[18]

此类现象并非仅此一处，在第45、46、48窟诸遗存塑装残迹在在可见。此塑装菩萨衣饰与首都博物馆馆藏明代金铜菩萨造像衣饰类似，应当是在按原样泥装的同时参照了泥装时代流行的式样。

系围裙。左手屈抬至前胸项饰处，右手自然下垂于体侧，提挽自左肩臂绕裙身之披帛带。右臂塑装缠绕帛带一段，与菩萨衣各部似无关联，应为塑装衍出者[18]。（图5-83）

泥装宽平桃形项饰、光面无纹、饰绿彩，残处露出雕琢精致花纹的石刻项饰。自右肩斜挂单珠长璎珞，隔以大珠花，左侧隐于身后。璎珞之最低处泥装残剥，露出其下原石作珠穗璎珞。塑装虽未改变石作璎珞的佩戴走向布局，却改细腻珠穗为粗糙高凸单珠串、间接大珠花，其趣大异（参见图5-83）。双手佩戴宽厚格带式腕钏。塑装粗糙。

右足前伸，保存完好，左足位于佛座侧。

头面部遭烟熏黑。腰裙、披帛、项饰、冠、挂珠串饰等处均遗存绛、绿色彩装。

左胁侍菩萨。侧身侍立佛左侧。高202.8厘米；肩宽57.3厘米；头高50.2厘米，宽46.8厘米；冠至下巴37.9厘米；面高26.0厘米，宽23.1厘米；泥装花冠高约8.0厘米，宽31.4厘米。（图5-84、5-85）

头戴花蔓冠，式样同右胁侍菩萨，冠侧束冠花结塑作写生花，冠后下垂缯带至肩臂。面丰满圆润，额际有圆毫，发际中分圆转，同右菩萨。弯眉，鼓睑，目微张下视，中部鼻梁残，小口闭，嘴角上扬。左下颏残，露出泥皮下原石刻。双耳下垂至颈。颈浑圆。（图5-86）

图5-84　第45窟中心柱右壁龛左胁侍菩萨正射影像图

图5-85　第45窟中心柱右壁龛左胁侍菩萨全貌

图5-86　第45窟中心柱右壁龛左胁侍菩萨头、冠细部

图5-87　第45窟中心柱右壁龛左胁侍菩萨裙腰·泥装与原石刻关系

5-84

0　　20cm

5-85

5-86

5-87

上身祖，双肩披帛，左肩帛带在胸腹转折，绕过右臂，垂绕裙底由左手提挽。下着裙，垂至足面。塑装裙腰，与右胁侍菩萨同，系带双垂，裙腰右侧塑装泥皮脱落，露出石作原雕外翻裙腰，与左侧新塑装形式不同（图5-87）。右手屈抬至前胸项饰处，手"握"一朵开放的折枝花。左手自然下垂于体侧，提挽披帛。

项饰宽平，边缘刻划，饰绿彩。自左肩斜挂单珠长璎珞，隔以扁平大珠，右侧隐于身后。璎珞最低处泥装残剥，其下原石作与右菩萨同为珠穗璎珞，塑装前已残，现风化加剧。塑装未改变石作璎珞的佩戴走向，却同样改珠穗为高凸单珠串。双手佩戴宽厚格带式腕钏。塑装粗糙、简化，同右菩萨。

右足位于佛侧，左足前伸，残。

头面部遭烟熏黑。腰裙、披帛、项饰、冠、挂珠串饰等处均遗存绛、绿色彩装。

龛内整体装绘。佛头光、身光均圆形，跨窟顶以墨线分三重绘饰，内涂深色（色彩已不可辨）。其外绘浅色云气，以赭色线勾绘云纹。头光正上云朵，居中为三福云。菩萨头光，分绘于菩萨头后龛壁与侧壁交接处，墨线勾勒轮廓，外饰赭色云纹。从菩萨正面望，呈圆形。窟顶正中绘赭色云气，与佛、菩萨的身、头光外云纹浑然一体。（图5-88～5-91）

3）题记

右侧倚柱正面距基座上底121厘米处，裱贴有书写在宣纸上的墨书题记一则。下有白灰地仗。宣纸残损严重，现只遗存一小部分。（图5-92）内容为：

奉

佛信士祁玉……

发心庄佛……

"玉""佛"二字下还有墨书笔画[19]，惜已不可读。

图5-88　第45窟中心柱右壁龛内整体装绘情况

图5-89　第45窟中心柱右壁龛右胁侍菩萨头光

图5-90　第45窟中心柱右壁龛左胁侍菩萨头光

图5-91　第45窟中心柱右壁龛龛背祥云细部

[19]
《总录》记载为："奉」佛信士祁玉」发心庄佛。"（第81页）此次调查中发现"玉""佛"二字后还有墨书残迹。

3. 后壁

壁面下宽 283.6 厘米，上宽 282.3 厘米，右高 344.2 厘米，左高 343.3 厘米。右柱可见二整面和与龛框相接之半面，覆莲础完存，高 7.0 厘米；左柱可见二面，柱础残高 7.0 厘米，表面莲饰已磨灭不可见。右柱边长 9.8 厘米，左壁边长 9.0 厘米，帐龛上部横枋高 10.7 厘米，左侧残。龛口圆角，宽约 219.3 厘米，高 230.3 厘米，深 50.3 厘米。与左壁相邻处凿通，右胁侍菩萨头顶现一孔洞（参见图 5-22A；图 5-93）。

1）帐龛帐饰

倚柱间安置帐枋，长 255.6 厘米，高 10.8 厘米左右。横枋与帐枋之间的穹窿帐顶高 10.8 厘米，帐枋上 8 组火焰宝珠，与横枋相接。帐枋下为与右壁相似的帐饰。（图 5-94、5-94A，图 5-95a、b、c）

帐饰三层。第一层垂鳞，第二层双重三角系珠挂幔，最下是由中心左右卷折帷幔。在垂鳞两端，隐出龙首（图 5-96、5-97），龙首口衔流苏一串，顺龛框下垂至菩萨莲台之上。

流苏组织较右壁更简，总以组缨。（图 5-98A、5-99A、5-100、5-101）

右流苏。 长 283.2 厘米，高度至龛内仰覆莲座中部。组织如次：

龙首—组缨—三珠（漫漶）—磬（二角各悬二珠穗，中亦悬二珠）—双珠—三瓣莲穗—双珠—梭—双珠—三瓣莲穗—双珠—梭—双珠—三瓣莲穗

左流苏。 长 274.1 厘米，及菩萨莲台之上。组织如次：

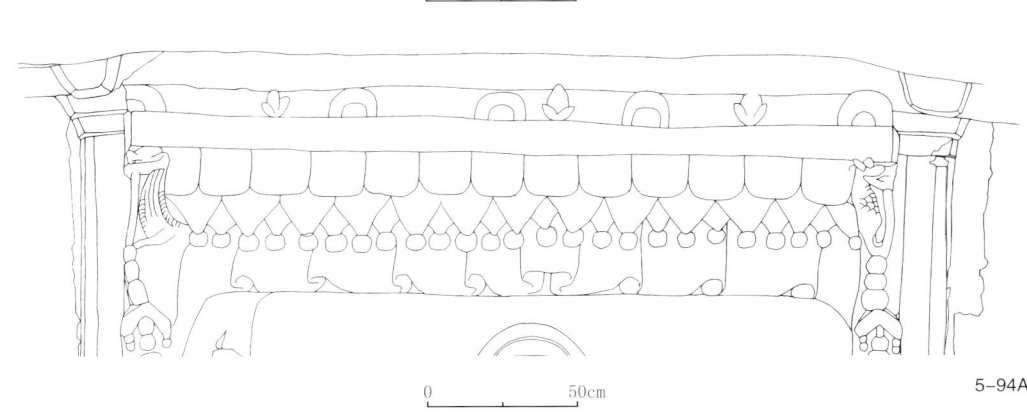

图 5-92　第 45 窟中心柱右壁龛外题记
图 5-93　第 45 窟中心柱后壁龛右胁侍菩萨头顶上相邻龛凿通情况
图 5-94　第 45 窟中心柱后壁龛帐饰正射影像图
图 5-94A　第 45 窟中心柱后壁龛帐饰线图

图 5-95a　第 45 窟中心柱后壁龛帐饰右侧　　图 5-95b　第 45 窟中心柱后壁龛帐饰中部　　图 5-95c　第 45 窟中心柱后壁龛帐饰左侧

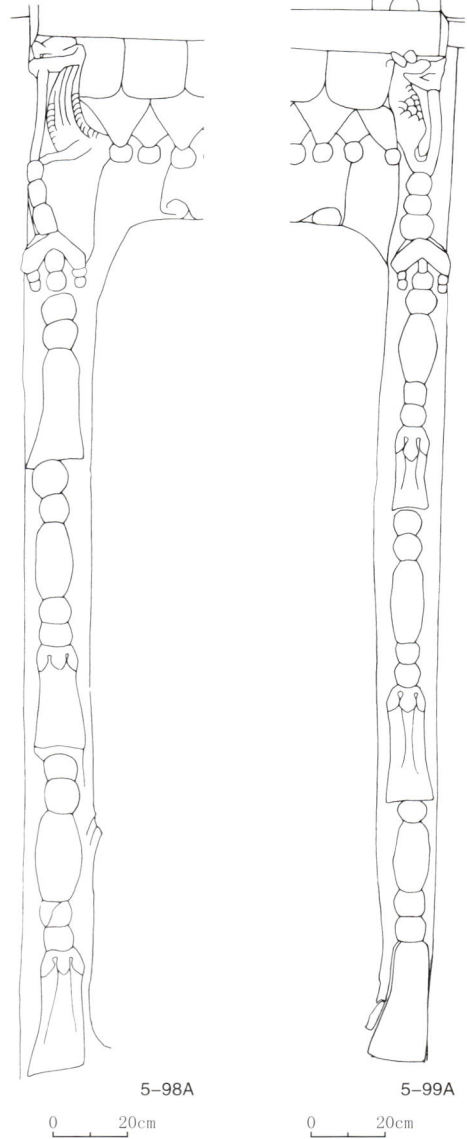

图 5-96　第 45 窟中心柱后壁龛右流苏龙首　　图 5-97　第 45 窟中心柱后壁龛左流苏龙首
　　　　细部　　　　　　　　　　　　　　　　　　　　细部

5-98A　　　　　　5-99A

0　　20cm　　　　0　　20cm

图 5-98A　第 45 窟中心柱后壁龛右流苏线图　　图 5-100　第 45 窟中心柱后壁龛右流苏下部　　图 5-101　第 45 窟中心柱后壁龛左流苏下部
图 5-99A　第 45 窟中心柱后壁龛左流苏线图

　　　龙首—组绶—三珠—磬（角悬珠穗，中无悬珠）—双珠—梭—双
珠—三瓣莲穗—双珠—梭—双珠—三瓣莲穗—单珠—梭—双珠—三瓣
莲穗

　　　左右流苏虽大致相似，但组合部件及长短、大小并不一律。稍有剥蚀，
大致轮廓形态完存。

2）龛内造像

龛内通龛凿出宝装覆莲台一重，左右起止宽窄高低均不一律，长 219.4 厘米，高约 12.4 ~ 18.7 厘米不等。上承主尊佛座和左胁侍共享的长 173.0 厘米、高 10.5 厘米的仰莲台和右胁侍足下高约 12.1 厘米、直径约 45.1 厘米的单独仰莲座。台座之上为一佛二菩萨三尊像。（参见图 5-38、5-38A）

三像均经塑装。塑装厚重。（图 5-102）

主尊佛。结跏趺坐于须弥座上。须弥座为左右叠涩二层台，下层台隐于仰莲之下，束腰部分被四重厚重佛衣覆盖。佛通高 222.6 厘米（自须弥座下莲台起计），坐高 168.7 厘米；肩宽 97.6 厘米，跌坐两腿最宽 137.3 厘米；头高 58.4 厘米，宽 51.6 厘米；面高 37.3 厘米，宽 35.2 厘米。

佛面相浑圆饱满，未塑螺发，肉髻平滑不显，发藏青色，半月髻珠涂赭色。额有白毫，内留涂朱残迹，弯眉、鼓睑，眼目下视，右目、鼻残，嘴唇轮廓分明，唇角涂朱，重颏，双耳外扇，耳垂稍长，有耳珰孔痕。颈浑圆，无残，不可见泥装前石作面貌，表面有金粉遗存。（图 5-103）

着通肩披覆式厚重袈裟。佛衣裹身，左足足心朝上外露置右膝上。最外层泥装佛衣，涂绛间绿色田相格，垂覆座前。与其下缘出露未经泥装、残存衣缘彩饰的原凿石像佛衣三重，截然划分。因泥装依石作为底塑作，二者又浑然一身，不觉违和。

图 5-102 第 45 窟中心柱后壁龛内三尊像整体状况

图 5-103 第 45 窟中心柱后壁龛主尊佛头细部

[20]
或已塑装成为环绕帛带。关于"桃形器"参见本章注[23]。

图 5-104　第 45 窟中心柱后壁龛右胁侍菩萨正射影像图

图 5-105　第 45 窟中心柱后壁龛右胁侍菩萨遗存整体情况

图 5-106　第 45 窟中心柱后壁龛右胁侍菩萨头冠细部

图 5-107　第 45 窟中心柱后壁龛右胁侍菩萨衣饰细部

右手伸三指屈二指，屈举至肩下，左手手掌向上置于左腿，拇指残。作说法印。

右胁侍菩萨。面向龛外侧身侍立于佛右侧。净高 212.8 厘米；肩宽 52.2 厘米；头高 60.2 厘米，宽 48.5 厘米；冠至下巴 41.6 厘米；面高 28.3 厘米，宽 23.0 厘米；冠高 8.6 厘米，圈径约 30.1 厘米。（图 5-104、5-105）

菩萨头戴花冠，冠左右垂宝缯。右侧面部残，残处可见塑装泥皮较厚，现以水泥封护。左侧面与前述经塑装菩萨相似，饱满浑圆，冠下发际中分，额线浑圆，额中白毫，弯眉，鼓睑，目微张下视，唇轮廓清晰，嘴角上扬，耳稍外扇长垂至颈。颈短而圆。冠、面遭熏黑，仍可见绿、绛等彩装遗迹。（图 5-106）

上身袒，披帛覆右肩，下绕过腰际。左肩臂披帛泥装似未塑作清晰，原石作部分因风化漫漶情况不清。下着及足面长裙，外翻裙腰，塑装呈外系腰带状，如上衣下摆。裙腰下另有带双垂。左手屈抚前胸，右手垂至体侧，持握绕过右臂腕下垂至帐框之披帛并桃形器[20]。自右腕垂至龛框侧面之披帛泥装脱落露出石造像原帛带。（图 5-107）

项饰桃形，宽平素面，只浅线刻划边缘为饰。未饰璎珞。左臂腕钏宽平、粗糙。

二足塑装粗糙。右足前伸，左足隐于佛座侧。

5-104

0　　20cm

5-105

5-106

5-107

图 5-108 第 45 窟中心柱后壁龛左胁侍菩萨正射影像图

图 5-109 第 45 窟中心柱后壁龛左胁侍菩萨遗存整体情况

图 5-110 第 45 窟中心柱后壁龛左胁侍菩萨头冠细部

图 5-111 第 45 窟中心柱后壁龛左胁侍菩萨衣饰细部

菩萨衣饰均装彩。虽遭烟熏，披帛、项饰、腕钏等处，均遗留绿、赭色装彩遗迹。

左胁侍菩萨。侍立于佛左侧。净高 196.4 厘米；肩最宽 58.0 厘米；头高 57.9 厘米，宽 47.0 厘米；冠至下巴 43.6 厘米；面高 28.7 厘米，宽 22.3 厘米；冠高 12.2 厘米，宽 31.5 厘米。较右菩萨低矮。（图 5-108、5-109）

菩萨头戴花冠，冠左右垂宝缯。面中部残，眉目不清。轮廓显示面饱满浑圆。冠下发际中分，额线稍方，弯眉，耳稍外扇，长垂至下颏。颈短而圆。（图 5-110）

上身袒，披帛覆左肩，下绕过腰际。下着及足面长裙，披帛与外翻裙腰塑装一体，系细腰带。裙腰另有带双垂。右手屈抚于胸前硕大项饰上，左手垂至体侧，提握帛带。左小臂上塑出缠腕帛带一段，与菩萨衣无关联，与前述右壁右菩萨同，为塑装衍出者。（图 5-111）

项饰如环璧，宽平素面，边缘刻划浅线为饰。未饰璎珞。双臂腕钏宽平、粗糙。

二足塑装粗糙，左足前伸，右足隐于佛座侧。

头、冠、衣彩饰装銮。遗留绛红衣、绿色冠沿、白色腕钏等彩色残迹。姿态、服、饰、装彩均类同本龛右菩萨。

龛内整体绘饰。佛头光、身光圆形，墨绘，外绘浅色云气，以赭色线

5-108

0　　20cm

5-109

5-110

5-111

5-112

勾绘云纹。右菩萨头光，以墨线分绘于龛后壁和侧壁，外绘赭色云纹。左菩萨头光漫漶，其外部分赭色云气纹存。龛顶绘饰云气纹，与佛、菩萨头光、身光外云气，浑然一体。（图5-112）

4. 左壁

壁面下宽299.0厘米，上宽296.1厘米，右高329.3厘米，左高340.0厘米。两侧倚柱均可见三面，右柱柱础被凿残，左柱覆莲础完存，高6.7厘米，径24.0厘米。帐龛上部横枋高9.8厘米。龛口较直，右低左高，宽232.4厘米，右高255.2厘米，左高263.7厘米，深55.3厘米。与后壁相邻处凿通，左胁侍菩萨头顶现一孔洞（图5-113）。

5-113

1）帐龛帐饰

倚柱间安置帐枋，长247.4厘米，高12.1厘米。帐枋与横枋之间为穹隆帐顶，压缩至高约9.4厘米。帐枋之上以山花蕉叶、火焰宝珠与横枋相接。帐枋之下为三层帐幔。（图5-114a、b、c，图5-115、5-115A）

第一层垂鳞，第二层重层系珠三角挂幔，第三层为自中心左右卷折之帷幔。自垂鳞、三角挂幔后隐出龙身，龙首衔系组绶串系的流苏，龙踏组绶下第一珠。

流苏组织与正壁略同，且深刻高凸。（图5-116、5-117、5-118A、5-119A）

右流苏。长279.5厘米，下至龛内莲座中。组织如下：

龙首—组绶—三珠—磬（双角系珠）—双珠—三瓣莲穗—双珠—

图5-112　第45窟中心柱后壁龛内整体装銮情况

图5-113　第45窟中心柱左壁龛左胁侍菩萨顶部可见其与相邻龛凿通情况

· 132 ·

图 5-114a　第 45 窟中心柱左壁龛帐饰右侧

图 5-114b　第 45 窟中心柱左壁龛帐饰中部

图 5-114c　第 45 窟中心柱左壁龛帐饰左侧

0　　　　　50cm

图 5-115　第 45 窟中心柱左壁龛帐饰正射影像图

图 5-116　第 45 窟中心柱左壁龛右流苏

图 5-117　第 45 窟中心柱左壁龛左流苏

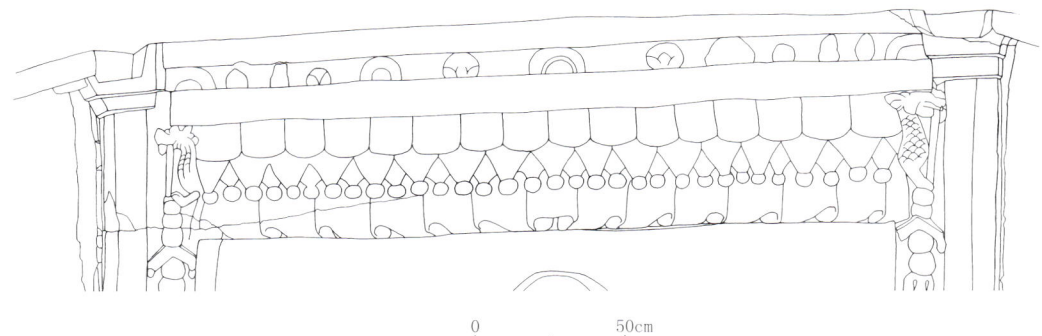

0　　　　　50cm

图 5-115A　第 45 窟中心柱左壁龛帐饰线图

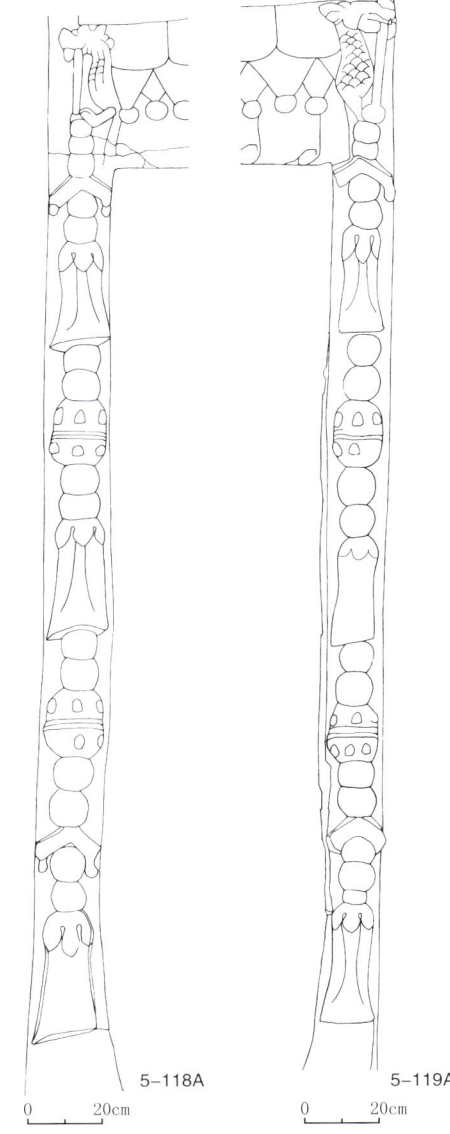

5-118A　　　　　5-119A

0　　20cm　　　　　0　　20cm

铃—双珠—三瓣莲穗—双珠—铃—双珠—磬（双角系珠）—双珠—三瓣莲穗

左流苏。长 284.7 厘米，位置与右侧相当。组织如下：

　　龙首—组绶—三珠—磬（左角系珠）—双珠—三瓣莲穗—双珠—铃—双珠—三瓣莲穗—双珠—铃—双珠—磬（角无系珠）—双珠（下增一小珠）—三瓣莲穗

左右流苏均经彩装。双珠、三瓣莲穗遗有赭色线、绿色彩装残迹。

2）龛内造像

　　龛内雕通龛宝装重层仰莲覆莲台，莲台高低宽窄不一，雕凿率意。长 220.5 厘米，高约 25.0 厘米。莲台之上为一佛二菩萨三尊像。（参见图 5-39、图 5-39A）

图 5-118A　第 45 窟中心柱左壁龛右流苏线图
图 5-119A　第 45 窟中心柱左壁龛左流苏线图

佛、菩萨均经泥装，手法、材料与各壁相同。唯菩萨的部分泥装剥落，露出被泥装覆盖的石雕原像局部。（图5-120）

图 5-120　第 45 窟中心柱左壁龛内三尊像整体状况

主尊佛。结跏趺坐于须弥座上。座下台隐于仰莲台，座前被佛衣完全覆盖，侧面可见须弥座结构大致。佛通高227.6厘米，坐高179.6厘米；肩宽95.0厘米，趺坐两腿最宽137.7厘米；头高62.9厘米，宽48.9厘米；面高35.9厘米，宽37.5厘米。在佛座之左角，有后凿的石窝二，用途不明。（图5-121）

面相饱满丰圆，未塑出螺发，肉髻平滑不显，塑饰半月形髻珠，残留赭色。前额右发际残落，可见泥装厚超过0.5厘米。面稍前倾，前额未塑白毫，弯眉，鼓睑，眼目下视，口、鼻残，双耳垂颈，残。颈浑圆。（图5-122）

着通肩披覆式之佛衣，佛衣裹覆腿，左足足心向上，置右膝上。衣绕足腕下垂至须弥座，座前佛衣下沿可见分四层，佛衣最外层通身赭色间以墨格彩装为田相衣，其余各层仅点染衣缘。佛衣与右壁佛衣形式相似，但各层均经塑装。塑装完整，无大片泥层脱落，是最完整的佛衣塑装之例。局部小片泥皮脱落处，露出原石刻，知塑装依石刻原式，泥皮薄厚不同。佛衣最外层的彩装与右壁佛衣外层相同。（图5-123）

右手手背向外五指伸展屈举至肩；左臂屈伸，左手掌心向外上置于左膝。作说法印。

图 5-121　第 45 窟中心柱左壁龛主尊佛像
图 5-122　第 45 窟中心柱左壁龛主尊佛衣
图 5-123　第 45 窟中心柱左壁龛主尊佛头
细部

虽遭熏黑，可见佛面衣、首、面彩装遗迹。

右胁侍菩萨。面向龛外侧身侍立于佛右侧。高 200.9 厘米；肩宽 57.3
厘米；头高 57.2 厘米，宽 43.3 厘米；冠至下巴 42.9 厘米；面高 26.8 厘米，
宽 22.7 厘米；花蔓冠高 12.5 厘米，宽 32.6 厘米。（图 5-124、5-125）

菩萨头戴花冠，冠后垂宝缯。面相丰圆饱满，发际中分，额中间白毫，
细弯眉，鼓睑，双目下视，口、鼻残，近人补以水泥[21]，双耳垂至丰圆短颈。
（图 5-126）

上身袒，腹微鼓，披帛覆右肩，绕过腰际搭左腕下垂至长裙前再绕右
臂腕下垂至龛内侧壁。下着束系及足面长裙，裙腰外翻者被塑作似衣下摆，
左侧三分之二泥皮脱落，出露其下石刻裙腰衣褶，知塑装基本就石刻原位。
左手屈抬于胸前持折枝绽放花朵，右手垂至体侧，提挽长璎珞。

项饰宽平如璧，平素无饰。双肩垂挂璎珞，总起于圆璧，单珠串，间

[21]
此水泥是 1986 年须弥山整修工程时所为，遍及
全山诸造像保存好的洞窟。开始记录时凭观感
看，以为"随极"，后来发现，须弥山石窟造
像由于岩质问题，极易潮解风化，而水泥填抹
处就没再继续风化，在圆光寺诸洞窟反映得尤其
突出。换句话说，水泥抹缝有效地阻止了造像
的进一步风化，虽然形象不甚优美，但功德不
可抹杀，故记于此。

5-124

0   20cm

5-125

5-126

5-127

以圆璧式珠花。最底最大珠花处泥皮脱落，露出原石刻璎珞纹样，为穗状联珠，最底同样间以大珠花（图5-127）。从残处可知璎珞塑装依原刻，仅因雕、塑手法及材料不同，样式改变。

二足泥装，右足前伸，左足贴近佛座侧，泥装残剥处露石作脚趾。

左胁侍菩萨。侧身侍立于佛左侧。高200.0厘米；肩宽52.4厘米；头高53.6厘米，宽42.5厘米；冠至下巴38.6厘米；面高21.9厘米，宽18.9厘米；花蔓冠高16.3厘米。（图5-128、5-129）

全身塑装，但颈以上塑装泥皮几乎全部脱落，所见菩萨首为石作，其面高、宽尺寸，与右胁侍菩萨差别较大。

菩萨着花蔓冠，双宝缯自冠后垂下。冠式同前壁左胁侍菩萨，冠中央为莲瓣托如意宝珠，稍风化。宝缯存泥装。虽面中部残驳，仍可见菩萨面容方圆清俊，方颡广额，眉目唇间现笑意，两耳贴脸颊自然垂至颈。颈部及以下为较完好泥装。颈浑圆。（图5-130、5-131）

菩萨上身着露胸小衣，下着及足面长裙，裙腰外翻，束腰带。披帛覆左肩、遮半臂下垂之左手侧，绕裙、右腕再下绕至下垂的左手持撩，帛尾下垂至龛侧壁。右手屈抬至胸前持金刚杵。

此为第45窟塑装衣装保存最好的一身菩萨。

项饰宽平桃形，边缘刻划作为装饰。单珠长璎珞，似被覆于左肩披帛

图5-124　第45窟中心柱左壁龛右胁侍菩萨正射影像图

图5-125　第45窟中心柱左壁龛右胁侍菩萨遗存整体情况

图5-126　第45窟中心柱左壁龛右胁侍菩萨头、冠细部

图5-127　第45窟中心柱左壁龛右胁侍菩萨衣饰细部·璎珞泥装与原石刻

5-128

0   20cm

5-129

5-130

5-132

5-131

5-133

图 5-128　第 45 窟中心柱左壁龛左胁侍菩
萨正射影像图

图 5-129　第 45 窟中心柱左壁龛左胁侍菩
萨遗存整体情况

图 5-130　第 45 窟中心柱左壁龛左胁侍菩
萨头冠细部

图 5-131　第 45 窟中心柱左壁龛左胁侍菩
萨石刻冠式细部

图 5-132　第 45 窟中心柱左壁龛左胁侍菩
萨衣饰细部

图 5-133　第 45 窟中心柱左壁龛左胁侍菩
萨腕钏细部

之下，至腰胯处始露出。右手腕钏宽平，中划方格；左手腕部残，泥装下露石雕双环腕钏，与前者大异其趣。（图 5-132、5-133）

双足泥装草率，残。左足前伸，右足贴近佛座。

菩萨衣、饰均经彩装，留绿、赭色彩装遗迹。

龛内整体绘饰。保存状况良好。佛身后有圆形头光、身光，跨龛背和顶部墨绘，内褪晕填色外绘绛红云气，以赭色线勾画云纹。菩萨头光，跨后壁和侧壁墨绘，之外以线绘绛红色云纹。龛顶绛红色线绘云纹，局部填涂绛红，与佛身光、头光及菩萨头光外云纹，浑然一体。（图 5-134）

三　洞窟前壁

1. 总述

壁面底长 600.7 厘米，右高 334.3 厘米，左高 343.0 厘米。与窟顶前坡间横枋中、右侧全残，横枋高 6.3 厘米，残长 182.5 厘米。壁面左右三分。居中窟门，门洞顶壁与壁面间作高约 3 厘米 45° 抹角，之上开凿一小龛；门右、左两侧壁面，上下两分，下凿供养人，上开垂直凿进式帐龛。（图 5–135、5–135A）

2. 窟门右侧壁面

因邻近窟顶贯通第 44 窟的残洞，风雨难避，壁面风残严重，仅与洞窟左壁交界处基本完整。壁面宽约 208.2 厘米，高约 344.6 厘米（自窟左前角尚存大致原甬道地面起量）。（图 5–136）

1）供养人

自甬道地面起算高约 34.2 厘米，以上下栏、界栏分为小列龛，凿供养人。上栏 8.0 厘米，下栏 5.6 厘米；界栏宽 4.5 厘米；列龛高约 20.1 厘米，宽约 12.7 厘米。从左壁龛像看，供养人原应有八身，以香炉为中心，左右相向。现自右向左，有三身完整，第四身存界栏并供养人轮廓，余均风蚀残灭。存者手执莲蕾，面左胡跪。（图 5–137）

2）帐龛及帐饰

龛口以上部分及相邻窟顶处残，横枋及帐饰诸层次均风化无存。龛口亦风化仅存大致形状。残宽 178.6 厘米，高 252.8 厘米，残深 34.5 厘米。

图 5-135 第 45 窟洞窟前壁正射影像图

图 5-135A　第 45 窟洞窟前壁线图

图 5-136　第 45 窟洞窟前壁右龛遗存整体情况

龛内凿一佛二菩萨。龛左右流苏基本完存。

右流苏。残长 245.6 厘米，长及供养人上栏（图 5-138A）。组织如次：

残—磬（角系珠穗，风蚀）—双珠—三瓣莲穗—双珠—铃—双珠—磬（端系穗）—双珠—三瓣莲穗—双珠（风蚀）—铃—双珠—三瓣莲穗—三珠（旁有一处经后期轻微处置过的原面）—三瓣莲穗—单珠—三瓣莲穗

左流苏。距窟门顶 61.9 厘米以上部分残灭，残长 166.8 厘米，至窟门洞右壁之半（图 5-139A）。组织如次：

残—三瓣莲穗（上部风蚀，下端轮廓存）—双珠（风蚀）—铃（风蚀）—单珠（风蚀）—磬（风蚀）—双珠（风蚀）—三瓣莲穗（风蚀）—双珠（风蚀）—铃（风蚀）—双珠（风残）—三瓣莲穗

自最上莲穗底部起至窟门抹角面上皮约 30.1 厘米范围，向内深凿（残深 2 厘米），使流苏高凸，形成了窟门上小龛的右框外界（图 5-140）。流苏的长度至窟门顶下 103.1 厘米处，与右流苏长度悬殊，而与下述左龛右流苏同高（参见比对图 5-135、5-135A）。如上细节显示，前壁右、左、上三龛是同时精心营凿的。

3）龛内造像

龛内造通龛低台，中部雕为覆莲，风残严重，仅见残痕。上承一佛二菩萨三尊像。三像均曾经泥装，遭严重风残剥蚀。佛身泥装仅存头顶、颈、胸、左腋下少许；右胁侍菩萨存胸部以下；左胁侍菩萨全身泥装剥落，露出石像，虽风化，幸存大体。（参见图 5-136）

主尊佛。佛结跏趺坐于覆莲承托的须弥座上。座隐于莲台，座前被佛衣覆盖。佛通高 217.9 厘米，坐高 157.9 厘米；肩宽 72.0 厘米，双腿最宽 117.8 厘米；头高 46.0 厘米，宽 31.5 厘米；面高 25.0 厘米，宽 25.0 厘米。这是石佛像风化后尺寸，与前述中心柱各龛塑装佛像差别明显。（参见图 5-136）

佛面相清秀，肉髻低平，可见凿作螺发痕。额宽平，长眉细目，双唇角略上扬内收含笑，双耳贴脸颊垂至颈。颈刻线三道，最下一线被残存的

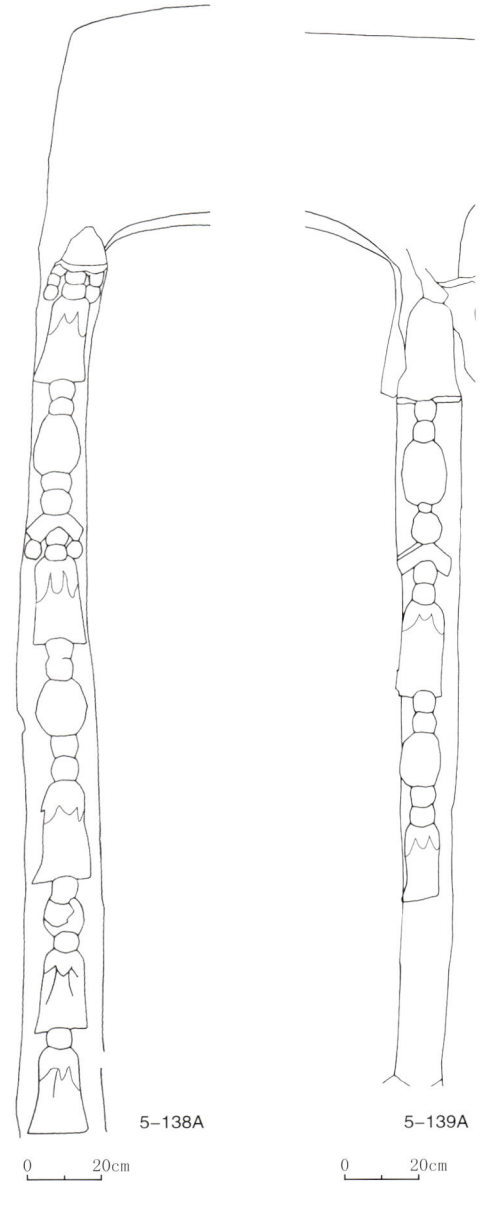

5-138A　　　　　　5-139A

0　　20cm　　　　0　　20cm

图 5-141　第 45 窟前壁右龛主尊佛头正面

图 5-142　第 45 窟前壁右龛主尊佛头左侧
细部

图 5-143　第 45 窟洞窟前壁右龛主尊佛衣、
覆座遗迹细部

少许泥皮覆盖。（图 5-141、5-142）

　　佛着通肩式佛衣，斜披僧祇支，束带，垂绾结带。佛衣绕佛身搭右肩臂，裹身下垂。佛左足足心上露，置右膝上。下垂之佛衣[22]满覆须弥座前，隐约可见四重。（图 5-143）

　　佛双臂残。右臂残处存竖向布列方形榫孔三。上孔宽 4 厘米、高 6 厘米，上深 5 厘米，下深 8 厘米；中孔宽 3.5 厘米，高 4.5 厘米，上深 5 厘米，下深 6.5 厘米；下孔宽 3.5 厘米，高 4.5 厘米，上深 5.5 厘米，下深 7 厘米。当为修补重塑右臂安置龙骨的凿孔。

　　右胁侍菩萨。侧身侍立于佛右侧，足下为位于低台上的仰覆莲座。莲座高 10.0 厘米、径 32.6 厘米。菩萨头残没，从残断处知是石作遭劈残重新塑装后再度残灭，至前胸。残处近人以水泥砂浆封护。菩萨残高 189.4 厘米（自座上皮至头残最高处）；肩宽 44.1 厘米；头残高 46.3 厘米。（图

[22]
如果与窟内其他泥装坐佛像比较，会发现除中心柱前壁金装像佛衣稍异外，其余尚为通肩披覆式刻画、塑作与本龛石作式样均稍有异，而似同于本窟立像佛衣。可见原石作佛衣和泥装佛衣等式样情况比原来料想得复杂。

图5-144　第45窟洞窟前壁右龛右胁侍
菩萨正射影像图

图5-145　第45窟洞窟前壁右龛右胁侍
菩萨遗存情况

图5-146　第45窟洞窟前壁右龛右胁侍
菩萨右手臂细部·泥装与原石作关系

［23］
关于菩萨所持桃形法器具体功用，学界历来关注，但莫衷一是，修订本稿期间有幸得访山西省晋中地区榆社县博物馆，幸得见菩萨像刻画其右手所持桃形器物甚微细，可见为一"袋"状器物。特注此，或有助此物性质之判定。

5-144、5-145）

肩膀、胸部为原石刻，风残剥蚀，衣、饰漫漶，仅可略辨。胸部以下泥装。肩披帛，下着裙，裙腰外翻，披帛自然垂至龛框侧壁并及菩萨所立莲座以下。裙腰之下部分露出石像局部。左手屈举胸前，右手自然下垂体侧，持握另侧绕过裙身的披帛及斜挂串珠。因泥装残剥不全，石像又风蚀严重，虽可见菩萨衣饰前后改易，但关系已很难梳理。（图5-146）

菩萨足残。

泥装烟熏痕迹明显。

左胁侍菩萨。侧身侍立于佛左侧，高及佛额际。足下座风化，仅可见上面。高173.8厘米；肩宽51.6厘米；头残高约43.5厘米，宽36.0厘米；面残高约22.8厘米，残宽21.5厘米。（图5-147）

泥装全部脱落，且风蚀严重，全身素石色，头形、身姿、服、饰，大体完全。（图5-148）

菩萨戴冠，冠细节已模糊不可辨，轮廓形态及双重宝缯下垂式样，与中心柱前壁胁侍菩萨相似。面五官全残。双耳贴颊垂至颈，轮廓清晰。颈刻三线。

菩萨斜着内衣。披帛覆左肩，从右肩臂下垂绕裙搭左臂腕垂至龛侧。下着长裙，衣褶流畅，裙腰外翻，系带弧垂，虽下部风蚀，衣褶轻软可辨。右手屈抬至项饰，似持莲蕾。左手自然下垂体侧，握持一桃形器[23]。（图5-149）

竖串珠宽大项饰，残迹漫漶。自左肩贴体挂双联珠结花长璎珞。左臂

5-147

0 ___ 20cm

5-148

5-149

图 5-147　第 45 窟洞窟前壁右龛左胁侍菩萨正射影像图

图 5-148　第 45 窟洞窟前壁右龛左胁侍菩萨遗存整体情况

图 5-149　第 45 窟洞窟前壁右龛左胁侍菩萨衣饰细部

佩臂钏。

足残没。

此龛三尊像，佛与左菩萨均为原石像，身姿清秀，布局疏朗，高低比例适当。右菩萨经塑装后与佛距离窄逼。雕与塑两个时期不同形式风格划然可见。

3. 窟门左侧壁面

壁面保存尚好。右侧与整个前壁之右角连片风化剥落，下部左右近窟门及与右壁相接处有残损。壁面宽 207.7 厘米，高 346.0 厘米[24]。（图 5-150）

1）供养人

壁面高约 38.9 厘米，以上下栏、界栏分为小列龛，浮雕以力士托举香炉为中心的伎乐、供养人共 8 身。上栏宽 2.3 厘米，下栏宽 9.9 厘米，界栏宽 5.3 厘米，界格宽约 16.0 厘米。（图 5-151A、5-152）

最右侧供养人龛不完整，其内供养人局部斑驳。左侧最后一身供养人龛界格残。其余保存尚好。右侧伎乐为击腰鼓者，左侧伎乐似为抚琴者。供养人皆持莲蕾胡跪，面向中心香炉做供养状。（图 5-153、5-154）

2）帐龛及帐饰、题记

龛口中部稍高，呈曲弧线，龛背内凹。龛口宽 175.0 厘米，高 240.3 厘米，深 44.5 厘米。龛内凿一佛二菩萨。

帐枋残长 132.2 厘米，高 8.7 厘米。帐枋与其上横枋之间为穹隆帐顶，最高处高 16.7 厘米。帐枋上为山花蕉叶、火焰宝珠，共可见 9 组[25]。帐枋

[24]
此壁前原地面大部已残毁，仅仅窟门处及约壁面中部前地面尚残留很小的原地面，可资测量其距地面的壁面高度。

[25]
其中有四组从下观形似火焰宝珠，但据第 46 窟帐顶"帐构"推测，也不排除其为"帐构"之可能。

图 5-150　第 45 窟洞窟前壁左龛遗存整体情况

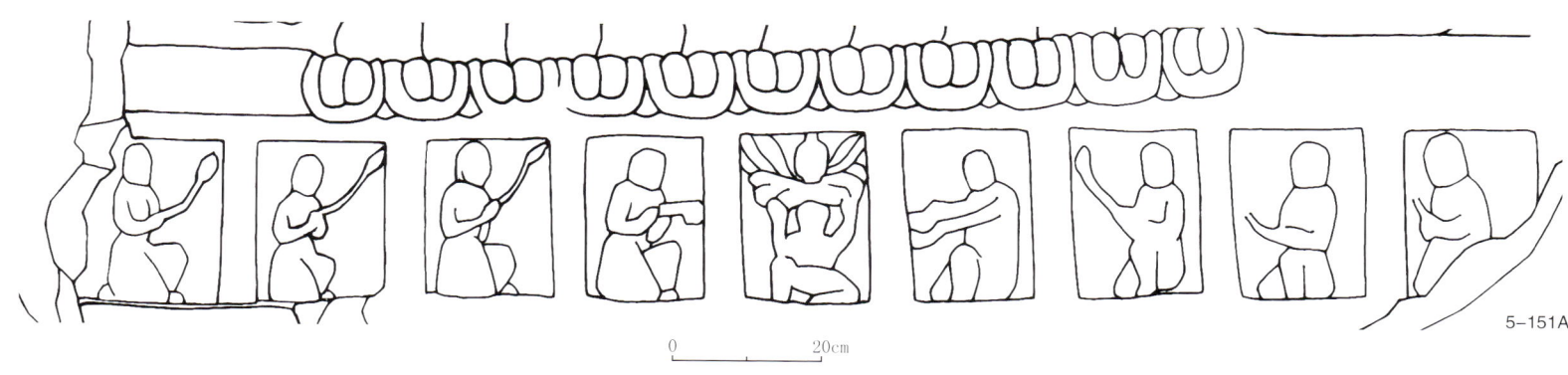

5-151A

5-152

5-153

5-155

5-154

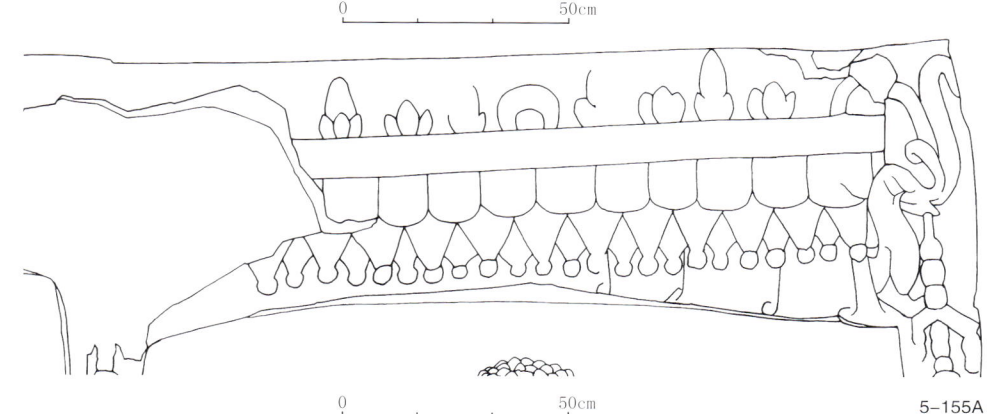

5-155A

图 5-151A　第 45 窟洞窟前壁左侧壁伎乐、供养人残迹线图

图 5-152　第 45 窟洞窟前壁左侧壁香炉、伎乐供养人残迹

图 5-153　第 45 窟洞窟前壁左侧壁居中香炉及左右伎乐细部

图 5-154　第 45 窟洞窟前壁左侧壁供养人持莲胡跪细部

图 5-155　第 45 窟洞窟前壁左龛帐饰正射影像图

图 5-155A　第 45 窟洞窟前壁左龛帐饰线图

下垂三层繁缛帐饰。帐饰右角脱落，左角表面熏黑又局部风化。（图 5-155、5-155A）

帐饰第一层垂鳞，次为重层系珠三角挂幔，再下层自中心左右卷折之帷幔。帷幔边形成龛口轮廓。（图 5-156、5-157）

帐饰之左隐出一鸟，鸟足前伸踏其口衔组绶串系之流苏，鸟身、足、喙及三叶忍冬状冠羽刻画清晰生动（图 5-158）。右流苏此部分残没。

右流苏。残长 181.2 厘米（图 5-159A）。组织如次：

图 5-156　第 45 窟洞窟前壁左龛帐饰及龛口

图 5-158　第 45 窟洞窟前壁左龛鸟首衔组绶细部

图 5-157　第 45 窟洞窟前壁左龛口帐饰细部

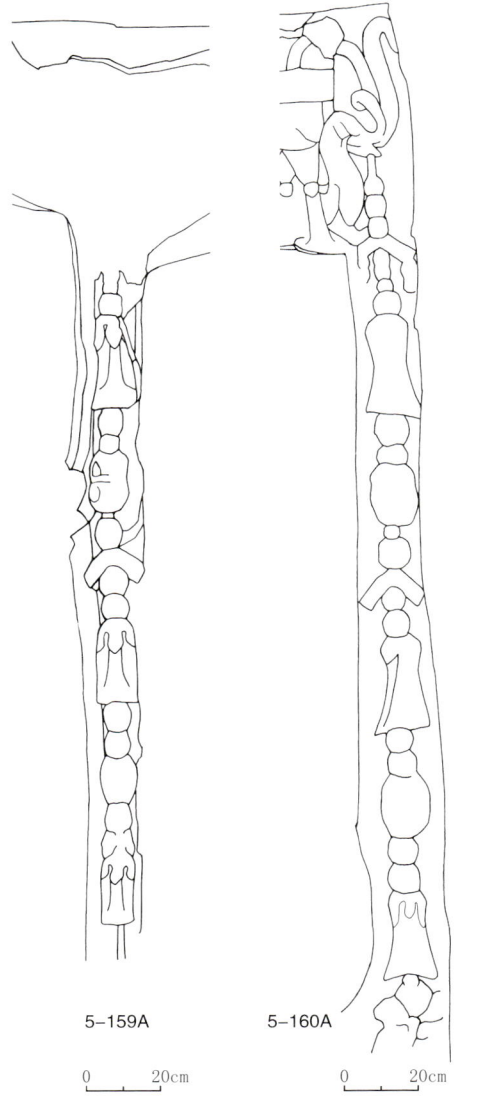

5-159A　　　　5-160A

图 5-159A　第 45 窟洞窟前壁左龛右流苏线图
图 5-160A　第 45 窟洞窟前壁左龛左流苏线图

残—磬(仅存轮廓)—双珠(残?)—三瓣莲穗—双珠—铃—单珠—磬(角悬珠)—双珠—三瓣莲穗—双珠—铃—双珠—三瓣莲穗

流苏与右龛左流苏对称高齐。

左流苏。长 225.3 厘米（图 5-160A），下及供养人上栏。组织如次：

鸟首(凤?首)—组绶—三珠(鸟足踏最后一珠)—磬(左悬珠穗)—双珠(上珠残，露出组绶)—三瓣莲穗—双珠(残平)—铃—双珠(上小珠下大珠)—磬(未见悬珠)—双珠—三瓣莲穗—双珠—铃—双珠—三瓣莲穗—单珠—花结

以环花结穗结尾的流苏为本窟仅见。（图 5-161）

流苏均装銮绘饰。

流苏第二个莲穗右侧壁面的白灰地仗上，存墨书题记一则（图 5-162）：

图 5-161　第45窟洞窟前壁左龛左流苏尾端花结细部

图 5-162　第45窟洞窟前壁左龛左流苏上的墨书题记

图 5-163　第45窟洞窟前壁左龛内造像遗存整体情况

弥须寺口河湾张□□

3）龛内造像及题记

龛内一佛二菩萨三尊像之像皆独立设座。布局上突出主尊，菩萨下身为佛遮挡，仅半露。三像全经后期塑装。塑装使佛体态更加宽大突出[26]。（参见图5-135、5-135A、5-150；图5-163）

主尊佛。佛结跏趺坐于须弥座上，座雕出下台并承以仰覆莲台。莲台宝装覆莲"占用"了供养人上栏壁面；座前被佛衣覆盖。佛通高239.3厘米，坐高168.4厘米；肩宽76.4厘米，跏坐双腿最宽126.3厘米；头高49.9厘米，宽40.3厘米；面高29.0厘米，宽27.9厘米。

[26]
这也是本窟壁面以坐佛为主尊的各龛造像布局的共同特征。

佛面相丰满圆润，螺发，头顶微高显示饱满肉髻，髻珠塑出。眉间白毫，内留朱丹色痕，弯眉，鼓睑，目、鼻、口均残，近人以水泥砂浆封护，双耳稍外扇下垂。颈圆短。（图5-164、5-165）

佛披覆通肩式厚重佛衣，裹身，左足足心上露置右膝上。垂覆座前佛衣可见三层。最下层佛衣右侧塑装泥皮脱落小片，露出石雕佛衣褶边缘，泥皮约半厘米，依原衣褶式样起伏塑装。最外层佛衣彩饰田相格。

右臂屈举至胸前，手已残，左手掌心向外，三指拳握，二指舒展置于左腿，持说法印。

须弥座下台左下角，存墨书题记一则。竖写，字共四行（图5-166、5-167）。内容如下：

　　□□□

　　罗忠□□

　　师西……

　　仙师□

此则题记已不全，大约也是游人题记，《图录》《总录》均未著录，此次调查新发现。

图 5-164　第 45 窟洞窟前壁左龛主尊佛头正面

图 5-165　第 45 窟洞窟前壁左龛主尊佛头左侧面

图 5-166　第 45 窟洞窟前壁左龛佛座下墨书题记

图 5-167　第 45 窟洞窟前壁左龛佛座下墨书题记细部

0 _____ 20cm

图 5-168　第 45 窟洞窟前壁左龛
右胁侍菩萨正射影像图

图 5-169　第 45 窟洞窟前壁左龛右胁侍菩
萨遗存整体情况

图 5-170　第 45 窟洞窟前壁左龛右胁侍菩
萨头、冠正面

图 5-171　第 45 窟洞窟前壁左龛右胁侍菩
萨头冠右侧细部

图 5-172　第 45 窟洞窟前壁左龛右胁侍菩
萨衣饰细部

右胁侍菩萨。 侧身侍立于佛右侧，立于高 20.5 厘米、径 44.8 厘米的仰覆莲台上，高及佛额。菩萨高 179.3 厘米；肩宽 49.0 厘米；头高 49.1 厘米，宽 37.6 厘米；冠至下巴 30.8 厘米；面高 23.8 厘米，宽 21.4 厘米；冠高 5.3 厘米，宽 26.6 厘米。（图 5-168、5-169）

菩萨面相饱满丰圆，头戴花冠，冠后原石造冠顶遗迹清楚。冠左右塑花结，冠后缯带垂至肩臂。冠下发瓣，左右双分，额际圆转。面部前倾，额下残，弯眉鼓睑，眼角上吊，目下视，双耳外扇，垂至颈。颈圆短。（图 5-170、5-171）

菩萨斜着内衣，外披帛。左肩披帛搭绕左臂绕过裙身，由右手提挽，尾飘垂龛外覆压流苏左边，垂至莲台。下垂披帛为泥皮脱落出露。下着及足面长裙，裙腰系带外翻，带绛红彩装。近佛之左手屈抬至胸，持一花开八瓣折枝花，腕缠帛。右手自然垂于体侧，挽帛和长璎珞，小臂缠帛（图 5-172）。手、帛等泥装脱落处，可见泥装厚约 0.5～1 厘米不等，基本依石作原样塑装。

项饰桃形，宽平素面，缘边划线为饰。右肩贴身挂单珠、珠花串长璎珞，右手提挽，垂绕裙身。左腕缠帛，右腕塑双联珠腕钏。

二足均残，一足前伸。露出石作部分，亦残。

图 5-173　第 45 窟洞窟前壁左龛左胁侍菩萨正射影像图

图 5-174　第 45 窟洞窟前壁左龛左胁侍菩萨整体保存情况

图 5-175　第 45 窟洞窟前壁左龛左胁侍菩萨衣饰细部

左胁侍菩萨。侧身侍立于佛左侧，立于安置在小基台上的仰覆莲座上。座高 18.7 厘米。菩萨高 176.3 厘米；肩宽 46.3 厘米；头轮廓残高 46.3 厘米，宽 34.9 厘米。（图 5-173）

头全残。残面斜下，上留存斜插式木桩两根。由木桩上残泥堆推知菩萨头在塑装之前即遭劈残。上桩宽 6.5 厘米、高 4 厘米、伸出 8.5 厘米，下桩宽 6 厘米、高 2.3 厘米、伸出 4 厘米。（图 5-174）

残冠可见左右冠带垂至肩。左肩冠带下部存少许泥装遗迹。残面左右可见双耳贴腮下垂至颈。颈清秀。右肩曲线浑圆优美。以上为泥装脱落后石像局部。

菩萨内衣斜着，系结如带的塑作式样，同前述中心柱右壁右胁侍菩萨，也与本窟右壁右龛右胁侍菩萨、后壁左龛右胁侍菩萨、左壁中龛右胁侍菩萨同，应是遵守了同样的技艺传承，亦为塑装同时之证。双肩披帛，右侧绕过裙身由左手提挽，尾垂至龛侧。下着及足面长裙，裙腰系带外翻，带绿彩装。近佛右手，原应屈抬至胸前，现全残，胸腋部存长方形榫孔，应为塑装时安置龙骨木桩孔。左手臂稍前伸提挽帛带。（图 5-175）

桃形项饰，左下存少许塑装泥皮，余为出露的石雕，式样同中心柱前壁菩萨，虽漫漶，可见雕作细巧，尚残存有白粉地仗。塑装基本依照之前即已漫漶的石作轮廓。双肩垂挂双联珠串间珠花长璎珞。右肩存者为细巧

5-173

5-174

5-175

图 5-176 　第 45 窟洞窟前壁左龛内整体装
绘情况

雕作，左肩为高堆塑装，雕、塑二法趣味大异。

菩萨一足前伸。稍残。

龛内整体装绘。佛身后墨绘圆形头光、身光，其外赭色线绘云纹。龛
背烟熏严重，使花纹不显。菩萨头光跨后壁侧壁墨绘，其外绘云纹同佛，
或因近人用水清洗，致漫漶难辨。龛顶也绘云纹，与佛、菩萨身光、头光
外云纹浑然为一整体，表面可见重绘遗迹。（图 5-176）

4. 窟门之上小龛

1）小龛龛形

小龛为一圆拱形浅龛。龛底平整，距窟门顶 13.8 厘米。龛右侧上部、
龛顶风蚀残剥严重。龛右侧壁及与龛外流苏相连处边界轮廓清楚，可复
原原平直壁面大致位置。龛左侧壁与龛底及龛外流苏相接处保存完整。
龛外框范围左右约 180.0 厘米，底框栏高约 11.3 厘米，右框宽 9.6 厘米，
左框宽约 4.0 厘米；龛口底宽约 166.7 厘米，龛口上部均残宽约 170.1
厘米，龛口圆拱最高处约 93.5 厘米，龛深约 4.3 厘米，龛后壁右上残剥。
（图 5-177）

龛内造三佛二菩萨共五身像，为本窟唯一的一铺五身像。居中坐佛，
左右各侍立一菩萨；菩萨左右各一坐佛，无胁侍菩萨。

佛、菩萨像均经后期塑装。右佛、二菩萨泥装脱落，露出原雕石像，
显示石像在泥装之前已严重风蚀。

图 5-177　第 45 窟洞窟前壁窟门之上小龛
整体遗存　（可见龛内造像重装情况）

2）龛内造像

主尊佛。佛结跏趺坐、双脚上翻于须弥座上。座上下各叠涩二层、中束腰，高 23.2 厘米。上层第一层叠涩之下塑作圆形褶边流苏覆巾，覆于座前。须弥座最下层叠涩右下泥皮脱落，可见石座较龛边内收，但泥装后突出龛底框少许。

佛残高 50.8 厘米；肩宽 25.2 厘米，双腿最宽 40.3 厘米。佛头残没，残处凿留一小孔，应为重塑龙骨木桩孔。

佛衣袒右，裹身及腿，未垂覆座。双足交叉，右足置左膝、左足置右膝上，双足足面上露，右足在前。双手于胸前作智拳印。

右胁侍菩萨。侧身侍立于主尊佛右侧八角形小台所承覆莲座上。八角形台座为原石雕，之上莲座经塑装，残，座上可见菩萨双足，总高 9.6 厘米。菩萨头肩残灭，残处留补塑桩孔。残高 65.0 厘米。

菩萨泥装大部脱落，石像也漫漶风残，衣饰姿态存大致：上身披帛，下着及足长裙。右手弯曲抬置于前胸，左手下垂身侧，提挽绕过右臂垂绕裙身的披帛。被熏黑的塑装泥皮脱落后，露出石像身残留的白色地仗痕。

左胁侍菩萨。侧身侍立于主尊佛左侧，站立在八角小台上的覆莲座上，高 11.1 厘米。小台泥皮脱落，为原雕，覆莲式样为塑作。小腿部以上泥装残，露出原石雕。头被凿残，轮廓尚存，残处也留塑装桩孔。菩萨残高 59.3 厘米，肩宽 15.1 厘米。

菩萨上身袒，佩戴桃形项饰，双肩曲线秀美，披帛，下着及足面长裙，裙腰外翻。右手屈抬胸前，左手自然下垂体侧，提挽绕右肩臂垂绕裙身的披帛。菩萨身姿衣饰与中心柱和四壁泥装脱落后露出的石造菩萨相似。被熏黑的塑装泥皮脱落后，露出石像身残留白色地仗痕。

右佛。佛结跏趺坐于束腰须弥座上。泥装脱落，露出的石雕风蚀严重。佛身形基本不存，残高约 46.4 厘米。须弥座下两层叠涩、束腰尚存，较龛边收进，座高约 21.6 厘米。座前被佛衣覆盖。应该是居中主尊佛和左侧佛塑装前的座式。

座前覆盖的多层佛衣已漫漶，形态与本窟未经泥装的石造佛像基本相同[27]。

左佛。结跏趺坐、双脚上翻于须弥座上。座上下叠涩、中间束腰，高21.7 厘米，座底超出龛下框。座前垂覆长方布帏，与居中主尊佛座稍异。佛高 49.7 厘米；肩宽 24.0 厘米，趺坐腿宽 36.9 厘米。除胸上部泥装脱落露出石像外，泥装保存尚好。头残。

佛着袒右袈裟，层层裹覆双腿。双足交叉，右足置左膝上、左足置右膝上，双足足心向上露出，右足在前。趺坐姿势同主尊佛并与中心柱前壁主尊经塑装后的趺坐形式同。右臂屈抬至胸前，手残，左手掌心向上平置腿上。

四　洞窟右壁

1. 总述

与前低后高的甬道地面地势相对应，壁面从前往后总体向上倾斜，其最上为与窟顶西坡相界的横枋。壁面底残长约 619.5 厘米，顶残长 597.2厘米，右高约 358.0 厘米，左高约 385.8 厘米。横枋残长 337.7 厘米，高 7.1厘米。（图 5-178、5-178A）

壁面上下两分，下为通壁供养人列龛，上开垂直凿进式帐龛三，中龛最高，左右两龛较其低矮，三龛间共用帐框。

三龛帐形、饰、造像均不同程度风化破坏，左龛近后壁处最甚。

龛像后期泥装与泥装残剥脱落后露出的石造像部分斑驳共存一体，是此壁遗存的基本面貌。

2. 供养人

距地面 37.2 厘米的壁面，以上下栏、界栏分成小列龛，内浮雕以力士托香炉为中心相向布局的伎乐、供养人三组。上栏 8.3 厘米，下栏 12.3厘米；界栏宽 5.6 厘米；列龛高约 21.1 厘米，宽约 18.4 厘米。现存列龛13，并部分残迹，余皆残。虽尺寸稍有异，供养人列龛高度与前壁相符。（图 5-179）

其中前十龛，位于右龛之下，为第一组。力士托香炉一龛位于右起第五龛。其右四身供养人，第一身残；其左五身，除下部稍残外，余尚好。

[27]
从残存佛像看，本龛造像与中心柱四壁和洞窟其他壁龛像形态相同，但泥装使造像发生巨大变化。

图 5-178　第 45 窟洞渣右壁正射影像图

图 5-178A　第 45 窟洞窟右壁线图

力士坐姿，双腿前屈，双臂托举香炉，香炉形制同中心柱基座香炉。香炉左右两身为伎乐，余为持莲、胡跪供养人，有戴冠者，有露发者。其余三身半为第二组，面向中龛中心。（图5-180、5-181）

3. 右壁右龛

1）帐龛及龛饰

拱顶帐龛。龛口基本平直，稍上倾，转角微弧，龛内顶壁平，后壁稍内凹。龛口宽172.6厘米，高262.8厘米，深54.1厘米。

帐枋长171.5厘米，高11.9厘米。帐枋与其上横枋之间为穹隆帐顶，最高处23.9厘米。拱顶下帐枋长171.5厘米，高11.9厘米。帐枋上饰火焰五组宝珠托饰帐顶，其下悬垂三层繁缛帐饰。

帐饰第一层，即最外层，悬系四垂之璎珞，总结于火焰宝珠上。两端和中间垂链悬系铃。璎珞之下为二层帐幔，上为垂鳞，下为由中心向左右卷折的帷幔。（图5-182 、5-182A 、5-183）

在两层帷幔左右隐出鸟首各一（图5-184、5-185）。左残甚，仅辨轮廓。

图5-179　第45窟洞窟右壁通龛供养人遗
存情况·第一组

图5-180　第45窟洞窟右壁通龛供养人遗
存情况·第二组

图5-181　第45窟洞窟右壁通龛供养人
细部

图 5-182　第 45 窟洞窟右壁右龛帐饰正射影像图

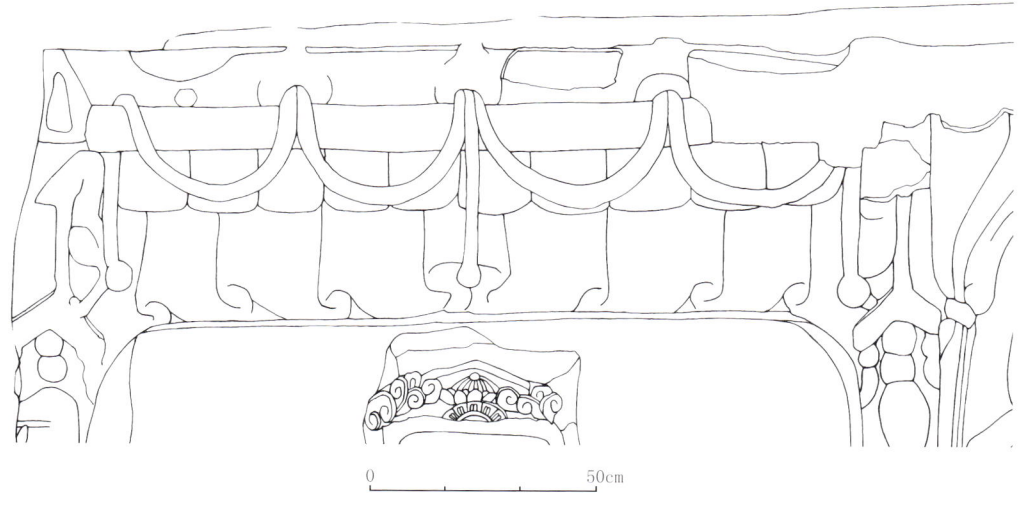

图 5-182A　第 45 窟洞窟右壁右龛帐饰线图

图 5-183　第 45 窟洞窟右壁右龛帐饰右侧衔流苏鸟首细部

图 5-184　第 45 窟洞窟右壁右龛帐饰

图 5-185　第 45 窟洞窟右壁右龛帐饰左侧衔流苏鸟首细部

图 5-186　第 45 窟洞窟右壁右龛帐饰右侧坐佛

右者，鸟首轮廓清楚，鸟顶似冠，腿向前作伸踏姿，口衔组绶串系流苏。右鸟首之上，帐枋右界，有一块下界整齐高出的方形壁面，凿有坐佛一尊（图 5-186），但形貌已不可详辨[28]。左流苏此部位残甚，几无遗迹。

右流苏。长 250.6 厘米，至龛内右菩萨小腿（图 5-187A）。组织如下：

鸟首—组绶—磬（角系珠穗，残）—双珠—铃—双珠—梭—双珠—桃形穗（尾向龛内）—双珠—铃—双珠—梭—双珠—桃形穗（尾向龛内）

[28]
推测此高出的方形壁面当有坐佛一尊，是参照左壁第三龛，即相对称部位的壁面布局确定的。

左流苏。长 256.0 厘米，与右流苏高齐（图 5-188A）。组织如下：

鸟首（残）—组绶—磬（角系珠并穗，残剥）—双珠—铃（残剥）—
双珠—梭—双珠—桃形穗（尾向龛外）—双珠—铃—双珠—梭—双珠—
桃形穗（尾向龛外）

在第二个梭形饰物下端三分之一处凿一桃形灯龛。灯龛宽约 11 厘米、高约
10 厘米、底深约 8 厘米、距地面 118.2 厘米。

与中心柱各龛相比，流苏较短。

2）龛内造像

龛内凿三尊菩萨像（图 5-189）。正中凿圆形仰覆莲座，上倚坐主尊菩萨。
主尊莲座左右各伸出弯曲莲茎，承托仰覆莲座，上立侧身侍立的菩萨各一
身。莲茎弯折处各雕小狮一身（图 5-190、5-191），向前作蹲守状。三像
后期塑装均有不同程度脱落残剥。

主尊菩萨。倚坐于已被下覆佛衣所覆盖的方座上，双足趺，平踏在前
述居中的高 28.6 厘米、宽 71.5 厘米仰覆莲座上。菩萨通高 260.7 厘米（含
莲座），净高 232.1 厘米；肩宽 87.4 厘米；头高 57.9 厘米，宽 47.8 厘米；
面高 39.4 厘米，宽 34.6 厘米。

面、胸、左肩臂手、下垂双腿、身挂联珠串璎珞等处塑装泥皮大半脱落，
露出已严重风蚀原石刻。花冠、项饰、右肩等处泥装保存较厚。从脱剥处，
知泥装是在已风蚀的石造像基础上原样进行的修复性塑作。两种遗迹结合
才能观察到菩萨造像衣饰大致。菩萨戴花冠，额际上部塑装存，冠正面及
侧面花结式样同中心柱各壁塑装菩萨冠。冠带及额之下之面部为原石像遗
存，可辨面相方圆而平，方颊广额，清眉细目，鼻残，唇亦残，唇角内收，
显笑意，双耳贴颊下垂至颈。颈下刻三线。冠带下垂至肩，左冠带延伸至
胸前绕搭抚膝之左手臂。部分为衍生塑装。

菩萨内着僧祇支，系结带，垂至小腿部，腰部以上石作，腰部之下塑泥。
下着裙长及足面，覆双腿，自然垂下形成"U"型衣纹。双肩披帛，帛带
于胸腹交叉穿于方圆环璧后分向两侧：左者绕右腿由屈举至胸前的右手持
挽，尾垂至右腿侧；右者绕过左腿，由置于膝上的左手提握，尾垂于左腿侧。
右肩臂披帛泥装厚重，右手、臂残。（图 5-192～5-195）

桃形项饰，近胸部残。残处泥皮比其下石作高出约 2～3 厘米，最高
处达 5 厘米，使菩萨呈胸部隆起状。项饰外塑边缘、内塑花朵蔓草，为本
窟诸菩萨塑装项饰仅见。穿璧璎珞，从两肩起穿交于腰间方形璧后，随交
叉的披帛左右绕膝。璎珞泥装成双联珠间串珠花，脱落后露出石作为大粒
单珠间串圆璧。难以排除大粒单珠风化前或为小珠珠穗。泥装与石作形式
悬殊，但塑装以漫漶石作为底，两者因此和谐共存。

菩萨足塑装敦厚。残。

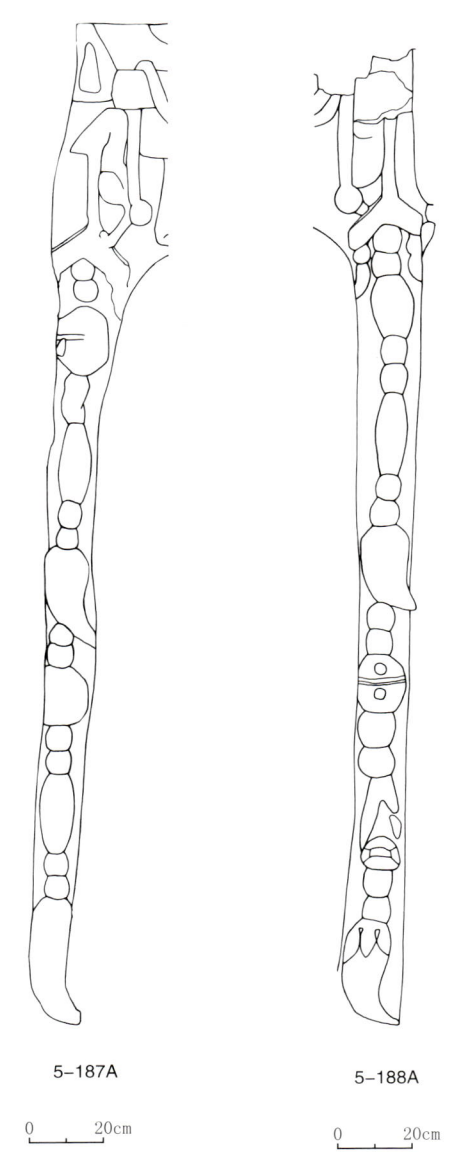

5-187A

5-188A

0   20cm

0   20cm

图 5-187A 第 45 窟洞窟右壁右龛右流苏
线图

图 5-188A 第 45 窟洞窟右壁右龛左流苏
线图

图 5-189　第 45 窟洞窟右壁右龛遗存整体情况

图 5-190　第 45 窟洞窟右壁右龛右侧带茎莲座下小狮子

图 5-191　第 45 窟洞窟右壁右龛左侧带茎莲座下小狮子

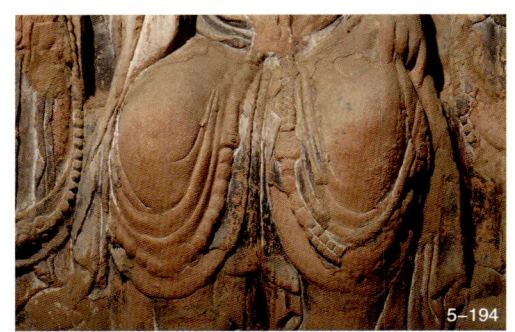

　　右胁侍菩萨。侧身侍立于主尊菩萨右侧。菩萨足下莲座高 34.7 厘米，净高 183.3 厘米；肩宽 51.5 厘米；头高 43.9 厘米，宽 41.0 厘米；面高 23.1 厘米，宽 21.2 厘米。（图 5-196、5-197）

　　头部及腰下泥装尚存，其余部分泥装剥脱露出原雕石作。因风化，石作表面平素，转折处残有白灰迹，重装时即已遭风蚀。泥装后菩萨身相略显臃肿，但仍较高大主尊纤秀。

　　菩萨面相饱满，头戴花冠，式样类前述各菩萨，花结冠带，下垂至肩。发际中分圆转，面下倾，弯眉、鼓睑，鼻、口残，耳稍外扇，泥装剥落处见双耳贴腮下垂。颈圆润，泥装残处露出石刻颈线三条。（图 5-198）

　　菩萨着内衣，肩披帛。左肩臂披帛，搭绕屈抬至胸左臂，下垂并绕过

图 5-192　第 45 窟洞窟右壁右龛主尊菩萨
图 5-193　第 45 窟洞窟右壁右龛主尊菩萨头冠、衣饰
图 5-194　第 45 窟洞窟右壁右龛主尊菩萨衣饰遗存
图 5-195　第 45 窟洞窟右壁右龛主尊菩萨衣饰遗存

裙身，由右手提撩垂至龛侧壁。下着裙，裙腰外翻，衣褶内绕刻轻软自然，裙腰之下带和裙褶并其上帛带泥装完存。左右臂特别是从泥皮中现出的右臂（图 5-199），曲线圆润自然，见刻工高超水平。

桃形宽大项饰，内刻纹饰，已漫漶。自左肩下挂长璎珞，依披帛绕，一起由右手提撩。璎珞石雕部分漫漶不可辨形，左臂下泥装者为单珠间串珠花，正中珠花优美（图 5-200）。右腕圆环钏，左手残不见。

菩萨右足前伸，左足今半露于佛左侧。足下仰覆莲台漫漶，细部刻画仅存大致。

左胁侍菩萨。侧身侍立于佛左侧。菩萨通残高 230.0 厘米，净高 184.6 厘米；肩宽 49.8 厘米；残头高 45.7 厘米，宽 37.7 厘米。菩萨头面颈残，存轮廓。（图 5-201、5-202）

菩萨戴冠，存冠带下垂至肩臂。面残，双耳贴颊垂至颈。冠带、颈残处可见泥装之厚度，内石像留有斜下劈残痕，知泥装前已遭破坏。颈下、泥装与残石作斑驳共存。（图 5-203）

双肩披帛，帛带于胸前项饰下呈 V 字转折。右肩披帛绕屈抬至胸之右臂下垂绕过裙身，由自然下垂体侧的左手提撩。下着裙，长及足面，裙腰外翻。（图 5-204）

项饰泥装，同主尊凸塑花纹。身挂自双肩垂挂单珠间串珠花璎珞。自左肩斜挂的璎珞，泥装脱落处见其下石作也是单珠，与绕裙帛带上珠花残

图 5-196　第 45 窟洞窟右壁右龛右胁侍菩萨正射影像图

图 5-197　第 45 窟洞窟右壁右龛右胁侍菩萨遗存整体情况

图 5-198　第 45 窟洞窟右壁右龛右胁侍菩萨头、冠

图 5-199　第 45 窟洞窟右壁右龛右胁侍菩萨衣饰·泥装与原石刻关系

图 5-200　第 45 窟洞窟右壁右龛右胁侍菩萨衣饰之泥装璎珞珠花

5-201

0   20cm

5-202

5-204

5-203

5-205

图 5-201　第 45 窟洞窟右壁右龛左胁侍菩萨正射影像图

图 5-202　第 45 窟洞窟右壁右龛左胁侍菩萨遗存整体情况

图 5-203　第 45 窟洞窟右壁右龛左胁侍菩萨头冠残迹

图 5-204　第 45 窟洞窟右壁右龛左胁侍菩萨下身衣饰·泥装与原石刻关系

图 5-205　第 45 窟洞窟右壁右龛左胁侍菩萨璎珞·泥装与原石刻关系

痕相接，与帛带一起由右手提挽。自右肩挂下部分纯为塑作，这是泥装虽基本依照原样但仍时有改易的另一个例子。左右手均戴宽平腕钏，左腕钏边宽，中联珠。（图 5-205）

菩萨一足前伸，一足半出于佛座侧。稍残。

龛内整体装绘。主尊菩萨后龛壁大面积残剥，原跨龛顶绘制的身光、头光剥蚀，仅可见祥云局部。右胁侍菩萨头光墨绘于龛侧壁和后壁。头光外墨线，局部填色涂装。左胁侍菩萨绘有头光，现已残剥，仅留存龛顶祥云，与主尊、右胁侍菩萨身、头光外祥云连成一气。（图 5-206、5-207）

4. 右壁中龛

1）帐龛及龛饰

· 164 ·

中龛为右壁最高大的龛，与左右龛共用帐框。平顶帐龛。龛口平，角圆转，龛后壁微弧。龛口宽 189.9 厘米，高 302.9 厘米，凿深 50.0 厘米。（图 5-208、5-209）

帐枋残长约 181.4 厘米，高 6.1 厘米。帐枋下以钩索分左右收束帐帷，自然下垂，长及供养人上栏，形成龛口轮廓线。左侧风蚀严重。（图 5-210、5-211）

2）龛内造像

龛内凿一佛二菩萨三尊立像。通龛宝装仰覆莲台，宽 189.9 厘米，高 27.8 厘米。台上为主尊佛与左右胁侍菩萨。佛、菩萨均经泥装，剥落、风化严重[29]。（图 5-212、5-213）

主尊佛。立佛。高 255.3 厘米；肩宽 83.5 厘米；头高 61.2 厘米，宽 50.5 厘米；面高 35.7 厘米，宽 36.6 厘米。

佛像头部、左右手下部分佛衣存泥装，余露出石造像，塑装前已风残，今更残剥严重。

佛面相丰圆，无螺发，发髻平滑风蚀，未见半月髻珠。额际方圆，弯眉，鼓睑，目下视，双扇耳。颈浑圆。（图 5-214、5-215）

佛着通肩式佛衣，露内衣。佛衣贴两腿衣纹自然转折。右臂下佛衣泥装依石作原样塑作；左手持握佛衣泥装添补了细节，与石作佛衣走向稍有不谐。佛外衣下部及覆压跣足足面的内衣为泥装残迹。（图 5-216）

图 5-206　第 45 窟洞窟右壁右龛内整体装绘遗存情况

图 5-207　第 45 窟洞窟右壁右龛龛内整体装绘细部·右胁侍菩萨头光

［29］
大体可看作保存了原造像大略。泥装与脱落后露出原雕遗存比对，可进一步说明后期泥装的手法。

0   40cm

图 5-208　第 45 窟洞窟右壁中龛正射影像图

图 5-209　第 45 窟洞窟右壁中龛遗存状况

图 5-210　第 45 窟洞窟右壁中龛帐饰

图 5-211　第 45 窟洞窟右壁中龛与右龛帐饰
流苏

图 5-212　第 45 窟洞窟右壁中龛内造像保存
情况

图 5-213　第 45 窟洞窟右壁中龛内通龛宝装
莲座

图 5-214　第 45 窟洞窟右壁中龛立佛头

图 5-215　第 45 窟洞窟右壁中龛立佛头细部

图 5-216　第 45 窟洞窟右壁中龛佛衣遗存状况

图 5-217　第 45 窟洞窟右壁中龛立佛右臂处残存饬木

右臂残，原应屈臂上举，残处留塑装补臂斜饬木桩[30]。木桩宽 4 厘米，高 6 厘米，伸出 8.5 厘米（图 5-217）。左臂微曲前伸，掌心向上握佛衣角。

佛足残。

右胁侍菩萨。侧身侍立于主尊佛左侧。高 222.3 厘米；肩宽 60.8 厘米；头高 48.2 厘米，宽 37.8 厘米；面高 23.9 厘米，宽 22.1 厘米。（图 5-218、5-219）

菩萨泥装存两肩臂及左右部分衣饰，余大部为出露石像。

菩萨面相方圆，虽风化，轮廓仍美。戴花冠（仅存轮廓），冠面存花纹痕，冠带垂肩。方颏广额，长眉细目，唇角内收，眉目唇间带笑意，双耳贴腮垂至颈。颈存薄泥装，与面比例和谐，不像其他泥装菩萨颈那样粗短。（图 5-220）

菩萨上身袒，披帛自两肩下至脐部左右交叉后两分，垂绕裙际，一由右手提挽，一绕搭左臂下垂佛侧。两侧披帛完全遵循石作形式塑装。下着及足面长裙，外翻裙腰残存泥装。（图 5-221）

项饰亦宽大桃形，界内刻竖向联珠珠花相间花纹，右侧残存塑装凸塑式样同右龛左胁侍菩萨。挂饰与右壁右龛主尊相似，穿璧交叉长璎珞，至脐总以一珠花双分。塑装部分璎珞双联珠间花，下露石作璎珞为小珠穗间以大珠。塑装遵石像璎珞形制走向，改变了细节式样。右手戴圆环腕钏，左手残。残处遗一顺手势饬木桩孔，孔长 5 厘米、宽 3 厘米、深 4 厘米，边缘整齐，应为当时补塑臂、手时施置。（图 5-222 ～ 5-224）

菩萨足残。

左胁侍菩萨。菩萨侧身侍立于佛左侧。高 235.5 厘米；肩宽 58.4 厘米；头高 51.9 厘米，头宽 41.7 厘米；面高 31.3 厘米，面宽 22.1 厘米。（图 5-225）

[30]
杨老先生说，看此处木桩饬插的方向，知右臂大致走向，塑匠是技艺高超行家。

5-218

5-219

5-221

5-220

5-223

5-222

5-224

图5-218　第45窟洞窟右壁中龛右胁侍菩萨正射影像图

图5-219　第45窟洞窟右壁中龛右胁侍菩萨遗存整体情况

图5-220　第45窟洞窟右壁中龛右胁侍菩萨头冠

图5-221　第45窟洞窟右壁中龛右胁侍菩萨提挽披帛之右手

图5-222　第45窟洞窟右壁中龛右胁侍菩萨项饰及璎珞泥装

图5-223　第45窟洞窟右壁中龛右胁侍菩萨雕刻精美的披帛和璎珞细部

图5-224　第45窟洞窟右壁中龛右胁侍菩萨左臂残处戗木桩孔并泥装璎珞细部

［31］
须弥山石质极差，泥石联结难，故凡石像风蚀严重者，其泥装亦无以附焉而剥落严重，立像身体部分尤甚。

菩萨泥装留存少许，大部为原石作，漫漶风化，身体残剥尤甚[31]。（图5-226）

菩萨面相方圆略瘦，戴花蔓冠，冠面、冠结痕迹可见，冠带下垂至肩。

5-225

0   20cm

5-226

5-228

5-227

5-229

图 5-225　第 45 窟洞窟右壁中龛左胁侍菩
萨正射影像图

图 5-226　第 45 窟洞窟右壁中龛左胁侍菩
萨遗存整体情况

图 5-227　第 45 窟洞窟右壁中龛左胁侍菩
萨头冠残迹

图 5-228　第 45 窟洞窟右壁中龛左胁侍菩
萨衣饰残迹

图 5-229　第 45 窟洞窟右壁中龛左胁侍菩
萨衣饰残迹

长眉细目，唇角内收，眉目唇间笑意优雅，双耳下垂至颈。颈纤秀，下刻三
线。（图 5-227）

　　菩萨身体风残太重，仅可捕捉披帛交叉、穿璧璎珞痕迹，知衣饰形
制大体同右胁侍菩萨。右手屈抬抚胸，左手垂至体侧提挽披帛。左手、
臂、所握披帛存部分泥装。塑装腕钏上划刻双行联珠式样。（图5-228、
5-229）

　　菩萨足前伸，塑装粗糙。

　　龛内整体装绘。龛背残剥，佛身、头光残存少许。右菩萨头光遗存。

图 5-230　第 45 窟洞窟右壁中龛内整体装绘情况

图 5-232　第 45 窟洞窟右壁左龛遗存整体情况

图 5-231　第 45 窟洞窟右壁中龛右胁侍菩萨头光细部

图 5-233　第 45 窟洞窟右壁左龛帐饰上部彩饰残迹

左菩萨龛后壁残留部分头光痕迹。（图 5-230、5-231）

5. 右壁左龛

1）帐龛及龛饰

右壁与后壁连接部位是第 45 窟残损最严重区域，集中反映在此龛。龛口方形，右侧龛角清楚。龛口基本平直，稍上扬，左壁残。残宽约 173.2 厘米，残高 260.8 厘米（右），残深（龛右壁）34.7 厘米。与中龛共用帐框。（图 5-232）

帐顶、帐饰均残蚀，仅龛口存小片在残痕之上的装绘遗迹。（图 5-233）右流苏存组织轮廓。左侧龛框流苏全残。

右流苏。残长 272.7 厘米，至龛底（图5-234A）。流苏组合中增加束尾的三瓣莲穗（以下简称"束尾莲穗"）。组织如次：

残—组绶—磬—单珠—束尾莲穗—单珠—束尾莲穗—单珠—束尾莲穗—单珠—束尾莲穗—单珠（此处被凿出一灯龛）—束尾莲穗—单珠—束尾莲穗

倒数第二单珠上凿出桃形灯龛。灯龛宽约 15 厘米，高约 10 厘米，底深约

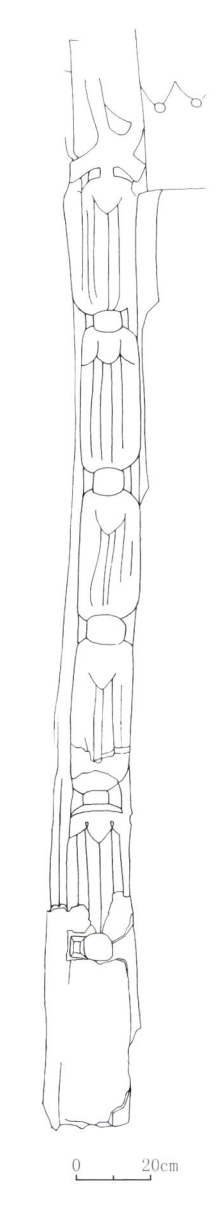

0　　20cm

图 5-234A　第 45 窟洞窟右壁左龛右流苏线图

7.5厘米，距地面131.4厘米，比右龛左流苏上灯龛稍高。流苏表面存与龛口上部同样的装銮痕迹。（图5-235）

2）龛内造像

龛内通龛莲座上为一佛二菩萨三尊像。莲座残灭。主尊与菩萨间空间窄逼，右菩萨被"挤"在佛身侧，裙下被佛腿遮隐。三像原应均经泥装，现左菩萨、主尊座及衣饰大部尽皆残灭，仅留风化特别厉害的佛和右菩萨造像残迹、轮廓和裸岩。（图5-236）

主尊佛。残高242.1厘米，坐高186.1厘米；肩残宽77.2厘米，跌坐双腿间残宽约139.3厘米；头残高60.8厘米，宽47.6厘米；面高36.1厘米，宽36.5厘米。

佛像泥装基本脱剥，仅存头部、右手臂及腹部佛衣部分，余皆出露风

5-235

5-236

5-237

5-238

图5-235　第45窟洞窟右壁左龛右流苏上桃形灯龛及表面装銮

图5-236　第45窟洞窟右壁左龛三像遗存情况

图5-237　第45窟洞窟右壁左龛主尊佛头泥装与原残石刻佛头

图5-238　第45窟洞窟右壁左龛主尊左足泥装残迹

图 5-239　第 45 窟洞窟右壁左龛右胁侍菩萨正射影像图

图 5-240　第 45 窟洞窟右壁左龛右胁侍菩萨遗存整体情况

图 5-241　第 45 窟洞窟右壁左龛右胁侍菩萨右臂、璎珞原石刻遗迹

化严重的石像。上身风残剥蚀致身首比例不谐。

佛头部泥装存额眉上部，其下露出石像，见泥装厚约 3～5 厘米，泥装前已风蚀严重。泥装佛面相浑圆，无螺发，平滑肉髻，塑出半月髻珠，发纹清晰。额白毫，弯眉，鼓睑。眉之下露石像首，宽 25.9 厘米，脸形方圆清俊，右耳尚存，贴颊下垂至颈，余细节漫漶不可辨。（图 5-237）

泥装佛衣裹腿，垂覆佛座前，右侧残见少许原佛衣，式样应同中心柱各龛。

佛左足（图 5-238）足心向上外露置右腿上，结跏趺坐。右手举至胸前，二指蜷，三指掌心向外竖；左手掌心向外，指残，置膝上。

右胁侍菩萨。 菩萨侧身侍立于佛右侧，下身隐于佛趺坐腿后。残高 212.8 厘米；肩宽 51.2 厘米；头高 48.0 厘米，宽 36.5 厘米；面高约 23.5 厘米，宽 24.5 厘米。（图 5-239、5-240）

全身泥装已剥落殆尽，出露的石像也风化残蚀，只存大致形态。

可见菩萨面相方圆。眉目不详。戴冠，冠面不详，冠侧束结存轮廓，冠带双垂至肩。颈风化。

身着上衣不辨，下着及踝长裙泥装尚存，腰际露石作外翻裙腰。左手臂屈举至胸，残；右手臂自然贴身下垂，提挽绕裙身而至的披帛，披帛尾垂至龛侧菩萨所立座下。右臂曲线优美，右手背稍残，姿态纤巧。（图 5-241）

项饰厚泥装，显胸高隆，项饰约略桃形，详形不辨。菩萨斜挂右肩的长璎珞，璎珞以双珠穗间以方珠。左臂下璎珞残蚀漫漶。右腕戴圆环钏。

5-239

0　　20cm

5-240

5-241

0 20cm

图 5-242 第 45 窟洞窟右壁左龛左胁侍菩萨残迹正射影像图

图 5-244 第 45 窟洞窟右壁左龛整体装绘残迹

足下残。

左胁侍菩萨。仅存轮廓和风化残剥严重裸露岩石表面。大略残高 210.8 厘米。与右胁侍菩萨一样，下身隐于佛腿后。（图 5-242、5-243）

龛内整体装绘残迹。佛后龛背残剥，残存头光装銮少许。右胁侍菩萨头光轮廓清楚。装绘方式同龛口上部及流苏，估计龛内与龛外经过整体装绘。（图5-244）

五 洞窟后壁

1. 总述

后壁在全窟残损最烈。壁面与相邻右、左二壁交界已不清，与窟顶交界横枋左右均残，仅存中部。壁面大致底长 605.5 厘米，右高约 392.2 厘米，左高约 367.4 厘米。横枋残长约 349.8 厘米，高约 10.3 厘米。（图 5-245、5-245A）

壁面上下二分，下面为通壁供养人，仅中部尚存少许残迹外，现完全蚀灭不可见。其上垂直凿进式三龛，龛口形状大致清楚。中龛最高大，保存稍好，其余二龛风残严重。三龛间共用帐框。（图 5-246）

左龛龛口下部、后壁左下角，留有上下两行相错分布的桩孔。上行两孔，间距 52 厘米，孔径 4.5 厘米，深约 5.5 厘米；下行三孔，间距分别为 41 厘米、30 厘米，两行间距 19 厘米。应是整修壁面时为与岩石加强联结打凿的护壁桩孔[32]。（图 5-247）

2. 供养人

三龛底至甬道高约 34.2 厘米，大约为供养人壁面高度。中龛之下可见供养人龛上栏遗迹，余完全残灭。（图 5-248）

图 5-243 第 45 窟洞窟右壁左龛左胁侍菩萨残迹

[32]
重装前原石凿像已风蚀酥碱，塑装无所附丽，需打桩至坚硬岩石方可操作。北壁第三龛下的这些孔洞，应是这类性质的桩孔遗迹。

图 5-245　第 45 窟洞窟后壁正射影像图

图 5-245A　第 45 窟洞窟后壁线图

3. 后壁右龛

1）帐龛及龛饰

龛口平直，后壁稍弧。龛口宽约 172.1 厘米，残高约 271.1 厘米（左），凿深约 36.6 厘米。（图 5-249）

龛口之左上部存帐饰帷幔痕迹。

在已残的石面上涂一层白灰地仗，后以墨线绘饰藏传佛教兰札体梵字真言、莲座。梵字残，写于环框内。莲座存局部。（图 5-250）

残存帷幔后隐出龙首衔龛左流苏。流苏漫漶，存组织大致。龛右流苏等其他龛饰遗迹残灭。（图 5-251、5-252A）

图 5-246　第 45 窟洞窟后壁遗存整体情况

图 5-247　第 45 窟洞窟后壁左下修补桩孔遗存

图 5-248　第 45 窟洞窟后壁中龛下部供养人残迹

图 5-249　第 45 窟洞窟后壁右龛遗存整体情况

图 5-250　第 45 窟洞窟后壁右龛帐饰左侧装绘遗迹及流苏龙首细部

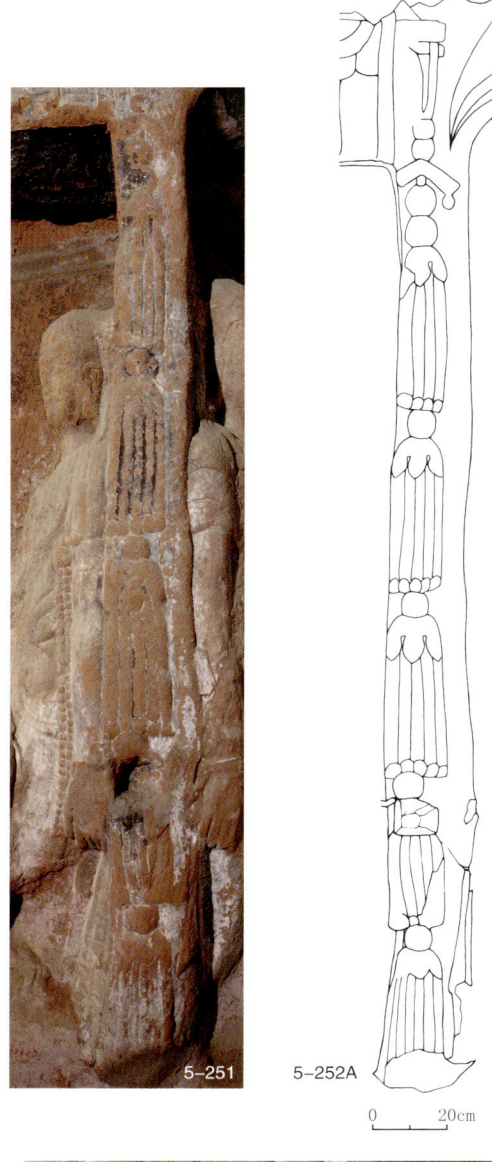

左流苏。残长约 292.8 厘米，至龛底。组织如次：

龙首—组绶—双珠—磬（悬穗）—双珠—三瓣莲穗（刻线，下同）—单珠—三瓣莲穗—单珠—三瓣莲穗—单珠—三瓣莲穗（上凿一灯龛）—单珠—三瓣莲穗

流苏与本龛（右龛）左菩萨和中龛右菩萨提挽的披帛尾，均互有叠压。倒数第二组三瓣莲穗上凿桃形灯龛。灯龛宽 13 厘米，高 11 厘米，底深 8.5 厘米，距龛底 75.2 厘米。（图 5-253）

2）龛内造像

龛内凿造一佛二菩萨三尊像。主尊与菩萨间空间窄逼，左菩萨被"挤"在佛身侧。三像风化残剥严重。（图 5-254）

图 5-251　第 45 窟洞窟后壁右龛左流苏
图 5-252A　第 45 窟洞窟后壁左龛右流苏线图
图 5-253　第 45 窟洞窟后壁右龛流苏 （其与左右相邻龛内造像互有叠压，表明三龛同时营凿）
图 5-254　第 45 窟洞窟后壁右龛三像遗存

图 5-255　第 45 窟洞窟后壁右龛主尊佛右足在上跌坐

图 5-256　第 45 窟洞窟后壁右龛右胁侍菩萨残迹

主尊佛。佛结跏趺坐于须弥座上。座左半存，可见座前被佛衣覆盖。佛残高 226.1 厘米，残坐高 177.6 厘米；肩残宽 74.1 厘米，跌坐腿宽 109.1 厘米；头残高 42.9 厘米，宽 34.5 厘米。

佛残甚，仅存佛头、上身轮廓。上身佛衣披覆方式已不可见。搭左臂泥装佛衣和下覆左腿及座的部分存。

右足（图 5-255）置左膝，足心向上，结跏趺坐。右腿残。右手不明，仅存右臂残迹，左手掌心向上，平放于右足上。

右胁侍菩萨。形态不存，只可辨大略残高 229.5 厘米。残迹上部存斜戗木桩，木桩宽 4 厘米、高 5 厘米、伸出 10 厘米，大约是重塑菩萨头的支架，其下小孔 3 厘米见方、深 7 厘米，应原也插置斜戗。（图 5-256）

左胁侍菩萨。泥装几乎大部分脱落，现存者为石雕原作，虽风蚀严重，仍存身姿大体。自其残存左足下起量，残高 220.2 厘米；肩宽（含部分残泥装）54.5 厘米；头高 49.1 厘米，宽 42.8 厘米；面高 23.9 厘米，宽 23.2 厘米。（图 5-257、5-258）

菩萨头戴冠，原应是花冠，现已风蚀成圆形，冠带右者残蚀不存，左带自冠后自然下垂至肩、臂。面相方圆，稍平而瘦，方额圆颊，长眉细目，直鼻闭唇，唇角内收含笑，双耳贴腮下垂至颈。颈圆，颈线蚀没。（图5-259）

衣着不清，仅存及足面长裙和部分外翻之裙腰。右臂屈抬至左胸，手形不可辨。左臂自然下垂，挽绕垂至菩萨所立座下的披帛之尾，刻画流畅，形迹清晰。

菩萨项饰略存痕迹，形制不辨。残存斜挂圆、方珠结成的双联珠串长璎珞。（图 5-260）

龛内整体装修残迹。龛内应也曾整体装绘，现仅左胁侍菩萨后背的背光存局部头光及云纹残迹。（图 5-261）

5-257

0   20cm

5-258

5-259

5-260

5-261

图 5-257　第 45 窟洞窟后壁右龛左胁侍菩萨正射影像图

图 5-258　第 45 窟洞窟后壁右龛左胁侍菩萨遗存整体情况

图 5-259　第 45 窟洞窟后壁右龛左胁侍菩萨原石刻头冠细部

图 5-260　第 45 窟洞窟后壁右龛左胁侍菩萨石刻左臂、璎珞细部

图 5-261　第 45 窟洞窟后壁右龛内整体装绘残迹

4. 后壁中龛

1）帐龛龛饰

中龛与中心柱后壁龛正对，是后壁保存最好的一龛。龛底供养人上栏尚有残存，龛口大略轮廓和左右龛框基本完存。龛口稍呈圆拱式，龛顶与龛侧壁圆交。龛口宽 197.9 厘米，连通龛宝装覆莲座高 305 厘米，去掉莲

5-262

5-263

座高 288.1 厘米，凿深 48.8 厘米。（图 5-262）

横枋下帐枋形已不辨。其下帐帷为分左右收束，悬垂至与左右龛共用之帐框下，紧贴左右龛之流苏，下残，式样同右壁中龛。帐帷上存绘饰是与右龛统一装銮的遗迹。（图 5-263）

2）龛内造像

龛内通龛凿双瓣宝装莲[33]，高 16.9 厘米，存 9 组。之上凿造一佛二菩萨三尊立像。主尊泥装厚重，已隆起空鼓，轻叩有声。佛、菩萨泥装剥蚀露出的原石像，也分层、剥蚀将尽[34]。（图 5-264）

主尊佛。立高 262.4 厘米；肩宽 94.5 厘米；头高 66.0 厘米，宽 57.7 厘米；面高 41.0 厘米，宽 44.1 厘米。

泥装膝下至足面剥落，露出衣纹已剥蚀殆尽的石雕，塑装前已风化严

图 5-262 第 45 窟洞窟后壁中龛保存整体情况

图 5-263 第 45 窟洞窟后壁中龛帐饰右侧及装绘遗存

图 5-264 第 45 窟洞窟后壁中龛三像遗存情况

[33]
宝装莲并通至左龛。结合前述右壁中龛、左龛存者，及后面即将述及的左壁右龛、中龛宝装莲存者，可判知，此宝装座，起于右壁中龛南侧壁，止于左壁中龛南侧壁，为环三壁通凿的一匝莲座，应是开凿洞窟时统一的布局。
[34]
目前所有残处已用水泥封护，但不能阻挡风蚀，急需设法保护挽救。

5-264

重。泥装偏厚重，是修复性塑装，使佛身显臃肿。

佛面相浑圆饱满，未塑螺发，细发纹，肉髻平滑，中饰半月形髻珠。宽额，正中圆毫，弯眉，凸睑，目光下视，慈祥庄严，鼻、口残，双耳外扇下垂，刻划佩耳珰孔线。颈浑圆粗壮，表面轻划刻二线。（图5-265、5-266）

着通肩式袈裟至膝部，以下为残石像佛衣，长垂及足面。出露石作残迹与泥装比对，知佛泥装是依原式的修复性塑装。泥装表面应曾彩饰，现只留白灰一层。

右臂屈伸抬至胸，手心向外，二指屈三指伸展，左手臂稍屈置于身侧，残。二足存轮廓并分脚趾线。

右胁侍菩萨。侧身侍立于主尊佛右侧。残高243.1厘米；大致肩宽60.7厘米；头高61.5厘米，宽48.7厘米；面高26.7厘米，面宽24.0厘米。（图5-267、5-268）

菩萨与主尊右侧相连处残留泥装，余泥装剥蚀殆尽，基本呈石造原像。身腰之下漫漶剥蚀。

菩萨戴花冠，冠面纹饰漫漶，冠结、冠带垂肩。面相方圆，方颏广额，长眉细目，直鼻，嘴角内收含笑，双耳贴脸颊下垂至颈。颈圆润秀美。（图5-269、5-270）

菩萨斜着内衣，右肩披帛存。胸及其下裙残剥。左肩臂残。右臂、手自然下垂，优美地提挽泥装贴龛侧壁下垂披帛尾。（图5-271）

项饰宽大桃形。右肩斜披单珠璎珞，残。手戴双环腕钏。（图5-272）

侧立双足，可见残迹。

左胁侍菩萨。侧身侍立于佛左侧。残高246.7厘米；肩宽63.2厘米；头高63.4厘米，宽40.3厘米；冠至下巴42.5厘米；面高26.2厘米，宽25.6厘米。（图5-273、5-274）

图5-265 第45窟洞窟后壁中龛主尊佛头
正面
图5-266 第45窟洞窟后壁中龛主尊佛头
侧面
图5-267 第45窟洞窟后壁中龛右胁侍菩
萨正射影像图

全身泥装腰以上存，之下露出石雕。剥蚀脱落严重。

菩萨头戴花冠，式样同前述泥装冠，冠后双带垂及肩臂。冠下发纹清楚，发际中分圆转。面相饱满圆润，宽额，中白毫。弯眉、鼓睑、眼皮、眼睑划线，目下视，鼻残，小口，口唇轮廓清楚，唇上绘蝌蚪状胡须两撇，唇下胡须墨点，下颏丰满，双耳外扇下垂，耳垂刻划出穿耳珰线。颈粗短。菩萨冠、面经装彩。冠存绿彩；额线、眉绿彩描画；眼睛涂白；唇边勾墨线涂丹朱。这是第45窟保存最好的塑装菩萨头、冠遗迹。（图5-275）

菩萨双肩披帛，余不详。下身裙大多剥蚀。右手臂屈抬抚左胸，作拈物状。左臂自然下垂身侧，手腕残断，手指尖部分并其提挽贴龛侧壁垂至莲座披帛形式可辨。

宽大项饰桃形，表面平滑无饰。残存长璎珞从双耳垂挂，高凸单珠间以平圆珠。右腕腕钏宽平，臂缠帛。此泥装佛、菩萨共同之相，可见泥装时代之趣味。（图5-276）

双足泥装残，露石作脚、趾痕。

龛内整体装绘残迹。佛身后壁面残剥，仅存部分头光、身光痕迹。右胁侍菩萨头光，形式同前述各龛。左胁侍菩萨头光已残剥，仅头部上方存

图 5-268　第 45 窟洞窟后壁中龛右胁侍菩萨遗存整体情况

图 5-269　第 45 窟洞窟后壁中龛右胁侍菩萨头、冠正面

图 5-270　第 45 窟洞窟后壁中龛右胁侍菩萨头、冠侧面

图 5-271　第 45 窟洞窟后壁中龛右胁侍菩萨石刻细部

图 5-272　第 45 窟洞窟后壁中龛右胁侍菩萨原刻优美的手和腕钏残迹

5-273

0 ⊢————⊣ 20cm

5-274

5-275

5-276

5-277

5-278

图 5-273　第 45 窟洞窟后壁中龛左胁侍菩萨正射影像图

图 5-274　第 45 窟洞窟后壁中龛左胁侍菩萨遗存

图 5-275　第 45 窟洞窟后壁中龛左胁侍菩萨面部细部

图 5-276　第 45 窟洞窟后壁中龛左胁侍菩萨衣饰泥装细部

图 5-277　第 45 窟洞窟后壁中龛龛内整体装绘残迹

图 5-278　第 45 窟洞窟后壁中龛龛内整体装绘残迹

整龛装绘的祥云局部。（图 5-277、5-278）

5. 后壁左龛

1）帐龛龛饰

后壁三龛中最小的帐龛。龛口上帐饰、龛左与左壁相接处已残毁不可辨形。龛后壁稍凹，残剥严重。龛口残宽 167.9 厘米，高 254.4 厘米（右壁），残深 44.5 厘米。（图 5-279）

龛右存流苏残迹（图 5-280、5-281A）。

右流苏。 残长275.3厘米，至龛底。璎珞漫漶。组织如下：

（残）—组绶—磬—单珠—束尾莲穗（刻线）—单珠—束尾莲穗（刻线）—单珠—束尾莲穗（刻线）—单珠—束尾莲穗（刻线）—单珠—三瓣莲穗（刻线，不束尾）

在倒数第一个束尾莲穗中下部凿灯龛。灯龛宽12厘米、高9厘米、底深8.5厘米，距地面108.7厘米，位置较右龛流苏上的灯龛稍低。

2）龛内造像

龛内造一佛二菩萨三尊像。主尊佛居中偏右，右菩萨所占空间窄逼，紧贴于佛身侧，左菩萨已风蚀殆尽，仅存残岩体轮廓。佛身右和左手、臂泥装存，菩萨裙、腰及之上泥装存，二像相邻处泥装连体。（图5-282）

图5-279　第45窟洞窟后壁左龛遗存整体情况
图5-280　第45窟洞窟后壁左龛右流苏残迹
图5-281A　第45窟洞窟后壁左龛右流苏线图
图5-282　第45窟洞窟后壁左龛内造像遗存

5-279

5-280

5-281A

0　　20cm

5-282

图 5-283

主尊佛。结跏趺坐于须弥座上。座全残，只存左右轮廓，座前被下垂佛衣覆盖。佛残高 245.9 厘米（含残座），坐高 193.1 厘米；肩宽 76.9 厘米，跏坐腿最宽 120.4 厘米；头高 60.7 厘米，宽 49.5 厘米；面高 36.4 厘米，宽 32.7 厘米。

佛头部、右臂佛衣、左臂佛衣、左足局部存。泥装不存之处露出的原石像亦漫漶残甚。泥装残剥处被水泥抹缝。

佛面相浑圆饱满，塑出螺发，不显肉髻，塑半月形髻珠。额际圆转，无白毫。面中部稍残，弯眉、鼓睑、目下视、直鼻、小口，唇轮廓清晰饱满，下巴丰满，重颏，双耳外扇，耳垂大且刻出耳珰线。颈粗短不显。（图 5-283）

佛前胸隆袒，与中心柱前壁主尊相似，着通肩式披覆双肩佛衣。覆座前佛衣漫漶，衣痕不存。左足足心向上置右膝上，结跏趺坐。右手特小，手背向外抚胸；左手自然下垂置于左腿上，手无存。

右胁侍菩萨。紧贴佛身侍立，下身大半隐于佛座、腿后，只略可见一足痕。菩萨高约 220.3 厘米；肩宽 50.7 厘米；头高 45.1 厘米，宽 36.1 厘米；冠至下巴高 39.1 厘米；面高 27.5 厘米，宽 24.8 厘米；冠高 5.9 厘米，宽 32.6 厘米。（图 5-284、5-285）

图 5-283　第 45 窟洞窟后壁左龛主尊佛头侧面

图 5-284　第 45 窟洞窟后壁左龛右胁侍菩萨正射影像图

图 5-285　第 45 窟洞窟后壁左龛右胁侍菩萨遗存整体情况

图 5-286　第 45 窟洞窟后壁左龛右胁侍菩萨泥装头、冠细部

图 5-287　第 45 窟洞窟后壁左龛右胁侍菩萨衣装细部（泥装与漏出原石刻残迹斑驳共存，可见均技艺高超之作）

5-284

0　　　20cm

5-285

5-286

5-287

菩萨戴花蔓冠，冠式样同中龛左胁侍菩萨，冠带自耳后垂至肩臂。面相饱满丰圆，冠下发髻双分，额有白毫填朱，弯眉、鼓睑、目下视、口含笑，虽下部稍残，为第45窟泥装菩萨中神态最美的。冠遗留绿色彩装，额眉描边绿线存，彩装做法同中龛左胁侍菩萨。（图5-286）

菩萨斜着内衣，绾系似带（式样同中心柱诸菩萨），披覆右肩之披帛穿着塑作交代清楚。下着裙，裙腰外翻似上衣下摆，系带外露，之下裙残剥。左手屈抬抚在胸项饰之下；右臂下垂，右手自然下垂提一桃形器物[35]并披帛尾。小臂、手腕、手残。（图5-287）

项饰宽平桃形，下尖长，素平无饰。泥装璎珞仅右臂侧残存，之下无石作璎珞痕迹。

足残。

左胁侍菩萨。 全残。残高约225.5厘米。残裸岩体上部遗留有斜戗木桩和孔洞。斜戗木桩宽5厘米、高6厘米、伸出8厘米，下孔5厘米见方、深7.5厘米。应该是补塑的遗迹。（图5-288～5-290）

龛内整体装绘残迹。 龛后壁剥蚀风残，仅右菩萨身后留存少许头光残迹。（图5-291）

后壁诸像整体泥装普遍较厚。泥装之前诸像风化已很严重，泥装很大程度上作为修复性塑装，非此不可功成。

[35]
同本窟前壁右龛之左胁侍菩萨。

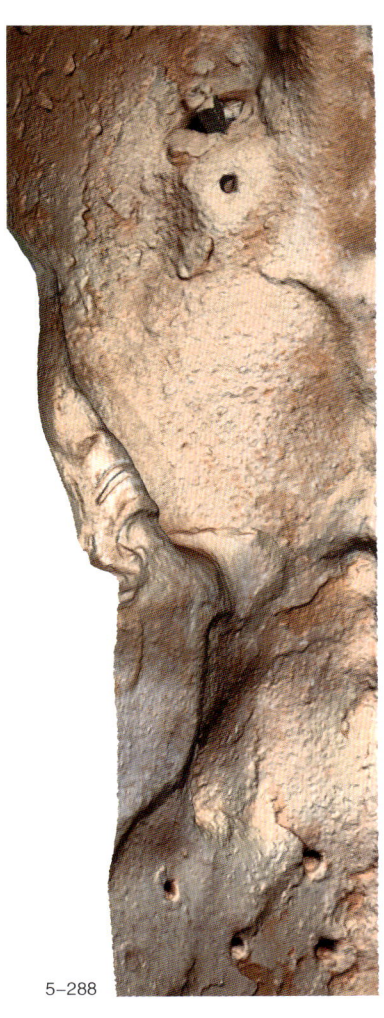

5-288

0　20cm

5-289

5-290

图5-288　第45窟洞窟后壁左龛左胁侍菩萨残迹正射影像图

图5-289　第45窟洞窟后壁左龛左胁侍菩萨残迹遗存状况

图5-290　第45窟洞窟后壁左龛左胁侍菩萨残迹头部戗木及戗木桩孔

图 5-291　第 45 窟洞窟后壁左龛整体装绘残迹

六　洞窟左壁

1. 总述

左壁是第 45 窟保存较好的壁面。与后壁、前壁交界处风化，其他部位均保存较好，遗存细节丰富[36]。壁面整体后高前低。底长 556.2 厘米，顶长 553.9 厘米，右高 368.1 厘米，左高 336.0 厘米。横枋残长 443.8 厘米，高 10.2 厘米。（图 5-292、5-292A）

壁面上下两分，下为通壁供养人组，上开垂直凿进式帐形龛三。中龛最高。（参见图 5-34；图 5-293）

壁面右下角在与后壁相应位置，留有和后壁护壁桩孔相连的凿孔两排。上排三孔，间距 40 厘米、35 厘米；下排两孔，间距 41 厘米。（参见图 5-292、5-292A）

2. 供养人

距原地面约 38.8 厘米，壁面通壁以上下栏、界栏分成小列龛，内雕凿（伎乐）供养人。上栏 5.0 厘米，下栏 9.1 厘米；界栏宽 4.6 厘米；列龛高 24 厘米左右，宽 12.5～16 厘米不等。

供养人以大致居各龛中心的力士托香炉为中心相向成组，分属各龛。现存 22 格，其中属右龛 4 格，中龛 9 格，左龛 9 格。供养人皆侧身莲蕾胡跪，朝向正中力士所托香炉。（参见图 5-292；图 5-294～5-297）

[36]
可据以推测其他残灭较甚的龛的原状。

图 5-292 第 45 窟洞窟左壁正射影像图

图 5-292A 第 45 窟洞窟左壁线图

图 5-293　第 45 窟洞窟左壁遗存整体情况
〔由后向前看〕

图 5-294　第 45 窟洞窟左壁右龛供养人细部

图 5-295　第 45 窟洞窟左壁供养人〔中〕

图 5-296　第 45 窟洞窟左壁供养人〔左〕

图 5-297　第 45 窟洞窟左壁中龛供养人力
士托举香炉细部

3. 左壁右龛

1）帐龛及龛饰

拱顶帐龛。龛口后高前低，平直下斜，角部稍圆，后壁稍内弧。龛口
宽 157.6 厘米，高 244.4 厘米（左侧。右侧残不可量测），左侧深 40.1 厘米，
中部深 41.7 厘米。龛下莲座高 19.8 厘米，与其左侧中龛下占用供养人上
栏的莲座连通。（图 5-298）

仅左角帐饰存少许，与中龛右侧帐帷紧连。帐枋高约 9.4 厘米。帐枋与其上横枋之间为穹隆顶，残高约 11.9 厘米。其上角部分存山花蕉叶、火焰宝珠及自此下垂之璎珞。璎珞下垂帐幔三层：垂鳞、三角系珠挂幔、向左侧卷折帏幔。自帐饰左侧隐出象首，衔帐左流苏。（图 5-299、5-300）

左流苏。长 286.0 厘米，及莲座。组织如次：

象首—组绶—磬（尾系穗，中悬小珠）—单珠—梭—双珠（残）—铃—双珠—桃形穗（尾向龛外）—双珠—梭—双珠—桃形穗（尾向龛外）—双珠—向龛蹲狮

流苏结以蹲坐在莲台之上面向龛内的小蹲狮，是本窟流苏中仅见。（图 5-301A、5-302、5-302-1）

梭形饰下端凿桃形灯龛。灯龛宽约 14 厘米，高 11 厘米，底深 9 厘米，距地面约 143.7 厘米。

图 5-298　第 45 窟洞窟左壁右龛遗存整体情况

图 5-299　第 45 窟洞窟左壁右龛左侧残留帐饰

图 5-300　第 45 窟洞窟左壁右龛左侧残留帐饰细部

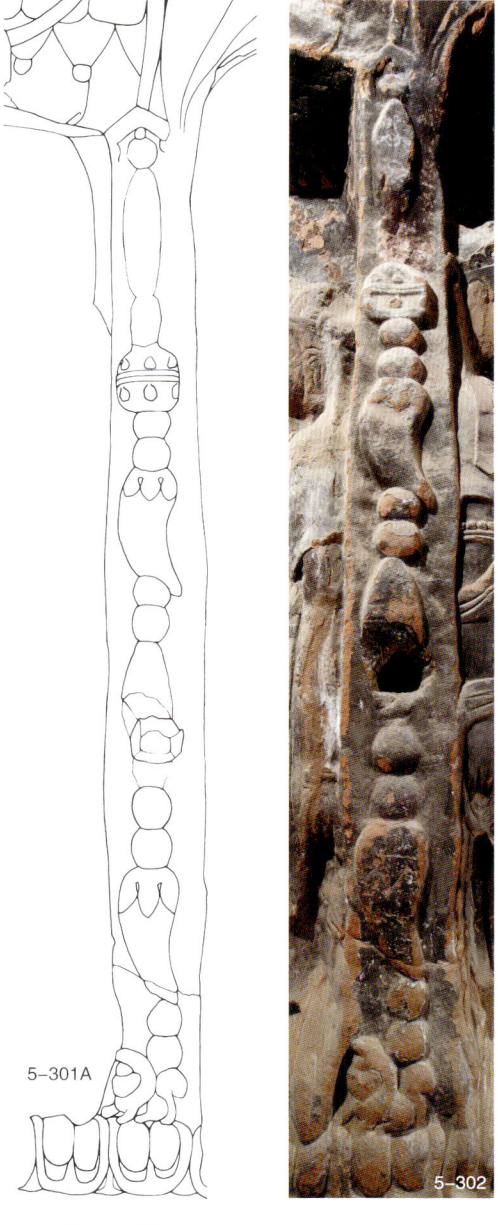

5-301A

0   20cm

5-302-1

图 5-301A　第 45 窟洞窟左壁右龛左流苏线图

图 5-302　第 45 窟洞窟左壁右龛左流苏

图 5-302-1　第 45 窟洞窟左壁右龛左流苏
结尾小蹲狮

图 5-303　第 45 窟洞窟左壁右龛造像遗存
情况

2）龛内造像

莲座上凿一佛和二菩萨三尊像。二菩萨紧贴佛身侧侍立，其中右菩萨仅可辨头部和身体残迹；佛与左菩萨部分泥装脱剥，露石雕像。泥装和石像遗存斑驳一体。（图 5-303）

主尊佛。佛结跏趺坐于须弥座上。通高 239.7 厘米，坐高 173.7 厘米；肩宽 81.1 厘米，趺坐之腿最宽约 120.0 厘米；头高 59.5 厘米，残宽 50.3 厘米；面高 54.1 厘米，宽 36.8 厘米。

佛面相丰满，肉髻低平，发纹可见，无螺髻，髻珠痕迹可见。右耳外扇。面部泥皮脱落，见泥皮很薄，内现石像面，与佛身比显宽大，已风蚀，上有凿痕并白灰遗痕。长眉细目，唇角内收含笑，左耳贴面颊。短圆

5-303

图 5-304　第 45 窟洞窟左壁右龛主尊佛头

图 5-305　第 45 窟洞窟左壁右龛主尊佛头

0　　20cm

图 5-307　第 45 窟洞窟左壁右龛右胁侍菩萨
残迹正射影像图

图 5-306　第 45 窟洞窟左壁右龛主尊佛衣覆座

图 5-308　第 45 窟洞窟左壁右龛右胁侍菩
萨残迹情况

颈。原石造像佛首尺度本大，加泥装后愈增显；右发、耳可见泥装对石造
像形象的改变。（图5-304、5-305）

　　佛塑着通肩式佛衣，内着僧祇支，系带结垂至跌坐膝下，佛衣下摆三
重覆座前。胸部泥装残，露原雕僧祇支、内衣及带，是窟中保存内衣系带
式样较清楚的一例。覆座佛衣左侧泥装残剥，现装泥薄，基本依原式。（图
5-306）

　　佛右足足心上露，置于左膝上，结跏跌坐。右手屈举至肩，手指二屈
三伸，左手屈伸置右脚上，手心向上。[37]

　　右胁侍菩萨。残高约 209.4 厘米。头上部留戗插木桩，下桩孔一。戗
柱断面宽 3 厘米、高 4.5 厘米、伸出 7 厘米。下孔正当头冠位置，宽 4 厘米、
高 5 厘米、深 6 厘米，也应是戗柱孔。（图 5-307、5-308）

　　左胁侍菩萨。紧贴佛左手侍立。通高 200.1 厘米，净高 191.2 厘米；
肩宽 47.6 厘米；头高 53.9 厘米，宽 44.1 厘米；面高 21.5 厘米，宽 21.3 厘米。

· 194 ·

[37]
佛右足在上结跏跌坐的形式，在整个洞窟佛造
像中仅两例，一为本龛主尊佛，另一为前述后
壁右龛主尊佛。

0   20cm

头部泥装脱落，露出原雕菩萨完整面容、头冠。（图5-309、5-310）

菩萨戴冠，为全窟菩萨冠式样保存较清楚的，冠高9.1厘米、宽26.6厘米，中央似雕一小坐佛，左右系束冠带，自冠后双垂至肩臂。面相方圆，方颐广额，长眉秀目下视，直鼻，双唇内收含笑，双耳贴颊下垂至颈。面部施极薄彩饰地仗，又有点状凿痕若干。颈浑圆。颈及其下衣、饰塑装存。（图5-311）

菩萨斜着内衣，覆肩披帛带下绕裙身，下着及足面长裙，裙腰外翻处有外露绿彩饰腰带。右手屈抬抚胸。左手、臂均石作，提挽披帛尾，垂至龛内侧。提挽帛尾与泥装披帛连为一体，残剥处可见其下原为联珠璎珞，知塑装时将璎珞错为披帛。此塑装时"错装"又一例。也就是说，泥装尽管基本上都是"依照原样"的复原性泥装，但"错装"情况在在可见。（图5-312）

项饰宽大桃形饰，上侧塑边。右肩处泥皮脱落露出联珠璎珞，更证左肩的错装，知原刻为双肩挂长璎珞。右手腕钏宽平，左手联珠腕钏。

裙下露一足。足下仰莲莲台，高8.9厘米，直径20.4厘米。

龛内整体装绘。现佛后身光头光、菩萨头光仅存残迹。色彩被水侵蚀变化，整体绘饰做法同其他各龛。（图5-313）

图 5-309　第 45 窟洞窟左壁右龛左胁侍菩萨正射影像图

图 5-310　第 45 窟洞窟左壁右龛左胁侍菩萨遗存整体情况

图 5-311　第 45 窟洞窟左壁右龛左胁侍菩萨头、冠

图 5-312　第 45 窟洞窟左壁右龛左胁侍菩萨衣饰（泥装衣饰脱剥出露已残剥的原石刻）

图 5-313　第 45 窟洞窟左壁右龛龛内整体装绘残迹

4. 左壁中龛

1）帐龛及龛饰

中龛为东壁最高大、也是保存最完整的一龛。（图 5-314）

帐龛龛口平，两角随帐帏呈圆弧形。帐帏左右分束和自然垂纹凿刻清晰。龛口后高前低，稍下斜，龛背平直。龛口宽170.5厘米，右高270.0厘米（含莲台），左高260.0厘米，深45.1厘米。莲台约高12.0厘米。

贴横枋下皮为帐枋，高 4.2 厘米，长 178.9 厘米。帐枋下分左右以钩束系帐帏自然下垂至与左右二龛共用之龛框底宝装莲之上。

帐式与右壁中龛、后壁中龛一样，唯保存最完整。（图 5-315）

2）龛内造像

龛下"占用"龛像供养人上栏凿造高 12.0 厘米宝装覆莲台座，其上一佛二菩萨三尊立像。佛跣足立于莲台，菩萨立于莲台上安置的独立仰莲台上分侍左右。三像泥装为本窟各壁造像保存最好的。（图 5-316）

主尊佛。立佛。高 246.0 厘米；肩宽 91.0 厘米；头高 60.6 厘米，宽 48.4 厘米；面高 34.2 厘米，宽 39.5 厘米。

佛面相饱满丰圆，肉髻低平，发纹清晰，存髻珠印迹。广额中有白毫，填红色，弯眉，鼓睑，目下视，直鼻，近口处残，双耳稍外扇，垂至颈（左右均残）。颈浑圆，颏下划刻线纹一道。（图 5-317、5-318）

佛着通肩式佛衣。佛衣正面衣纹如图 5-319、5-320 所示，与前述右

5-315

0   50cm

5-314

5-316

图 5-314　第 45 窟洞窟左壁中龛遗存整体情况

图 5-315　第 45 窟洞窟右、后、左三壁中龛帐饰比较线图

图 5-316　第 45 窟洞窟左壁中龛通龛宝装莲座

图 5-317　第 45 窟洞窟左壁中龛主尊佛头正面
图 5-318　第 45 窟洞窟左壁中龛主尊佛头左侧面
图 5-319　第 45 窟洞窟左壁中龛主尊佛衣（上）
图 5-320　第 45 窟洞窟左壁中龛主尊佛衣（下）

壁中龛立像残衣纹相比勘，知泥装基本依照石像原样塑作。佛衣外装彩为田相衣，衣领、肩部存绛红色。

右手臂残，残处凿一竖长方形桩孔，孔宽 4.5 厘米、高 7.0 厘米、下深 9.0 厘米、上深 7.0 厘米，应为补塑桩孔。左手手掌向上，持握下垂至足面的佛衣一角，显佛提衣送胯立姿。

右胁侍菩萨。 通高 232.2 厘米，净高 215.7 厘米；肩宽 51.7 厘米；头高 62.4 厘米，宽 48.2 厘米；冠至下巴高 35.6 厘米；面高 26.0 厘米，宽 21.4 厘米；冠高 7.5 厘米，宽 30.5 厘米。（图 5-321、5-322）

花冠式样与其他泥装菩萨冠一律，冠后双垂冠带至臂。面相饱满圆润，冠下发线中分圆弧，发纹清晰。额正中圆毫，填红色，鼻口残，左目存，弯眉，鼓睑。双耳稍外扇，长及颈。颈浑圆。（图 5-323、5-324）

菩萨前胸自右肩下斜垂一带系结，双肩斜披披帛。下着及足面长裙，外翻裙腰塑装为螺钿腰带系一小裙式样。腰裙残处可见泥皮较厚，下为石像。左手上抬握至腹前紧贴佛右臂，手似持帛带；右臂垂至体侧手握桃形器并披帛尾垂至莲座。

项饰硕大桃形宽平，素平，刻划二线缘饰。右肩挂高凸双珠长璎珞间

0 ——— 20cm

图 5-321　第 45 窟洞窟左壁中龛右胁侍菩萨正射影像图

图 5-322　第 45 窟洞窟左壁中龛右胁侍菩萨遗存整体情况

图 5-323　第 45 窟洞窟左壁中龛右胁侍菩萨衣饰细部

图 5-324　第 45 窟洞窟左壁中龛右胁侍菩萨头冠细部

图 5-325　第 45 窟洞窟左壁中龛右胁侍菩萨衣饰、塑装璎珞珠花细部

图 5-326　第 45 窟洞窟左壁中龛右胁侍菩萨塑装璎珞珠花细部

以珠花，其中最低一组珠花最大。右臂上绕披帛并饰以臂钏、腕饰。此首次见塑饰菩萨臂钏。腕钏宽平无饰。（图 5-325、5-326）

足面泥装亦局部脱落。足下莲台高 16.5 厘米，直径 40.4 厘米。

菩萨烟熏严重，但塑装全面彩饰尚存，冠、项饰、裙带衣褶、璎珞珠花等均存墨绘衣缘及绿、赭色等彩饰遗迹。

左胁侍菩萨。通高 219.0 厘米，净高 204.5 厘米；肩宽 55.5 厘米；头高 50.7 厘米，宽 47.4 厘米；冠至下巴高 38.1 厘米；面高 22.1 厘米，宽 25.8 厘米；冠高 7.2 厘米，宽 31.8 厘米。（图 5-327、5-328）

菩萨戴花冠，冠面正中塑装坐佛，其余式样同其他泥装菩萨之冠，冠束带系花结，自耳后垂至双臂，垂向左臂者，带似重层，第一层尾悬系一火焰珠，第二层垂至左臂臂钏处。此为冠带塑作之尤繁缛者，是否与其头

图 5-327

0　20cm

冠中央塑作坐佛身份特殊有关，未可知。（图 5-329）

菩萨面相浑圆饱满，冠下发际中分，广额，中白毫涂红，眉、目、鼻均残，双耳外扇下垂至颈，颈粗短。

菩萨内衣不显，双肩披帛。右臂屈抬至胸，似提帛巾；左臂自然下垂体侧，持握自右臂下垂至裙下之披帛。披帛垂至龛内侧莲座上。

菩萨前胸满覆桃形宽大项饰，边缘塑作优美，中塑花高凸，下边塑悬坠小串珠穗，为本窟泥装菩萨项饰中之最繁缛者。左肩斜挂双珠长璎珞，塑作精致，双珠间以珠花，其中最下一组最大，为菩萨璎珞珠花中之最大者。（参见图 5-328；图 5-330）

菩萨右手饰腕钏，左手饰臂钏、腕钏，式样各异。与右菩萨也不同。

裙下露出一前伸左足和隐在须弥座侧的另一足部分。足下仰莲台座，高 14.5 厘米，直径约 41.3 厘米。

菩萨衣、冠、璎珞饰红绿绛彩。

龛内整体绘饰。佛后墨绘圆形身光头光，外绘赭色云纹。右菩萨身后有与佛头光、身光一同绘制的头光云纹遗迹。左菩萨同样墨线绘身光头光，线外绘祥云纹，并涂绛。窟顶亦绘饰云纹涂绛。（图 5-331 ~ 5-333）

图 5-327　第 45 窟洞窟左壁中龛左胁侍菩萨正射影像图

图 5-328　第 45 窟洞窟左壁中龛左胁侍菩萨遗存整体情况

图 5-329　第 45 窟洞窟左壁中龛左胁侍菩萨头冠细部

图 5-330　第 45 窟洞窟左壁中龛左胁侍菩萨衣饰塑装

5. 左壁左龛

1）帐龛龛饰

左龛与前壁、顶部交接的角部残，余均尚称完整。拱顶帐龛，在本窟龛形中最为常见。龛口平正，后壁微弧。龛口宽 157.2 厘米，高 225.5 厘米，中部深 53.0 厘米，左深 46.8 厘米，右深 45.0 厘米。（图 5–334）

帐枋残长 135.8 厘米，高 12.2 厘米。帐枋与其上横枋间为穹隆顶，最高 15.4 厘米。帐枋上饰山花、火焰宝珠（现存 4 组），托饰帐拱。帐枋下为三层繁缛帐饰，跟与其相对的右壁右龛基本相同。

帐饰第一层，即最外层，是由火焰宝珠悬系四垂璎珞，两端与中间垂链悬系铃。

璎珞下为两层帐幔。第一层垂鳞，其下中心左右卷折帏幔。存彩饰纹。自垂鳞后隐出鸟首向下，冠、喙、翅、双腿宛然，口衔组绶流苏。

右流苏。长 261.4 厘米，及至龛底。组织如次：

鸟首—组绶—双珠—磬（端系珠、穗）—双珠—铃—双珠—梭—双珠—桃形穗（尾向龛外）—三珠—铃—双珠—桃形穗（尾向龛外）—双珠—磬（端系珠穗）—三珠（首小珠）—三瓣莲穗

与右龛左流苏同高的位置未见灯龛。

左流苏。衔组绶之鸟首残，残长 248.3 厘米，至龛底。流苏形态、组织清楚，稍残剥：

（鸟首）残—组绶—双珠（残）—磬（端系珠穗）—双珠—铃（残　剥，比例稍长）—双珠—梭—双珠—桃形穗（尾向龛外）—三珠（末者残）—磬（端系珠穗，残）—双珠—铃（风化）—双珠—桃形穗（尾向龛外）—三珠—三瓣莲穗

以上二流苏组织大致相同却呈微小变化[38]，令人目不暇接。（图

[38]
在洞窟中，此类现象在在可见，使洞窟在严正的布局和设计中呈现丰富的出于手工匠艺的变化。

图 5–331　第 45 窟洞窟左壁中龛内整体装绘情况

图 5–332　第 45 窟洞窟左壁中龛内整体装绘细部

图 5–333　第 45 窟洞窟左壁中龛内整体装绘细部

图 5-334　第 45 窟洞窟左壁左龛遗存整体情况

[39]
本龛的帐形、帐饰，均与其对面右壁右龛相似，残剥方位与之恰相反。前述左壁左龛流苏右侧凸凿小佛，考虑到壁面布局的对称性，推测右壁右龛右流苏鸟首之上整齐高出的小壁面是浮雕凿小佛的遗迹，或差误不大。

[40]
此凿痕应是修复性泥装前为加强石、泥黏接度而作的处置遗迹。

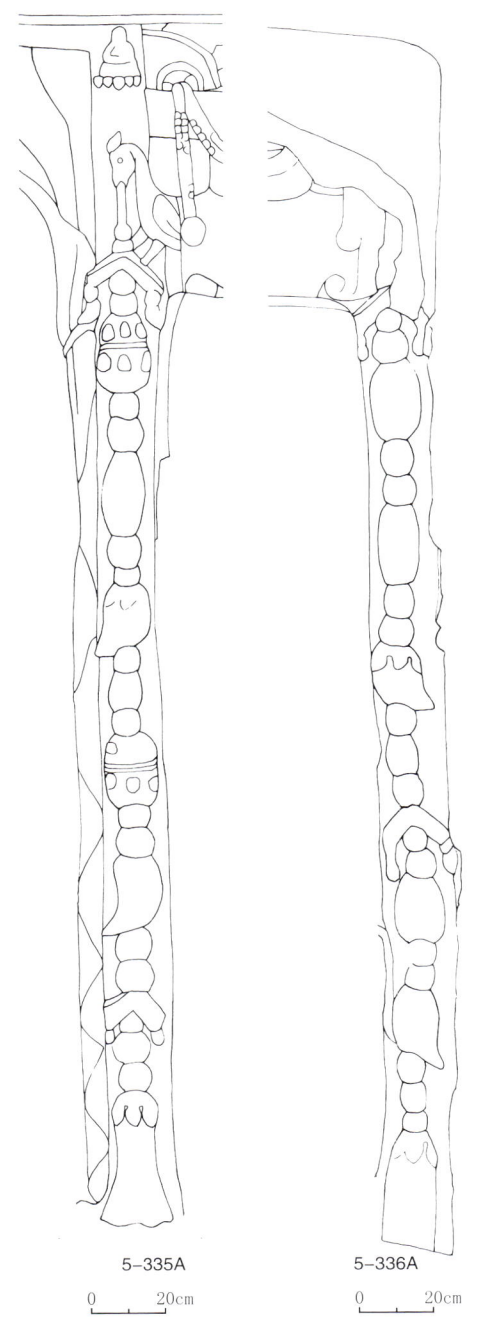

5-337

5-337-1

图 5-335A　第 45 窟洞窟左壁左龛右流苏线图
图 5-336A　第 45 窟洞窟左壁左龛左流苏线图
图 5-337　第 45 窟洞窟左壁左龛右侧衔流苏之鸟首及鸟首之上小佛
图 5-337-1　第 45 窟洞窟左壁左龛右流苏之上的小佛

5-335A、5-336A）

右流苏鸟首之上，在本龛与中龛相邻壁面，浮雕跌坐于莲座的小佛一尊（图 5-337、5-337-1）。通高约 14.2 厘米，通宽 11.5 厘米。莲座五瓣，底平整[39]。

2）龛内造像

龛内造一佛二菩萨三尊像。各像凿独立莲台。三像均经泥装，左菩萨残剥最重，上半身全露出石造原像。（参见图 5-334）

主尊佛。通高 232.9 厘米，净高 215.3 厘米；肩宽 85.0 厘米；头高 55.5 厘米，宽 42.0 厘米；面高 34.3 厘米，宽 33.0 厘米。全身泥装，倚坐于须弥座上，双足平伸前踏在仰覆莲台座上。莲台占用供养人上栏壁面雕造，高 17.2 厘米，宽 84.9 厘米。宝装覆莲，瓣细小，为本窟各龛宝装莲中之最小巧者，仰莲饱满重层。

佛头正面部、耳泥装剥蚀，露出满布小凿痕[40]的石作，余泥装存。低平肉髻，现发纹。石作佛面面相方圆而平，细眉长目，直鼻，唇角内含，双耳贴腮下垂。泥装颈圆壮。（图 5-338）

通肩式佛衣可见两层。佛衣泥装有数处残破，露出石作，知基本依原石刻原样塑装，不同部位厚度不同。泥装佛衣最外绘饰条格，成田相衣式。

右臂屈抬至肩，手掌贴胸，掌心向外，为所有泥装佛手最精美者；左手自然下垂抚膝。右膝残，被水泥填补。（图 5-339）

右胁侍菩萨。侧立于圆形仰覆莲台上，莲台高 22.0 厘米，直径 39.1 厘米。露右足。全身泥装，头残。菩萨通高 193.5 厘米，净高 171.5 厘米；肩宽 51.2 厘米；头残高 42.6 厘米，宽 38.5 厘米；面残高 19.1 厘米，残宽 19.5 厘米。（图 5-340、5-341）

头残断面可见包在泥塑之内的石雕残核、轮廓，在残处正中凿有长方

图 5-338　第 45 窟洞窟左壁左龛主尊佛头侧面

图 5-339　第 45 窟洞窟左壁左龛主尊佛手细部

图 5-340　第 45 窟洞窟左壁左龛右胁侍菩萨正射影像图

图 5-341　第 45 窟洞窟左壁左龛右胁侍菩萨遗存整体情况

图 5-342　第 45 窟洞窟左壁左龛右胁侍菩萨衣饰细部

图 5-343　第 45 窟洞窟左壁左龛右胁侍菩萨泥装衣饰细部（可见塑作不仅依原石刻而作，且匠艺不低）

5-340

0　　20cm

5-341

5-342

5-343

形榫孔一，宽 4 厘米、高 6 厘米、下深 6.5 厘米、上深 4.5 厘米，为重塑时戗插之木桩。颈泥皮剥落出露内刻三条颈线。

塑装菩萨衣上身为尖领覆肩腰系带小衣，下为裙腰外翻及足面长裙。近佛之左手屈抬至前胸，手背向外，持折枝花一朵；右手自然下垂体侧，提撩似自左肩下垂绕过裙身的披帛尾。披帛尾露出石刻，垂至龛底。

胸饰宽大项饰，面素平，仅简划线纹三条作为缘饰。自右肩披挂单珠间珠花长璎珞，珠花以裙底者最大。菩萨左手腕钏形象特殊，而右手腕钏双环为泥皮下出露之石刻。（图 5-342、5-343）

5-344

0   20cm

5-345

5-346

5-347

菩萨右足前伸，残。左足隐于佛座后未塑出。

泥装均装彩，现残留绛红色等彩装遗迹。

左胁侍菩萨。 侧身立于圆台仰覆莲座上。足下莲台高 16.1 厘米，直径约 29.7 厘米，莲瓣经风蚀不辨。高 174.2 厘米；肩残宽 45.8 厘米；头高 37.4 厘米，宽 28.5 厘米；面高 20.3 厘米，宽 17.2 厘米。（图 5-344、5-345）

菩萨腰裙上部、右手、左手及足等处泥装脱落，露出原石造像。知塑作前石像已风蚀严重，泥装为依石作原样进行的修复性塑装。

菩萨戴花蔓冠，冠后带（泥装）下垂至肩臂。面相方圆，方颏广额，面稍平，长眉细目，直鼻，唇角内收，秀美含笑，双耳贴腮垂至颈。颈纤秀，颏下刻三线。整体丰神俊秀。（图 5-346、5-347）

菩萨斜着内衣，双肩披帛。胸部之下为泥装，泥装时改变了菩萨衣装的细节。内衣和披帛，被一起塑作为交领小衫，腰系螺钿带，下摆垂至腰下，为下摆及长裙外翻裙腰重装者。下着及足面长裙。右手屈抬抚胸；左手自然下垂提挽绕裙垂至龛底之披帛。（图 5-348、5-349）

项饰宽大，上原雕凿细美，惜已漫漶不辨。左肩垂挂自肩起的圆璧与单珠组合的长璎珞。腰部以下璎珞泥装塑高凸单珠间以珠花，式样同前述右菩萨。

图 5-344　第 45 窟洞窟左壁左龛左胁侍菩萨正射影像图

图 5-345　第 45 窟洞窟左壁左龛左胁侍菩萨遗存整体情况

图 5-346　第 45 窟洞窟左壁左龛左胁侍菩萨头正面

图 5-347　第 45 窟洞窟左壁左龛左胁侍菩萨头侧面

右手三环圈腕钏，左手珠钏。（图 5-350）

一足前伸，另一足近佛座，裙下足残。

龛内整体装绘。佛墨绘头光、身光，外绘赭色云纹，绘饰生动细腻，与左右胁侍菩萨头光、窟顶统一绘饰。右胁侍菩萨头光遗迹存，墨绘圆形头光，外绘绛云纹，绘饰细腻。左胁侍菩萨亦存头光遗迹，风格与佛、右胁侍菩萨同。（图 5-351 ~ 5-353）

七　窟顶

窟顶为四方斗帐顶，四坡微弧垂。（参见图 5-23 ~ 5-26）

窟顶与洞窟各壁面界以横枋，四面窟顶间界以斜枋。横枋在洞窟四角并与斜枋相交，斜枋的另一端承接在承托中心柱四壁与窟顶交界之横枋的

图 5-348　第 45 窟洞窟左壁左龛左胁侍菩萨上身衣饰出露石作情况

图 5-349　第 45 窟洞窟左壁左龛左胁侍菩萨下身泥装衣饰

图 5-350　第 45 窟洞窟左壁左龛左胁侍菩萨衣饰细部

图 5-351　第 45 窟洞窟左壁左龛内整体装绘情况

图 5-352　第 45 窟洞窟左壁左龛内整体装绘局部

图 5-353　第 45 窟洞窟左壁左龛内整体装绘局部

倚柱栌斗之上，构成仿木结构的窟顶。（参见图 5-22、5-22A）

前壁横枋通长 338.6 厘米，高 6.6 厘米，右出头 18.8 厘米，左出头 15.6 厘米；右壁横枋通长 337.7 厘米，高 8.2 厘米，右出头 18.0 厘米，左出头 15.5 厘米；后壁横枋通长 335.3 厘米，高 10.7 厘米，右出头 18.7 厘米，左出头 19.3 厘米；左壁横枋通长 331.6 厘米，高 9.8 厘米，右出头 15.0 厘米，左出头 15.5 厘米。

左坡保存最好，后坡、右坡和前坡与左坡交界处，残损严重。四坡原均浮雕香炉、花朵、飞天等供养像。

左坡。幸存浮雕群像，以香炉为中心，飞天持莲蕾相向供养在香炉两侧，飞天之间为化生童子或填以四瓣花朵。香炉式样与中心柱基座香炉相似，足柄稍高，左右忍冬卫护。（图5-354、5-355、5-355A）

在严重熏迹情况下，似可辨晚期墨线描绘痕迹。（图 5-356）

图 5-354　第 45 窟窟顶左坡浮雕遗存情况

图 5-355　第 45 窟窟顶左坡浮雕遗存情况正射影像图

图 4-355A　第 45 窟窟顶左坡浮雕遗迹线图

图 5-356　第 45 窟窟顶左坡风化浮雕之上后期墨绘遗迹

右坡。岩面残剥，局部浮雕痕迹尚可辨，残剥面上可见与左坡相同的描画痕。（图5-357）

　　后坡。残剥遗迹残灭殆尽。（图5-358）

　　前坡。右侧浮雕轮廓可辨，构图与左坡相似，右前角存与左、右坡相同的墨线描绘痕迹，左侧是穿通44窟地面的残洞。（图5-359、5-360、5-360A）

图 5-357　第 45 窟窟顶右坡浮雕风化及晚期重新线绘的遗迹

图 5-358　第 45 窟窟顶后坡浮雕风化殆尽

图 5-359　第 45 窟窟顶前坡浮雕及与第 44 窟穿透的窟顶残洞遗迹

图 5-360　第 45 窟窟顶前坡浮雕及与第 44 窟穿透的窟顶残洞遗迹正射影像图

图 5-360A　第 45 窟窟顶前坡浮雕及与第 44 窟穿透的窟顶残洞遗迹线图

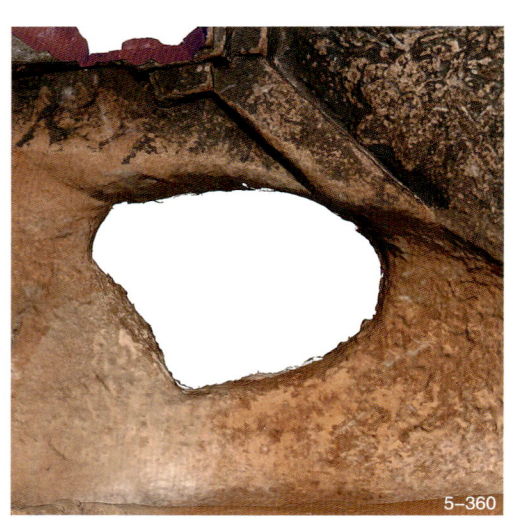

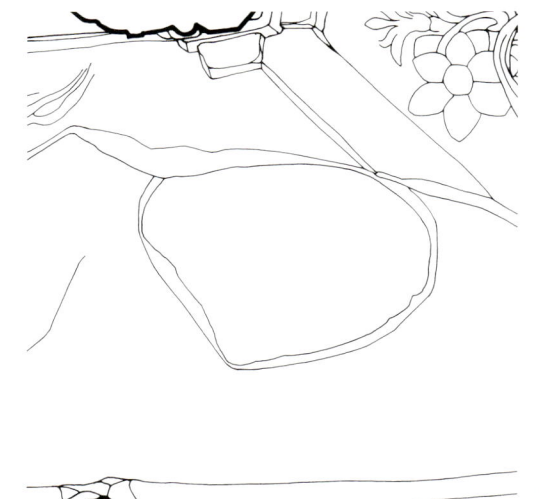

第三节　第 45 窟附窟

一　位置及窟外遗迹

第 45 窟附窟位于第 45 窟西侧比第 45 窟稍前凸的崖壁上（窟门口外崖壁上镶嵌窟号牌错为第 44 窟），二窟之间有甬道相通。窟门方向 131°。海拔 1694.67 米，距离圆光寺地面 6.48 米。是圆光寺区现存唯一凿有水窖的洞窟。（参见测图 2、3；图 5-361）

窟口在窟前形成小平台，现残宽约 205.0 厘米，左右侧壁随崖壁走势。

窟口后壁居中开凿窟门，高 1.57 米，宽 0.87 米。窟门已残，今安装铁门，残处补以水泥。

在窟口右上有一条起于圆光寺主峰山顶的瀑布水道。雨季山水沿水道流经窟口右上角直下，穿过窟门右下角开凿的导孔，流入窟内水窖。窟口平台近窟门底开一小槽，稍倾斜以方便导流。现窟口之上修筑水泥小檐防雨水直泄，窟门入水口也砌一水泥小台，防雨水直接进入水窖。[41]

窟口平台之下陡峻的崖壁上，现存两排相错脚窝，共 17 个，其右侧曾安置铁索。窟前建筑复建之前，脚窝、铁索曾是从崖底进入圆光寺第 45、46 诸窟的唯一通道。现已废弃不用。现出入第 45 附窟均由其邻第 45 窟的甬道。（图 5-362）

脚窝左侧有半圆深槽一条，为取水时水桶上下往来磨出。其左侧有另一条浅槽，也应是取水上下形成。其上有零星脚窝。

窟口左侧崖壁上凿有排水道，通至窟口左上角。排水道上与第 44 窟上部开凿的人字形大型排水道右侧相接。在其下，为新凿承接新建窟前殿阁屋顶后檐的排水道。

[41]
水窖之水的渗漏，现已成为第 45、47、48 窟的保护隐患。

图 5-361　第 45 窟附窟窟外遗迹情况
图 5-362　第 45 窟附窟窟口平台之下的脚窝遗迹　（20 世纪 80 年代初宿白先生调查圆光寺时通过攀援这些脚窝登临第 45 窟）

第45窟附窟窟门左侧崖壁上遗有4个凿痕，显示出一定规律，其上也有一条斜上的浅槽，上下似有关系，可能是木构攀山梯道等设施的遗迹。（图5-363）

图5-363　第45窟附窟窟门左侧崖壁上的遗迹　（有规律，可能是攀登第44窟的蹬道遗迹）

二　平面及窟内遗迹

平面方形，东西长237.3厘米，南北深220.3厘米。洞窟前壁居中是窟门。（图5-364、5-365）

窟右前地面贴右壁、前壁开凿前后长122.9厘米、左右宽101.2厘米、深约270.0厘米的水窖。低于窖口约3厘米凿出宽约20厘米的小边用以安置窖井盖，在洞窟前壁相应位置凿出安置窖井盖的孔槽和导水孔。水窖左侧有直径约43厘米的半圆形槽，与窟外崖壁上的半圆深槽相同，是取水桶长年摩擦形成。（图5-366）

洞窟左侧壁前端凿有一长约220.0厘米、高约163.1厘米的甬道，通往第45窟窟前。甬道的后壁与第45窟窟门外壁面大致平齐。甬道上方凿有一座小龛，现仅存龛形，龛背有浓重烟熏痕迹，雕像轮廓已不可见[42]。甬道顶留有粗糙的凿痕，凿痕范围直达第45窟窟门外右壁。甬道后壁有抹麦秸泥痕迹，左右下部有曾修火炕的痕迹，范围与草泥相应，表明甬道曾被封并被利用，修建火炕、平整四壁供人居住。（图5-367）

洞窟后壁和相邻的左右壁都有两层抹麦秸泥的痕迹。后壁两层泥均为灰白色泥，底层泥较细，夹有较少的麦秸，表面有熏黑色；表层的泥略粗，

[42]
《总录》第82页纪录："过洞上方凿一小龛，内雕像，可见轮廓。"

第45窟

第46窟

第45附属窟

E

5-364

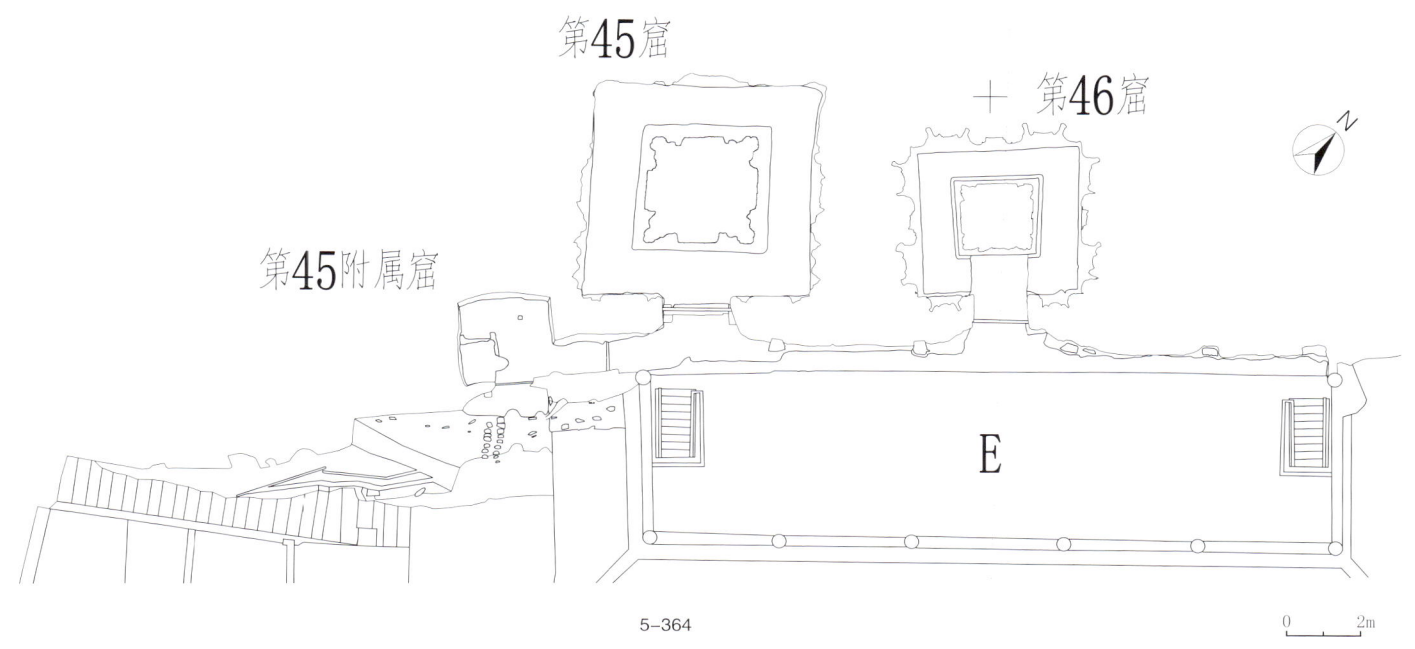

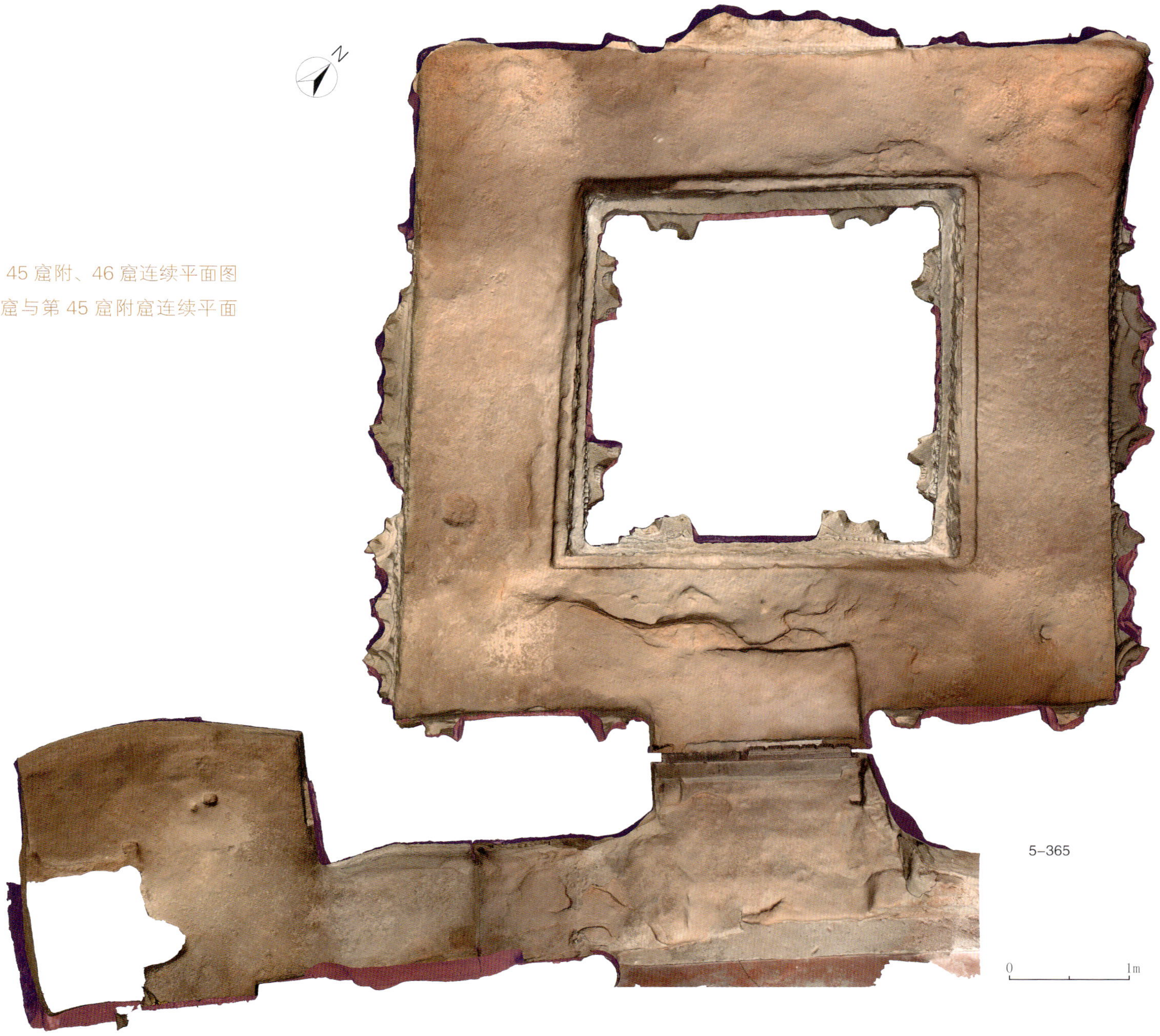

0　　　　2m

图 5-364　第 45、45 窟附、46 窟连续平面图
图 5-365　第 45 窟与第 45 窟附窟连续平面
正射影像图

5-365

0　　　1m

图 5-366　第 45 窟附窟开凿的水窖及水窖
原加盖的遗迹
图 5-367　第 45 窟附窟内窟门左侧壁开凿
的通道口及其上开凿小龛遗迹
图 5-368　第 45 窟附窟内壁草泥装銮和题记

夹有较多麦秸，表面压平，其上直接墨书题记 5 则。右壁有墨书题记 1 则。（图 5-368）

后壁墨书题记：

（1）此则题记写于壁面正中间略偏左的位置，字迹现多已脱落，辨认不清，只存字迹轮廓（图 5-369）。内容已不可读。《总录》无此条记载。

（2）此则题记用笔较细，写于第 1 则的右侧，字迹清晰（图 5-370）。内容为：

……

三月十□日圣丹[43]

［43］
《总录》记载为："……三月十三日圣丹。"（第82 页）此次调查中，第二个"三"字已模糊。

图 5-369　第 45 窟附窟洞窟后壁第 1 则题记遗迹

图 5-370　第 45 窟附窟洞窟后壁第 2 则、第 3 则题记遗迹

（3）此则题记墨书用较粗的墨笔书写于第2则的右侧，位置与第2则同高（图5-370）。内容为：

一点□□□古□□

（4）此则题记也是用较粗的墨笔书写而成，写于第3则的右侧下方，字迹漫漶（图5-371）。内容为：

归□□□□□
□□功□□□□
息气吞□□□□
赤□□社稷报
国除奸雄孟
世无名□监
修释□□□□
□□□
尉迟公如在世[44]

（5）此则题记写于第4则的右侧，字体较小，脱落严重（图5-372）。内容为：

□□□□□□□□□
□□□□□□□□因公□……
……□……
……□[45]

[44]
《总录》记载为："归□□□□□」□□功攥扫□□□」息气吞山河□□」赤心忠社稷报」国初奸雄孟」世吴名□监」修释劫？空□」俚偈赞」尉迟公如在世。"（第82页）此次调查中，"攥扫□□□""山河□□""心忠""劫？空""俚偈赞"字迹均已不见。

[45]
《总录》记载为："固原卫义郭淮成于□□」康熙四十九年□□□□因公游……」……延……」……题。"（第82页）此次调查中，只残存"因公"二字，其余字体均已不清。

图5-371　第45窟附窟第4则题记遗迹

图 5-372　第 45 窟附窟第 5 则、第 6 则条题记遗迹

右壁墨书题记：

（6）此则题记写于右壁后侧靠近后壁处，一行（图 5-372）。内容为：

　　　□□郎中□……[46]

外层泥皮剥落处，露出内层泥皮上烟熏痕迹。窟顶也通抹麦秸泥，脱落处可见凿痕上烟熏痕迹。左壁后下部有类似壁橱的残迹，其下左后角有用火的痕迹。虽然遗迹零星，仍可见第 45 窟附窟是圆光寺区主峰崖壁中心区洞窟中一座用于居处的洞窟。

第 45 窟附窟后壁底层泥皮上的黑色不同于第 45 窟，不是近代人使用熏黑的。其表层泥皮上有"康熙四十九年"的题记，可以确定其泥层的最晚年代在康熙四十九年（1710 年）之前。

[46]
《总录》记载（第 82 页）与此相同，只是"中"字在此次调查中已模糊。

附表5-1 第45窟佛、菩萨现状量度尺寸一览表＊

龛在洞窟位置	龛所在壁面位置	龛像组合	主尊姿态	佛量度尺寸（厘米）								右胁侍菩萨量度尺寸（厘米）							左胁侍菩萨量度尺寸（厘米）						
				通高	坐高	肩宽	跏坐宽	头高	头宽	面高	面宽	通高	净高	肩宽	头高	头宽	面高	面宽	通高	净高	肩宽	头高	头宽	面高	面宽
中心柱	前壁	一佛二菩萨	结跏趺坐，右足在上	246.0	177.1	83.2	130.0	59.2	46.3	34.2	35.0	217.6	203.0	58.3	52.4	41.1	25.2	23.5	213.3	196.8	55.2	52.7	39.1	24.3	23.0
	右壁	一佛二菩萨	结跏趺坐，左足在上	236.1	182.7	98.0	132.8	61.6	44.7	36.3	34.8		206.2	54.3	54.6	45.0	27.1	25.0		202.8	57.3	50.2	46.8	26.0	23.1
	后壁	一佛二菩萨	结跏趺坐，左足在上	222.6	168.7	97.6	137.3	58.4	51.6	37.3	35.2	212.8	212.8	52.2	60.2	48.5	28.3	23.0		196.4	58.0	57.9	47.0	28.7	22.3
	左壁	一佛二菩萨	结跏趺坐，右足在上	227.6	179.6	95.0	137.7	62.9	48.9	35.9	37.5	200.9	200.9	57.3	57.2	43.3	26.8	22.7		200.0	52.4	53.6	42.5	21.9	18.9
前壁	右龛	一佛二菩萨	结跏趺坐，左足在上	217.9	157.9	72.0	117.8	46.0	31.5	25.0	25.0	199.4	189.4	44.1	46.3	--	--	--	--	173.8	51.6	43.5	36.0	22.8	21.5
	中龛	三佛二菩萨（主尊及左右胁侍菩萨、右佛、左佛）	至尊结跏趺坐，右足在上	74.0	50.8	25.2	40.3	--	--	--	--	74.6	65.0	--	--	--	--	--	70.4	59.3	15.1	--	--	--	--
			右佛结跏趺坐，左足在上	68.0	46.4	--	--	--	--	--	--	无	无	无	无	无	无	无	无	无	无	无	无	无	无
			左佛结跏趺坐，右足在上	71.4	49.7	24.0	36.9	--	--	--	--	无	无	无	无	无	无	无	无	无	无	无	无	无	无
右壁	左龛	一佛二菩萨	结跏趺坐，右足在上	239.3	168.4	76.4	126.3	49.9	40.3	29.0	27.9	199.8	179.3	49.0	49.1	37.6	23.8	21.4	195.0	176.3	46.3	46.3	34.9	--	--
	右龛	一倚坐菩萨二助侍菩萨	倚坐	260.7	232.1	87.4		57.9	47.8	39.4	34.6	218.0	183.3	51.5	43.9	41.0	23.1	21.2	230.0	184.6	49.8	45.7	37.7	--	--
	中龛	一立佛二菩萨	立佛	283.1	255.3	83.5		61.2	50.5	35.7	36.6		222.3	60.8	48.2	37.8	23.9	22.1		235.5	58.4	51.9	41.7	31.3	22.1
后壁	左龛	一佛二菩萨	结跏趺坐，左足在上	242.1	186.1	77.2	139.3	60.8	47.6	36.1	36.5	229.5	212.8	51.2	48.0	36.5	23.5	24.5		210.8	--	--	--	--	--
	右龛	一佛二菩萨	结跏趺坐，左足在上	226.1	177.6	74.1	109.1	42.9	34.5	--	--		--	--	--	--	--	--		220.2	54.5	49.1	42.8	23.9	23.2
	中龛	一立佛二菩萨	立像		262.4	94.5		66.0	57.7	41	44.1	232.2	243.1	60.7	61.5	48.7	26.7	24.0		246.7	63.2	63.4	40.3	26.2	25.6
左壁	右龛	一佛二菩萨	结跏趺坐，右足在上	245.9	193.1	76.9	120.4	60.7	49.5	36.4	32.7		220.3	50.7	45.1	36.1	27.5	24.8		225.5	--	--	--	--	--
	中龛	一佛二菩萨	结跏趺坐，左足在上	239.7	173.7	81.1	120.0	59.5	50.3	54.1	36.8		209.4	--	--	--	--	--	200.1	191.2	47.6	53.9	44.1	21.5	21.3
	左龛	一立佛二菩萨	立像		246.0	91.0		60.6	48.4	34.2	39.5		215.7	51.7	62.4	48.2	26.0	21.4	219.0	204.5	55.5	50.7	47.4	22.1	25.8
	左龛	一倚坐菩萨二菩萨	倚坐	232.9	215.3	85.0		55.5	42.0	34.3	33.0	193.5	171.5	51.2	42.6	38.5	19.1	19.5	190.3	174.2	45.8	37.4	28.5	20.3	17.2

＊表内"—"表示残缺。下表同。

附表 5-2　第 45 窟各帐龛左右流苏详部列表

组织及位置		1	2	3	4	5	6	7	8	9	10	11	12	13	14	15	16	17	18	19	20
中心柱	中心柱前龛右	龙首	纽绶	单珠	磬	双珠	三瓣连穗	双珠	铃	双珠	三瓣连穗	双珠	铃	双珠	梭	双珠	三瓣连穗				
	中心柱前龛左	龙首	纽绶	单珠	磬	双珠	铃	双珠	铃	双珠	三瓣连穗	双珠	铃	双珠	梭	双珠	三瓣连穗				
	中心柱右龛右	象首	纽绶	珠	磬	三珠	铃	双珠	梭	双珠	桃形穗	双珠	铃	双珠	梭	双珠	三瓣连穗				
	中心柱右龛左	象首	纽绶	珠	磬	双珠	铃	双珠	梭	双珠	桃形穗	双珠	铃	双珠	梭	双珠	三瓣连穗				
	中心柱后龛右	龙首	纽绶	三珠	磬（总珠）	双珠	梭	双珠	三瓣连穗	双珠	梭	双珠	三瓣连穗								
	中心柱后龛左	龙首	纽绶	三珠	磬	双珠	梭	双珠	三瓣连穗	双珠	梭	双珠	三瓣连穗								
	中心柱左龛右	龙首	纽绶	三珠	磬	双珠	三瓣连穗	双珠	铃	双珠	三瓣连穗	双珠	铃	双珠	双珠	三瓣连穗					
	中心柱左龛左	龙首	纽绶	三珠	磬	双珠	三瓣连穗	双珠	铃	双珠	三瓣连穗	双珠	铃	双珠	双珠	三瓣连穗					
前壁	右龛右	残	残	残	磬	双珠	三瓣连穗	双珠	铃	双珠	磬	双珠	三瓣连穗	双珠	铃	双珠	三瓣连穗	三珠	三瓣连穗	单珠	三瓣连穗
	右龛左	残	残	残	残	残	三瓣连穗	双珠	铃	单珠	磬	双珠	三瓣连穗	双珠	铃	双珠	三瓣连穗				
	左龛右	残	残	残	磬	双珠	三瓣连穗	双珠	铃	单珠	磬	双珠	三瓣连穗	双珠	铃	双珠	三瓣连穗				
	左龛左	鸟首	纽绶	三珠	磬	双珠	三瓣连穗	双珠	铃	双珠	磬	双珠	三瓣连穗	双珠	铃	双珠	三瓣连穗	单珠	花结		
右壁	右龛右	鸟首	纽绶	-	磬	双珠	铃	双珠	梭	双珠	桃形穗	双珠	铃	双珠	梭	双珠	桃形穗				
	右龛左	鸟首	纽绶	-	磬	双珠	铃	双珠	梭	双珠	桃形穗	双珠	铃	双珠	梭	双珠	桃形穗				
	中龛右	垂帷																			
	中龛左	垂帷																			
	左龛右	残	纽绶	-	磬	单珠	束尾连穗	单珠	束尾连穗	单珠	束尾连穗	单珠	束尾连穗	单珠	束尾连穗	单珠	束尾连穗				
	左龛左	-	-	-	-	-	-	-	-	-	-	-	-	-	-						
后壁	右龛右	-	-	-	-	-	-	-	-	-	-	-	-	-							
	右龛左	龙首	纽绶	双珠	磬（总穗）	双珠	三瓣连穗	双珠	三瓣连穗	双珠	三瓣连穗	双珠	三瓣连穗								
	中龛右	垂帷																			
	中龛左	垂帷																			
	左龛右	残	纽绶	-	磬	单珠	束尾连穗	单珠	束尾连穗	单珠	束尾连穗	单珠	三瓣连穗								
	左龛左	-	-	-	-	-	-	-	-	-	-	-	-								
左壁	右龛右	-	-	-	-	-	-	-	-	-	-	-	-	-							
	右龛左	象首	纽绶	-	磬	单珠	梭	双珠	铃	双珠	桃形穗	双珠	梭	双珠	桃形穗	双珠	向龛跨脚				
	中龛右	垂帷																			
	中龛左	垂帷																			
	左龛右	鸟首	纽绶	双珠	磬	双珠	铃	双珠	梭	双珠	桃形穗	三珠	铃	双珠	桃形穗	双珠	磬	三珠	三瓣连穗	连穗	
	左龛左	残	纽绶	双珠	磬	双珠	铃	双珠	梭	双珠	桃形穗	双珠	三珠	磬	双珠	铃	双珠	桃形穗	磬	三珠	三瓣连穗

· 217 ·

宁夏文物考古研究所丛刊之三十四

须弥山石窟考古报告

【壹】圆光寺区

下册

宁夏文物考古研究所
浙江大学文化遗产研究院　编著
须弥山石窟文物管理所

文物出版社
北京·2020

The Archaeological Report of the Xumishan Grottoes

I. Yuanguangsi Area

Volume 2

With Abstracts in English and Japanese

by

Ningxia Institute of Cultural Relics and Archaeology
Cultural Heritage Institute of Zhejiang University
Commission for the Preservation of the Xumishan Grottoes

Cultural Relics Press

Beijing · 2020

第六章 第 46 窟

第一节 位置及窟外遗迹

一 位置

第 46 窟位于第 45 窟东侧，处圆光寺主峰正壁第二层。海拔 1694.68 米，比圆光寺地面高 6.49 米。窟门方向 136°。（参见测图 3、6）

与第 45 窟二窟窟门中心间距 8.10 米，相邻两壁间距离 1.80 米。现通过窟前大殿梯道可达。（图 6-1）

图 6-1 第 46 窟位置及与第 45 窟的关系

二　窟外遗迹

窟外遗迹主要有两种，一是窟口及相关遗迹，二是与第45窟作为一整体的窟外建筑遗迹。（参见图5-1、5-4）

（一）窟口及相关遗迹

1. 窟口

窟前曾经开凿窟口。由于崖壁剥蚀、坍塌和不断地利用改造，窟口左右的具体情况已不清。现窟口于窟门前遗存大约左右宽1.53米、前后深约0.84米的范围。窟口顶部原深度已不可知。现窟口上约1.50米就是新建窟前大殿顶。

窟口后壁开凿窟门。窟门方形，稍残。现安装铁栅门，残处以水泥修补。（图6-2、6-3）

从窟门内部也做抹角处理（图6-4）的情况，知门洞形制与第45窟相同。

图6-2　第46窟窟口及窟门遗迹
图6-3　第46窟窟口及窟门遗迹细部

门洞保存不及第45窟完整，下部有局部坍塌。门洞右壁曾被铲除，然后再做麦秸泥地仗装修；左壁也曾装抹麦秸泥，基本全部剥落，露出平整的壁面，上有题记。门洞下方没有类似45窟门砧石之类的窟外遗迹。窟门洞高约2.20米，宽1.50米，门壁厚0.98米。

2. 门洞左壁题记

窟门左壁现存题记3则。其中阴刻藏文题记1则；阴刻榜题框1个，其内题记现已不清；墨书题记1则。（图6-5）

现按自上而下记录如次：

（1）阴刻藏文题记。横刻于窟门左壁上端距门洞顶部约0.20米处，刻写于白灰地仗上，现壁面大多被熏黑，已难辨认（图6-6）。内容转写为：

gsong mchog gi sems pa'i ［……］

汉文的意思是"殊胜之心"，应当是一则礼赞洞窟殊胜的题记。

（2）榜题框。位于第1则题记下方约0.20米处。长方形，长约0.25米，高约0.20米，双线阴刻而成，右侧略有残失，框边刻有回环图案（图6-7）。框内题记内容不清现已不清。

（3）墨书题记。书于第2则题记榜题框左侧靠近洞窟前壁右龛左流苏第二个穗形饰处，装銮于红褐色细泥上的白灰地仗上，泥质与龛内菩萨塑装泥皮同（图6-8）。内容为：

□府□□□□[1]

（二）窟前建筑遗迹

第45、46窟二窟紧邻，窟前遗迹为一整体，已于第45窟窟外遗迹处整体记述。

图6-4　第46窟窟门内部的抹角处理
图6-5　第46窟窟门左壁题记整体情况

[1] 此则题记所在之下红褐色细泥与龛内菩萨塑装泥皮同，则说明应为当时全窟整体装銮的遗迹。

图 6-6　第 46 窟窟门左壁第 1 则题记
图 6-7　第 46 窟窟门左壁第 2 则题记榜题框
图 6-8　第 46 窟窟门左壁第 3 则题记

第二节　第 46 窟窟内遗迹

一　洞窟平面形制及保存状况

第 46 窟平面形制与第 45 窟相同，亦为方形中心柱窟。宽 418.5 厘米，深 399.1 厘米，高 292.2 厘米。（图 6-9 ~ 6-14、6-9A ~ 6-14A、6-15 ~ 6-22）

与第 45 窟一样，窟不方正，四壁尺寸、夹角均不同。四壁大致长度：前壁 405.8 厘米，右壁 387.5 厘米，后壁 430.6 厘米，左壁 393.8 厘米。

居中方形中心柱，坐于基座之上。基底四面尺寸分别是：前 220.4 厘米，右 222.8 厘米，后 254.3 厘米，左 224.3 厘米。

中心柱与四壁间的甬道地面，后高前低，微呈坡状。前宽约 104.6 厘米，右宽 85.2 厘米，后宽 69.5 厘米，左宽 98.0 厘米。前甬道与窟门相连位置下凿出长方形槽（图 6-23），形成下沉式的窟前地面，深约 16.8 厘米，左右长 155.0 厘米，前后宽 112.5 厘米。开凿此槽凿掉了中心柱基台及基座的中心部分，其四壁穿道凿痕整齐，显非草率而为。

图 6-9A　第 46 窟平面线图

图 6-9　第 46 窟平面正射影像图

· 223 ·

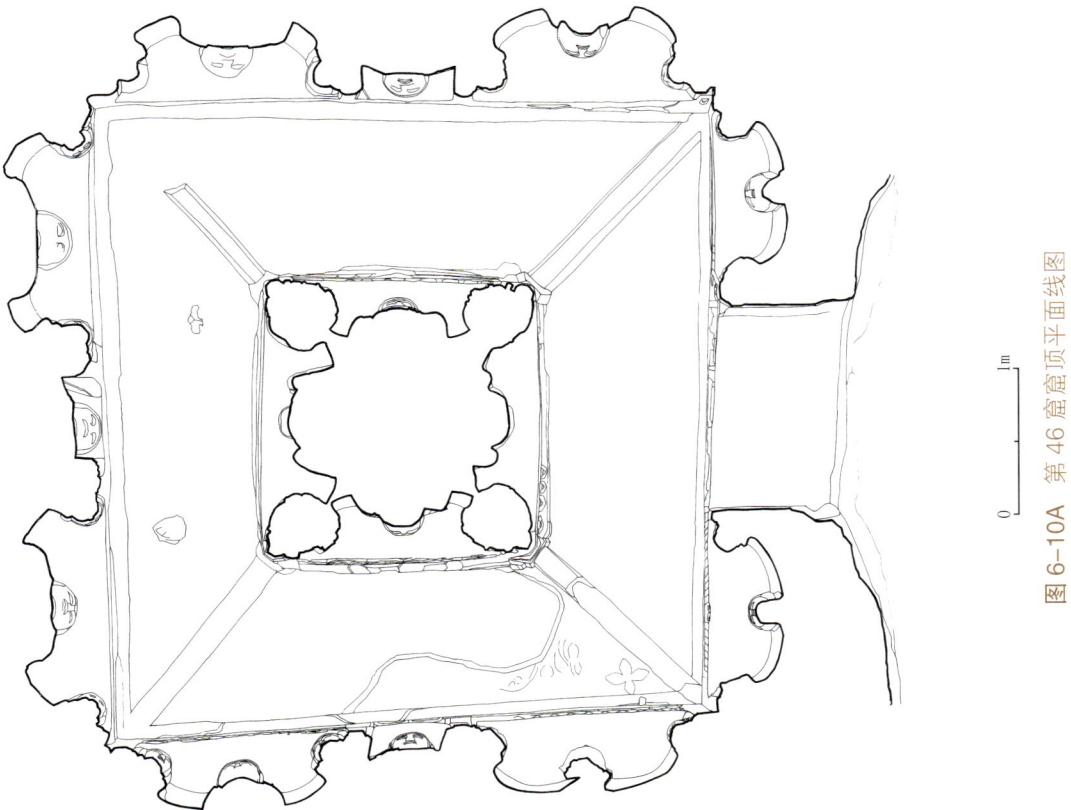

图 6-10A　第 46 窟窟顶平面线图

图 6-10　第 46 窟窟顶平面正射影像图

图6-12 第46窟左右剖后视正射影像图

图6-14 第46窟前后剖左视正射影像图

图6-11 第46窟左右剖前视正射影像图

图6-13 第46窟前后剖右视正射影像图

图 6-12A　第 46 窟左右剖后视线图

图 6-14A　第 46 窟前后剖左视线图

图 6-11A　第 46 窟左右剖前视线图

图 6-13A　第 46 窟前后剖右视线图

图 6-15　第 46 窟洞窟内部遗迹情况　（从右前拍摄）

图 6-16　第 46 窟洞窟内部遗迹情况　（从右后拍摄）

图 6-17　第 46 窟洞窟内部遗迹情况　（从左后拍摄）

6-15

6-16

6-17

图 6-18　第 46 窟洞窟内部遗迹情况　（从左前拍摄）

图 6-19　第 46 窟洞窟前壁遗存情况

图 6-20　第 46 窟洞窟右壁遗存情况　（由前向后看）

图6-21 第46窟洞窟后壁遗存情况 （由右向左看）

图6-22 第46窟洞窟左壁遗存情况 （从前向后看）

图6-23 第46窟洞窟前甬道地面向下凿深遗迹

中心柱与洞窟四壁均开龛造像。四壁各开三龛，中心柱四面各开一龛，合计大龛15，小龛1（窟门上方为小龛），共16龛。除洞窟四壁中龛外，均为斜直凿进式龛，开凿方式与45窟稍异，因此，中心柱各面龛未再出现凿通的情况。[2]大龛内造像均为一主尊二胁侍一铺三身像，小龛内凿一铺五身像。（表6-1）

［2］
从工程角度看，应该是为避免出现第45窟那样凿通邻壁的情况而改进的做法。凭此一条即可知第46窟工程与第45窟同时，但稍晚。

表6-1　第46窟龛像信息总览表

龛所在位置		尺寸（厘米）	龛形	帐饰	流苏瑞兽（禽）	造像组合	泥装情况	主尊重装性质	主尊佛（菩萨）姿态特点
中心柱（含基座）	前壁	宽161.7 高171.7 深45.0	斜直凿进式火焰宝珠尖楣圆拱龛	无帐饰。龛楣上壁面正中雕跌坐于覆莲座的佛像一尊。佛左右为飞天各一身，飞天左右列开三小拱龛，内各凿坐佛像一身。有晚期装绘		一佛二菩萨	主尊佛连同须弥座上部台座经后世改凿、塑装、修复；二菩萨均经塑装，现部分泥皮脱落，呈现原造石像	改装性重装	结跏趺坐，双脚上翻，右足在上。椎状高肉髻、螺发、小面、细腰、宽膝，具藏传佛教造像典型样式
	右壁	宽134.8 高162.6 深39.1	斜直凿进式方形圆角龛口拱顶帐龛	二重	龙首	一佛二菩萨	三像均经后期不同程度塑装	依原样修复性重装，并加绘交领	结跏趺坐，左足在上
	后壁	宽169.5 高185.1 深33.5	斜直凿进式火焰宝珠尖楣圆拱龛	与龛内造像身头光整体装绘梵文真言并蔓草		一佛二菩萨	三像均经塑装。大部脱落。有绘饰	依原样修复性重装，衣装新增彩绘	结跏趺坐，左足在上
	左壁	宽138.5 高172.3 深44.0	斜直凿进式方形龛口拱顶帐龛	三重	非以瑞兽衔、悬挂式流苏	一佛二菩萨	三像均经塑装。有残剥。菩萨头残没	依原样修复性重装并加绘交领	结跏趺坐，左足在上
前壁	右龛	宽114.0 高189.3 深40.0	斜直凿进式圆拱形龛口拱顶帐龛	一重	龙首	一佛二菩萨	均经泥装，有脱落。	依原样修复性重装并加绘交领。	结跏趺坐，左足在上
	窟门上三列帐龛 右	宽41.9 高47.2 深8.8	帐形龛	束帷		三身男供养人	依原样重装	依原样重装	
	窟门上三列帐龛 中	宽45.3 高47.0 深8.8	帐形龛	束帷		一佛二菩萨二弟子（一铺五身像）	依原样泥装	依原样泥装	结跏趺坐，左足在上
	窟门上三列帐龛 左	宽41.4 高46.5 深8.8	帐形龛	束帷		三身女供养人	依原样重装	依原样重装	
	左龛	宽125.8 高190.6 深40.9	斜直凿进式方形龛口拱顶帐龛	垂帷		一佛二菩萨	三像均经重装。大部脱落	依原样修复性重装	结跏趺坐，左足在上
右壁	右龛	宽150.0 高184.7 深48.7	斜直凿进式方形龛口拱顶帐龛	三重	龙首	一倚坐交脚菩萨主尊左右二胁侍菩萨	三像均经泥装。主尊和左菩萨头部已残	依原样修复性重装	倚坐交脚菩萨像
	中龛	宽52.6 高196.0 深33.4	斜直凿进式方形龛口拱顶帐龛，内壁弧	二重	与左右龛共用	一立佛	像经泥装。头颈泥装脱落	依原样修复性重装	立像
	左龛	宽141.6 高185.9 深42.2	垂直凿进式火焰拱龛口拱顶帐龛	三重	龙首	一佛二菩萨	经泥装。残迹并风化裸岩	依原样修复性重装	结跏趺坐，左足在上

续表 6-1

龛所在位置		尺寸（厘米）	龛形	帐饰	流苏瑞兽（禽）	造像组合	泥装情况	主尊重装性质	主尊佛（菩萨）姿态特点
后壁	右龛	宽169.1 高203.7 深46.6	斜直凿进式方形龛口拱顶帐龛	龛楣之上壁面凿七佛龛并飞天		一佛二菩萨	经泥装，已大部残剥，可看作原石造像保存最好一例	依原样修复性重装	结跏趺坐，左足在上
	中龛	宽66.2 高209.1 深32.8	垂直凿进式双弧龛口平顶帐龛	垂帷		一立佛	经泥装，已脱剥		立像
	左龛	宽169.7 高206.4 深40.4	斜直凿进式圆拱梁龛口			一佛二菩萨	均经泥装。残剥严重	依原样修复性重装	结跏趺坐，左足在上
左壁	右龛	宽150.5 高186.0 深45.1	斜直凿进式方形龛口拱顶帐龛	三重（残）	龙首（残）	一佛二菩萨	均经泥装。右菩萨残，主尊和左菩萨泥装和泥装脱剥后石造像共存	依原样修复性重装	结跏趺坐，左足在上
	中龛	宽65.4 高204.7 深33.5	垂直凿进式尖券莲瓣弧龛口平顶帐龛	左右分束帐帷无帐饰（残）	与左右龛共用	一立佛	经泥装。但泥装大部脱落	依原样修复性重装	立像
	左龛	宽149.2 高187.5 深53.5	斜直凿进式方形龛口拱顶帐龛，后壁深弧	二重	龙首	一倚坐佛二菩萨	三像均经泥装。左菩萨泥装脱剥，上半身全露出石造原像	依原样修复性重装	倚坐佛

四壁与甬道地面相界处雕环窟宝装覆莲一匝，高约 10 厘米，右壁保存较好，余残。中心柱基座四角雕象首，之间雕香炉、伎乐、神王和供养人。

覆斗顶，四坡与第 45 窟同样，断面微呈垂弧。各坡间及坡与各壁间界刻方形斜枋和横枋。四坡原应有浮雕，仅与右壁相界处尚存飞天供养残迹，余皆残不可辨。（参见图 6-10）

右壁、中心柱四壁龛像均保存较好，后壁及其与左壁相连处风蚀最重，前壁虽也有风蚀剥落，但比第 45 窟情况稍好。原石造像遗存较多，晚期塑装复杂程度超过了第 45 窟诸龛像。

洞窟龛像亦遭烟熏。

二 中心柱

由基台、基座、柱身组成。（图 6-24 ~ 6-28、6-24A ~ 6-28A）

（一）基台

基台为方形矮台，四边长不等。

前壁。底长 220.4 厘米，高 13.3 厘米。居中长 155.0 厘米一段被凿去。

右壁。保存较好。底长 222.8 厘米，高 13.3 厘米。

后壁。与基座下底交界处稍残。底长 254.3 厘米，高 13.3 厘米。

左壁。保存较好。底长 224.3 厘米，高 13.3 厘米。

图 6-24　第 46 窟中心柱平面正射影像图
图 6-24A　第 46 窟中心柱平面线图

6-24

0 　　　　40cm

0 　　　　40cm

6-24A

（二）基座

基座方形，位于基台之上。四壁较基台收进。因基座壁面平整程度不一，收进尺寸不同：前壁约7厘米，右壁约8厘米，后壁约15厘米，左壁约7.6厘米。

四角跨面刻出完整象首，以象鼻为界略带收分。基座四面，即象首之间的壁面，通壁刻分上下栏并界栏，开小龛各五，剔地起凸雕香炉和伎乐（前壁）、神王（右、后壁）、供养比丘与供养人像（左壁），均香炉居中，其余各相向分列左右。（表6-2；图6-29A～6-32A、6-33～6-36）

表6-2　第46窟中心柱基座四壁浮雕信息一览表

位置	尺寸（厘米）	左右界	壁面浮雕内容				
			右2	右1	居中	左1	左2
前壁	下206.4 上190.4 高50.0	象鼻收分	拍腰鼓者	弹琵琶者	香炉	吹笙者（左侧吹笙者，右侧一童子侧耳倾听）	吹筚篥者
右壁	下205.2 上194.0 高50.3	象鼻收分	山神王	树神王	香炉	风神王	火神王
后壁	下224.4 上209.4 高50.0	象鼻收分	不明神王	河神王	香炉	不明神王	蛇神王
左壁	下209.1 上195.4 高50.0	象鼻收分	二女供养人	供养比丘	香炉	供养比丘，持曲柄香炉	二男供养人

前壁。保存基本完好。下底长206.4厘米，上底长190.4厘米，高50.0厘米。

左右浅雕象首并忍冬装饰。

象首间壁面，上栏高5.6厘米，下栏高8.0厘米；界栏宽4.5厘米；列龛高约34.9厘米，宽约25.2厘米，深3.4厘米。小龛内凿香炉和伎乐供养，居中龛内现为塑作香炉，其余4龛各塑左右相向伎乐供养（表6-2）。

石凿伎乐龛界栏多处残，有的以塑泥整补。从泥石衔接处可见，有的补泥脱落露出整补前石凿界栏残迹。泥塑的香炉和伎乐，塑作厚度均超过龛深，这一点在中心柱平面正射影像图中可以清楚地观察到。而局部塑泥脱落处可见补塑前已残的原存石造伎乐像。

塑装香炉、伎乐形态与第45窟差别较大。

右壁。下底长205.2厘米，上底长194.0厘米，高约50.3厘米。

左右均浅雕象首、忍冬，象首各口衔忍冬一枝。右侧象首顶残，下部有裂隙致忍冬与象鼻不完整。左侧象首眼、耳、牙、鼻均完好，刻画生动。

图 6-26 第 46 窟中心柱右壁正射影像图

图 6-25 第 46 窟中心柱前壁正射影像图

图 6-28　第 46 窟中心柱左壁正射影像图

图 6-27　第 46 窟中心柱后壁正射影像图

图 6-26A　第 46 窟中心柱右壁线图

图 6-25A　第 46 窟中心柱前壁线图

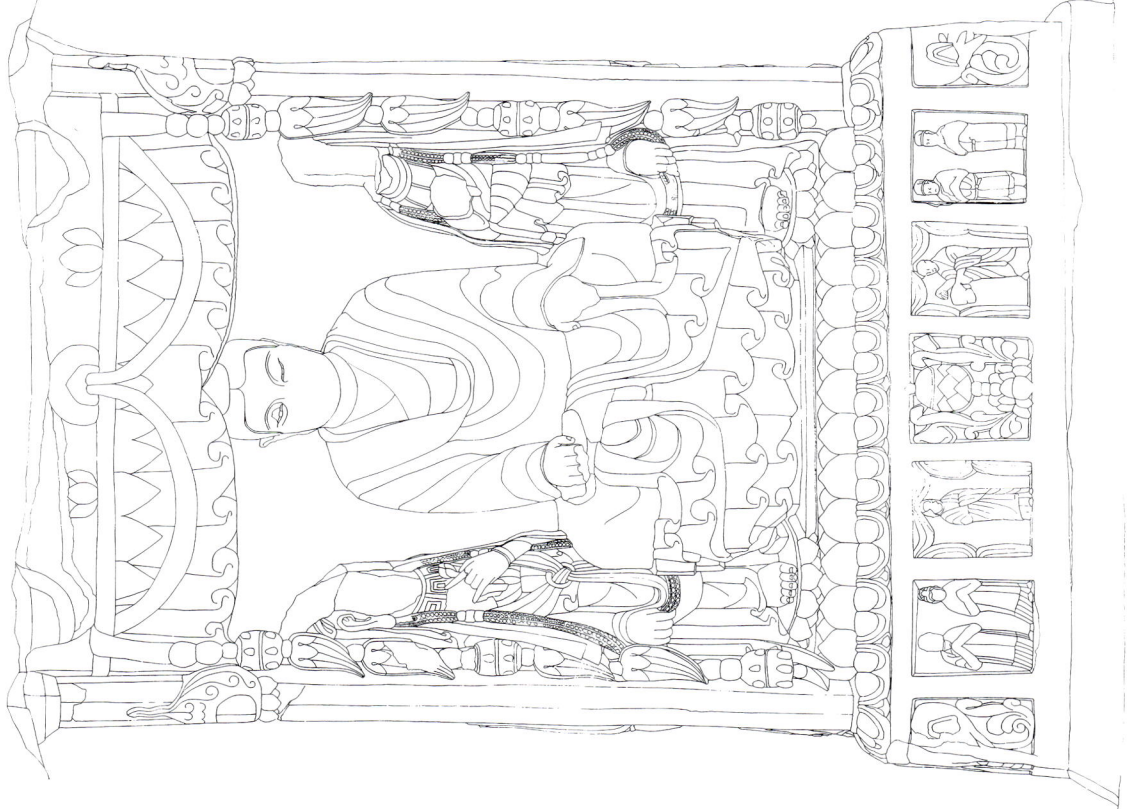

图 6-28A　第 46 窟中心柱左壁线图

图 6-27A　第 46 窟中心柱后壁线图

0   40cm

图 6-29A　第 46 窟中心柱基座前壁线图

0   40cm

图 6-30A　第 46 窟中心柱基座右壁线图

0   40cm

图 6-31A　第 46 窟中心柱基座后壁线图

0   40cm

图 6-32A　第 46 窟中心柱基座左壁线图

图 6-33　第 46 窟中心柱基座前壁照片

图 6-34　第 46 窟中心柱基座右壁照片

图 6-35　第 46 窟中心柱基座后壁照片

图 6-36　第 46 窟中心柱基座左壁照片

象首间壁面，上栏高 7.2 厘米，下栏高 9.3 厘米；界栏宽 5.9 厘米；列龛高约 31.7 厘米，宽约 27.2 厘米，深约 3.2 厘米，大小稍有差异。龛内高浮雕居中香炉和神王造像，均为原石造像，神王形态各异，未经塑装。

中龛，龛口上部稍残，内浮雕香炉。香炉鼓腹，短柄，圈足，炉盖羊角形（?），下有莲座相托，左右忍冬拥护。形式与第 45 窟基座香炉相类。

右 1 龛，内浮雕应为树神王。神王侧面向左，右腿曲拄立，左腿前盘，右手叉腰腿间，左手屈抬持握树状物。右下角一人，似侧身跪于低座上，姿态已不清。

右 2 龛，内浮雕应为山神王。神王蹲姿，持一山石状物。

左 1 龛，龛口上部和左侧稍残，内浮雕应为风神王。神王头被凿残，左腿残，大致姿态侧身面右，胡跪，手持一琵琶状风袋。

左 2 龛，内浮雕应为火神王。神王面残，坐于左下山岳旁，手持火焰云状物。构图饱满。

后壁。下底宽 224.4 厘米，上底宽 209.4 厘米，高 50.0 厘米。壁面有整体水平裂隙。

左右两侧浅雕象首、忍冬，仅深 0.5 厘米，与中间龛深对比明显，容姿刻画生动。左侧象首当象鼻处有一处横向裂隙。

象首间壁面，上栏高 7.1 厘米，下栏高 7.2 厘米；界栏宽 6.5 厘米；列龛高 33.0 厘米，宽 26.5 厘米，深度 2.0 ~ 3.6 厘米不等。龛内高浮雕居中香炉和神王造像。

中龛，基本居中，内浮雕博山香炉。香炉下为仰覆莲座，左右有四叶忍冬叶护持。

右 1 龛，内浮雕应为河神王[3]。神王面残，朝向左前，上披帛，下着短裤，右腿拄立，左腿盘曲，二足抵踵，作与鱼状物缠斗状。雕刻粗犷，人物身姿豪壮。

右 2 龛，内浮雕神王[4]着冠，披帛，双手合十，腆腹盘曲而坐。披帛带穿腋飘至肩后。亦豪壮。

左 1 龛，内浮雕神王[5]高鼻深目，面向右前，裸上身，上披帛，下着裙，左手拄置左膝，右手展开，腆腹盘曲而坐，坐姿同右 2。手残。身姿壮硕。

左 2 龛，内浮雕应为蛇神王[6]。神王似深目，面侧向左，身缠蛇形物，姿势雕刻手法同前。

壁面有整体水平裂隙。右侧第 1、2 栏间裂隙与之上宝装覆莲的右侧裂隙贯通，宝装莲泥皮脱落，见内部原凿莲瓣在泥装之前已残。左侧象首当象鼻处横向裂隙延续到左侧第 2、第 1 龛。此类水平裂隙非人力形成，应该是地震之类破坏力量所致。

左壁。下底长 209.1 厘米，上底长 195.4 厘米，高 50.0 厘米。

象首间壁面，上栏高 6.1 厘米，下栏高 9.3 厘米；界栏宽 5.9 厘米；列龛高 32.5 厘米，宽 26.4 厘米，深 3.1 ~ 4.1 厘米不等。龛内高浮雕居中香

[3]
《总录》（第 85 页）亦认为是河神王。
[4]
《总录》（第 85 页）亦认为是不明神王。
[5]
《总录》（第 85 页）亦认为是不明神王。
[6]
《总录》（第 85 页）亦认为是蛇神王。

炉和供养比丘与供养人像。

中龛，内浮雕博山香炉。香炉器、盖、足清楚，下承托仰覆莲，旁侧忍冬拥护。

右1龛，方形帐龛，龛口及龛左右垂帐帷各二垂，中浮雕一供养比丘。比丘着僧衣跣足立，僧衣一角外从左侧外翻下垂，手掩于衣下。僧首为后补塑。

右2龛，方形龛，内浮雕二女供养人。二人均着窄拢袖长裙，双手于胸前合十向中心供养。右者头被凿，左者面残，也为后来补塑者，但身、衣均原石雕作。

左1龛，帐饰同右1龛，内浮雕一供养比丘。比丘执持曲柄香炉，侧身侍立。

左2龛，龛形同右2龛，内浮雕二男供养人。二人均着窄袖胡服，下着裤，系带，足蹬靴，侧身拢袖拱手向中供养。头补塑，余均保存石凿原刻。补塑的头冠式样清楚。[7]

（三）柱身

基座之上宝装莲一匝。前长190.8厘米，高8.3厘米；右长195.8厘米，高10.1厘米；后长211.1厘米，高8.9厘米；左长94.3厘米，高8.7厘米。通体经重新塑装，局部装銮有脱落（参见基座后壁关于整体水平裂隙说明）。（图6-37～6-40）

莲座之上为柱身。柱身方形，转角为八边形火焰倚柱（图6-41）。倚柱下有八角柱硕，莲座和柱硕构成倚柱柱础；倚柱顶置栌斗，承托横枋并出头及来自窟顶四坡交界的斜枋。

倚柱底、顶有收分，中稍粗，似梭柱。大约当倚柱3/4高处，雕覆莲火焰宝珠。右前角倚柱高208.7厘米，础高8.9厘米，栌斗通高10.7厘米，

［7］
以上小龛供养人，大部保存原石雕，仅供养人头冠部分或因残而均经泥装。其供养人、比丘、香炉等内容和形象与本窟前壁窟门之上龛内的供养人、比丘、香炉乃至龛形龛饰基本相同，据此似可进一步确认，窟内所有龛均为统一营凿的。其是否是造窟施主留下的信息，值得考虑，而泥装之后的衣、冠，也为探讨泥装的时代提供了线索。

图6-37　第46窟中心柱柱身莲座右前角并倚柱柱础

图6-38　第46窟中心柱柱身莲座左前角并倚柱柱础

图6-39　第46窟中心柱后壁龛右倚柱柱础

图6-40　第46窟中心柱后壁龛左倚柱柱础

图6-41　第46窟中心柱柱身右前倚柱火焰柱头

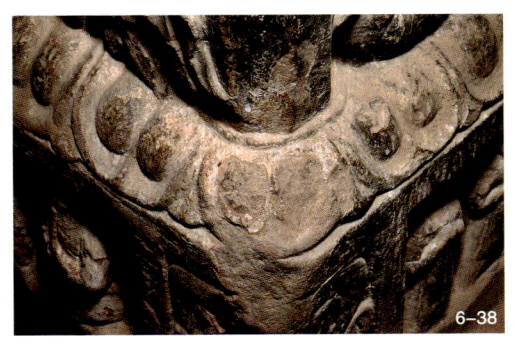

宽 19.2 厘米；右后角倚柱高 215.5 厘米，础高 8.0 厘米，栌斗通高 9.9 厘米，宽约 19.8 厘米；左后角倚柱高 211.8 厘米，础高 8.9 厘米，栌斗通高 10.8 厘米，宽约 18.5 厘米；左前倚柱高 208.3 厘米，础高 9.1 厘米，栌斗通高 13.7 厘米，宽 21.4 厘米。倚柱又同时为各壁面拱龛龛柱，均可见两面。椅柱边长约 5.8 厘米，各柱稍微有差。

倚柱间壁面各开一龛。龛内造一佛二菩萨组合造像。

1.前壁

壁面下宽 183.1 厘米，上宽 186.5 厘米，右高 285.9 厘米，左高 295.9 厘米。居中以斜直凿进式开凿拱龛，与倚柱莲花火焰宝珠相应一体构成火焰宝珠尖楣圆拱龛。（图 6-42）

龛口宽 161.7 厘米，龛高 171.7 厘米，后壁微弧，龛深 45.0 厘米。龛口圆拱凸起 2 厘米龛拱梁，其上龛楣高 28.5 厘米。龛楣上部横枋高 5.2 厘米。

1）龛楣上部造像、龛楣绘饰和倚柱装銮题记

龛楣上部造像。龛楣上部壁面居中雕趺坐于覆莲座上的佛像一尊，两侧由丰满忍冬拥护，使佛犹在龛内，佛左右两侧为飞天各一身。飞天左右列开三个处于覆莲座上的小拱龛，内各凿坐佛像一身。龛高约 21.0 厘米，宽约 10.1 厘米，小佛像坐高约 13.4 厘米。小龛和倚柱间壁面，凿四瓣花各一朵。飞天形象与第 45 窟窟顶浮雕飞天相似。全部造像均经泥装，佛的泥装式样类同第 45 窟各龛主尊泥装。（图 6-43）

龛楣绘饰。龛楣曾经绘饰。尽管烟熏严重，龛楣正中图案尚可稍辨，似为展翅金翅鸟。

倚柱装銮题记。倚柱也经装銮，各面平整，边界整齐。火焰宝珠头和倚柱下部残处见装銮不止一层，均极薄，质地坚硬。第一层红褐色细泥之上白灰地仗上施绛红彩，其上再曾施白灰彩饰。现图案色彩斑驳难辨。（图 6-44、6-45）

左倚柱抹斜面柱底起约高 143.3 厘米处有题记 1 则（图 6-46）。题记

图 6-42 第 46 窟中心柱柱身前壁拱龛龛楣遗迹

图 6-43　第 46 窟中心柱前壁龛楣上部居中坐佛和左右飞天遗迹　（居中佛身粉笔线为 20 世纪80 年代测绘时所留，可揣想当年测绘工作之艰难）

图 6-44　第 46 窟中心柱前壁右倚柱

图 6-45　第 46 窟中心柱前壁左倚柱

图 6-46　第 46 窟中心柱前壁左倚柱上部题记

墨书于前述下层绛红色柱面上，字迹清晰，内容为：

南京僧录司僧智□宣德二年[8]六月二十一日到寺记耳

2）龛内造像

龛内凿造一坐佛二胁侍菩萨三尊像，主尊坐佛连同须弥座上部台座经后世改凿、塑装、修复，二菩萨均经塑装，现部分泥皮脱落，呈现原造石像面貌。（图6-47）

主尊佛。结跏趺坐于束腰须弥座上，座下承以仰莲台。须弥座高40.5厘米。上台长 101.4 厘米，高 27.6 厘米；下台长 88.0 厘米，高 3.6 厘米；束腰长 68.0 厘米，高 8.8 厘米。上台塑装为覆盖在座上的带卷草纹饰带、

[8]

此题纪年在宣德二年（1427 年），比现在圆光寺诸碑所记圆光寺重兴年代正统十年（1445 年）早 18 年。参见本书第十章《结语》。

图 6-47　第 46 窟中心柱前壁龛内造像遗存整体情况

流苏的布帏[9]，与束腰相接处可触及塑泥与石作接口。仰莲台高 8.4 厘米，长 93.0 厘米。佛像坐高 122.9 厘米；肩宽 61.2 厘米，腰宽 31.0 厘米，跏坐膝间距 100.2 厘米，头高 38.9 厘米，宽 29.2 厘米；肉髻高 10.5 厘米；面高 21.5 厘米，宽 23.3 厘米。（参见表 6-2）

　　椎状高肉髻、螺发，小面，细腰，宽膝。[10]佛头、面塑装已残损不辨，额有白毫涂丹。双耳残剥处可见其内石像核。颈部塑出颈线。残部显示塑作精美。（图 6-48、6-49）

　　袒胸隆起，着袒右袈裟，绕缠胸腰，裹腿。佛衣饰赭色，腰际墨绘系带。二足交叉于裆部，右足置于左足之上，为藏传佛教金刚跏趺坐式。二手臂均残，残处以水泥填抹。右手似抚右足踝，作触地印（？），左手应掌心向上平置腿上。

　　佛像改凿、塑作、再修补重塑的遗迹复杂层叠。佛左肩臂、左腿和右腿脚部分，是在改凿石像上的塑装，其中左肩臂和左腿装銮的表面仍遗留沥

[9]
部分用蔓草纹饰，或可据以断代。
[10]
此正为藏传佛教造像的特点。

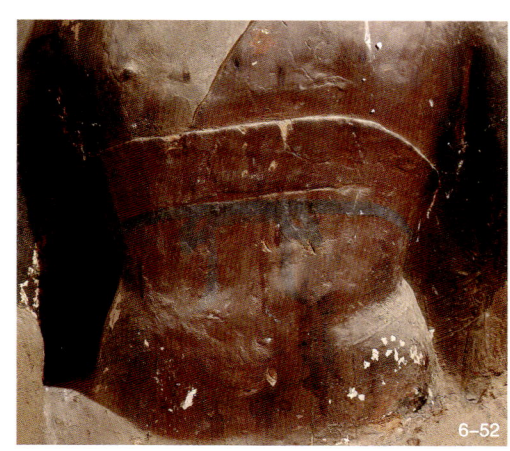

粉卷草纹饰缘的袈裟局部，右脚塑作泥装落处，可见经改凿的粗糙的右脚石坯、左脚则完全泥塑。右腿及膝部分（左膝盖残，但从残处遗痕知同右膝）、腰际、金刚跌坐腿间衣饰，均塑作。完成改作的佛像右腿连同其下同时塑作的须弥座流苏覆帏均超出中心柱前壁壁面。改凿像残后又经过再次修复补塑，现佛微隆起的胸部、佛衣诸部分可见清楚的补塑界线。补塑覆压了袈裟最上层赭色装彩。如上佛身不同时期改凿、装銮遗迹情况，也可通过主尊佛的正射影像图和线图的描绘分界看得十分清楚。（图 6–50～6–53）

佛身后龛后壁存就佛身刻划的圆形头光。龛背整体涂刷了一层水泥和白灰的混合砂浆[11]，似为遮盖遭熏黑的龛背。

右胁侍菩萨。立于自覆莲座上涌出、左右两侧衬以肥壮莲叶的带茎莲台上。莲台高 15.0 厘米。菩萨高 138.7 厘米；肩宽 24.3 厘米；头高 32.7 厘米，宽 29.4 厘米，面高 18.7 厘米，宽 17.8 厘米。（图 6–54～6–57）

菩萨经泥装。胸部以上泥装大部脱落，仅颈、冠带残存部分。从残处看，泥装甚薄，为按原凿石像形象稍事塑作。

菩萨头戴花蔓冠，保存较好，几乎没有任何风化。冠面中心莲花托火焰宝珠（宝瓶？），左右饰花朵，冠结带下垂至肩，部分塑装长至右小臂。面相饱满方圆，方颏广额，长弯眉，细目，面平鼻直，唇内收。耳贴腮下

图 6–48　第 46 窟中心柱前壁主尊佛头右侧细部

图 6–49　第 46 窟中心柱前壁主尊佛头肉髻螺发细部

图 6–50　第 46 窟中心柱前壁主尊佛改凿重装细部·突出中心柱前壁壁面的佛跌坐之腿、膝

图 6–51　第 46 窟中心柱前壁龛主尊佛座重塑细部

图 6–52　第 46 窟中心柱前壁龛主尊佛改凿重装细部·改细的佛腰和佛衣绘饰

图 6–53　第 46 窟中心柱前壁主尊佛改凿重装细部·佛衣沥粉贴金装銮

[11]
这一情况《总录》《图录》均未载。据须弥山工作人员介绍，龛背水泥涂抹的时间应在 1959 年寺口子水库完工到 1984 年开始科学整修工程之前的二十余年间。目前所见第 46 窟中心柱前壁的状况除经 1984 年以来整修工程中水泥护封之外，再没有改动和变化。

0   20cm

图 6-54　第 46 窟中心柱前壁龛右胁侍菩萨
正射影像图

图 6-55　第 46 窟中心柱前壁龛右胁侍菩萨
遗迹整体情况

图 6-56　第 46 窟中心柱前壁龛右胁侍菩萨
首与上半身

图 6-57　第 46 窟中心柱前壁龛内右胁侍菩
萨下身衣装及足下莲座

图 6-58　第 46 窟中心柱前壁龛右胁侍菩萨
头部右耳石作与泥塑细部

图 6-59　第 46 窟中心柱前壁龛右胁侍菩萨
原石作雕刻精美的手指细部

图 6-60　第 46 窟中心柱前壁龛右胁侍菩萨
衣饰塑装、彩饰细部

垂至颈。颈塑出线纹。（图 6-58）

　　双肩披帛，左披帛下搭左臂下垂至裙身再搭绕右腕飘垂至龛外。下着
及足面长裙，裙腰外翻。近佛左手屈抬至前胸，伸一指触垂自右肩的珠饰
璎珞；右手自然下垂握持璎珞，手残。（图 6-59、6-60）

　　耳戴珰接双联珠交叉穿壁式珠饰璎珞。胸部泥装残剥处近人以水泥护
封，项饰大部分仅露下缘一线。左手戴腕钏。璎珞、腕钏均按雕作原样塑
装为高凸双联珠间以较大珠花，残剥处露出石造璎珞，可见因雕与塑工艺

[12]
杨氏彩塑传人评价。

有别而致凸凹不同。

右足前伸，饱满丰润，稍塑薄泥，稍残。

左胁侍菩萨。亦立于两侧衬以肥壮莲叶的带茎莲台上，形式与右侧莲台同。莲台高 16.5 厘米。菩萨高 136.5 厘米；肩宽 43.0 厘米；头高 31.6 厘米，宽 35.0 厘米；面高 19.5 厘米，宽 18.3 厘米。（图 6-61～6-63）

经泥装。胸部以上大部脱落，面部呈现完全石作，且保存较好，仅颈、冠带存部分泥装。胸部以下泥装有残剥，可见泥装甚薄，基本按原凿石像形象塑作，但披帛衣裙有改作。与右菩萨一样，塑装泥皮薄而坚硬，细部保存好，塑装工艺水平高[12]。整个菩萨原石作与塑作遗迹斑驳共存一身。

菩萨头戴花蔓冠，冠面式样同右菩萨，塑装束冠花结并冠带下垂至肩。面相饱满方圆，弯眉、细目、鼻稍残，唇角内收，满面含笑。双耳贴颊下垂至颈。颈圆润秀美，塑出两层颈线。（图 6-64、6-65）

0　　20cm

图 6-61　第 46 窟中心柱前壁龛左胁侍菩萨正射影像图

图 6-62　第 46 窟中心柱前壁龛左胁侍菩萨整体遗存情况

图 6-63　第 46 窟中心柱前壁龛左胁侍菩萨足下莲座细部

图 6-64　第 46 窟中心柱前壁龛左胁侍菩萨原石作与泥装斑驳共存细部

图 6-65　第 46 窟中心柱前壁龛左胁侍菩萨头冠

图 6-66　第 46 窟中心柱前壁龛左胁侍菩萨细部

内衣不显，双肩披帛。左肩披帛包覆至左小臂，右肩披帛搭屈抬至胸的右臂，下垂绕裙身，由自然下垂体侧的左手提撩，帛尾飘垂龛外。[13] 右手持物。下着及足面长裙，裙腰外翻。（图 6-66）

未佩胸饰。自双肩垂挂穿壁式双联珠璎珞。泥装大半脱落，可见石作，知塑装完全依照原式，只是因雕、塑手法不同而致差别。戴圆环腕钏。

菩萨左足前伸，饱满丰润，稍塑薄泥，稍残。

二菩萨泥装后均经彩饰，衣裙衣缘、衣褶处残存彩装红、绿色。值得注意的是，二菩萨披帛尾均飘垂至龛外，覆压龛柱，最外彩装与倚柱最上层白灰地仗装銮层浑然相连，应是晚于倚柱题记的明宣德二年（1427 年）之后统一塑装彩绘装銮的遗迹。

2. 右壁

壁面下宽 178.7 厘米，上宽 181.6 厘米，右高 298.3 厘米，左高 281.6 厘米。倚柱[14] 间居中以斜直凿进式开拱顶帐龛，龛口平直，两角圆弧。龛口宽 134.8 厘米（龛口上部龛两侧壁间），高 162.6 厘米（自覆莲上皮至龛口上中心），深 39.1 厘米（参见图 6-26、6-26A）。帐龛上部横枋高 4.5 厘米。

1）帐饰

倚柱之间安置帐枋，长 136.7 厘米，高 4.7 厘米，与横枋之间帐拱高 26.4 厘米。帐枋四分，左右两端火焰宝珠式山花蕉叶高 15.4 厘米，山花蕉叶间刻出 3 件梯形构件，下抵帐枋，上微弯扣帐拱顶部，似某种帐构构件。在三件梯形构件之间，刻饰坐于低矮莲花上的佛（菩萨？莲花）4 组，其中居中两组大致轮廓稍清楚，其外轮廓处有因形绘饰的遗迹。（图 6-67、

[13]
因残，披帛塑装细部有残剥，披覆细节已不完整。
[14]
八角椅柱细部尺寸已见前中心柱柱身一节，今全略。下例同。

6-67

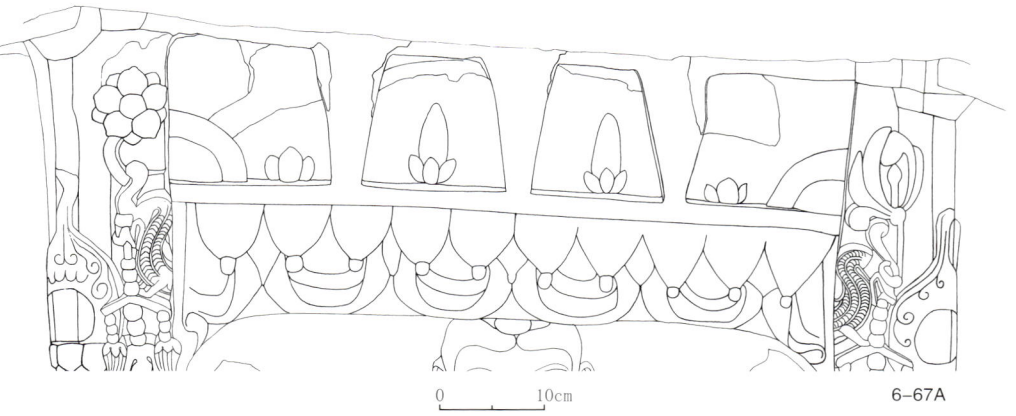

图 6-67　第 46 窟中心柱右壁龛帐饰正射影像图
图 6-67A　第 46 窟中心柱右壁龛帐饰线图

6–67A）

　　帐枋之下帐帷二重。第一重为局部重层、系珠、边缘稍弧的三角垂幧，下层为垂帷四弧并左右各半垂至龛口上沿。帐帏左右两侧隐出龙首，曲颈下弯，龙角婉转，张口衔组绶流苏，前伸一足作踏流苏状。左龙侧面，龙角外弯似孔雀冠。二龙首保存好、雕凿生动，流苏均高浮雕，局部透雕，组织构成虽简，形制大同小异。（图 6–68 ～ 6–71、6–72A、6–73A）

　　右流苏。长 191.2 厘米，下及宝装莲座。组织如次：

　　　龙首—组绶—三珠—磬（端系三珠并穗，覆压火焰柱头）—三珠—束尾莲穗—单珠—束尾莲穗—单珠—束尾莲穗—单珠—束尾莲穗—单珠—三瓣莲穗

末端三瓣莲穗长达 46.9 厘米，被龛内右菩萨披帛垂尾覆压。

　　左流苏。长 182.5 厘米，下及宝装莲座，组织与右流苏全同。流苏磬覆压火焰柱头，最末三瓣莲穗被左菩萨飘垂在龛外的帛尾覆压。

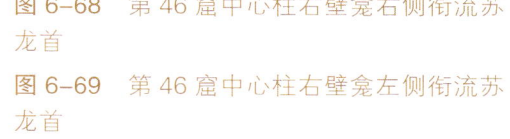
图 6–68　第 46 窟中心柱右壁龛右侧衔流苏龙首

图 6–69　第 46 窟中心柱右壁龛左侧衔流苏龙首

图 6–70　第 46 窟中心柱右壁龛右流苏

图 6–71　第 46 窟中心柱右壁龛左流苏

图 6–72A　第 46 窟中心柱右壁龛右流苏线图

图 6–73A　第 46 窟中心柱右壁龛左流苏线图

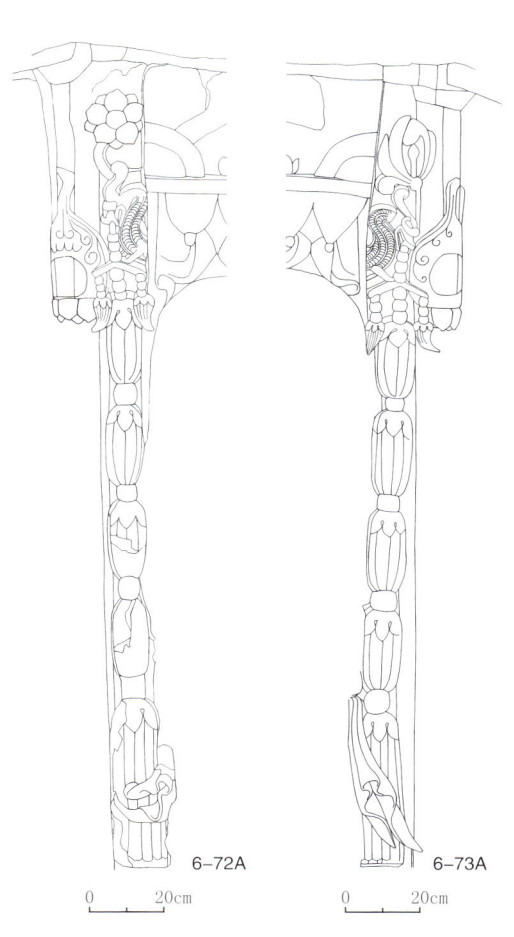

6–72A　　　　6–73A

0　　20cm　　　　0　　20cm

图6-74 第46窟中心柱右壁龛右流苏覆压关系细部

图6-75 第46窟中心柱右壁龛左流苏覆压关系细部

图6-76 第46窟中心柱右壁龛造像遗存整体情况

覆压关系均刻画清晰，表明该龛是经过整体设计雕凿完成的。（图6-74、6-75）

流苏经过薄泥装粉饰。

龙首之上、帐拱左右壁面，右刻带茎盛开莲花一朵，左刻带茎侧开莲花一朵，花瓣似忍冬。

2）龛内造像

龛内造一佛二菩萨三尊像，三像均经不同程度的重新塑装。二菩萨头残甚。（图6-76）

主尊佛。结跏趺坐于须弥座上，座下承以仰莲台，须弥座前被下垂佛衣覆盖，覆座衣纹刻出五重（参见图 6-26A 主尊），侧面可见须弥座式样。佛衣覆盖佛座样式同本窟四壁诸佛，只与第 45 窟诸佛佛衣覆座式样稍异。通高 165.4 厘米，坐高 114.5 厘米；肩宽 60.0 厘米，趺坐宽 84.7 厘米；头高 35.0 厘米，宽 33.1 厘米；面高 25.5 厘米，宽 24.6 厘米。

佛首、足、手经过泥装，佛身、衣经粉饰，基本为原雕凿者。（图 6-77）

佛首泥装，面相丰圆，肉髻低平，中塑出硕大髻珠，中分发髻。弯眉，鼓睑，目光下视，鼻下至颈残，右颊遭劈毁，残处现封以水泥（但仍可见是原石像泥装前已劈毁的残迹）。耳外扇。塑作式样和手法与第 45 窟泥装佛头不同。（图 6-78、6-79）

外披覆通肩式佛衣，内着僧祇支，内衣结带处塑出放射花瓣，上墨绘卷草缘饰（图 6-80、6-81）。佛衣领部被装绘成交领式样，因烟熏，已不清晰。胸、肩、臂佛衣雕出阶梯式平行衣纹。佛左腿裹衣，左足出露。泥装左足大趾残，可见残泥，与第 45 窟泥装材料相同。

左手叠于右手之上，平置左腿上，结定印。佛右臂腕佛衣部分可见墨绘填彩卷草衣缘绘饰，与腹部结带处绘饰纹样相同。佛衣肩部、衣褶处残留绛红色彩装痕迹。佛左腿薄泥装泥皮剥裂，露出底层石作原有的绿色彩装遗迹。（图 6-82、6-83）

图 6-77　第 46 窟中心柱右壁龛主尊泥装手、足

图 6-78　第 46 窟中心柱右壁龛主尊佛头

图 6-79　第 46 窟中心柱右壁龛主尊佛头

图 6-80　第 46 窟中心柱右壁龛主尊佛内衣结带处绘出的墨绘

图 6-81　第 46 窟中心柱右壁龛主尊佛衣缘墨绘

图 6-82　第 46 窟中心柱右壁龛主尊佛衣彩饰遗迹

图 6-83　第 46 窟中心柱右壁龛主尊佛膝部薄衣装下原石作造像的彩色装銮残迹

[15]
此概须弥山岩石极易风蚀，新旧间难以牢固连接所致。本窟此类情况更普遍。

右胁侍菩萨。侧身侍立于高 18.4 厘米带茎莲花座上，莲花、莲叶组织与前壁菩萨座类似。菩萨头部经泥装，面遭劈残（是泥装脱落后露出的早经凿劈的痕迹），头残部分比例表明，是原凿刻范围。残高 130.1 厘米；肩宽 36.4 厘米；头残高 30.5 厘米，宽 27.8 厘米。（图 6-84、6-85）

双耳外扇下垂至颈，戴珰，耳后冠带及肩臂。从残迹看，劈毁的面部经复原性塑装后再次坍落[15]。

内衣被屈抬至胸的左臂遮挡。双肩披帛，在肩部呈阶梯状衣纹，左披帛搭左臂绕下垂至裙身，由垂至体侧的右手持挽。屈抬至胸前的左手作握持璎珞状。下着裙，裙腰外翻，长及双足面。（图 6-86~6-89）

颈饰桃形项饰。项饰以双联珠为边界，中以竖向串珠分左右，界内花纹细部漫漶难辨。菩萨双肩刻半圆形环璧饰物，中出飘带双垂至肩臂（右肩刻画更清晰，长及小臂），并珠穗间串方、圆大珠的璎珞，在裙腰下交汇于方佩，分垂于裙身（左侧被佛腿遮挡，未刻出）。方佩之下部经过泥装，抹平无饰，而上部璎珞形态清晰。菩萨璎珞为高凸原石雕，珠穗纹样錾刻成型，琢磨细腻，中间方佩形、纹俱备，下部方、圆珠深刻

图 6-84 第 46 窟中心柱右壁龛右胁侍菩萨正射影像图

图 6-85 第 46 窟中心柱右壁龛右胁侍菩萨遗存整体状况

图 6-86 第 46 窟中心柱右壁龛右胁侍菩萨衣饰

图 6-87 第 46 窟中心柱右壁龛右胁侍菩萨衣饰

图 6-88 第 46 窟中心柱右壁龛右胁侍菩萨衣饰

图 6-89 第 46 窟中心柱右壁龛右胁侍菩萨衣饰

干净，形象清楚。[16] 手戴腕钏。左腕圆环腕钏泥塑。

二手经塑装，轻叩空荡有声。从右手残驳处知塑装依原样，且技艺高超，神形与原石作浑然一体。

裙下双足造作饱满，薄泥装。

从残剥处知，菩萨塑装与石作之间共有粉装灰皮层，说明塑装是局部修复性塑装，之后经过统一的装銮，可能还不止一次，最上层剥落的灰皮下，可见绿色彩装。这些情况也同时说明，局部塑装前，除面部劈残外，菩萨原造像整体保存状况不差。

左胁侍菩萨。侧身侍立于高17.0厘米带茎莲花座上，莲花、莲叶组织与右菩萨座同。菩萨头部经泥装，面遭劈残（应是泥装脱落后露出的早经凿劈的痕迹），头面之下尚基本保存原造像形态。残高138.4厘米；肩宽37.2厘米；头残高32.3厘米，宽28.0厘米。略高于右菩萨。残存塑装饱满的右耳垂和左侧贴颊下垂之左耳，耳后冠带垂至肩。（图6-90～6-93）

祖右斜着内衣，双肩披帛。左肩披帛小绕右臂，至左手腕后飘垂至龛外流苏尾。下着及足面长裙，裙腰外翻，衣纹转折刻画生动。右手屈抬至胸抚项饰，左手自然下垂持握环绕的披帛并璎珞（或桃形器物？）。右手

图6-92 第46窟中心柱右壁龛左胁侍菩萨足下座部分遗迹

图6-90 第46窟中心柱右壁龛左胁侍菩萨正射影像图

图6-91 第46窟中心柱右壁龛左胁侍菩萨遗存整体情况

图6-93 第46窟中心柱右壁龛左胁侍菩萨头左侧残迹

图 6-94　第 46 窟中心柱右壁龛右胁侍菩萨衣饰

图 6-95　第 46 窟中心柱右壁龛右胁侍菩萨衣饰

图 6-96　第 46 窟中心柱右壁龛左胁侍菩萨衣饰

图 6-97　第 46 窟中心柱右壁龛左胁侍菩萨衣饰

图 6-98　第 46 窟中心柱右壁龛左胁侍菩萨衣饰

重塑，左手仅薄泥塑装。（图 6-94～6-96）

项饰边缘联珠，中分界以竖向珠并系珠穗，内左右经塑装粉饰，花纹不显。与右菩萨相同，也从双肩飘垂下双层飘带并穿璧式珠穗璎珞，仅璎珞珠穗间珠、环佩细节稍异，并依造作式样薄泥装。（图 6-97、6-98）

双足饱满，稍经泥装。

从头残剥处知，菩萨塑装与石作之间共有粉妆灰皮层，说明局部塑装后经过统一的装銮，且也不止一次，尚有遗存彩装可见。同时说明，塑装前，原造像除首面遭劈残外整体保存状况较好。

龛内整体装绘。佛身后龛壁墨绘身光头光，在身光头光外绘饰云纹，虽熏黑严重，仍隐约可辨。右菩萨身后墨绘头光，头光外与佛身头光统一绘云纹。左菩萨身后同样墨绘头光，外绘云纹。（图 6-99、6-100）

此龛及造像，基本可看作是原开凿龛像遗存，其局部塑装与原石造像之间浑然一体，反映了晚期塑装与原造像的依存关系。其龛像关系的细部、造像的尺度和衣饰细部均值得注意。本龛主尊佛衣在本窟龛像中保存最完整，亦是此窟佛衣典型式样的代表。本龛菩萨珠穗璎珞用筒形工具錾刻，造作生动。而火焰柱、流苏之间的上下叠压，更十分清晰地反映出龛像整体凿造的情况。

图6-99　第46窟中心柱右壁龛内整体装绘
图6-100　第46窟中心柱右壁龛内整体装
绘细部

3. 后壁

后壁为中心柱风蚀最严重的一面，犹以顶部最烈。下宽192.0厘米，上宽约195.厘米，右高294.6厘米，左高297.9厘米。两侧八角倚柱同时为拱龛龛柱，均可见两面。横枋残灭。壁面居中斜凿式开龛。从残迹仍可大致看出原为左右倚柱火焰宝珠构成的尖楣圆拱龛。龛口宽169.5厘米，高185.1厘米，深33.5厘米，后壁弧形。龛口上部圆拱龛梁，高约11.3厘米，凸出龛楣约1.0厘米。龛楣上部残。龛形与正面相同，尺度大于正面，是中心柱各龛尺度最大一龛。（参见图6-27、6-27A；图6-101~6-104）

1）龛饰及倚柱装饰

龛外左右二倚柱曾经薄泥装。泥装的表面曾涂红色。自柱中部至火焰

柱头，在倚柱抹角面对称绘饰梵文真言。石柱梵文真言，其下的绘饰因遭烟熏，辨识不易。左柱正好相反，火焰珠真言梵字漫漶，其下绘饰保存清楚。梵文"六字真言"在柱面布局规整，其间用带茎莲花隔开，皆墨绘。龛梁龛楣对称墨绘出花草纹，龛口边缘绘有火焰纹，皆为墨笔勾勒，与龛内造像身光头光整体完成。（图 6-105～6-107、6-106-1、6-107-1）

2）龛内造像

龛内通龛凿仰莲台座，其上为一佛二菩萨三尊造像。莲座长 170.2 厘米，高 10.1 厘米。三像头部均遭凿残，从残迹知均经过塑作，但塑装已大部分坍落[17]。现除佛头部分发髻和佛的足、手以及菩萨冠带略存薄泥装外，遗存均为原石造像。佛与左菩萨所有残处，均被水泥抹封。

[17]
《图录》图 76，第 46 窟中心柱后壁，为 1984 年前后拍摄的画面，主尊泥装右眼尚完存。可见此后泥装继续坍落，至今额部已不完整了。

◀ 图 6-101　第 46 窟中心柱后壁龛遗存整体
情况

◀ 图 6-102　第 46 窟中心柱后壁龛遗存整体
情况

◀ 图 6-103　第 46 窟中心柱后壁龛左倚柱火
焰宝珠柱头

◀ 图 6-104　第 46 窟中心柱后壁龛右倚柱火
焰宝珠柱头

图 6-105　第 46 窟中心柱后壁龛龛楣整体
装绘情况

图 6-106　第 46 窟中心柱后壁龛右倚柱六
字真言装绘

图 6-106-1　第 46 窟中心柱后壁龛右倚柱
六字真言装绘细部

图 6-107　第 46 窟中心柱后壁龛左倚柱六
字真言装绘

图 6-107-1　第 46 窟中心柱后壁龛左倚柱
六字真言装绘细部

主尊佛。结跏趺坐于须弥座上。残通高 185.0 厘米（含座），坐高 130.1 厘米；肩宽 73.7 厘米，跌坐宽 106.1 厘米；头高 36.3 厘米，残宽 27.9 厘米；面残高 21.4 厘米，宽 20.0 厘米。为中心柱最大的佛像。（图 6-108）

佛头泥装，但正面全残至颈，仅存发、髻部分泥装，耳稍外翻下垂。（图 6-109、6-110）

斜着内衣，着通肩式袈裟。右手屈抬至肩，手掌屈指向外，左手扶裹衣左腿，左足掌心向上外露。覆座部分佛衣，经较轻微泥装，几近完全保存石雕原式，与右壁相同。佛衣也经墨绘添彩粉饰装銮，颈下胸前加绘交领；右肩部遗留清楚的墨绘卷草纹饰，图案风格与中心柱右壁同。（图 6-111～6-113）

图6-108　第46窟中心柱后壁龛主尊佛像

图6-109　第46窟中心柱后壁龛主尊佛头残迹

图6-110　第46窟中心柱后壁龛主尊佛头残迹

图6-111　第46窟中心柱后壁龛主尊佛上半身佛衣侧视

图6-112　第46窟中心柱后壁龛主尊佛衣加绘交领

图6-113　第46窟中心柱后壁龛主尊佛手泥装细部

0 —————— 20cm

图6-114 第46窟中心柱后壁龛右胁侍菩萨正射影像图

图6-115 第46窟中心柱后壁龛右胁侍菩萨遗存总体情况

图6-116 第46窟中心柱后壁龛右胁侍菩萨头冠残迹

图6-117 第46窟中心柱后壁龛右胁侍菩萨衣饰细部

图6-118 第46窟中心柱后壁龛右胁侍菩萨衣饰细部

右菩萨。侧身侍立于径36.2厘米、高8.8厘米的覆莲小座上。残高147.1厘米；肩宽41.3厘米；头残高33.7厘米，残宽29.5厘米；面残高18.2厘米，宽19.7厘米。面遭劈残，残存双耳饱满稍泥装，耳戴珰垂至颈。颈刻线。冠带自耳后自然垂褶轻软至肩，覆压在自肩出的飘带和璎珞之上。（图6-114～6-117）

双肩披帛，下着裙，左肩披帛过屈抬至胸的左臂下，绕裙身至右手腕，飘垂覆压在龛柱之上。裙斜系，裙腰外翻，长及双足面。裙、裙腰衣纹转折自然，从下部衣纹看，裙中分裹身。右手自然下垂，握持一器物，刻画细致，应为袋状物[18]，左手臂塑装（图6-118）；右手为原雕造，饱满生动。

项饰，以二线刻画缘边和纹饰，较右壁菩萨稍简。肩部刻半月璧，胸前垂挂双联珠间大珠璎珞并及肩臂飘至龛外的飘带。（参见图6-115）

裙下双足雕凿饱满。

左菩萨。侧身侍立于直径约38.5厘米、高8.7厘米的俯莲座上。面全残，残面之上遗存晚期覆积的粗泥。残高143.4厘米；残肩宽41.8厘米；头高34.3厘米，残宽29.3厘米。双耳饱满下垂至颈，残。耳后冠带垂至肩。（图6-119～6-121）

菩萨衣、披帛、佩饰、璎珞、飘带转折、垂落的形式，与右菩萨几乎

[18]
参见本书第五章注[23]。

图 6-119　第 46 窟中心柱后壁龛左胁侍菩萨正射影像图

图 6-120　第 46 窟中心柱后壁龛左胁侍菩萨遗存整体情况

图 6-121　第 46 窟中心柱后壁龛左胁侍菩萨头冠残迹

图 6-122　第 46 窟中心柱后壁龛左胁侍菩萨衣饰细部

图 6-123　第 46 窟中心柱后壁龛左胁侍菩萨衣饰细部

完全一样。菩萨裙亦中分。惟左菩萨屈抬至胸的右手遭凿残，左手自然下垂体侧持握璎珞，与右菩萨稍异。（图 6-122、6-123）

　　龛内整体装绘。佛身后有两层头光、身光。下层可见正圆，上层重新墨绘者拱圆。新墨绘者与倚柱、龛楣墨绘统一营作。右菩萨墨绘头光存，两层，情况同佛头光身光。左菩萨有头光，情况亦同右菩萨和主尊佛。（图 6-124）

　　中心柱后壁龛造像，塑装部分均是修复性的，即塑装前已凿残。且凿痕为自上而下劈毁形成。塑装修复后，再经过统一（不止一次）装銮。

图 6-124　第 46 窟中心柱后壁龛内至少两次整体装绘遗迹

3. 左壁

壁面下宽 181.2 厘米，上宽 185.7 厘米，左高 285.8 厘米，右高 279.6 厘米。壁面上大下小，倚柱间开斜直凿进式拱顶帐龛。方形龛口，宽 138.5 厘米，高 172.3 厘米，深 44.0 厘米，龛后壁微弧。左右倚柱与窟顶交界处残毁，横枋残灭。（图 6-125）

1）帐饰

龛口帐幕两分式。帐枋长 158.2 厘米，高 4.8 厘米。帐枋之上的帐拱顶只残留部分，残高 13.4 厘米。帐枋上部两端饰火焰宝珠，左右均残，左者稍好，中间亦饰火焰宝珠，珠两侧雕莲花各一组。从火焰宝珠引出组绶二弧，从帐枋端部翻绕折下悬系龛两侧流苏。流苏垂挂方式为第 45、46 窟全部帐龛中仅有，其与帐枋及其下帐幔的关系刻画清楚。帐枋下帐饰简，共三层，第一层为单层三角帷幔，下层为自中心左右卷折的帷幔，帷幔之上为前述从火焰宝珠下垂的悬系流苏的组绶。（图 6-126、6-127、6-127A）

右流苏。长 168.0 厘米，下至龛内通龛仰莲座（图 6-128、6-130A）。组织如次：

　　　组绶—三珠—铃—单珠—桃形穗（尾向龛外）—单珠—桃形穗（尾向龛外）—双珠—铃—单珠—桃形穗（尾向龛外）—单珠—桃形穗（尾向龛外）—双珠—铃—单珠

6-125

6-126

图 6-125　第 46 窟中心柱左壁龛遗存整体情况

图 6-126　第 46 窟中心柱左壁龛帐饰

图 6-127　第 46 窟中心柱左壁龛帐饰细部正射影像图▶

图 6-127A　第 46 窟中心柱左壁龛帐饰细部线图▶

图 6-128　第 46 窟中心柱左壁龛右流苏▶

图 6-129　第 46 窟中心柱左壁龛左流苏▶

图 6-130A　第 46 窟中心柱左壁龛右流苏线图▶

图 6-131A　第 46 窟中心柱左壁龛左流苏线图▶

6-127

0　　　20cm

6-127A

0　　　20cm

6-128

6-129

左流苏。长 171.3 厘米。组织与右相同（图 6-129、6-131A）：

组绶—三珠—铃—单珠—桃形穗（尾向龛外）—单珠—桃形穗（尾
向龛外）—双珠—铃—单珠—桃形穗（尾向龛外）—单珠—桃形穗（尾
向龛外）—双珠—铃—单珠

与中心柱右壁并其他诸龛种种细节一样，流苏与倚柱、菩萨披帛之间
彼此叠压，展示出整体营凿的丰富细节。

2）龛内造像

通龛凿长 151.3 厘米、高 9.5 厘米仰莲一层，上承一佛二胁侍菩萨三
尊像。佛身占整个龛口尺度的 2/3，菩萨侍立于佛膝后。同中心柱前述各龛，
三像亦经不同程度泥装。均有残，两菩萨首残没。（图 6-132）

主尊佛。结跏趺坐于须弥座上，头部泥装。通高 173.5 厘米，坐高
120.6 厘米；肩宽 63.2 厘米，跌坐宽 92.8 厘米；头高 37.7 厘米，宽 30.7 厘米；
面高 26.7 厘米，宽 22.8 厘米。

面相方圆，发髻中分，肉髻低平，前塑出硕大髻珠，眉弓高弯，形式
同中心柱右壁龛主尊佛[19]。塑装右耳外扇，左耳塑装残，露原石造像，
耳贴颊下垂。眼下部分面残。（图 6-133）

着通肩式佛衣。佛衣式样、披覆须弥座的方式、保存精美的石造像原
式，同中心柱右、后壁坐佛。项下也加绘交领，遗迹清楚。佛衣腹部墨绘
卷草文，也与前述中心柱诸佛衣饰同。佛左右腿裹覆佛衣，左足出露。右
手抚左足心，左手抚左腿。（图6-134～6-136）

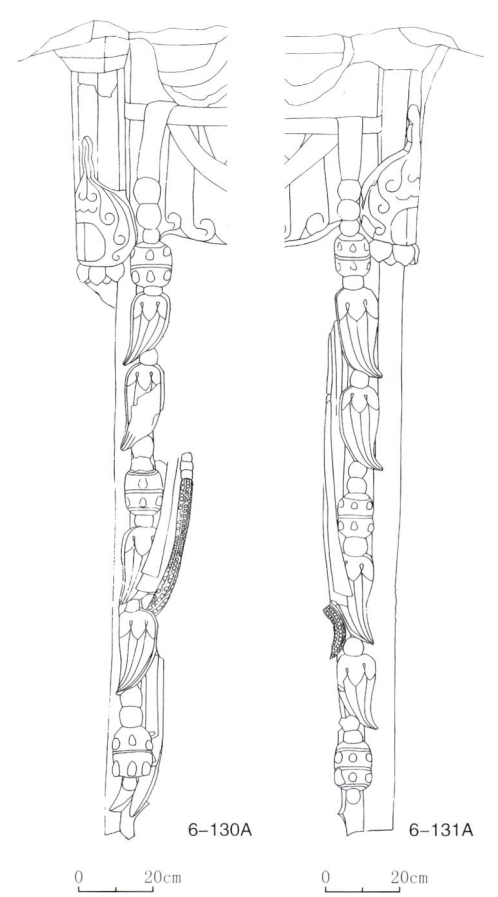

6-130A

6-131A

0　　　20cm

0　　　20cm

[19]
应为同时泥装者，且或出于同一人之手。

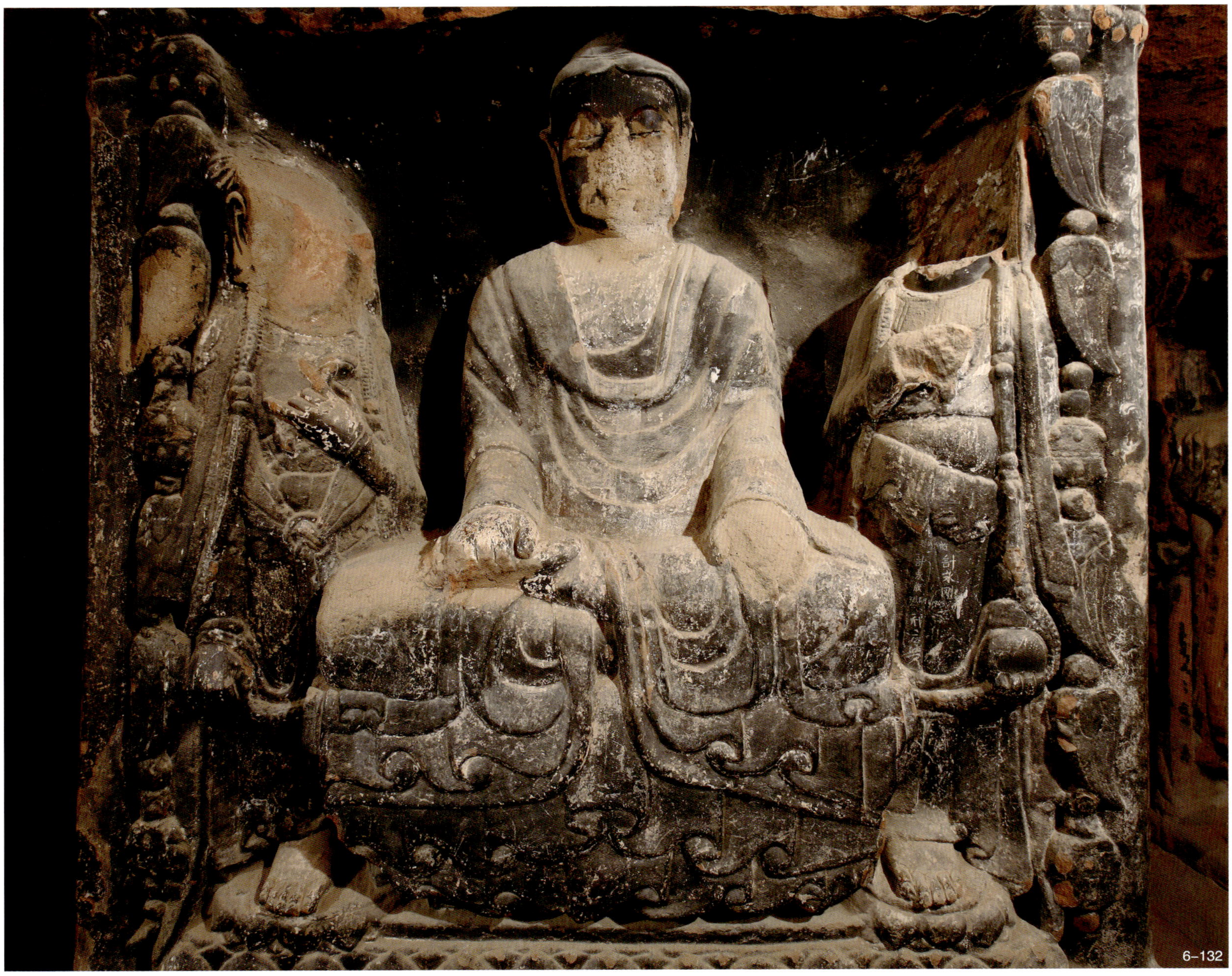

6-132

6-133

6-134

6-135

6-136

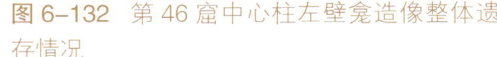

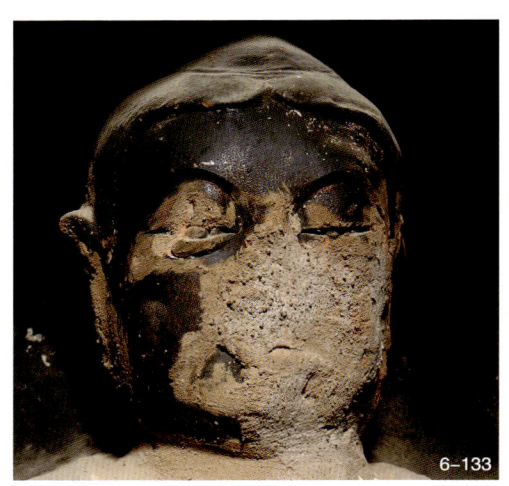

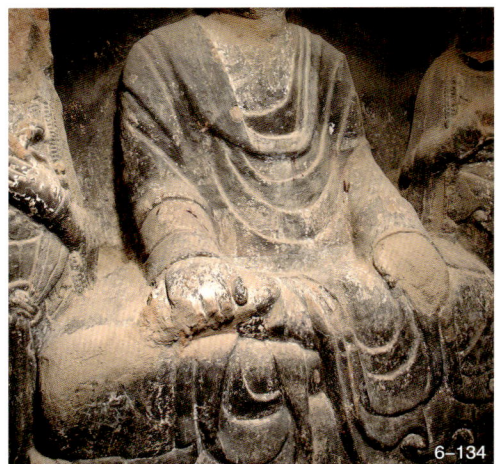

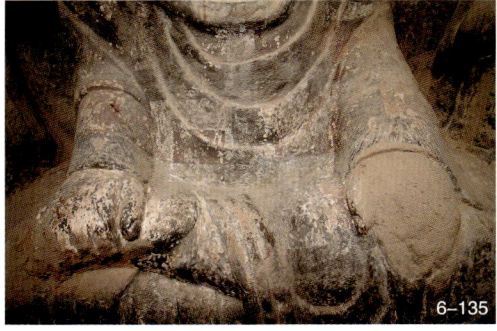

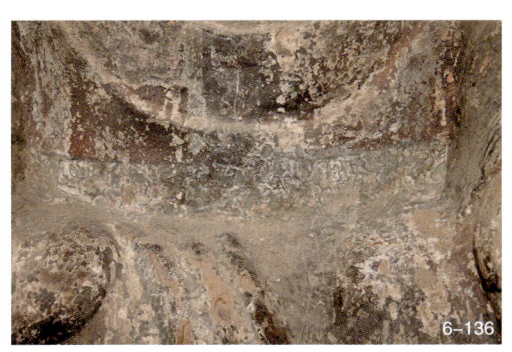

图 6-132　第 46 窟中心柱左壁龛造像整体遗存情况

图 6-133　第 46 窟中心柱左壁龛主尊佛头残迹

图 6-134　第 46 窟中心柱左壁龛主尊佛衣

图 6-135　第 46 窟中心柱左壁龛主尊佛衣装绘

图 6-136　第 46 窟中心柱左壁龛主尊佛衣装绘卷草纹

图 6-137　第 46 窟中心柱左壁龛右胁侍菩萨正射影像图

图 6-138　第 46 窟中心柱左壁龛右胁侍菩萨遗存整体情况

图 6-139　第 46 窟中心柱左壁龛右胁侍菩萨头残迹

图 6-140　第 46 窟中心柱左壁龛右胁侍菩萨足下部分遗存情况

图 6-141　第 46 窟中心柱左壁龛右胁侍菩萨衣饰细部

图 6-142　第 46 窟中心柱左壁龛右胁侍菩萨衣饰细部

图 6-143　第 46 窟中心柱左壁龛右胁侍菩萨衣饰细部

右菩萨。侧身侍立于径 31.7 厘米、高 7.4 厘米俯莲小座上，前伸一足，大半身隐于佛身后。残高 133.0 厘米；肩宽 33.0 厘米；头高 31.8 厘米，宽 28.9 厘米。面遭劈毁，颈亦残。仅残存泥补装之后的耳和束冠之花结及垂至肩的冠带。（图 6-137 ~ 6-140）

斜着内衣，双肩披帛于腰腹中部穿璧交叉，一搭右手背飘垂龛右流苏之下，一穿璧后隐于佛身之后。下着及足面长裙，裙腰外翻。左手屈抬至胸，持一带茎莲蕾，右手自然下垂提挽绕腕长璎珞，右手、左手及所持花蕾依据原样泥装。（图 6-141 ~ 6-143）

桃形项饰，砑刻繁复，惜已漫漶。自左右肩部双垂长及小臂叠压龛外流苏的飘带，并前挂束珠穗界以大珠长璎珞。左手戴单环腕钏。

裙下前伸右足饱满，稍塑装，左足塑出一角。

0　　　20cm

0 ____ 20cm

图 6-144　第 46 窟中心柱左壁龛左胁侍菩萨正射影像图

图 6-145　第 46 窟中心柱左壁龛左胁侍菩萨遗存整体情况

图 6-146　第 46 窟中心柱左壁龛左胁侍菩萨足下莲座遗迹

图 6-147　第 46 窟中心柱左壁龛左胁侍菩萨衣饰细部

图 6-148　第 46 窟中心柱左壁龛内整体装绘遗迹

[20]

种种遗迹已表明，第 46 窟是整体营凿的。塑装遗迹也表明，之后的修复性塑装也大约同时进行。

左菩萨。侧身侍立佛身后，足下俯莲座径 29.0 厘米、高 7.8 厘米。菩萨头自颈部以上被凿没，凿口凿迹轮廓平整，应为人为盗凿，仅头左侧及肩冠带存。残高 140.9 厘米（自覆莲座上面及至菩萨残头部轮廓上皮），肩宽 33.8 厘米。颈下部尚存塑装痕迹。（图 6-144～6-147）

菩萨身姿、衣、饰、手、足均基本同右菩萨，惟右手持物与右菩萨不同，似为帛帕，左手持帛带及其与龛外流苏相互叠压关系，亦与右菩萨同。

龛内整体装绘。佛身后存龛后壁和龛顶贯通墨绘头光、身光，也至少有前后两重，惜烟熏严重已难辨明。右、左菩萨身后亦墨绘头光，同佛身头光情况。（图 6-148）

本龛龛像，不论石造像还是局部泥装，均与中心柱右壁相似，特别是塑装的佛首、菩萨手足、璎珞细部手法，具有一致性，且与石作浑然天成，表明不仅统一营凿，而且装修两龛的塑作匠师，即便不是同一人，至少也秉承相同的工艺技术和训练传承。[20]

三　洞窟前壁

1. 总述

壁面与顶界基本清晰，只表面风蚀较甚。壁面与地面连接处，门左右残甚，与左、右壁交界处仍保存原始地面和清晰的转角。（图 6-149、6-149A）

图 6-149　第 46 窟洞窟前壁正射影像图

图 6-149A　第 46 窟洞窟前壁线图

图 6-150　第 46 窟洞窟前壁整体设计营凿细部

图 6-151　第 46 窟洞窟前壁整体设计营凿细部

壁面底长 405.8 厘米，顶长 411.8 厘米，右高 235.0 厘米，左高 232.7 厘米。与窟顶界横枋长 389.8 厘米，高 6.3 厘米。窟门内宽 142.9 厘米，高 216.9 厘米。窟门洞顶部被凿，左右侧壁经草泥重装等遗存、题记已在窟外遗迹中叙述[21]。

窟门左、右壁面各凿一帐龛，帐帏、帐饰繁简稍有不同。窟门之上是可看作一龛的三个帐形小列龛。遗迹关系显示此壁三龛与窟门经整体设计、统一营凿。（图 6-150、6-151）

2. 窟门右侧龛

1）帐龛帐饰

斜直凿进式拱顶帐龛。龛口圆拱形（与帐帏适形），后壁稍深入。龛口宽 114 厘米（龛口上部左右侧壁间距），高 189.3 厘米（据右菩萨所立莲台表面起算至龛正中最高点），深 40.0 厘米。龛口宽度尺寸嫌小。（图 6-152）

横枋下与帐枋之间为高 14.9 厘米帐拱。帐枋长 133.7 厘米，高 6.9 厘米。其上两端雕火焰珠式山花蕉叶，居中火焰宝珠，其两侧饰小珠花，再左右为梯形构件承托装饰帐拱，右侧残。帐顶与装饰及帐构残蚀较重，后人封以水泥。

帐枋下为由中心左右卷垂的梯形帐帏，高 24.5 厘米，下宽 116.4 厘米，上宽 98.9 厘米。自帐帏后隐出二龙首，于帐枋下张牙舞爪，口衔组绶串珠流苏。（图 6-152、6-153、6-153A、6-154、6-155）

右流苏。自龙首顶至通龛的仰莲座上，计长 206.6 厘米，保存完好（图 6-156A）。组织如次：

龙首—组绶—三珠—磬（端系三珠并缨穗。右端及三珠缨穗搭在左壁第三龛左流苏上）—三珠—束尾莲穗—单珠—束尾莲穗—单珠—

[21]
参见本书第 220 ~ 221 页。

图 6-152 第 46 窟洞窟前壁右龛遗存整体情况

图 6-153　第 46 窟洞窟前壁右龛帐饰正射
影像图

图 6-153A　第 46 窟洞窟前壁右龛帐饰线图

图 6-154　第 46 窟洞窟前壁右龛衔右流苏
的龙首

图 6-155　第 46 窟洞窟前壁右龛衔左流苏
的龙首残迹

图 6-156A　第 46 窟洞窟前壁右龛衔右流苏
线图

图 6-157A　第 46 窟洞窟前壁右龛衔左流苏
线图

6-153

0　　　　　25cm

6-153A

0　　　　　25cm

6-154

6-155

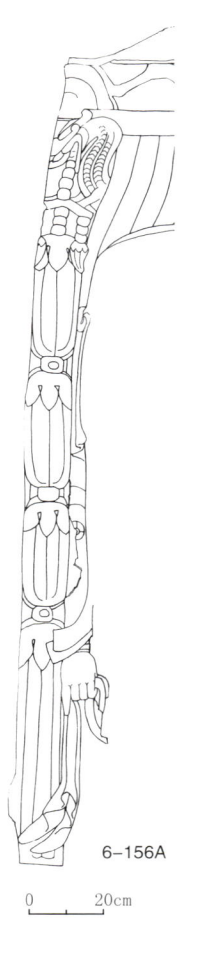

6-156A

0　　20cm

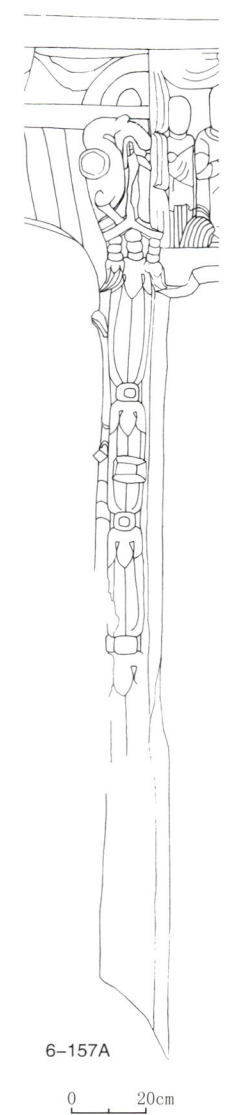

6-157A

0　　20cm

束尾莲穗—单珠—三瓣莲穗（长）

　　左流苏。下端残，自龙首顶计残长约 182.0 厘米（图 6-157A）。组
织如次：

龙首—组绶—磬（端系三珠并缨穗，左端覆压在小龛右龛框）—
三珠（残）—束尾莲穗—单珠—束尾莲穗—单珠—束尾莲穗—单珠—
三瓣莲穗（长，下残）

龙首颈后凿一圆形孔洞，直径 6.7 厘米，距地 214.9 厘米。倒数第二
束尾穗偏下部凿灯龛，扁方形，宽 9.0 厘米，高 6.5 厘米，深 7.5 厘米；距
莲花上皮 120.0 厘米，距地 134.5 厘米。

右流苏和左壁左龛左流苏犬牙交错，左流苏与前壁小龛右龛框相覆压，
是洞窟整体开凿之又一例。

2）龛内造像

龛内凿通龛仰莲座，仅右菩萨足下局部存，内凿一佛二菩萨。因龛口小，
造像尺度显小巧。三像均经泥装，脱落留存情况不同。

主尊佛。结跏趺坐于须弥座上，座下部残侧面可见，座前被佛衣覆盖。
佛曾经泥装，现除头部稍存外脱落殆尽，故可看作表面风化的原石造像。
通高 189.4 厘米，坐高 126.4 厘米；肩宽 55.4 厘米，趺坐宽 99.7 厘米；头
高 40.3 厘米，宽 28.1 厘米；面高 24.9 厘米，宽 23.8 厘米。佛几乎占据龛
面全部空间（龛口宽 114 厘米），肉髻部分残存的泥装直抵龛顶，菩萨下
半身被遮于佛膝后，仅露一足。

面相方圆饱满，高髻泥装。方颏广额，高眉弓，大眼（局部遭凿毁），
直鼻，双唇紧闭含笑，双耳贴颊下垂，耳垂圆润，下颏饱满。颈浑圆适中。
（图 6-158、6-159）

着通肩披覆式袈裟，下摆覆座前。佛衣虽风化，披覆、层次形式清楚。
佛右手抚覆裹佛衣足面向上出露之左足。左手掌心向上摆置于左腿之上作
定印。（图 6-160）

图 6-158　第 46 窟洞窟前壁右龛主尊佛头
正视
图 6-159　第 46 窟洞窟前壁右龛主尊佛头
侧视
图 6-160　第 46 窟洞窟前壁右龛主尊覆座
佛衣

[22]
由《图录》图 85、86 可见，此菩萨头部、颈下项饰存泥装较现在为多。

图 6-161　第 46 窟洞窟前壁右龛右胁侍菩萨正射影像图

图 6-162　第 46 窟洞窟前壁右龛右胁侍菩萨整体遗存情况

图 6-163　第 46 窟洞窟前壁右龛右胁侍菩萨整体遗存情况

图 6-164　第 46 窟洞窟前壁右龛右胁侍菩萨现状

图 6-165　第 46 窟洞窟前壁右龛右胁侍菩萨老照片

图 6-166　第 46 窟洞窟前壁右龛右胁侍菩萨右侧面

右菩萨。立于莲座上，露一足，从残迹看，曾经泥装，80 年代初尚存较多[22]，现基本剥落，存者基本为原石造像，与佛像一样可看作石作范例。高 160.3 厘米；肩宽 30.4 厘米；头高 33.0 厘米，宽 27.4 厘米；面高 20.0 厘米，宽 17.5 厘米。尺度小巧。（图 6-161 ~ 6-165）

面相方圆饱满，发际方圆，戴花冠，冠面风蚀，左右束冠花结，冠带垂至肩。左冠带处已剥离分层，随时有脱落之虞。菩萨弯眉、细目、睑微鼓，直鼻，唇饱满分明，唇角内收，面容庄严静美。双耳贴腮下垂。颈圆秀。（图 6-166）

菩萨内衣不显，被上抬于胸前的左手遮挡。腹部微鼓，着及足面长裙，裙腰外翻。左右肩披帛，右者入裙，左肩披帛绕过左臂下绕过裙身由自然垂于体侧之右手提挽，飘垂至龛壁和龛外流苏之上。右手饱满曼妙，挽帛姿态刻画生动。左手持一物，应为莲蕾。

宽大桃形项饰，边缘线脚分明，素面无刻纹。前引《图录》第八六图

0 ____ 20cm

6-167

[23]
菩萨全高已不可测，参考其右菩萨仰莲台以上至菩萨残头顶约158.0厘米。

图 6-167　第46窟洞窟前壁右龛右胁侍菩萨足下残迹

图 6-168　第46窟洞窟前壁右龛左胁侍菩萨正射影像图

图 6-169　第46窟洞窟前壁右龛左胁侍菩萨遗存整体情况

图 6-170　第46窟洞窟前壁右龛左胁侍菩萨裙腰以下残迹

中，菩萨项饰上缘被泥装成如意项圈，与原石作趣味大异（参见图6-165）。双耳垂耳珰，自双耳珰垂挂长璎珞由束珠穗间以大珠，高凸于身。自右耳部与其伴垂之飘带，下及右腕，绕飘至龛外流苏最后三瓣莲穗之上。佩臂钏、腕钏。

足残。（图6-167）

左菩萨。经泥装，头残，胸颈部分存部分泥装。下半身隐于佛膝之后，雕出部分腹部以下包括垂于身侧的左手、臂均残，裙腰以下残没不可辨。残高约158.0厘米[23]，比右菩萨为低；肩宽35.1厘米；头残高30.4厘米，宽25.5厘米；面残高17.7厘米，宽16.3厘米。（图6-168、6-169）

面目劈毁，颈部存少量泥皮。残存塑装冠带及肩。双耳垂存，原应与右菩萨一样悬系璎珞处被塑装为自耳下垂的层层发辫。发辫发纹编结清晰生动，至肩下即残剥，露出石作璎珞，与右菩萨璎珞式样相同。项饰如意桃形，塑作华丽。项饰以下部分为石原雕，可见菩萨双肩披帛、腰裙外翻、璎珞等衣饰形态，同右菩萨。右手曲抬于前胸，持莲蕾，戴腕钏。左手下垂至体侧持一桃形法器，手形迹难辨。（图6-170）

泥装与石作残迹显示菩萨头部塑装前已遭劈残。泥装项饰、发辫及部分冠带塑泥与第45窟塑装菩萨相类。

龛内整体装绘。现佛后龛壁熏黑、剥蚀较重，残存佛曾泥装的印迹及墨绘的身光、头光痕迹。右菩萨身后龛壁残剥，头光遗迹不多。左菩萨身后残存头光痕迹。（图6-171、6-172）

6-168

0　　20cm

6-169

6-170

图 6-171　第 46 窟洞窟前壁右龛内整体装绘
图 6-172　第 46 窟洞窟前壁右龛整体装绘
残迹细部

2. 窟门左侧龛

1）帐龛帐饰

斜直凿进式拱顶帐龛。所在壁面下部残剥严重，与地面连接处尤甚。据存在的遗迹推量，龛口宽 125.8 厘米，高约 190.6 厘米，深 40.9 厘米，龛口稍弧拱（亦与帐帷适形）。龛面小。（图 6-173）

横枋与帐枋之间的龛顶沿轮廓残剥严重，略存高 14.0 厘米。帐枋长 139.3 厘米，高 6 厘米，上饰火焰宝珠式山花蕉叶，并中央火焰宝珠。中央宝珠左右为梯形帐构。帐枋下为与右龛相似的帐帷，由中央向两侧卷垂，形成龛口轮廓，下缘稍风蚀。帐帷于龛口左右分三段绾结收束垂下形成"流苏"：其左者，结带清楚；其右者，因风蚀，大约可见第一结带痕，下残剥。（图 6-174、6-174A）

图 6-173　第 46 窟洞窟前壁左龛遗存整体情况

0　　　　25cm

6-174

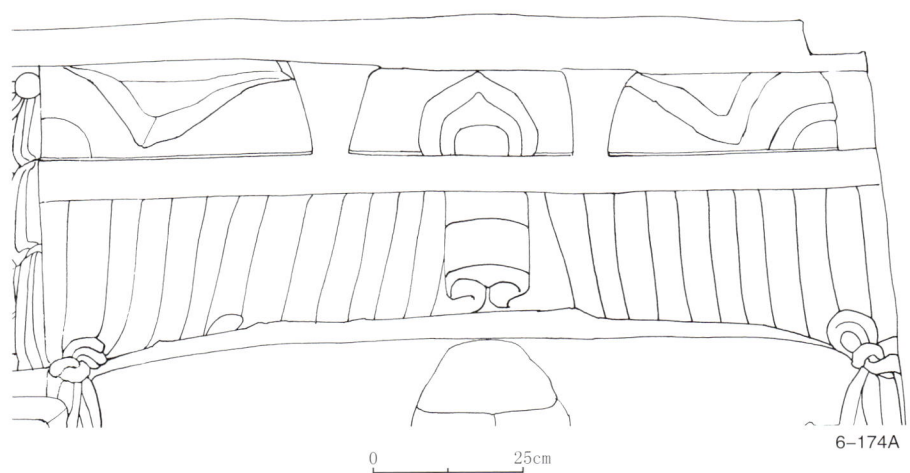

0　　　　25cm

6-174A

帐枋、收束垂帷与小龛左龛框、龛内菩萨帛带均互有叠压细节。

2）龛内造像

龛内造一佛二菩萨三尊像。佛占龛面大部分空间，菩萨露单足侧身侍立。三像均经塑装，但大部脱落。

主尊佛。结跏趺坐。通高 187.7 厘米，坐高 131.1 厘米；肩宽 68.5 厘米，趺坐双膝最宽处 104.5 厘米（龛宽 125.8 厘米）；头高 39.1 厘米，头宽 26.7 厘米；面高 21.4 厘米，面宽 20.7 厘米。为诸佛佛头比例最小的一尊。

圆平肉髻，方颊广额，高眉骨，深目之鼻（残），唇角内收，面带笑意。双耳贴颊下垂，下颏饱满，稍残。颈圆润。（图 6-175）

身着通肩式佛衣，左腿裹衣，左足足心向上露。佛衣下摆覆须弥座前，风蚀残甚，仅见衣纹痕迹。左腿上下存少许衣褶，知与其他诸壁坐佛佛衣式样类同。右手手掌向内屈抬抚右肩，左手手心向下自然抚置左腿，指稍残。与两手相关之佛衣刻画清楚。

右胁侍菩萨。经泥装，冠残，下身残，参照左菩萨足下残存的莲台，估量菩萨残高约 156.4 厘米；肩宽 36.1 厘米；头高 32.2 厘米，宽 30.2 厘米；面高 18.1 厘米，宽 16.9 厘米。从头、面的量度看，比例匀称，此尊菩萨也是第 46 窟乃至圆光寺区造像中最优美的一尊[24]。（图 6-176、6-177）

头戴花蔓冠，冠残，右束冠带结为泥装遗存，其下冠带上部尚存泥装，下部脱落，为原石造，垂至肩下，刻画清楚。面相饱满方圆，方颊

[24]
不似右壁诸菩萨头显大。参见第 46 窟佛、菩萨现状量度尺寸一览表（附表 6-1）。

0 ——— 20cm

广额、前额微隆、弯眉、细目、直鼻（稍残）、鼻翼曲线细腻、唇紧闭、唇角内收，与眉眼合显笑意。下巴饱满而圆润，双耳贴腮，耳垂丰满。颈线圆润优美。（图 6-178、6-179）

上身袒，着内衣，双肩自前披帛，成云肩式披帛。左肩披帛绕上抬至胸左臂下垂，右手虽残，可见提挽披帛痕。下着裙残，腰外翻。左手抬至前胸，持一物，应为带茎莲蕾；右手垂体侧，残。

云肩式披帛之上，为一组串珠项饰、璎珞、肩飘带组合佩饰。佩饰在肩部总于圆璧，双联珠璎珞间联以大珠，飘带长垂至小臂。左腕佩戴双环腕钏。

左菩萨。经泥装，头面残，露出部分也风化漫漶。残高 160.7 厘米；肩宽 33.2 厘米；头高 33.3 厘米；宽 31.0 厘米。（图 6-180、6-181）

头面虽残，其轮廓、冠带同右菩萨。披帛亦呈云肩式披覆，双臂均露出。从鼓腹部分线纹看，应着内衣。下身裙被佛膝遮挡，最下露出一足并覆足面长裙。右手屈抬至胸前持握莲蕾，手残；左手下垂身侧持挽披帛尾。（图 6-182）

云肩式披帛之上是成组串珠项饰、肩飘带、璎珞组合。项饰和璎珞形式刻画与右菩萨稍异。右手戴腕钏。

龛内整体装绘。龛内熏迹严重。佛身后龛壁残存已脱剥的泥装印迹[25]并墨绘的纯圆身光、头光，外绘云纹。右菩萨身后有与佛头光同样墨绘的纯圆头光。左菩萨身后遗存头光残迹。（图 6-183）

3）题记

佛像头部东侧约 25 厘米处，在头光外有墨书题记一则。题记书写于墨线勾勒的竖长方形榜题框内，高约 15 厘米，宽约 10 厘米，下抹白灰地仗，书写文字四行，存者字体大多可辨清（图 6-184、6-185）。

6-180

0   20cm

6-181

6-182

图 6-180　第 46 窟洞窟前壁左龛左胁侍菩萨
正射影像图

图 6-181　第 46 窟洞窟前壁左龛左胁侍菩萨
遗存情况

图 6-182　第 46 窟洞窟前壁左龛左胁侍菩萨衣
饰遗迹

图 6-183　第 46 窟洞窟前壁左龛内整体装绘

6-183

内容为：

[26]
《总录》记载为："奉仸捨财施主温扫（？）
□佛菩」萨三尊捨财叁疋（四）……」尽除消
灾吉祥如意……仸竖真仸天启顺（？）三年五
月……"（第 85 页）此次调查中，"佛菩""叁
疋……""吉""如意……""仸竖真仸""三
年五月……"等至少 15 字已残灭。此为一则供
养装佛活动题记。

奉仸（佛）舍财施主温扫□……

萨三尊舍财……

尽除消灾□祥……

天启顺……[26]

图 6-184　第 46 窟洞窟前壁左龛龛背佛头右侧题记

图 6-185　第 46 窟洞窟前壁左龛龛背佛头右侧题记细部

3. 窟门之上小龛

1）龛形龛饰

为可看作一龛的三组帐形列龛，保存较完整。（图 6-186、6-187、6-187A）

三龛均为帐龛，从其上山花宝珠装饰看，或应为拱顶帐，三龛龛底同深。龛顶各帐枋以中龛稍高，右、左都稍低一线。中间龛帐垂四小弧，龛口显高；左右二龛帐各垂二弧，右龛弧垂幅稍小，龛口因此稍大于左龛。三龛共用中间两个帐框及其上垂帏束装饰，左右龛龛边，均束帏，形式自然写实。本壁右龛左流苏之磬錾刻在右侧小龛束帏之上，本壁左龛帐枋右端则被左侧小龛束尾稍覆压（图 6-188、6-189）。居中小龛，龛口宽 45.3 厘米，高 47.0 厘米；右侧小龛宽 41.9 厘米，高 47.2 厘米；左侧小龛宽 41.4 厘米，高 46.5 厘米；三龛同深 8.8 厘米。居中小龛内凿一铺五身像，右、左小龛各刻三身像。三龛像之部分经过修复性塑装，然后统一装銮。

2）龛内造像

中龛。内一铺五身像，中为结跏趺坐佛，左右二弟子、二菩萨侍立。佛首经泥装。像虽漫漶残剥，但大体形态清楚。

佛结跏趺于居中须弥座上，座下为长 31.1 厘米、高 4.7 厘米的仰覆莲座（漫漶，或为仰莲两层）。佛头塑装。通高 39.8 厘米（加座），坐高 30.4 厘米；肩宽 15.5 厘米，跏坐宽 25.2 厘米；头高 11.4 厘米，宽 9.2 厘米；面高 6.8 厘米，宽 6.1 厘米。塑装佛头形式与中心柱右、左两龛坐佛完全相同。佛头之下部分均为原石造像，佛衣、姿态亦同前述二像，着通肩式袈裟，衣纹层层叠压覆座。右手抬至右肩，手残；左手自然抚置于左

图 6-186 第 46 窟洞窟前壁窟门之上小龛整体遗迹

图 6-187 第 46 窟洞窟前壁窟门之上小龛整体正射影像图

图 6-187A 第 46 窟洞窟前壁窟门之上小龛整体线图

图 6-188　第 46 窟洞窟前壁窟门之上小龛与前壁右龛关系

图 6-189　第 46 窟洞窟前壁窟门之上小龛与前壁左龛关系

图 6-190　第 46 窟洞窟前壁窟门之上小龛之右龛男供养人头戴大冠

图 6-191　第 46 窟洞窟前壁窟门之上小龛左龛女供养人头冠石刻、泥装残迹

[27]
从龛内造像的形式连同龛形龛饰细节，可知第 46 窟是整体营凿的。

[28]
此三龛中一男一女两位供养人及其侍者，并侍立的供养比丘，并置于几案上的曲柄香炉，与本窟中心柱基座左壁象座上的男女供养人、比丘、比丘手执的曲柄香炉具有很高的相似性。是否是与第 45、46 窟开凿施主身份相关联的信息，值得留意。

膝之上，作说法印。左足在上出露。

佛身侧后侍立二弟子，前侍立二菩萨。右侧之弟子、菩萨，均较左者高大。弟子立于约高 2.1 厘米、宽 4.2 厘米座上，姿态存大体，细节不详。右菩萨立于从佛座伸出的曲茎莲台上，莲台形式与第 45 窟右壁右龛菩萨座基本相同，高 7.5 厘米，径 1.9 厘米。菩萨高 37.4 厘米，肩宽 7.9 厘米，头高 8.6 厘米，与各壁龛内菩萨比例大致相同。左菩萨足下莲台形制同右，高 6.8 厘米，径 2.2 厘米。菩萨高 38.6 厘米，肩宽 7.5 厘米，头高 8.8 厘米，姿态服饰同右菩萨。二菩萨面容、身姿、衣着、冠饰等大致形态，与本窟诸龛菩萨（除本壁左龛云肩披帛外）基本一致。[27] 量度数据也可作为印证。

右龛。内造三身像，前为跪立在矮几上双手合十向佛的男供养人，身后近佛是一位侍立比丘，身后侧为一侍者合十立。男供养人所跪几案前为另一几案，上置曲柄香炉，上燃塔香供养。香炉左上一段平整壁面，应为榜题之位置，但未见字迹。（图 6-190）

左龛。内造三身像，前为跪立在矮几上拢袖向佛的女供养人，身右前侧为另一位跪拜者，身后左侧一人合十侍立。女供养人所跪几案前为另一几案，上置曲柄香炉，上燃塔香供养。香炉之右上一段平整壁面，应为榜题之位置，亦未见题记遗迹。（图 6-191）

据左龛女性供养人及身后侍者之头部残迹，可见清晰的石、泥及表面装銮层次，显示造像在补泥塑装修复前已残。塑装的程序似乎是先补泥，然后再以本山岩粉泥细致塑形再统一粉饰。原存石像本身也经过粉饰。女性供养人头冠同第 45 窟诸经泥装的菩萨花蔓冠。

如上所述门上小龛边界、帐枋、帐饰、帐幕等遗迹细部，可确证与本壁其他两龛是整体营凿的。这一情况与第 45 窟窟门上小龛类似。而特别值得注意的是，第 46 窟前壁窟门之上小龛供养人与中心柱基座左壁供养人[28]，是所知圆光寺区洞窟仅存的供养人造像。

四　洞窟右壁

1. 总述

壁面底长 387.5 厘米，顶长 387.4 厘米，右高 233.3 厘米，左高 245.6 厘米（自环窟宝装莲上皮至窟顶横枋下皮）。横枋长 359.0 厘米，高 6.7 厘米。

壁面首先开凿高 12.3 厘米的通壁仰莲一匝，与壁面之下宝装覆莲形成承托三龛及其龛内造像的仰莲座，然后于其上开凿三列龛。三龛均为拱顶帐龛，中间龛与左右二龛共用帐框。在三龛帐顶之间，即中龛左右流苏龙首之上壁面，各凿一位于覆莲座之上的小浅龛，龛左右被忍冬拥护，中凿坐佛。（图 6-192、6-192A、6-193）

图 6-192　第 46 窟洞窟右壁正射影像图

图 6-192A　第 46 窟洞窟右壁线图

图 6-193　第 46 窟洞窟右壁遗存整体情况　（从后问前看）

2. 右龛

1）帐龛龛饰

斜直式凿进式，拱顶，后壁稍内弧。龛口宽150.0厘米，高184.7厘米（自仰莲上皮至帐饰所构成的龛口下缘），深48.7厘米。龛口之上自窟顶横枋以下为繁缛帐饰。（图6-194）

帐拱高 14.1 厘米，其下帐枋长 139.2 厘米，高 6.2 厘米。帐枋两端饰山花蕉叶，居中间饰火焰宝珠，其间分置梯形帐构四件。帐构之间雕莲花座上的佛像或宝珠。

帐枋下帐饰（图 6-195、6-196、6-196A）三层，一层垂鳞，二层重层相错三角系珠帏饰，再下为垂弧帐帷垂至龛口。自帐帏左右两端隐出龙首（图 6-197、6-198），一足前伸踏其口衔流苏。龙角、麟、足雕刻生动。

右流苏。长 210.1 厘米，下及仰莲台（图 6-199A）。组织如次：

龙首（龙首上部壁面残）—三珠—磬（端系三珠并穗，龙足踏左侧）—三珠—束尾莲穗—单珠—束尾莲穗—单珠—束尾莲穗—单珠—束尾莲穗—双珠—三瓣莲穗（长，结尾，上覆右菩萨帛尾）

·283·

图6-194　第46窟洞窟右壁右龛遗存整体情况

图 6-195　第 46 窟洞窟右壁右龛构帐饰

图 6-197　第 46 窟洞窟右壁右龛右侧衔流苏之龙首
图 6-198　第 46 窟洞窟右壁右龛左侧衔流苏之龙首

0　　　　20cm

图 6-196　第 46 窟洞窟右壁正射影像图

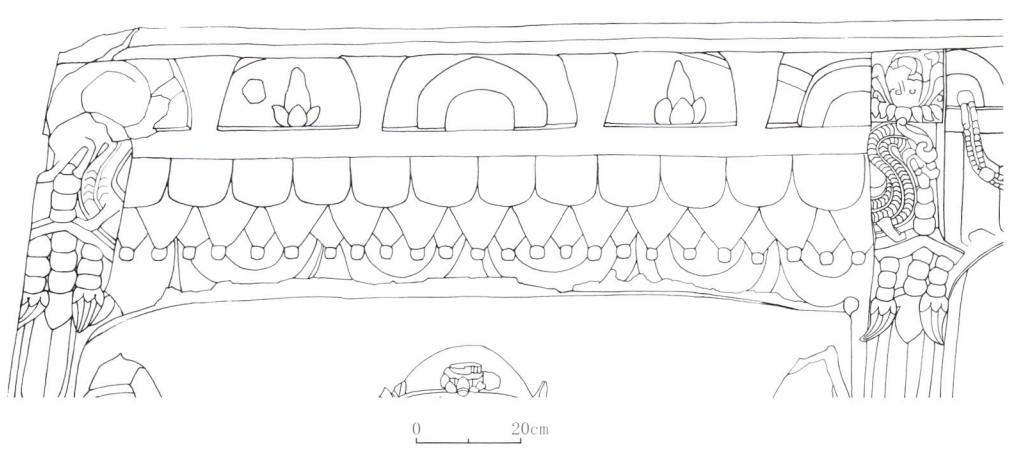

0　　　　20cm

图 6-196A　第 46 窟洞窟右壁右龛帐饰线图

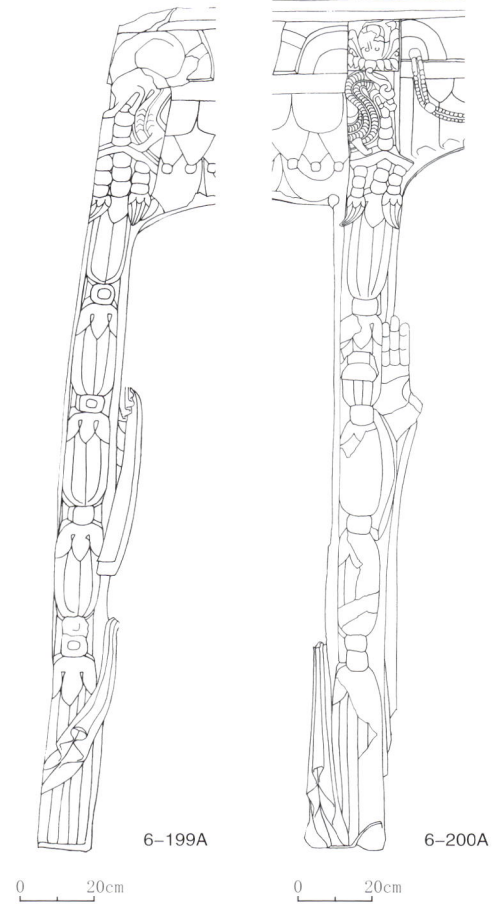

6-199A　　　　6-200A

0　　　20cm　　　0　　　20cm

图 6-199A　第 46 窟洞窟右壁右龛右流苏线图
图 6-200A　第 46 窟洞窟右壁右龛左流苏线图

图 6-201　第 46 窟洞窟右壁右龛左侧龙首
上部开凿小龛

左流苏。长 214.2 厘米，下及仰莲台上（图 6-200A）。组织同右流苏：

> 龙首—三珠—磬（端系三珠并穗，龙足踏其右侧）—三珠—束尾
> 莲穗—单珠—束尾莲穗—单珠—束尾莲穗—单珠—束尾莲穗—双珠—
> 三瓣莲穗（长，结尾，上覆左菩萨帛尾）

距地面 158.0 厘米处凿桃形灯龛，宽 9.5 厘米，高 8.0 厘米，深 7.0 厘米。

左流苏龙首之上，凿刻一整齐的莲花座底，左右忍冬，中凿浅龛，龛中一坐佛。此龛被填糊，从填泥剥落处，可见龛的大致深度。龛内小佛像，除头部外，整体轮廓不可见[29]。龙角凸压在莲座中心花瓣之上。（图 6-201）

[29]《图录》图 80、81、82，为 1984 年前后拍摄的第 46 窟右壁。从三图看，当时的中龛左右二小龛被泥封的部分尚未剥落，所以莲座之上忍冬左右拥护的小佛龛像基本未现。

[30]

《图录》图83，录1984年前后的第46窟右壁，知当时菩萨面部的泥装虽已残，但比现在稍好，左侧面部还没有露出石刻，左额下部和现在相近。

[31]

该龛正对面左壁左龛二菩萨因泥装脱落露出的石雕像的头冠中央也是莲花托火焰宝珠样式，这里可见石雕原作与复原性塑作之联系。

[32]

关于表面的材料和装金以红色为地仗的情况，参见本书第五章注［13］。

图 6-202　第 46 窟洞窟右壁右龛主尊菩萨头冠残迹

图 6-203　第 46 窟洞窟右壁右龛主尊菩萨头冠残迹

图 6-204　第 46 窟洞窟右壁右龛主尊菩萨衣饰装銮细部

2）龛内造像

右龛内尊像三身，以倚坐交脚菩萨为主尊，左右侧身侍立二菩萨。三像均经泥装，主尊和左菩萨头部已残毁。主尊、菩萨衣、饰残处，以水泥封护。

主尊菩萨。交脚菩萨，全身经精心塑装。倚坐于置于仰莲台的须弥座上，双足交叉、前掌着地踏于莲台。高 170.2 厘米；肩宽 73.9 厘米；头高 39.7 厘米，宽 35.3 厘米；面高 24.7 厘米，宽 22.7 厘米。菩萨身宽体胖，臃肿庄严。

面部全残[30]，冠、冠带、额、耳遗存部分。残处可见塑装是原石造像面部残毁后的修复行为。从残处看塑装的做法是：先用含麻丝的粗泥填充塑形，因石造像残毁深度不同，塑泥填充厚度也不同，再以和麻丝的细泥进行精细造型，最外层以更精细的塑泥形成坚硬光洁的塑像表面以供贴金装銮。从主尊头残处可清楚看见塑形之泥与塑像表面定型之泥用料不同。塑装最外层并与头冠、衣饰流畅连贯，显示修复性塑装是一次性完成的。（图6-202、6-203）

从面部残泥装知塑装菩萨前额饱满，发际中分，发纹呈绺云状。发际之上冠仅存冠下沿口，上中堆塑莲花托火焰宝珠[31]。束冠花结穗状，冠带垂肩、臂，塑泥极薄且质地坚硬。颈部浑圆，上塑线纹一道，表明光洁。局部残处可见塑泥极薄，下露未残的石作。

斜着内衣，外覆佛衣式长裙，完全覆盖双腿及座，仅露出二交脚之足，作相向前足掌着地式。腰系带。双肩披大披帛，在腰带之下交叉穿过璧，分别呈 U 形环绕双膝、手腕，沿双腿两侧下垂至座。双手抚膝，手指均残。从残指处清晰可见塑装填泥及表面厚度约 0.3 厘米细泥，表面极光滑，露白垩地、红色地仗之上残存的装金遗迹。（图6-204）

桃形项饰，塑作极细腻光滑的边缘并刻划双线缘饰，上缘之下塑作一匝细密联珠。（图 6-205）

菩萨曾经彩妆、装蜡抛光和贴金。项饰光洁的白色表面为装蜡抛光的遗迹，现双膝、双手因信众长期触摸呈现的光亮红色地仗上显示细密贴金遗迹[32]。衣褶处还残存赭色等彩装痕迹。（图 6-206）

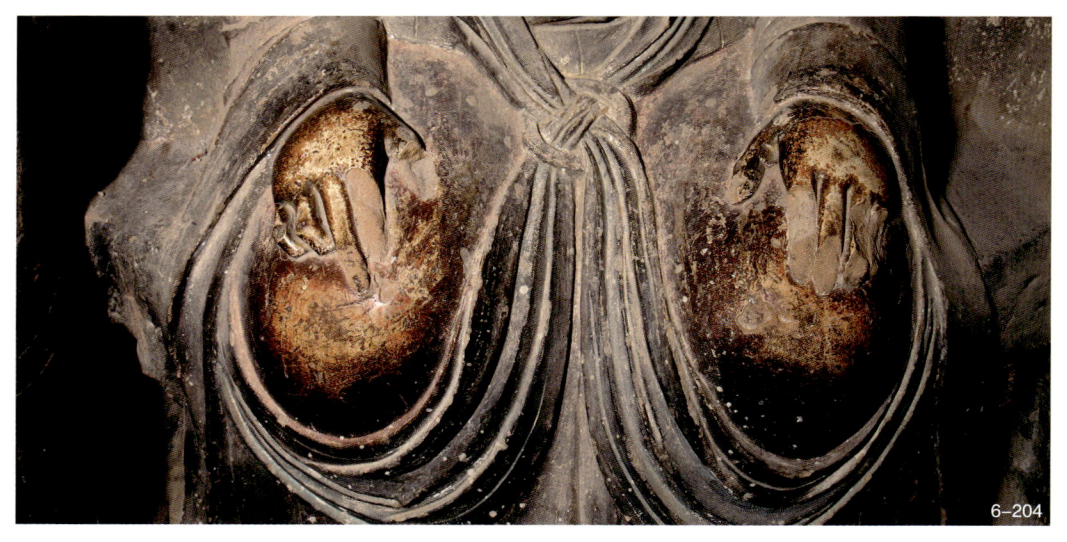

［33］
如前所述，本龛主尊的泥装可看作是"修复性泥装"。从第45、46窟的情况看，除专门的改装和改凿外，大部分的泥装，如本龛主尊，还是谨遵这一原则，如本龛菩萨的穿璧披帛形式，基本没有凸出原壁面。修复性泥装的存在，说明泥装与原石窟凿作之间间隔着很长的时间，到发愿修复佛像的时代，原造像已毁损风化严重，但因状况不一，相应的泥装手法也不完全一样，但敬重遗迹的发心是一律的。

［34］
火焰式花蔓只存轮廓，是否此类花蔓中刻有尊像饰物，也未可知。

图 6-205　第 46 窟洞窟右壁右龛主尊菩萨衣饰装銮细部

图 6-206　第 46 窟洞窟右壁右龛主尊菩萨衣饰装銮细部

图 6-207　第 46 窟洞窟右壁右龛右胁侍菩萨正射影像图

图 6-208　第 46 窟洞窟右壁右龛右胁侍菩萨遗存整体情况

图 6-209　第 46 窟洞窟右壁右龛右胁侍菩萨头冠细部

图 6-210　第 46 窟洞窟右壁右龛右胁侍菩萨持莲左手刻画细部

主尊菩萨泥装材料考究、技艺高超，是第45、46窟两窟塑装像中呈现技艺最好的一尊。[33]

右胁侍菩萨。面向主尊侧身侍立仰莲台上。高 165.6 厘米；肩宽 33.8 厘米；头高 34.9 厘米，宽 22.4 厘米；面高 22.6 厘米，宽 19.7 厘米。身体纤小，腹部微凸，头与身体比略显大。经泥装，现仅头部尚存不多同主尊表面细泥塑装的耳部残迹，余皆出露原石造像。石像几乎全身遭熏黑，腰下尤甚，但在此仍可见最初装銮的白垩地仗残痕。（图 6-207、6-208）

头戴冠，冠面中饰火焰式花蔓[34]，束冠结、带自耳后下垂至肩。面方圆宽平，发际方圆，弯眉，睑微鼓，目下视，平直鼻，下巴稍外凸，双唇内收向下，不显笑意。双耳稍外翻垂至颈、接颈部残存薄泥装。颈圆润。（图 6-209）

上身袒，双肩披帛，右肩披帛插入腰裙，左肩披帛帛带搭绕屈抬抚项饰持握莲蕾的左手（图 6-210）、臂，垂绕裙身由垂于身侧之右手提挽，

0　　20cm

图 6-211　第 46 窟洞窟右壁右龛左胁侍菩萨正射影像图

图 6-212　第 46 窟洞窟右壁右龛左胁侍菩萨遗存整体情况

图 6-213　第 46 窟洞窟右壁右龛左胁侍菩萨头冠残迹

图 6-214　第 46 窟洞窟右壁右龛左胁侍菩萨泥装衣裙细部

帛尾飘至龛外流苏末端三瓣莲穗之上。下着及足面长裙，裙腰外翻。

项饰环璧式，纹样漫漶，但仍隐约可见珠花。自肩搭垂双层飘带至小臂，右臂刻画尤清晰。未饰璎珞。

裙下露出前伸右足，左足半露，已稍风残。

左胁侍菩萨。面向主尊侧身侍立仰莲台上。全身泥装，现菩萨面、右肩泥装脱落。高 171.7 厘米；肩宽 36.1 厘米；头高 38.9 厘米，宽 30.6 厘米；面残高 19.3 厘米，宽 20.1 厘米。从残迹看，面部与主尊一样是修复性塑装，之后塑装又沿石像残面整体坍落。菩萨右肩泥装脱处可见泥装很薄，基本上依石像原样塑装，仅因雕、塑工艺之异，年代之异，塑装的衣饰细节有所改变。（图 6-211、6-212）

面相方圆，耳贴颊下垂至颈。右侧冠带自耳后垂至肩，自肩飘垂两条飘带下垂至臂（石作，尾端留塑作一段）；左侧耳后冠带垂至肩臂，将石像的冠带与自肩垂飘带塑作一体。颈浑圆，塑作薄，稍僵硬。（图 6-213）

上身袒，双肩披帛。披帛搭过屈抬至胸的右臂，下垂至裙际绕过裙身由左手提挽，垂至龛框内壁。右手残，提挽披帛的左手亦残，残处以水泥封护。右肩石作出露部分披帛褶清晰，左肩披帛塑作。裙及裙腰均经塑装，腰系分格螺钿革带，带下衣褶似与上身披帛合成上衣的下摆，长裙及足面，似中开。（图 6-214）

0　　　20cm

菩萨未佩戴项饰、璎珞。足塑装饱满，残。

龛内整体装绘。主尊身后龛背熏黑、涂画，破坏严重，仍可辨墨绘身光、头光，并赭色绘云纹。右菩萨身后可见墨绘头光痕迹。左菩萨身后也存头光痕迹。（图6-215、6-216）

3. 中龛

1）帐龛龛饰

垂直凿进式帐龛，与左右龛共用流苏龛框。龛口火焰形拱，中心至左部残。龛口宽52.6厘米，龛拱底宽50.5厘米，高196.0厘米，深33.4厘米。（图6-217）

横枋与帐枋间帐顶高12.1厘米，帐枋长53.3厘米，高4.5厘米。居中火焰宝珠，左右火焰宝珠式山花蕉叶。自火焰宝珠及山花蕉叶珠心垂双联珠间璎珞两弧，双联间串大圆珠。之下帐饰二层，一为三角帐帏（部分三角刻作莲瓣形），未系珠，其下为自中心向左右卷折之帐帏，垂落长短与龛口适形。（图6-218）

图6-215　第46窟洞窟右壁右龛内整体装绘遗迹

图6-216　第46窟洞窟右壁右龛内整体装绘之云纹细部

图6-217　第46窟洞窟右壁中龛遗存整体情况（由后向前看）

图6-218　第46窟洞窟右壁中龛帐饰

2）龛内造像

龛内造立佛一尊。佛像就龛的高、宽而造，佛顶肉髻直抵龛顶，稍前倾。佛经全身泥装，头部及颈泥装脱落全露石雕。高119.6.厘米；肩宽至龛两壁，约52.6厘米；头高37.1厘米，宽32.2厘米；面高25.厘米，宽24.1厘米。

肉髻低平，宽额，贴面长耳垂至颈，面相方圆饱满，稍前倾、弯眉、细目、睑微鼓，慈祥下视，直鼻，鼻翼稍宽（残），唇饱满，轮廓雕凿细微清晰，唇角内收显面相饱满庄严。颈刻三线。（图6-219）

着通肩式佛衣，斜着内衣，束带未露；外衣垂至小腿部，下面露出长及足面的内层佛衣。衣纹呈U形，显双腿。最外佛衣彩饰为田相衣。（图6-220）

图 6-219　第 46 窟洞窟右壁中龛立佛头

图 6-220　第 46 窟洞窟右壁中龛立佛衣饰、身姿

图 6-221　第 46 窟洞窟右壁中龛立佛右手
　　　　　细部
图 6-222　第 46 窟洞窟右壁中龛立佛左手
　　　　　细部
图 6-223　第 46 窟洞窟右壁中龛内整体装
　　　　　绘遗迹

右手抬举至齐胸，手掌向外，施无畏印。佛像右臂未刻出全部，只凿出横向岩体一段来支托掌心外露之右手。[35] 左手作握持状。（图 6-221、6-222）

双足外露，饱满，立于仰莲台上。

佛内衣局部残处可见泥装厚约半厘米，为细沙泥夹细麻丝的装泥，与第 45 窟右壁主尊泥装材料相同。

泥装使佛整体比例匀称，是第 46 窟现存各像中石作、泥装最为和谐共存的。特别是头与足，刻、塑均比例适中，饱满圆润。[36]

龛内整体装绘。佛身后墨绘头光身光，因烟熏，仅隐约可辨。（图 6-223）

4. 左龛

1）帐龛龛饰

斜直凿进式拱顶帐龛。龛壁弧圆，龛口平直，左稍残剥，龛顶稍残。宽 141.6 厘米，高 185.9 厘米，深 42.2 厘米。龛面比右龛小。（图 6-224）

[35]
这一做法在云冈石窟诸大像中常见，是造像者为保证造像各部位安全稳固的匠心所在。
[36]
与左壁同位置立像比较，泥装佛衣衣纹简化。可参见附表 6-1 进行比较。

图 6-224　第 46 窟右壁左龛遗存整体情况　（从洞窟后甬道拍摄）

帐拱高15.3厘米，帐枋长136.5厘米，高6.8厘米。帐枋以上火焰宝珠、山花蕉叶并帐构诸项同本壁右龛，火焰宝珠层次清晰。

　　帐枋下帐饰（图6-225、6-225A、6-226、6-226-1）两层，比右龛简洁，第一层垂鳞，下为自中心向左右卷折帐幕。表面有剥蚀。自左右帐幕隐出龙首（图6-227），形神皆备，口衔流苏。流苏式样与右龛不同。与后壁相连的左流苏残蚀甚重。

图6-225　第46窟洞窟右壁左龛帐饰正射影像图

图6-225A　第46窟洞窟右壁左龛帐饰线图

图6-226　第46窟洞窟右壁左龛帐形帐饰

图6-226-1　第46窟洞窟右壁左龛拱顶帐龛和帐饰细部

图6-227　第46窟洞窟右壁左龛右侧衔流苏龙首

6-225

0　　　　20cm

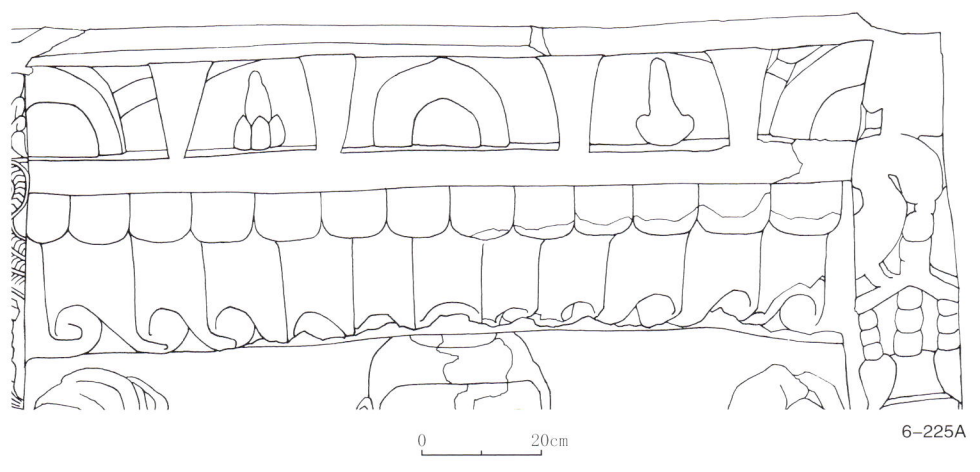

6-225A

0　　　　20cm

6-226

6-226-1

6-227

右流苏。长222.6厘米，下至仰莲台之下（图6-228A）。组织如次：

　　龙首—三珠—磬（端系三珠并穗）—三珠—铃（稍有残）—组绶、单珠—桃形穗（尾均向龛外）—单珠—桃形穗—组绶、单珠—铃（上后期装薄泥，剥落，中可见铃凸起细部）—组绶—桃形穗（尾向龛外）—双珠—桃形穗（尾向龛外）—双珠—铃—单珠（结尾）

第一桃形穗下部距地面157.7厘米处凿有灯龛，宽10.0厘米，高12.0厘米，深8.0厘米，与右龛左流苏灯龛高度相同。

　　左流苏。长222.4厘米，至仰莲下，残（图6-229A、6-230）。组织如次：

　　龙首—组绶（三珠？）—磬（端系三珠并穗，残）—组绶（三珠？）—铃（残）—双珠—桃形穗（尾向龛外）—单珠—桃形穗（尾向龛外）—组绶—铃—双珠（组绶单珠？）—桃形穗（尾向龛外）—双珠—桃形穗—单珠（系串珠结尾）

　　从残处可见，右流苏全部经薄泥重装，装前流苏即有残剥。与右龛左流苏大约同样高度处开凿有灯龛，内残存油灰。左侧流苏，风蚀残甚，且与右侧者基本对称，但细部变化丰富，其风蚀残剥遗迹，更确证曾施塑装，且装前即风蚀。

　　右流苏龙首之上，与右龛左流苏龙首之上对称布局，为一小佛龛，下为覆莲座，左右忍冬护持。此龛泥装大多脱落，可见莲瓣形浅龛大致，高约12.1厘米，深约3.5厘米，内坐佛高约10.5厘米。龙角与莲座的叠压，亦雕造生动细致。（图6-231）

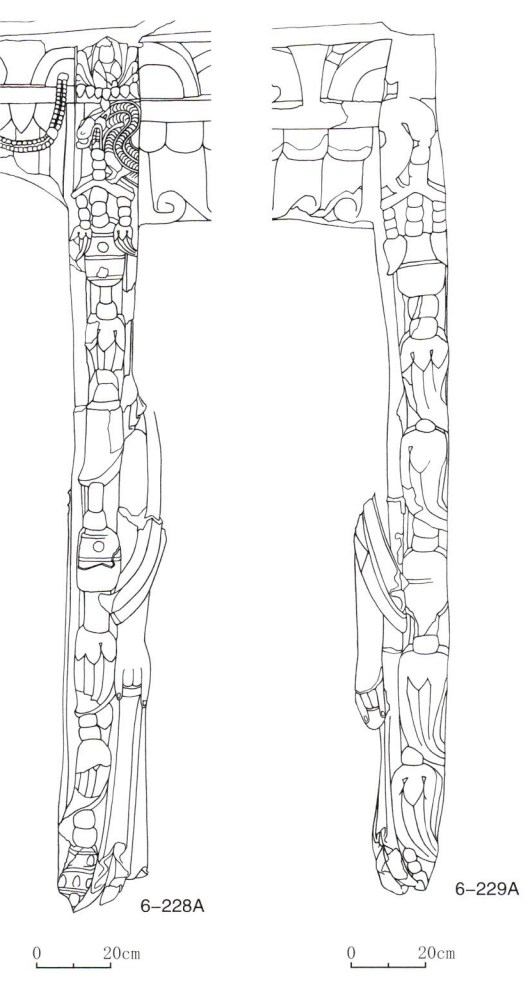

6-228A

6-229A

0　　20cm

0　　20cm

6-230

6-231

图6-228A　第46窟洞窟右壁左龛右流苏线图
图6-229A　第46窟洞窟右壁左龛左流苏线图
图6-230　第46窟洞窟右壁左龛左流苏结尾细部
图6-231　第46窟洞窟右壁左龛右流苏龙首上部小佛龛

2）龛内造像

龛内造一佛二菩萨三尊像，因大部龛内空间被佛占用，左右菩萨仅露出一腿一足。三像均经泥装。泥装薄厚、残剥脱落情况不同。

主尊佛。结跏趺坐于须弥座，座前被下垂若干层佛衣覆盖。佛首泥装尽脱，出露白垩加面的石雕原作。从耳、颈残处见泥装极薄。佛衣部分薄厚不等，均依原佛衣起伏塑装。通高185.4厘米，坐高175.8厘米；肩宽71.5厘米，跏坐宽110.2厘米；头高40.0厘米，宽31.8厘米；面高28.7厘米，宽27.0厘米。（图6-232、6-233）

肉髻低平，直抵龛顶。面相方圆丰满、弯眉、细目、鼻残、唇角内收、面颊左右及唇下并右下颔遭风蚀和凿毁，左耳残，右耳贴腮下垂至颈。泥装之颈浑圆，残处被近人用水泥封护。（图6-234、6-235）

着通肩式佛衣，内衣露出部分。外衣纹塑造丰富，左腿裹外衣露足，左足面朝上。右手抚足，左手手掌向下托在左腿上。佛衣多层垂覆座面，其中最下两层为佛衣之里。最外层佛衣彩饰呈田相格。佛衣最下层的泥装部分脱落，出露石造像佛衣之衣纹转折，确证覆座佛衣是依原样塑作的，仅搭肩方式稍作改动。[37] 这是第46窟塑装佛衣保存最好的一尊。

腹部泥装数处残破，可看泥装很厚，轻扣有声，与石作间已起甲分层。

右胁侍菩萨。侧身侍立于佛右侧。高177.4厘米；肩宽43.4厘米；头高40.1厘米，宽36.5厘米；面高22.6厘米，宽18.8厘米。菩萨全身泥装，30年前尚算保存完好[38]，现仅右臂、裙下部分泥装尚存，余露出石雕原作。石雕原作与泥装存在较大不同。菩萨头与身体相比，显硕大。头部偏大是

图6-232　第46窟洞窟右壁左龛主尊佛整体遗存情况

图6-233　第46窟洞窟右壁左龛主尊泥装佛衣遗存情况

图6-234　第46窟洞窟右壁左龛主尊佛头正面

图6-235　第46窟洞窟右壁左龛主尊佛肉髻部分经泥装残迹

［37］
参见后壁右龛佛衣石作遗存，可进一步确认这一点。

［38］
《图录》图80，可见此时菩萨泥装除左胸局部和头颈脱剥外基本保存完好。

· 295 ·

0 ⊢—⊢ 20cm

图 6-236　第 46 窟洞窟右壁左龛右胁侍菩
萨正射影像图

图 6-237　第 46 窟洞窟右壁左龛右胁侍菩
萨石作与泥装共存一身的遗存整体情况

图 6-238　第 46 窟洞窟右壁 20 世纪 80 年
代初老照片所示左龛保存情况　（当时右菩萨还
保存较多泥装）

图 6-239　第 46 窟洞窟右壁与 20 世纪 80
年代旧照片同角度拍摄现状　（左龛右菩萨目前
的泥装已大半脱落）

图 6-240　第 46 窟洞窟右壁左龛右胁侍菩
萨头冠

图 6-241　第 46 窟洞窟右壁左龛右胁侍菩
萨头冠

第 46 窟菩萨造像的普遍特点。（图 6-236～6-239）

　　头戴花冠，冠上塑发髻。冠沿稍残，冠面正中饰物仅存痕迹，形已不
辨。束冠结及带轻软垂肩。面相方圆丰满、稍平、前倾、弯眉、细眼、直鼻、
翼稍宽，小口唇角内收稍向上，面容庄严之下略显笑意。双耳贴颊下垂至肩，

· 296 ·

图 6-242　第 46 窟洞窟右壁左龛右胁侍菩萨衣饰腰裙下部现存泥装与原石刻关系

图 6-243　第 46 窟洞窟右壁左龛右胁侍菩萨出露之足

图 6-244　第 46 窟洞窟右壁左龛左胁侍菩萨正射影像图

图 6-245　第 46 窟洞窟右壁左龛左胁侍菩萨遗存整体情况一

图 6-246　第 46 窟洞窟右壁左龛左胁侍菩萨遗存整体情况二

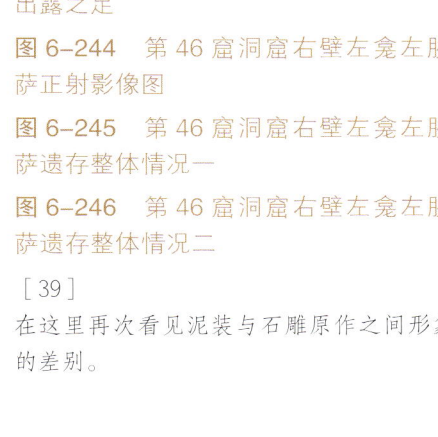

［39］
在这里再次看见泥装与石雕原作之间形象逻辑的差别。

戴耳珰。颈圆润，刻四颈线纹。（图 6-240、6-241）

袒右，自左肩斜着内衣，披入裙腰，下着及足面之长裙，裙腰外翻。裙腰衣褶雕作自然，显示裙系束外翻的穿着方式，并显示为有垂度之织物。双肩披帛，左肩披帛绕搭左臂下垂。右肩披帛上饰自耳珰飘垂的帛带之尾，正好在泥装残界。而以下泥装部分，改塑为绕右臂被右手绕指提挽垂至莲台之侧的式样。这是塑装改变石作样式又一事例（图 6-242）。左臂屈抬至胸，手极小，手握一物。

佩桃形项饰，缘线并直射式纹样简化。无璎珞。无腕钏。

裙下菩萨露出的一足，塑作敦厚坚实。（图 6-243）

泥装内露出的石雕表面有粉白一层，为原装銮地仗遗痕。

左胁侍菩萨。侧身侍立于佛左侧。高 176.6 厘米；肩宽 38.8 厘米；头高 37.3 厘米，宽 35.0 厘米；面高 24.6 厘米，宽 19.3 厘米。全身泥装大部分脱落，仅左臂稍存部分披帛，基本可看作石雕原作，形体雕造左右不对称。菩萨头、身比例与右菩萨相似，头亦略显大。（图 6-244～6-246）

头戴冠，冠残。冠正中为莲蕾形饰，遮冠后高起的发髻，形象同右龛之右菩萨。冠带自耳后下垂及肩，尾有细腻写实的卷折纹样。面相方圆扁平，发际方圆，弯眉，细目，唇角内收同右菩萨，面略显笑意。双耳及肩，戴珰。颈浑圆。

袒右，左肩斜着内衣，下着裙及足面，裙腰外翻。右肩披覆披帛，绕屈抬至胸前持莲蕾（？）之右手、臂，下垂至佛结跏趺坐之腿未刻出，在另一侧的裙底可见绕过裙身，由自然垂下的左手持握，帛尾飘垂至龛外，覆于流苏之上，刻画写实飘逸。左肩飘带，与右菩萨右肩一样被泥装成绕左臂并飘垂至龛框内侧之帛带。[39] 左手同时持握一器物，手与此物为泥装遗存，与右菩萨相同。

0　　20cm

图 6-247　第 46 窟洞窟右壁左龛内整体装
绘遗迹

图 6-248　第 46 窟洞窟右壁左龛右胁侍菩萨
头光遗迹

图 6-249　第 46 窟洞窟右壁左龛左胁侍菩萨
头光残迹

项饰样式同右菩萨。未饰璎珞。未佩腕钏。

前伸左足，丰满坚实，五指饱满。

左菩萨的冠带与左耳交接处漏出应为原石装銮的绿色。

龛内整体装绘。佛身后龛壁至顶有跨壁正圆身光、头光并外云纹痕迹。右菩萨身后有墨绘正圆头光并赭色云纹痕迹。左菩萨头光存零星残迹。（图 6-247 ~ 6-249）

3）龛背题记

主尊头部右侧存题记 1 则。白色地仗上 4 行墨书，竖写于长方形框内，仅部分字迹尚可辨（图 6-250）。

　　奉 沃 男……

　　发心□□……给财……

　　保□□□□禅□□意

　　□□□……

图 6-250　第 46 窟洞窟右壁左龛主尊佛右侧龛背墨书题记

五　洞窟后壁

1. 总述

后壁风蚀最为严重，与左壁相接处尤甚。与此壁对应之窟顶全部风蚀，以左龛上部为甚。环窟宝装莲台与通壁仰莲台亦大部残剥。底长约 430.6 厘米，顶长 433.5 厘米，右高 246.5 厘米，左高（残）250.3 厘米。与右壁一样，在环壁莲座之上凿通壁仰莲座，其上开三列龛。中龛狭而高，中立佛一尊，左右龛均一佛二菩萨。（图 6-251、6-251A、6-252）

中龛龛面残甚，从残迹判断应为拱顶帐龛；左右二龛与中心柱正面、后面龛相同，为火焰柱尖楣圆拱龛。龛口左右立柱式样与中心柱四角倚柱相似，为八角柱柱头饰莲花火焰宝珠。龛口上圆拱龛梁，再上为尖拱龛楣，稍前倾。左龛之拱楣、拱梁、左立柱，仅存轮廓大致。[40]

[40]
后壁龛形与中心柱前后龛龛形相同，应是开窟造像者追求连环回应匠心的安排。

0   40cm

图 6-251 　第 46 窟洞窟后壁正射影像图

0   40cm

图 6-251A 　第 46 窟洞窟后壁线图

2. 右龛

1）龛形龛饰

斜凿进式圆拱尖楣龛，龛顶平面可参看第 46 窟顶平面正射影像图。龛口宽 169.1 厘米、高 203.7 厘米、深 46.6 厘米。龛梁断面凸出 2.6 厘米、高 6.1 厘米。尖拱楣最高处 20.2 厘米。（图 6-253）

龛口左右八角火焰柱，均残剥严重。左柱保存稍好，柱础、火焰柱头均尚可辨形；右柱柱头残剥，柱础完全被右菩萨右手持物遮挡。左柱圆形覆莲础，高约 9.3 厘米，其上柱高 213.3 厘米，火焰宝珠总高 33.8 厘米，下覆莲瓣尚有两瓣清晰（右柱头只存些许莲瓣痕），之上火焰两重，中托一圆珠。在距柱础高约 103 厘米处，在柱正、侧面开凿桃形灯龛一个，宽 10 厘米，高 8 厘米，底深 10 厘米。（图 6-254、6-255）

龛楣之上的壁面，楣尖为中心，左、中、右雕小佛七龛。居中龛两侧雕相向飞翔的飞天供养，惜基本残灭。小佛龛所在壁面高约 13.8 厘米；佛龛高 13.3 厘米，宽 13.7 厘米。均残剥严重。（图 6-256 ~ 6-258）

龛楣遗存彩饰云纹。

2）龛内造像

龛内仰莲座上凿造一坐佛和二胁侍菩萨三尊像。佛占龛面大部分空间，

图 6-253　第 46 窟洞窟后壁右龛遗存整体情况

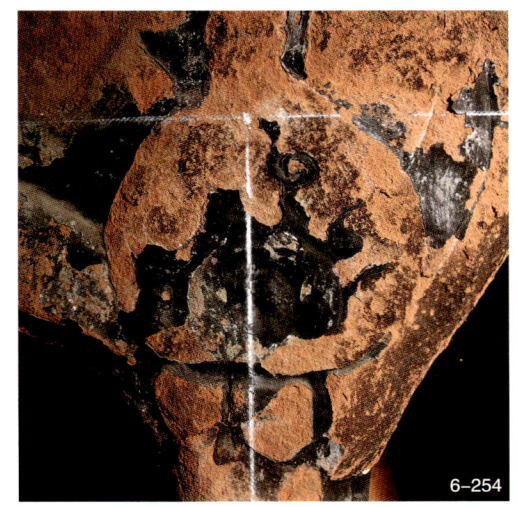

6-254

6-256

6-257

6-255

6-258

6-259

图 6-254　第 46 窟洞窟后壁右龛左侧火焰柱头残迹

图 6-255　第 46 窟洞窟后壁右龛左侧火焰柱莲花柱础残迹细部

图 6-256　第 46 窟洞窟后壁右龛龛楣之上右侧三佛残迹

图 6-257　第 46 窟洞窟后壁右龛龛楣之上左侧三佛残迹

图 6-258　第 46 窟洞窟后壁右龛龛楣之上居中佛及飞天残迹

图 6-259　第 46 窟洞窟后壁右龛主尊佛头

与菩萨主从对比强烈，与前述各龛类似。三像均曾经泥装。现佛曾经的泥装全部剥蚀，且面、身均有风蚀，但仍可看作第 46 窟内完存的石雕原作中最好的一尊。菩萨泥装也大部脱剥，残存少许。

　　主尊佛。结跏趺坐于须弥座上。座前被下垂层层佛衣纹覆盖，座下台隐于莲台。佛通高 201.7 厘米，坐高 156.8 厘米；肩宽 84.1 厘米，身最宽处 89.2 厘米，趺坐宽 129.5 厘米；头高 50.3 厘米，宽 39.1 厘米；面高 33.9 厘米，宽 30.9 厘米。

　　佛方颡广额，面相丰颐，肉髻低平直抵龛顶。弯眉、细目、直鼻，唇角内收，下颌稍凸。两耳贴腮。颈完存，阴刻三道细线纹，显其丰润。（图6-259）

　　着通肩式佛衣，胸部稍露内衣。大衣覆身，左腿足面朝上。右手置于左足掌上，残；左手手掌向上，双指屈，三指直伸，置于左腿上。覆座之佛衣共五层，刻画生动，层次清楚（可以其最下面二层表现的是佛衣之里）。以本尊佛佛衣遗存与右壁左龛泥装佛衣相比，可确知后者依照石作原样泥装，仅局部如搭肩方式稍作改变而已，只是与泥装比较，石作佛衣衣纹雕作更加生动。

　　右胁侍菩萨。侧身面佛侍立。所见均为石雕原作，风蚀漫漶严重[41]。高 179.6 厘米，肩宽 46.4 厘米；头高 41.8 厘米，宽 37.7 厘米；面高 24.3 厘米，宽 20.3 厘米。头部稍大[42]。（图 6-260、6-261）

［41］
菩萨左臂刻出之衣帛，因分层风蚀，终于脱落。所幸脱落前一二日我们的摄影数字化信息采集小组完成了第 46 窟的拍摄，保存了这里的原状，否则，将永失原状信息。此亦可见须弥山石窟每日都处在风蚀中情形。
［42］
这是第 46 窟造像共同的特点。

0 ____ 20cm

头戴花冠，冠面漫漶，左右束冠结带并垂至肩。面相方圆、稍平、弯眉、细目下视，唇角内收，双耳贴腮至颈。颈浑圆。（图6-262）

双肩披帛，右帛斜下入裙腰。左肩披帛自左腕下绕过裙身被自然垂在体侧之右手提挽并提持一双环状饰物。披帛局部石皮剥落。左手抬至前胸持一物，已漫漶不清。下着裙，裙腰外翻。裙腰部分风化严重，仅存轮廓。足残。（图6-263）

项饰已风蚀殆尽，隐约可见竖向纹饰痕。自左右肩下垂的飘带，右者垂至右小臂翻卷在龛柱上，其左者自然下垂至左腕部。未佩戴璎珞和腕钏。

左胁侍菩萨。除头部外，均为石作遗存，且风蚀严重。菩萨左侧面可见塑装面部与已残的石作残处的接口，明确显示菩萨头部是在原已毁坏的残部基础上补塑的，补塑前石像颈部以上已损毁严重。菩萨现高176.1厘米；肩宽40.7厘米；头高39.8厘米，宽37.6厘米；面高23.8厘米，宽21.5厘米。（图6-264、6-265）

塑装菩萨花冠，仅冠面居中塑花存，与第45窟诸菩萨相同。残花冠

图6-260　第46窟洞窟后壁右龛右胁侍菩萨正射影像图

图6-261　第46窟洞窟后壁右龛右胁侍菩萨遗存整体情况

图6-262　第46窟洞窟后壁右龛右胁侍菩萨头冠残迹

图6-263　第46窟洞窟后壁右龛右胁侍菩萨衣饰

图 6-264　第 46 窟洞窟后壁右龛左胁侍菩萨正射影像图

图 6-265　第 46 窟洞窟后壁右龛左胁侍菩萨遗存整体情况

图 6-266　第 46 窟洞窟后壁右龛左胁侍菩萨泥装头冠遗迹

图 6-267　第 46 窟洞窟后壁右龛左胁侍菩萨泥装头冠与原石头冠遗迹关系

图 6-268　第 46 窟洞窟后壁右龛左胁侍菩萨衣饰细部

后可见遮挡在后的石菩萨冠形。束冠结及带自耳后下垂至肩。面部浑圆紧致，稍前倾，发际圆，发片划出清晰发纹。窄额，弯眉，细目，鼓睑，小口。虽遭熏黑，可见绘饰的蝌蚪状髭须和螺旋形胡须，与第 45 窟后壁中龛左菩萨完存之泥装类同。颈部出露石作，颈下刻线三。（图 6-266、6-267）

面部以下基本为原石作，菩萨衣饰走向、层次清晰。菩萨双肩披帛。左披帛入腰，系带。右肩披帛绕过屈抬至胸之右臂，绕过裙身部分隐在严饰的长璎珞之下，绕过裙身由自然下垂至体侧之左手提挽，帛尾垂至龛柱莲花柱础之上。右手臂残，左手漫漶。下着及足面长裙，裙腰外翻。一足漫漶。（图 6-268）

桃形项饰，缘边及内刻简化双线纹饰。左右肩垂挂珠穗璎珞（风化严重），与璎珞一起自双肩飘垂飘带，左肩飘下卷绕至龛柱，与右菩萨之右肩带同式。手戴腕钏。

菩萨衣饰与龛柱的相互交叠，为龛像整体营凿的又一例证。

龛内整体绘饰。佛身后壁残剥，存头光残迹及龛顶统一装銮的云纹残

图 6-269　第 46 窟洞窟后壁右龛内整体装绘残迹

图 6-270　第 46 窟洞窟后壁右龛左胁侍菩萨头光装绘残迹

迹。右菩萨后壁残剥严重，头光遗迹几乎无存。左菩萨身后龛壁残剥，遗存部分头光。（图 6-269、6-270）

3. 中龛

1）龛形龛饰

垂直凿进式龛，与左右龛共用龛柱。龛口似由双分垂帷构成为双垂弧式。龛口宽 66.2 厘米（上拱宽 64.6 厘米），高 209.1 厘米，深 32.8 厘米。龛面残剥甚重，帐饰不辨。（图 6-271、6-272）

2）龛内造像

顶龛造立佛一尊，头、面前倾。泥装大部脱落，仅左手臂及左腿袈裟部分泥装残块存，可见细麻泥，基本现为石造像，亦多残剥[43]，仅存原貌大体。佛总高 209.1 厘米；肩宽 66.2 厘米，紧贴龛两侧内壁；头高 48.7 厘米，宽 36.8 厘米；面高 31.8 厘米，宽 29.5 厘米。与身形较，头显硕大。

佛头硕大，面相方圆，方颏，窄额，面稍平，虽剥蚀，可见弯眉、细目，平鼻，唇口内收，前倾下视。颈粗壮圆润，下刻颈线。（图 6-273）

佛着通肩式袈裟，披覆方式与右龛主尊同，因为立佛，佛衣依姿态下垂。外衣至小腿，内衣及足面，双腿衣纹，已漫漶不辨，仅中部存竖向衣褶。腹部残剥大片。（图 6-274、6-275）

右手抬至与肩同高，手掌泥装，向外，作无畏印，手背及肩处凿留岩石一段承手掌，营造方法与右壁中龛相同。左手掌向上斜伸至龛柱。

佛足丰壮结实，是遗存不多的原刻佛足残迹。

龛内装饰。佛身后壁剥蚀严重；侧壁烟熏严重，但壁面装銮尚存，大体从佛身泥装轮廓起始，表面光滑绛红色，上存墨书题记（图 6-276）。题记位于佛头右侧，范围大致宽 10 厘米，高 20 厘米，竖写四行，字体部分可辨认。内容为：

[43]
特别是腰以上大片残剥。

· 306 ·

奉伏男生乃吉□□

□□钞壹定□□

□□□吉祥如意

……[44]

4. 左龛

1）龛形龛饰

风蚀程度为本壁最烈。壁面与左壁交界处界痕清楚。

本龛大致轮廓尚在，据右龛柱及龛口轮廓大体判知本龛与右龛同样为火焰柱圆拱形龛。但龛面、龛下莲台均风残不可辨形。据遗存现状，测知龛口宽约169.7厘米，高约206.4厘米，深约40.4厘米。右龛柱当中残剥塌落部分，在与右龛左柱灯龛同高部位遗有平凿面，应为原灯龛位置。（图6-277）

2）龛内造像

龛内造一坐佛二胁侍菩萨三尊像。佛头直抵龛顶，占满大半龛口尺度，显得庞大，二菩萨侧身立在佛膝后，仅露一足。主尊与菩萨主从对比强烈。三像均经泥装，现残剥严重。

图6-271　第46窟洞窟后壁中龛遗存整体情况

图6-272　第46窟洞窟后壁中龛龛形龛饰残存状况

图6-273　第46窟洞窟后壁中龛主尊佛头

图6-274　第46窟洞窟后壁中龛主尊佛衣遗迹

图6-275　第46窟洞窟后壁中龛主尊佛足遗迹

图6-276　第46窟后壁中龛立佛右侧龛壁墨书题记

[44]

《总录》记载为："奉伏男生乃吉□□」□□钞壹定□信」□□吉祥如意」□□□□……"（第85页）此次调查中，"如意"两字比较模糊，"信""□□□□"已不可见。

图 6-277　第 46 窟后壁左龛遗存整体情况

主尊佛。结跏趺坐于须弥座上，座前被佛衣覆盖。通高 204.5 厘米，坐高 161.9 厘米；肩宽 85.3 厘米，跏坐宽 130.0 厘米；头高 53.1 厘米，宽 40.9 厘米；面高 32.9 厘米，宽 30.6 厘米。佛身、衣、手足大体具足，但细部已漫漶。

佛头部、手部曾经泥装，现头部仅发髻泥装尚存，余大部脱落。从风蚀残迹仍可见佛面相丰圆，稍前倾，肉髻低平。眉目、唇角仅大致可辨，眼目下视。双耳残，佛颈残。（图 6-278）

佛身表面皆风蚀，佛上身衣着式样、衣纹已漫漶不可辨。唯腰下见左腿压于右腿之上，绕过覆体佛衣，左足足面朝上出露，右手抚左足，左手自然抚左小腿，指形可辨。两臂侧留少许泥装残迹，内可见细麻丝。佛衣下摆自左足处分左右下覆座前，从衣纹残迹看与右龛坐佛基本相同。

右胁侍菩萨。侧身侍立，仅露一足。表面风蚀残甚。高 183.4 厘米；肩宽 45.4 厘米；头高 46.4 厘米，宽 38.7 厘米；面高 25.3 厘米，宽 21.8 厘米。（图 6-279、6-280）

菩萨头部塑装，而身体并未塑装，之后通身施地仗彩饰，现均遭熏残剥。最外表面连同的地仗层可确证此为第 46 窟局部泥装之实例，特别是菩萨头部遗存中可见泥装与原石造像浑然一体的丰富细部。

头戴花蔓冠，为现存菩萨诸冠之最花巧者。冠沿中塑一丰盈花朵，左右拥似忍冬的卷叶塑花，之上塑一宝瓶[45]，花朵间彩饰尚存（绿色），冠后为高髻。冠带自耳后下垂至肩。面目虽残甚，仍可见面相丰颐，方颊广额，发际中分，塑出发片发纹。唇饱满，施薄泥装。双耳下垂，耳戴珰。颈圆润。（图 6-281、6-282）

图 6-278　第 46 窟洞窟后壁左龛主尊佛头遗迹

图 6-279　第 46 窟洞窟后壁左龛右胁侍菩萨正射影像图

图 6-280　第 46 窟洞窟后壁左龛右胁侍菩萨遗存整体情况

图 6-281　第 46 窟洞窟后壁左龛右胁侍菩萨头冠遗迹

图 6-282　第 46 窟洞窟后壁左龛右胁侍菩萨头冠之花冠细部

[45]
一般认为冠中立宝瓶者是大势至菩萨。

菩萨风蚀残甚，身姿衣装大致可辨。上身袒，双肩披帛，右肩帛斜插入裙腰，左肩披帛搭绕过屈抬至胸之左小臂下垂，绕过裙身由右手提挽。右手同时握挽下挂的璎珞，所持披帛尾飘覆在龛柱上。左手基本残灭。下着及足面长裙，裙腰外翻。足丰腴肥厚。

菩萨佩项饰，现已漫漶不可辨。耳珰下悬挂珠穗长璎珞。璎珞以小珠串成，珠穗间串联大珠，珠形细节不辨。肩垂飘带下及右臂，绕至龛柱。右臂戴圆璧式臂钏。

左胁侍菩萨。残甚，除泥装头冠、面尚存外，余形体不可全辨，比右菩萨低矮。残高 168.8 厘米；肩残宽 39.5 厘米；头高 38.6 厘米，宽 32.0 厘米；面高 18.5 厘米，宽 20.3 厘米。（图 6-283～6-285）

此菩萨仅存的头部泥装，与其他菩萨像差别明显[46]，头、面均小。菩萨戴花冠，其冠形与彩饰与右菩萨同，唯冠中央花朵、饰物不同。冠后结带，塑出花结，带已残没。菩萨面相紧狭前倾，窄额，中分发际，高眉骨，目深，鼻残，唇内收。耳贴腮塑出，耳垂圆润饱满。（图 6-286～6-288）

此尊菩萨冠饰、结带式样与其他泥装菩萨相似，只是大小差异较大。与佛左侧佛衣联结处遗存局部衣饰残片。

龛内整体装绘。佛身后龛壁残剥，身头光遗迹全无。右菩萨身后龛壁虽残剥严重，仍可见头光斑驳遗存。粗墨线描头光轮廓，做法与中心柱后壁等各壁做法同，即也曾经不止一次整体装绘。左菩萨身后遗迹全无。（图 6-289）

0　　20cm

图 6-283　第 46 窟洞窟后壁左龛左胁侍菩萨正射影像图

图 6-284　第 46 窟洞窟后壁左龛左胁侍菩萨遗存整体情况一

图 6-285　第 46 窟洞窟后壁左龛左胁侍菩萨遗存整体情况二

图 6-286　第 46 窟洞窟后壁左龛左胁侍菩萨塑装头冠细部

图 6-287　第 46 窟洞窟后壁左龛左胁侍菩萨塑装头冠细部

图 6-288　第 46 窟洞窟后壁左龛内整体装绘残迹

六　洞窟左壁

1. 总述

左壁风蚀严重，与风蚀严重的窟顶、后壁交界处残甚，与前壁交界处保存尚好。壁面底长 393.8 厘米，顶长 412.3 厘米，右高 273.9 厘米，左高 260.6 厘米。横枋长 397.1 厘米，高 6.5 厘米。通壁凿仰莲台，其上开三帐龛，帐饰、流苏不同程度严重残剥。龛内造像，以右龛保存最差，左龛稍好。（图 6-289、6-289A、6-290）

此壁造像，虽剥蚀严重，基本存原石造像大致。

2. 右龛

1）龛形龛饰

斜直凿进式拱顶帐龛。龛口宽 150.5 厘米，高 186.0 厘米，深 45.1 厘米。（图 6-291）

0   40cm

图 6-289　第 46 窟洞窟左壁正射影像图

0   40cm

图 6-289A　第 46 窟洞窟左壁线图

图 6-290 第 46 窟洞窟左壁遗存整体情况 （从前问后看）

图 6-291 第 46 窟洞窟左壁右龛遗存整体情况

6-292

6-293

6-294

6-295

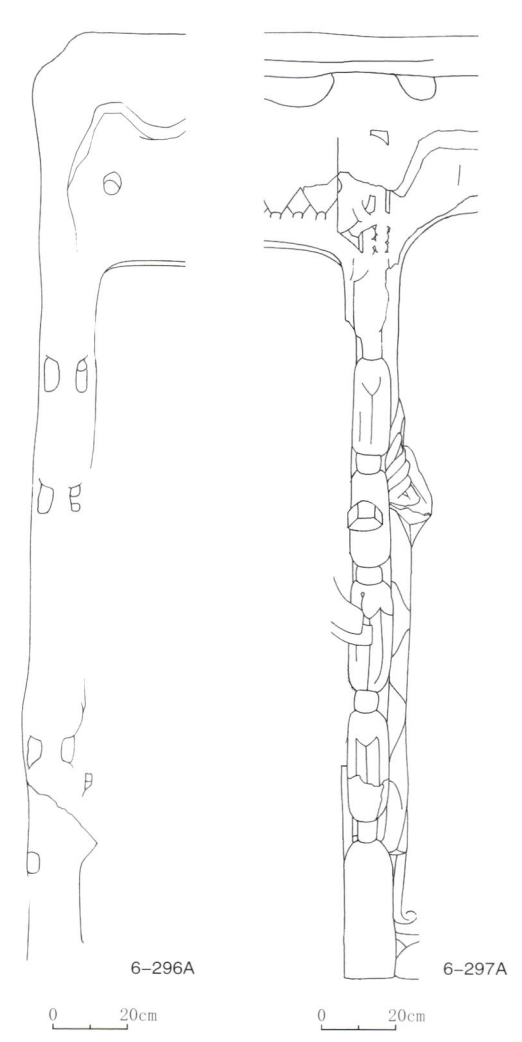

6-296A   6-297A

0 _____ 20cm   0 _____ 20cm

　　横枋之下至龛口帐、饰，仅可见拱顶帐轮廓和隐约的双重系珠三角帐幔残痕并左侧隐出衔流苏龙首的残迹。（图6-292、6-293）

　　右流苏。残甚，大约可看出五组三瓣莲束尾缨穗和结尾一组三瓣莲长穗，详形、细部均不可辨。（图6-294、6-296A）

　　左流苏。保存尚好，长224.9厘米，垂至环龛宝装莲上皮（图6-295、6-297A、6-298）。组织如下：

　　龙（残，见部分轮廓）—（磬？轮廓不辨，下系珠可辨）—单珠（？或组缓）—束尾莲穗—单珠（残）—束尾莲穗—单珠—束尾莲穗—单珠—束尾莲穗—单珠—束尾莲穗—单珠—三瓣莲长穗

· 314 ·

图6-292　第46窟洞窟左壁右龛帐饰残迹

图6-293　第46窟洞窟左壁右龛左侧隐出衔流苏龙首残迹

图6-294　第46窟洞窟左壁右龛右流苏残迹

图6-295　第46窟洞窟左壁右龛左流苏

图6-296A　第46窟洞窟左壁右龛右流苏线图

图6-297A　第46窟洞窟左壁右龛左流苏线图

倒数第三束尾穗中部，距地高 130.1 厘米处开凿灯龛，宽 9 厘米，高 8 厘米，深 8 厘米。

2）龛内造像

龛内造一坐佛二菩萨三尊像。与本窟前述各壁同类龛一样，主尊占龛面大部空间，菩萨仅立一足，下身隐在佛腿后，主从对比鲜明。均残甚。

主尊佛。 结跏趺坐于须弥座，风残严重，通身满布凿痕和近人抹护痕迹。残通高185.9厘米，坐高141.9厘米；肩宽80.5厘米，膝间距122.6厘米；头高40.1厘米，宽35.7厘米；面残高27.3厘米，残宽25.7厘米。（图6-299）

面残，大致可见面相方圆，肉髻、额际已漫漶不辨，可见眉目、鼻、耳、唇痕迹。颈部经水泥涂护。（图6-300）

佛衣细部仅左臂上部存泥装痕迹，塑泥与第45窟前壁左龛同。余均残剥

图6-298　第46窟洞窟左壁右龛左流苏下部垂至通壁莲瓣之下

图6-299　第46窟洞窟左壁右龛主尊佛整体遗迹

图6-300　第46窟洞窟左壁右龛主尊佛头残迹

[47]
对于看起来新的一层未完成的泥装发生的时间，经推算和估计，应该在1958年之后1982年前。这次可能的修补行动，未留记载，只是在第46窟的诸像身上留下遗迹。从该佛像身后世拟泥装而未果的情况看，残蚀如须弥山石窟之像，泥装至难，对技艺要求也应甚高。

[48]
此像量度尺寸可特别注意，虽剥蚀，头、面尺度也比前壁左龛菩萨稍大，可见完好时菩萨头面比例确实较大。

[49]
从左壁开始，菩萨装饰愈加繁缛，裙下系带出现，本菩萨为第一次显出残痕，至左龛始有清楚遗迹在。

露出石像，石像风残剥蚀。右手平置于从佛衣露出之左足上，残；左手平抚左腿，存二手指，余残。腿被佛衣裹覆，左足足心向上出露。佛衣下垂满覆佛座，残剥，可见覆座佛衣的层次残痕，与后壁右龛坐佛衣饰形式相同。残剥佛上身现新增一层未完成的薄泥装[47]，似拟塑作为交领（？）佛衣。

右胁侍菩萨。残甚，身、姿仅可见轮廓大致。头戴花冠，冠后垂带。面方圆，有凿痕，稍前倾。右手自然下垂至体侧，似执一物，左手屈抬至前胸。衣、饰细节均不可辨。残高179.2厘米；肩残宽46.2厘米；头残高43.0厘米，残宽40.7厘米；面残高21.6厘米，宽20.0厘米。[48]（图6-301、6-302）

左胁侍菩萨。保存状况比主尊、右菩萨好。经塑装，保存不多。出露石像，表面熏黑、残剥。残高177.9厘米；肩宽40.3厘米；头高41.0厘米，宽36.4厘米；面高23.5厘米，宽22.4厘米。（图6-303、6-304）

局部泥装的头部残，轮廓尚完存，面部又有近期抹泥痕，但仍可见菩萨形态大致。戴花蔓冠，冠带垂至肩。面相丰颐，发际方正，眼角上翘，下颌凸出，双耳未经泥装，贴颊下垂至与下颏齐平处，耳垂硕大，挂珰，悬珠系前挂璎珞。颈丰润。（图6-305、6-306）

前胸袒，双肩披帛。左肩披帛斜系入裙，裙腰外翻并垂系带[49]，裙长及足面。右肩披帛绕搭屈抬至胸的右臂，下垂及裙身，侧搭左手腕，下垂至龛壁。左手稍残，所执桃形器经泥装。右手抬至胸，残。自肩垂下帛带双重飘垂龛外流苏之上。（图6-307）

0 20cm

0 20cm

图6-301 第46窟洞窟左壁右龛右胁侍菩萨正射影像图

图6-302 第46窟洞窟左壁右龛右胁侍菩萨遗存整体情况

图6-303 第46窟洞窟左壁右龛左胁侍菩萨正射影像图

图6-304 第46窟洞窟左壁右龛左胁侍菩萨遗存情况

6-302

6-304

桃形项饰，自耳珰悬挂的长璎珞为珠穗间串大珠花。

龛后整体装绘。龛后壁侧壁剥蚀严重。仅存佛左侧头光、身光和左菩萨头光残迹一块。佛、菩萨头光、身光均墨绘，外残存云纹。有重层绘制的痕迹。残界处以水泥封护。（图6-308）

3. 中龛

1）龛形龛饰

垂直凿进式龛。与前后二龛共用龛框流苏，边界轮廓整饬，龛口尖券莲瓣形[50]（图6-309）。龛口拱宽60.1厘米，龛口宽65.4厘米，龛口高204.7厘米，深33.5厘米。形式同左、后壁中龛。

虽风蚀，龛口上残留的竖向痕迹，应是与左壁中龛同样的帐饰残痕。（图6-310）

2）龛内造像

就龛之尺度，造立佛一尊，佛头顶发髻至龛顶，左右贴及龛内壁。佛通身经泥装，现基本脱剥出露石造像原貌。残存泥装表面尚有红、绿彩饰残留。石像最外残存前述新装薄泥局部。佛高204.7厘米；肩宽65.4厘米；

图6-305 第46窟洞窟左壁右龛左胁侍菩萨头冠细部

图6-306 第46窟洞窟左壁右龛左胁侍菩萨头冠细部

图6-307 第46窟洞窟左壁右龛左胁侍菩萨衣饰遗迹

图6-308 第46窟洞窟左壁右龛内装绘残迹

［50］
龛口正中幸存龛顶点滴泥装，可清楚判断其原轮廓之中心及形式。

头高 42.2 厘米，宽 31.6 厘米；面高 28.2 厘米，宽 26.8 厘米。正射影像图中，头的比例尚适中，并不甚显硕大，但在人眼观察之下，显得十分突出。

佛头前倾，面相方圆，额稍宽，下巴方圆，肉髻低平，双耳贴腮。虽面目均遭风化，仍可见弯眉，细目，直鼻，唇角内收，满面笑意，双目视下，安详庄严。颈下刻线三条，显颈丰腴。（图 6-311、6-312）

着通肩式佛衣，搭肩式样同后壁中龛立佛像以及第 46 窟其他诸坐佛。佛衣右手抬至齐胸，持莲蕾；左手稍低平举，握一朵半绽莲花。佛衣下垂至齐足腕，内衣垂至足面。外衣衣纹清晰。可看作是右壁中龛佛像重装的"底本"。佛双足敦厚。莲台上尚存薄泥装残迹。（图 6-313、6-313-1）

4. 左龛

1）龛形龛饰

斜直凿进式帐龛，后壁深弧。龛口宽 149.2 厘米，高 187.5 厘米，深 53.5 厘米。帐枋左侧已残，右侧尚存，可测高约 7.2 厘米。（图 6-314、6-315）

图 6-309　第 46 窟洞窟左壁中龛帐饰残迹

图 6-310　第 46 窟洞窟左壁中龛龛形造像遗存整体情况

图 6-311　第 46 窟洞窟左壁中龛主尊佛头

图 6-312　第 46 窟洞窟左壁中龛主尊佛头细部

图 6-313　第 46 窟洞窟左壁中龛主尊佛衣

图 6-313-1　第 46 窟洞窟左壁中龛主尊佛衣多次泥装遗迹

图 6-314 第 46 窟洞窟左壁左龛遗存整体情况

图 6-315 第 46 窟洞窟左壁左龛 20 世纪 80 年代初遗存整体情况

因壁面与窟顶交界处残，龛面帐饰风化严重[51]。

帐饰二层。自帐枋悬饰璎珞二弧并各半。璎珞漫漶，大致为珠穗总以珠花。其下为卷折式帷幕。自帷右侧隐出龙身漫漶，可辨口衔、足踏流苏。帐帷左侧残剥，处以泥抹平，帷幔后衔含流苏的龙首不见。（图6-316~6-318）

右流苏。长225.1厘米，至通壁仰莲之上。（图6-319、6-320、6-321A）组织如次：

龙首（风蚀）—三珠（？残）—磬（残，端系珠及缨，龙足伸踏）—桃形穗（尾向龛外，薄泥装）—单珠（薄泥装）—束尾莲穗（薄泥装）—双珠—铃—单珠—桃形穗（尾向龛外）—单珠—桃形穗（尾向龛外）—单珠—铃—桃形穗（长及菩萨所立仰莲台底，尾向龛外）

[51]

特别是帐枋之上部分龛面帐饰风蚀、空鼓，随时有剥落之虞，令人心惊。幸整修工程中被水泥抹封，使剥蚀空鼓者与原岩尚连一线。正是基于本龛帐饰的遗迹，才得以重新认识20世纪80年代中期抹缝水泥行为的正面影响。

图6-316 第46窟洞窟左壁左龛帐饰遗迹整体情况

图6-317 第46窟洞窟左壁左龛帐饰右侧衔流苏龙首残迹

图6-318 第46窟洞窟左壁左龛帐饰左侧与前壁右龛右龛右流苏关系细部

图6-319 第46窟洞窟左壁左龛右流苏

图6-320 第46窟洞窟左壁左龛右流苏细部

6-316

6-319

6-317

6-318

6-320

6-321A   6-322A

0   20cm   0   20cm

图 6-321A　第 46 窟洞窟左壁左龛右流苏
线图

图 6-322A　第 46 窟洞窟左壁左龛左流苏
线图

图 6-323　第 46 窟洞窟左壁左龛主尊佛头
正面

图 6-324　第 46 窟洞窟左壁左龛主尊佛头左
侧面

左流苏。残长 207.1 厘米，末端覆在菩萨所立仰莲台下（图 6-322）。
组织如次：

（龙首被晚期泥装遮挡）—磬（被遮挡端系三珠并缨穗）—三珠—
桃形穗（尾向龛外）—单珠—桃形穗（尾向龛外）—双珠—铃—双珠—
桃形穗（尾向龛外）—单珠—桃形穗（尾向龛外）—双珠—铃—双珠—
桃形穗

流苏部分经泥装。右流苏第二组缨穗改为束尾，有单珠和双珠上面加
圆环装饰。左流苏除上部被抹泥遮挡外，均石作。

2）龛内造像

龛内造一倚坐佛二菩萨三尊像。三像也曾经泥装，局部经精致泥装，
如佛手、菩萨璎珞、手、帛带等处。现泥装大多脱落，仅在造像身体转折
处残留部分薄泥皮，大部分现原石造像[52]。佛、菩萨间布局疏朗，菩萨
二足立于独立仰莲台上。三像表面虽均风蚀，但佛、菩萨姿态、衣饰，均
为第 46 窟保存最好者之一。特别是菩萨像，是圆光寺区现存石菩萨像中
雕作上品。

主尊佛。倚坐于须弥座上，两足直接踏于通窟的宝装莲花上，因此
倚坐佛身高超过龛高。座正面被倚坐双腿佛衣完全覆盖，侧面可见其上下
台和束腰。通高 201.0 厘米（龛口高 187.5 厘米）；肩宽 74.3 厘米；头高
43.6 厘米，宽 36.2 厘米；面高 30.0 厘米，宽 28.1 厘米。

佛面相方圆丰满，稍平、略前倾。方颊广额，肉髻低平，双耳贴腮。弯眉、
细目，直鼻，唇角内收。颈经泥装，左半泥装尚存，知佛衣原泥装是依石
作原样。（图 6-323、6-324）

佛衣交领式披覆，与前述诸佛尊像佛衣披覆式样不同；因坐姿原因，

6-323

6-324

[53]

佛右手戴手钏，为窟内龛像所仅见。佛衣披覆也特殊。与之同龛的胁侍菩萨腰下裙带与佩饰刻画均极尽繁缛。值得注意。

0　　20cm

衣纹刻画简练，不似坐佛表现下摆层次繁复。佛右手自然抚膝，戴手钏，左手手掌向上，提挽佛衣衣角，衣纹关系清楚。佛内衣覆垂至足面。[53]（图6-325）

右胁侍菩萨。 面向龛外侧身侍立佛侧，双足露，独立于与通壁仰莲同高的莲台上。高176.2厘米；肩宽42.0厘米；头高37.6厘米，宽36.5厘米；面高24.1厘米，宽20.2厘米。（图6-326、6-327）

头戴花蔓冠，冠后垂缯带至肩。冠中高凸，上饰为莲花托宝珠，旁饰珠花，发髻不露。面相方圆饱满，弯眉，细目，直鼻（眼鼻稍残，可见轮廓），唇饱满，唇角内收。双耳垂至肩，戴环形珰，悬系长璎珞。菩萨面与颈相接圆润优美。（图6-328、6-329）

腹微鼓，袒右着内衣，外覆披帛。右臂披帛斜入裙腰，绕过双肩，斜覆上身及臂，然后绕过左臂从内下垂至裙际，绕过裙身搭右手腕下垂至龛侧壁。提挽披帛之手，提一双环系结法器。手曾精细泥装，残。下身着裙，长及足面，裙裾中开，裙腰外翻，裙带活结带垂至小腿。此结带为裙带遗存最清楚之像。裙下足厚实饱满。

桃形宽平项饰，边缘琢磨细腻，曲线优美，内遗放射纹痕，项饰尖端垂一组忍冬珠花。双耳珰悬系的长璎珞为双联珠串间以珠花，曾经原样塑

图6-325　第46窟洞窟左壁左龛主尊左手泥装残迹细部

图6-326　第46窟洞窟左壁左龛右胁侍菩萨正射影像图

图6-327　第46窟洞窟左壁左龛右胁侍菩萨遗存整体情况

图6-328　第46窟洞窟左壁左龛右胁侍菩萨头冠细部

图6-329　第46窟洞窟左壁左龛右胁侍菩萨头冠细部

图 6-330　第 46 窟洞窟左壁左龛左胁侍菩萨正射影像图

图 6-331　第 46 窟洞窟左壁左龛左胁侍菩萨遗存整体情况

图 6-332　第 46 窟洞窟左壁左龛左胁侍菩萨头冠细部

图 6-333　第 46 窟洞窟左壁左龛左胁侍菩萨衣饰细部

图 6-334　第 46 窟洞窟左壁左龛左胁侍菩萨衣饰细部

装、存部分。璎珞下垂至裙际与披帛同绕裙，呈 U 形环。

左胁侍菩萨。面向佛侧身侍立，双足露，立于仰莲座上。姿态大体同右菩萨，但姿态之美胜于右者。通高 179.6 厘米，净高 169.5 厘米（莲座高 10.1 厘米）；肩宽 37.2 厘米；头高 36.7 厘米，宽 36.5 厘米；面高 21.8 厘米，宽 20.6 厘米。净高小于右菩萨。表面稍风化漫漶。（图 6-330、6-331）

头戴花蔓冠，冠面居中为莲花宝珠饰，左右珠花，束冠带垂至双肩。菩萨面相饱满方圆、方颐广额、弯眉、细目、直鼻（稍残）、小口，唇角内收、目光庄严下视。双耳垂至颈，戴环珰，系珠穗长璎珞。颈优美圆润。（图 6-332）

上身袒，双肩披帛。左肩披帛系入裙，绕过后背，搭在右肩垂覆，绕过屈抬至胸的右臂，垂绕裙身，与下挂之长璎珞相前后，搭在自然下垂至体侧左腕下垂至龛壁侧。右手残，左手握持桃形法器。手与法器均精细依原样泥装。下身着及足面长裙，系带，裙腰外翻，裙裾中开。束带自裙腰下露出，呈双垂弧二，中带下垂至裙身披帛下。长裙及足面部分存泥装，残处可见装泥材料。足塑作饱满，残。（图 6-333、6-334）

宽大桃形项饰，刻缘线脚圆润，下垂系一花，已漫漶，应同右菩萨为忍冬珠花。自耳珰垂挂的长璎珞以丰硕珠穗间隔元宝形和圆形组合珠花。左腕戴臂钏并腕钏。（图 6-335）

龛内整体装绘。龛后壁残剥，加上熏迹严重，佛像身光、头光遗迹已不可辨。（图 6-336）

本龛左右菩萨与前壁右龛左右菩萨，造像比例细部，如出一人之手。（图 6-337）

七 窟顶

窟顶为四方斗帐顶，四坡微弧垂。（参见图 6-11～6-14、6-11A～6-14a）

窟顶与壁面及中心柱各界以横枋，窟顶四面界以斜枋。斜枋在洞窟四角与壁面横枋相交，另一端置于倚柱栌斗之上与中心柱与窟顶交界横枋出头相交，形成仿木结构的窟顶平面。栌斗按 45°方向斜置于倚柱头，正面承置枋。这与第 45 窟栌斗正置于柱头、与斜枋成 45°斜交之做法不同。（图 6-338a、b、c、d，图 6-339、6-340）

四壁横枋长度尺寸在洞窟各壁叙述中已交代。中心柱横枋通长（含出头），前 206.7 厘米，右 200.6 厘米，后 207.7 厘米，左 200.7 厘米。出头约 5.9 厘米。斜枋尺寸分别是（前右起）141.6 厘米（残长 43.8 厘米），右 145.0

图 6-335　第 46 窟洞窟左壁左龛左胁侍菩萨衣饰细部

图 6-336　第 46 窟洞窟左壁左龛内装绘残迹

图 6-337　第 46 窟洞窟左壁左龛左胁侍菩萨与相邻前壁右龛右胁侍菩萨比对

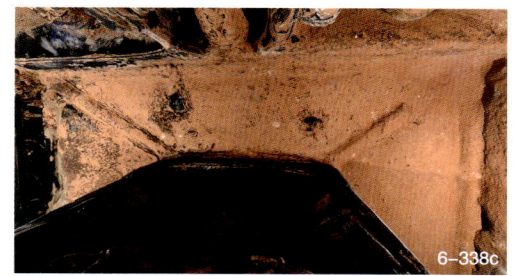

6-338c

图 6-338a　第 46 窟窟顶前坡

图 6-338b　第 46 窟窟顶右坡

图 6-338c　第 46 窟窟顶后坡

图 6-338d　第 46 窟窟顶左坡

图 6-339　第 46 窟窟顶仿木结构细部

图 6-340　第 46 窟窟顶枋木结构细部

6-338d

6-338b

6-338a

6-339

6-340

厘米，后 157.7 厘米（残长 8.5 厘米），左 152.9 厘米。

窟顶尚完整，但表面均遭严重风化剥蚀。右坡左下角存一片已风化漫漶的原窟顶浮雕残迹，可略辨为飞天供养。（图 6-341）

后坡残存两小片窟顶墨绘装銮的残迹。做法是在已经残剥的窟顶石壁上薄施灰色地仗，其上施墨线绘饰，后又几乎全部脱落。其装绘方式，与第 46 窟中心柱后壁龛后壁的墨绘身光头光相似。（图 6-342、6-342-1）

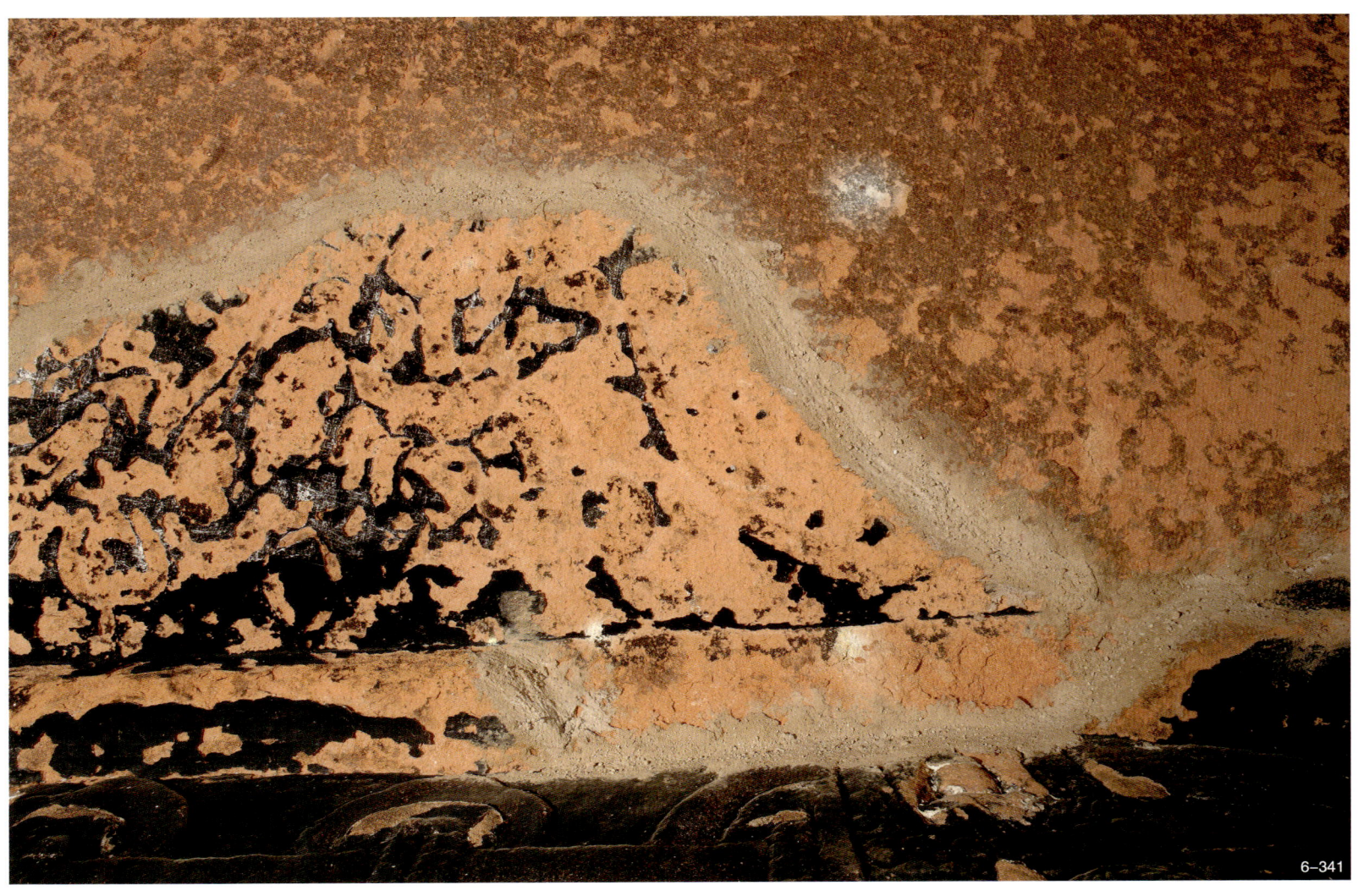

图 6-341　第 46 窟窟顶右坡浮雕飞天残迹

图 6-342　第 46 窟窟顶后坡装銮残迹

图 6-342-1　第 46 窟窟顶后坡装銮残迹细部

附表 6-1　第 46 窟佛、菩萨现状量度尺寸一览表

龛所在洞窟位置	龛所在壁面位置	龛像组合	主尊姿态	佛量度尺寸（厘米）								右胁侍菩萨量度尺寸（厘米）							左胁侍菩萨量度尺寸（厘米）						
				通高	坐高	肩宽	趺坐宽	头高	头宽	面高	面宽	通高	净高	肩宽	头高	头宽	面高	面宽	通高	净高	肩宽	头高	头宽	面高	面宽
中心柱	前壁	一佛二菩萨	结跏趺坐，右足在上	171.8	122.9	61.2（腰31.0）	100.2	38.9（肉髻10.5）	29.2	21.5	23.3	153.7	138.7	24.3	32.7	29.4	18.7	17.8	153.0	136.5	43.0	31.6	35.0	19.5	18.3
	右壁	一佛二菩萨	结跏趺坐，左足在上	165.4	114.5	60.0	84.7	35.0	33.1	25.5	24.6	148.5	130.1	36.4	30.5	27.8	—	—	155.4	138.4	37.2	32.3	28.0	—	—
	后壁	一佛二菩萨	结跏趺坐，左足在上	185.0	130.1	73.7	106.1	36.3	27.9	21.4	20.0	155.9	147.1	41.3	33.7	29.5	18.2	19.7	152.1	143.4	41.8	34.3	29.3	—	—
	左壁	一佛二菩萨	结跏趺坐，左足在上	173.5	120.6	63.2	92.8	37.7	30.7	26.7	22.8	140.4	133.0	33.0	31.8	28.9	—	—	148.7	140.9	33.8	—	—	—	—
	右龛	一佛二菩萨	结跏趺坐，左足在上	189.4	126.4	55.4	99.7	40.3	28.1	24.9	23.8	—	160.3	30.4	33.0	27.4	20.0	17.5	—	158.0	35.1	30.4	25.5	17.7	16.3
	三组帐形龛　右	男供养人，一比丘，一供养者	跪立供养	39.8	30.4	15.5	25.2	11.4	9.2	6.8	6.1	—	37.4	7.9	8.6	—	—	—	—	38.6	7.5	8.8	—	—	—
	三组帐形龛　中	一佛二菩萨二弟子	结跏趺坐，左足在上																						
	三组帐形龛　左	女供养人，一比丘，一供养者	跪立供养																						
前壁	左龛	一佛二菩萨	结跏趺坐，左足在上	187.7	131.1	68.5	104.5	39.1	26.7	21.4	20.7	156.4	156.4	36.1	32.2	30.2	18.1	16.9	—	160.7	33.2	33.3	31.0	—	—
	右龛	一倚坐交脚菩二胁侍菩萨	倚坐交脚	170.2		73.9		39.7	35.3	24.7	22.7	165.6	165.6	33.8	34.9	22.4	22.6	19.7	171.7	171.7	36.1	38.9	30.6	19.3	20.1
右壁	中龛	一立佛	立佛	119.6		52.6		37.1	32.2	25.0	24.1														
	左龛	一佛二菩萨	结跏趺坐，左足在上	185.4	175.8	71.5	110.2	40.0	31.8	28.7	27.0	177.4	177.4	43.4	40.1	36.5	22.6	18.8	176.6	176.6	38.8	37.3	35.0	24.6	19.3
后壁	右龛	一佛二菩萨	结跏趺坐，左足在上	201.7	156.8	84.1	129.5	50.3	39.1	33.9	30.9	179.6	179.6	46.4	41.8	37.7	24.3	20.3	176.1	176.1	40.7	39.8	37.6	23.8	21.5
	中龛	一立佛	立像	204.5		66.2		48.7	36.8	31.8	29.5														
	左龛	一佛二菩萨	结跏趺坐，左足在上		161.9	85.3	130.0	53.1	40.9	32.9	30.6	—	183.4	45.4	46.4	38.7	25.3	21.8	—	168.8	39.5	38.6	32.0	18.5	20.3
左壁	右龛	一佛二菩萨	结跏趺坐，左足在上	185.9	141.9	80.5	122.6	40.1	35.7	27.3	25.7	—	179.2	46.2	43.0	40.7	21.6	20.0	—	177.9	40.3	41.0	36.4	23.5	22.4
	中龛	一立佛	立像	204.7		65.4		42.2	31.6	28.2	26.8														
	左龛	一倚坐佛二菩萨	倚坐	201.0		74.3		43.6	36.2	30.0	28.1	176.2	176.2	42.0	37.6	36.5	24.1	20.2	179.6	169.5	37.2	36.7	36.5	21.8	20.6

附表 6-2 第46窟各帐壸左右流苏详部列表

组织及位置	中心柱								前壁				右壁						后壁						左壁					
	中心柱前壸右	中心柱前壸左	中心柱右壸右	中心柱右壸左	中心柱后壸右	中心柱后壸左	中心柱左壸右	中心柱左壸左	右壸右	右壸左	左壸右	左壸左	右壸右	右壸左	中壸右	中壸左	左壸右	左壸左	右壸右	右壸左	中壸右	中壸左	左壸右	左壸左	右壸右	右壸左	中壸右	中壸左	左壸右	左壸左
1			龙首	龙首					龙首	龙首			龙首	龙首			龙首	龙首									龙首（残）			龙首	龙首（被德）
2			组绶	组绶			组绶	组绶	组绶	组绶								组绶												
3			三珠	三珠			三珠	三珠	三珠	三珠			三珠	三珠			三珠	三珠												三珠	三珠
4			磬（端系三珠并穗）	磬（端系三珠并穗）			铃	铃	磬（端系三珠并穗）	磬（端系三珠并穗）			磬（端系三珠并穗，龙足踏其左）	磬（端系三珠并穗，龙足踏其右）	无	无	磬（端系三珠并穗）	磬（端系三珠并穗）							磬（？）	磬（残）	束帷	束帷	磬（残，端系珠并足伸踣）	磬（残，端系珠并足伸踣）
5			三珠	三珠			单珠	单珠	三珠	三珠			三珠	三珠			三珠	组绶									单珠（或组绶？）				三珠
6			束尾莲穗	束尾莲穗			桃形穗	桃形穗	束尾莲穗	束尾莲穗			束尾莲穗	束尾莲穗			铃	铃								束尾连穗	束尾连穗			桃形穗	桃形穗
7			单珠	单珠			单珠	单珠	单珠	单珠			单珠	单珠			组绶 单珠	双珠									单珠（残）			单珠	单珠
8			束尾莲穗	束尾莲穗			桃形穗	桃形穗	束尾莲穗	束尾莲穗			束尾莲穗	束尾莲穗			桃形穗	桃形穗								束尾连穗	束尾连穗			束尾连穗	束尾连穗
9			单珠	单珠			双珠	双珠	单珠	单珠			单珠	单珠			单珠	单珠									单珠			双珠	双珠
10			束尾莲穗	束尾莲穗			铃	铃	束尾莲穗	束尾莲穗			束尾莲穗	束尾莲穗			桃形穗	桃形穗								束尾连穗	束尾连穗			铃	铃
11			单珠	单珠			单珠	单珠	单珠	单珠			单珠	单珠			组绶 铃	组绶 铃								单珠	单珠			单珠	双珠
12			束尾莲穗	束尾莲穗			桃形穗	桃形穗	三瓣莲穗	三瓣莲穗			束尾莲穗	束尾莲穗			组绶 桃形穗	桃形穗								束尾连穗	束尾连穗			桃形穗	桃形穗
13			单珠	单珠			单珠	单珠					双珠	双珠			双珠	双珠								单珠	单珠			单珠	单珠
14			三瓣莲穗	三瓣莲穗			桃形穗	桃形穗					三瓣莲穗	三瓣莲穗			桃形穗	桃形穗								三瓣连穗	三瓣连穗			桃形穗	桃形穗
15							双珠	双珠									双珠	双珠											双珠	双珠
16							铃	铃									铃	铃											铃	铃
17							单珠	单珠									单珠	单珠											双珠	双珠
18																													桃形穗	桃形穗
19																														

中心柱左壸左/右及各壁中壸左右处标注"束帷""垂帷"者见各相应栏。

第七章　第 47、47 窟附、48、49 窟

第一节　第 47、47 附窟

一　第 47 窟

（一）位置

第 47 窟位于第 45、46 窟之下，处圆光寺主峰正壁第一层。海拔 1690.03 米，比现圆光寺地面高 1.84 米。窟门朝向 141°。

与第 48 窟两窟窟门中心间距约 16.91 米，相邻两壁间距离 2.16 米。（图 7-1）

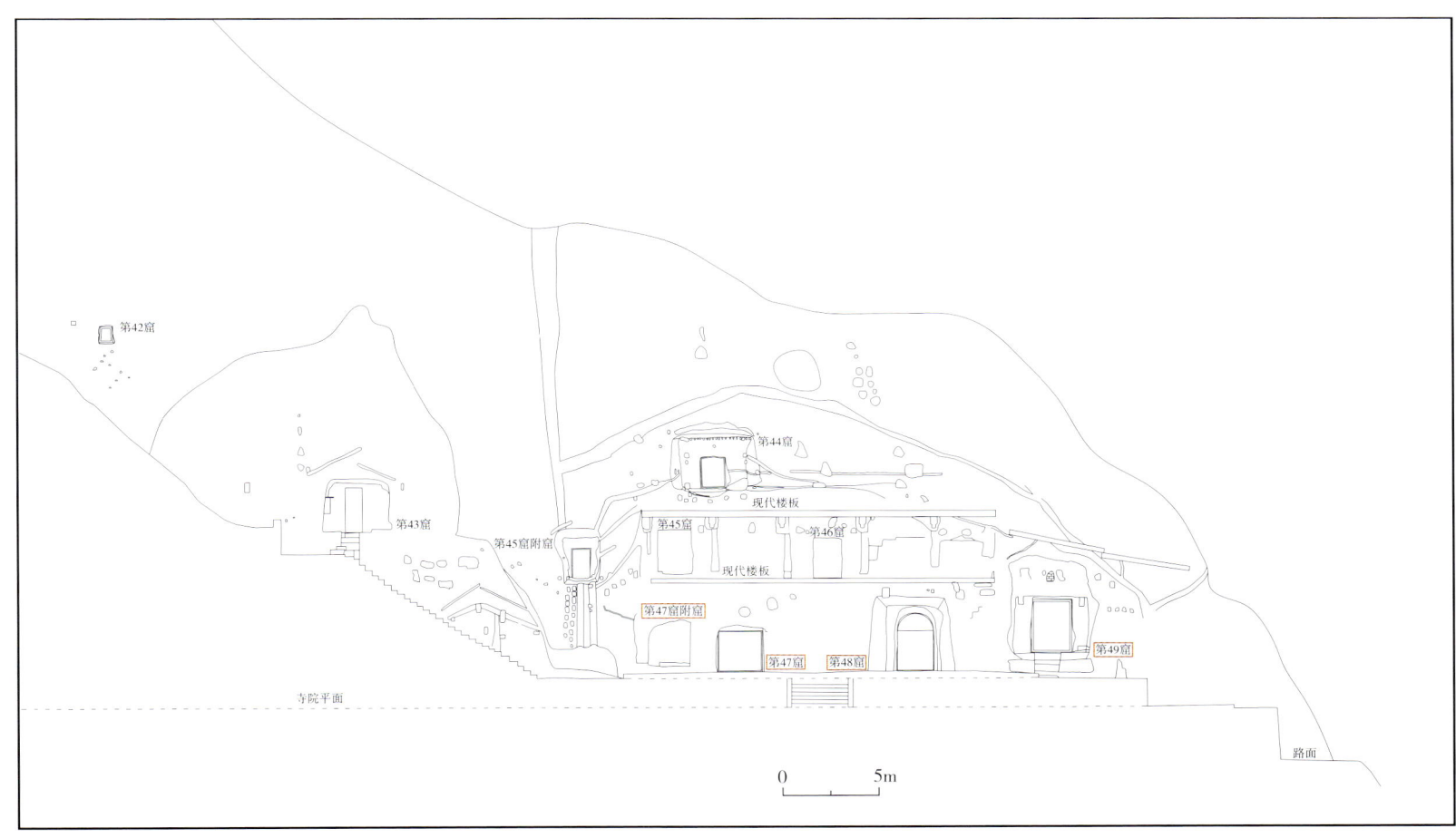

图 7-1　第 47、47 窟附、48 窟在圆光寺区主峰正壁的位置

（二）窟外遗迹

窟外遗迹主要有两种，一种是窟口遗迹，一种是与第48窟为一整体的窟外建筑遗迹。

1. 窟口遗迹

窟前也应曾开凿窟口。因经过地震台时期的修整利用和崖壁塌毁，窟口的具体情况已不清。

1987年整修工程中加固修复了窟前崖壁和坍毁的前壁和窟门，为安全起见，在窟门外还加砌了加固墙，现窟口仅存大致轮廓。

窟口后壁开凿窟门。窟门方形，宽227.6厘米，高268.6厘米，门壁厚度77.9厘米，形制与第45、46窟相似。现安装铁门。（图7-2）

2. 窟前寺院建筑遗迹

第47、48窟窟前寺院建筑遗迹，是圆光寺区主峰崖壁整体窟前建筑——窟前寺院遗迹的一部分，包括洞窟外遗存在崖壁上的遗迹和与窟前寺院建筑有关的建筑台基、基台等。（图7-3、7-4）

第47、48窟窟前即是今五间重檐楼阁式大殿的第一层。大殿左、右、前设附阶廊庑，通面宽22.35米，通进深5.66米（明间中心点距第47—48窟窟外崖壁中心点），建造在左右通宽30.8米、右深5.2米、左深3.7米、高1.7米的台基上。台基左、右、后三面就山势筑砌。据整修工程报告，当时台基上还遗存有柱础。

台基之下为因第45窟附窟至第49窟窟前天然山体台地、经人工整修砌筑的大殿基台。基台比今寺院庭院地面高1.7米，前壁、左壁用须弥山本地红砂岩条石以白灰砂浆砌筑，局部水泥砂浆补缝，收分鲜明。[1]（图7-5～7-7）

根据整修报告记录的柱础遗存，结合第45、46窟窟外崖壁上的梁孔，判断此处即是原建筑在第47、48、45、46四座洞窟窟前的圆光寺"五间重檐楼阁式大殿"所在。今窟前大殿即就原址复建。只可惜，因原台基之上柱础遗迹未予保留，加之第47、48窟窟外崖壁坍塌破坏，原窟前大殿台基上柱础与今尚存的壁面梁孔等遗迹间关系的具体情况已无法核查。

图7-2 第47窟窟外遗迹现状

[1]
据参加过整修工程的须弥山文物管理所工作人员告知，整修工程中基台的位置、高度基本保持整修前原状，仅稍微整葺而已。整葺时还使用了部分原基台的红砂岩条石，风化残损严重的才予更换，因此今基台不仅位置、高度基本未更动，面貌也基本保存原样。

图 7-3　窟前建筑大殿及寺院庭院正视

图 7-4　窟前建筑大殿和寺院庭院侧视

图 7-5 第 49 窟窟前崖壁与窟前大殿基台
的关系

图 7-6 窟前大殿基台东侧 （以本地本山红砂
岩石砌）

图 7-7 窟前大殿基台西侧 （就第 45 窟附窟前
山势，以本山红砂岩条石砌）

在大殿左右两侧廊庑下，距崖壁约 1 米处，有两块明代石碑分立于回廊新铺砌的地面上。经辨识地震台拆除后的旧照（图 7-8），当时一碑在 45 窟附窟窟前的地面上，另一碑在第 49 窟窟前的地面上。今二碑安置在窟前大殿左右廊下，立碑地也可算未大动。此二碑详情见本书第九章。

基台之前就是沿大殿中轴线对称布局复建的左右配殿、山门构成的圆光寺庭院台地。（图 7-9、7-10）

图 7-10　今圆光寺庭院台地近景

图 7-11　今圆光寺右侧配殿后曾蓄养牲畜的
石槽

图 7-12　2013 年本次调查时拍摄的今圆光
寺实景

图 7–13 被用作地震台时期圆光寺区遗存状况老照片

右配殿后开凿有通往第 43 窟的蹬道，山体侧壁岩体上遗存两处养系牲畜的石槽[2]。（图 7–11）

出山门是沿轴线整修铺砌的通往山下的大踏道，共 83 级。与地震台时期的圆光寺区旧照比较，今大踏道基本依循原位稍经拓宽整理而已。（图 7–12、7–13）

（三）平面形制及窟内遗迹

第 47 窟为四角雕凿出倚柱的方形中心柱窟。

平面呈方形，东西长 582.1 厘米（后壁），南北深 580.7 厘米（左壁），高约 396.8 厘米[3]。（图 7–14A）

居中中心柱已凿除，窟顶凿痕鲜明。从凿痕看，柱顶基本方形，前边长 290.2 厘米，右边长 300.4 厘米，后边长 290.1 厘米，左边长 299.8 厘米。中心柱原是否有造像已不可确知[4]。（图 7–15、7–15A、7–16）

洞窟地面现已全部铺满红砖，堆满各种寺院日常杂物，原有遗迹已不可见。因此洞窟形制遗迹基本反映在窟顶。

窟顶为覆斗帐顶。前坡并相连壁面风化严重，只窟顶后部左右两角尚存很少的原始痕迹，知四壁角部原凿有四边抹棱倚柱。倚柱下础未雕凿完成，柱头凿帐构承窟壁面与窟顶间横枋以及窟顶间的斜枋。帐构正面雕覆五瓣花饰。帐枋方形抹棱断面。（图 7–17、7–18）

[2]
据此可知今右配殿房后紧窄空间曾是蓄养牲畜之所，现在空间显然不足，可见原台地上中轴线两侧的建筑规模、形制可能与今复建安排不同。但具体的情况已无从追索，因为除窟前建筑外，未见整修工程中对台地上其他建筑遗迹的观察和清理记录。

[3]
第 47 窟前壁曾塌毁整修，现被圆光寺驻寺僧人用作库房，故以应当为遗迹的后壁、左壁尺寸作为洞窟尺寸。

[4]
据须弥山洞窟保存的整体情况看，若有造像遗存，中心柱应该不会被凿除。

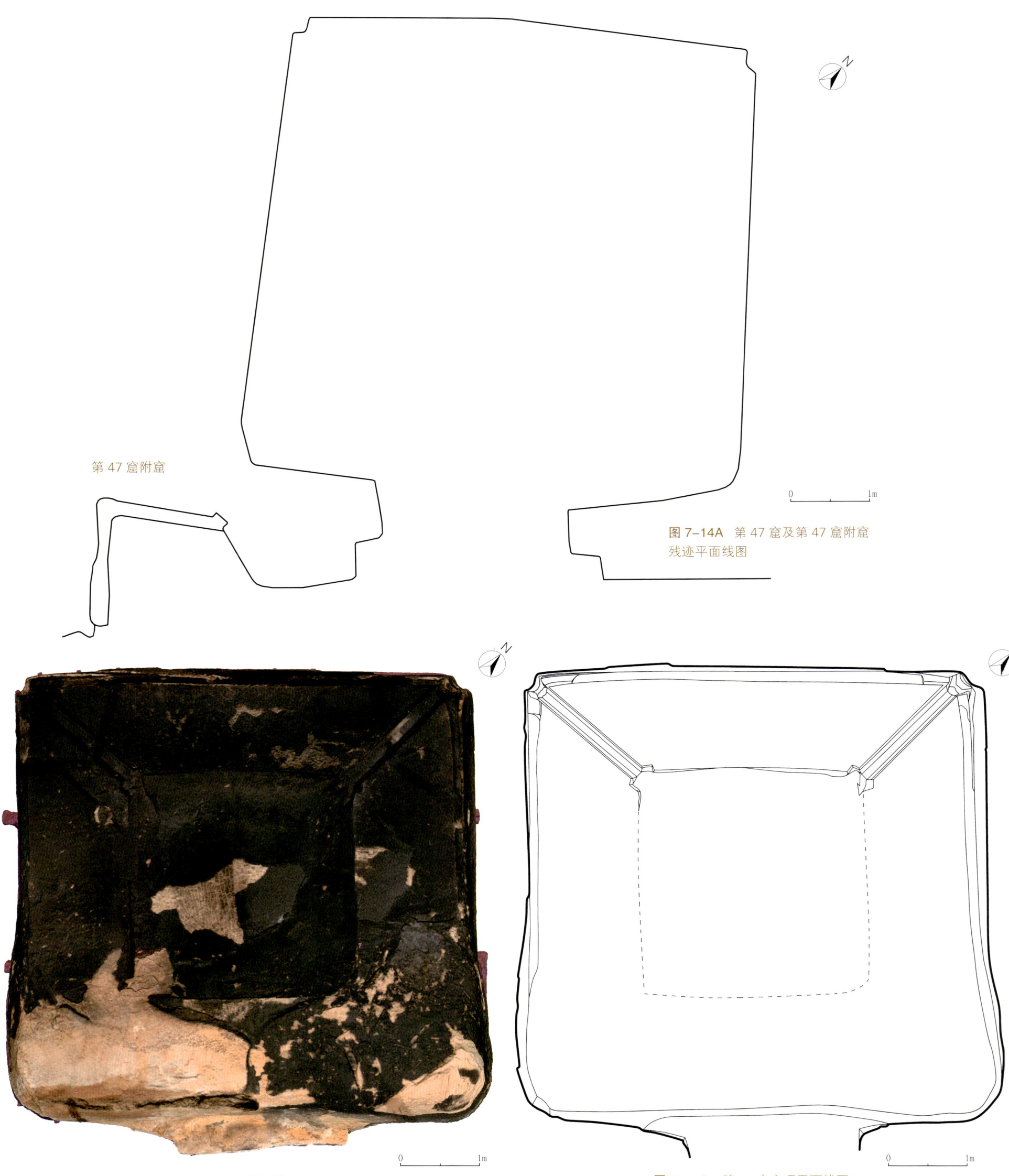

第 47 窟附窟

图 7-14A　第 47 窟及第 47 窟附窟
残迹平面线图

图 7-15　第 47 窟窟顶平面正射影像图　（中心柱被凿除痕迹鲜明）

图 7-15A　第 47 窟窟顶平面线图

可以肯定四壁确没有造像，甚至也没有曾经存在过造像的痕迹。[5] 现四壁遗存若干凿孔和各种泥皮，表面全部被熏黑，表明这个洞窟曾经被尝试过各种利用，但没有留下明显的遗迹。

第 47 窟的遗迹反映了洞窟开凿工作应该是按照一定的设计，先开出窟形大略，然后自上而下、先粗后精次第凿造。洞窟除窟顶四角之外的其余位置，尚未经精心修整，工程就戛然而止。

二　第 47 窟附窟

第 47 窟附窟位于第 47 窟右前方。海拔 1690.26 米，比圆光寺地面高 2.07 米。窟门朝向 136°。

已经塌毁不完整，现洞窟内部裸露在外，目前大部在窟前大殿内，右侧一小部分被遗在大殿右侧山墙之外，与第 45 窟附窟崖壁相连。前壁已坍毁，

[5]
种种情况表明，第 47 窟是一座计划开凿的中心柱窟，中心柱大体、四壁已经凿完并整修完成，有些地方甚至已整修得比较精细了，如窟顶四角帐构和帐枋等，但可能遭遇了不可抗力的因由，开龛造像的工作没能展开。

图 7-19　第 47 窟附窟窟外现状

后壁残长 160.8 厘米，窟残深 82.3 厘米，内曾经抹泥装銮，存壁龛、火炕等遗迹，曾用作僧房，现被圆光寺僧人用作库房。（参见图 7-3、7-14A；图 7-19）

第二节　第 48 窟

一　位置

第 48 窟位于第 47 窟东侧，二者同处圆光寺主峰正壁第一层。海拔 1689.94 米，比圆光寺地面高 1.75 米。窟门朝向 135°。

与第 47 窟两窟窟门中心间距 16.91 米，相邻两壁间距离 2.16 米。

二　窟外遗迹

包括两种：一种是窟口遗迹，一种是窟外建筑遗迹。

（一）窟口遗迹

窟前应曾凿窟口。因经过地震台时期的修整利用和崖壁塌毁，原窟口的具体情况已不清。（图 7-20）

窟门在修复工程前即被改凿成券洞门[6]。1987 年整修工程中加固修复了窟前崖壁和坍毁的前壁和窟门，在窟门外砌筑加固墙。窟门安装铁门。（图 7-21）

（二）窟前建筑遗迹

第 47、48 窟二窟紧邻，窟前遗迹关系密切，已于本章第一节"（二）

[6]

券门洞改凿时间参见本章注 [10]。

窟外遗迹"条整体记述。

需要特别指出，第48窟窟门上方还有1987年整修工程时有意保留的可能是早期窟前建独立窟檐时的梁孔的零星遗迹。此外，在窟门左即今大殿左侧楼梯下的壁面，有两处阶梯装凿痕，可能曾是原登临第二层以上洞窟的蹬道遗迹。（参见图7-1；图7-22、7-23）

三　平面形制及遗迹保存概况

第48窟为四角雕凿出倚柱的方形中心柱窟，仿木结构覆斗帐顶。（图7-24～7-29、7-24A～7-29A）

洞窟尺度比第47窟稍大，前壁约646.9厘米，右壁605.7厘米，后壁608.7厘米，左壁610.2厘米，地面至窟顶高约366.5厘米。中心柱具基台、基座和柱身，前壁约345.0厘米，右壁约350.1厘米，后壁约349.8厘米，左壁约345.2厘米。中心柱与洞窟四壁间甬道地面，前宽144.8厘米，右宽145.8厘米，后宽142.2厘米，左宽139.2厘米。

洞窟开龛、造像、整体装銮、画壁情况复杂。

中心柱柱身前壁和左壁开龛造像；右壁绘壁画一幅；后壁未开龛，有壁画剥落的迹象。（图7-30～7-32）

洞窟前壁，左右各开一龛，左侧龛有造像遗存，右侧龛无造像遗存；右壁在居中和右侧壁面开大小、高低、龛形均不同的两龛，龛内无造像遗存；后壁素壁，无造像；左壁在居中和左侧壁面开凿高低、大小、龛形均不同的两龛，龛内遗存塑、雕风格不同的造像。各壁、各龛内部并窟顶，都遗有或多或少的装銮、壁画。（表7-1；图7-33～7-38）

整体看来，第48窟中心柱窟形制已具，但初未凿造完成，后有补凿、整体重装活动。

图7-20　第48窟窟外遗迹现状
图7-21　第48窟窟门左侧加固墙
图7-22　第48窟窟门左侧崖壁上蹬道遗迹
图7-23　第48窟窟门左侧崖壁上蹬道细部

表 7-1　第 48 窟龛、像、壁画信息总览表

龛所在位置		尺寸（厘米）	龛形	造像组合	泥装情况	主尊重装性质	主尊佛（菩萨）姿态特点	龛背装銮	龛外壁画
中心柱	前壁	宽181.4（最窄处160.2）龛拱高63.2 高244.5 深95.8	火焰柱承托圆拱龛	一佛二菩萨	佛经完全泥装，菩萨曾经泥装，现基本保存石造像原貌	修复性重装	结跏趺坐，双脚上翻	龛背经整体装绘，首光以泥覆盖原雕刻的佛、菩萨头光。再沿周边进行分层退晕彩绘；在头光之外近窟顶的部分，绘以彩色样式；在佛身左右三道头光之下则绘以宝相花等折枝蔓草。龛内整体装銮是佛整体龛装绘的一部分，为洞窟整体装銮的范围扩展到龛外	与龛内延续，统一装绘。之后有重绘。存题记两则
	右壁	未开龛。通壁壁画。残。壁画与前壁龛外壁画相连							
	后壁	未开龛。通壁曾绘制壁画？现残剥无存							
前壁	左壁	宽200.0（最窄处185.0）高253.1 深64.4	同中心柱前壁似火焰柱承托圆拱龛	一佛二弟子	经薄泥装	修复性重装	结跏趺坐，双脚上翻	龛内经整体装绘。佛身后龛背龛顶双绘墨绘马蹄形身光，头光两重。中填白色。占身大部面积。身光之外，龛顶绘云边框，绘整体龛装绘是佛整体龛装绘的一部分，无身光、头光	左右对称绘上下成行的坐佛，存四身。其中两身榜题存。壁画地泥涂抹法与中心柱右壁相连。且与前壁坐佛下部残绘。为洞窟整体装銮的一部分
	右龛	宽133.3 高153.4 深26.7	弧形进圆拱（浅）龛。龛底因修复整体略斜	原应有造像三身，现仅存居中趺坐佛一尊和左侧菩萨的残迹。右菩萨所在龛背极残。遗迹全无	经全面泥装	改善性泥装	结跏趺坐，双脚上翻	龛内整体装绘。墨绘佛身头光与左壁中龛式同	整体构图布局绘制成排列的坐佛，样同中心柱左壁壁画。无榜题
	左龛	同上	同上	遗迹无存	无存				龛外壁面大面积残剥。部分留存有墙痕的原壁。之上留部分壁画泥皮下部残迹。其中室上部残存一坐佛，头光、身光与窟门右侧龛外壁画坐佛二佛三身相同
右壁	右龛	比中龛低41.6 宽158.2 高178.8 深24.1	弧形进式圆拱龛，残	遗迹无存	无存			应有装绘。残，今无存	原应用整幅壁画。现无存
	中龛	宽172.2 高186.5 深34.3	弧形进式拱形龛，残	无造像遗迹。龛内装饰显示应供养一佛二菩萨三身像				龛内装绘。残。居中绘圆形头光。头光外满绘祥云。左右两侧也分别绘圆形云纹，云纹之上近龛口处为五彩虹光。龛内装饰应该是龛最后一次装銮活动的遗迹	壁面与龛背，与中心柱左壁做法相同。龛内装饰显示原壁各龛前壁绘制有壁画
后壁					壁面素面无龛像。可见泥皮遮迹。知道此面由曾经过全面装绘。现均残剥不存				
左壁	中龛	宽176.9 高205.0 深57.4	弧形进式圆拱龛	一佛二胁侍菩萨	三像都经全面泥装	非修复性	结跏趺坐，双脚上翻	龛背经整体装绘。装銮是塑像完成后进行的，表明装銮像是佛像与佛马蹄形身光和头光。与其正对的中心柱左龛佛像，头光相同。仅边线装饰。绘法轮和云纹。龛顶满绘云纹。点画墨线云纹。墨绘菩萨身光和头身一体灰涂饰。头光之上再覆盖了一层有装銮通身一体灰涂饰的遮盖。龛内装銮是龛最后一次装銮前壁面有脱落处，可见龛装饰的遗迹	龛外壁面绘制壁画。仅龛左上角尚存局部，存三身。呈成行排列的坐佛，坐佛式样，最度与壁面各壁绘制的坐佛壁画相同
	左龛	宽163.6 高149.5 深43.5	弧形进式头龛	一铺正面像，居中坐佛残基	均经泥装	非原装性？	结跏趺坐，双脚上翻	龛内经整体装绘。在支钉泥地仗之上绘饰佛头光、头光，形制做法与前述中龛佛身头光相同	应绘制坐佛壁画。现均残剥无存

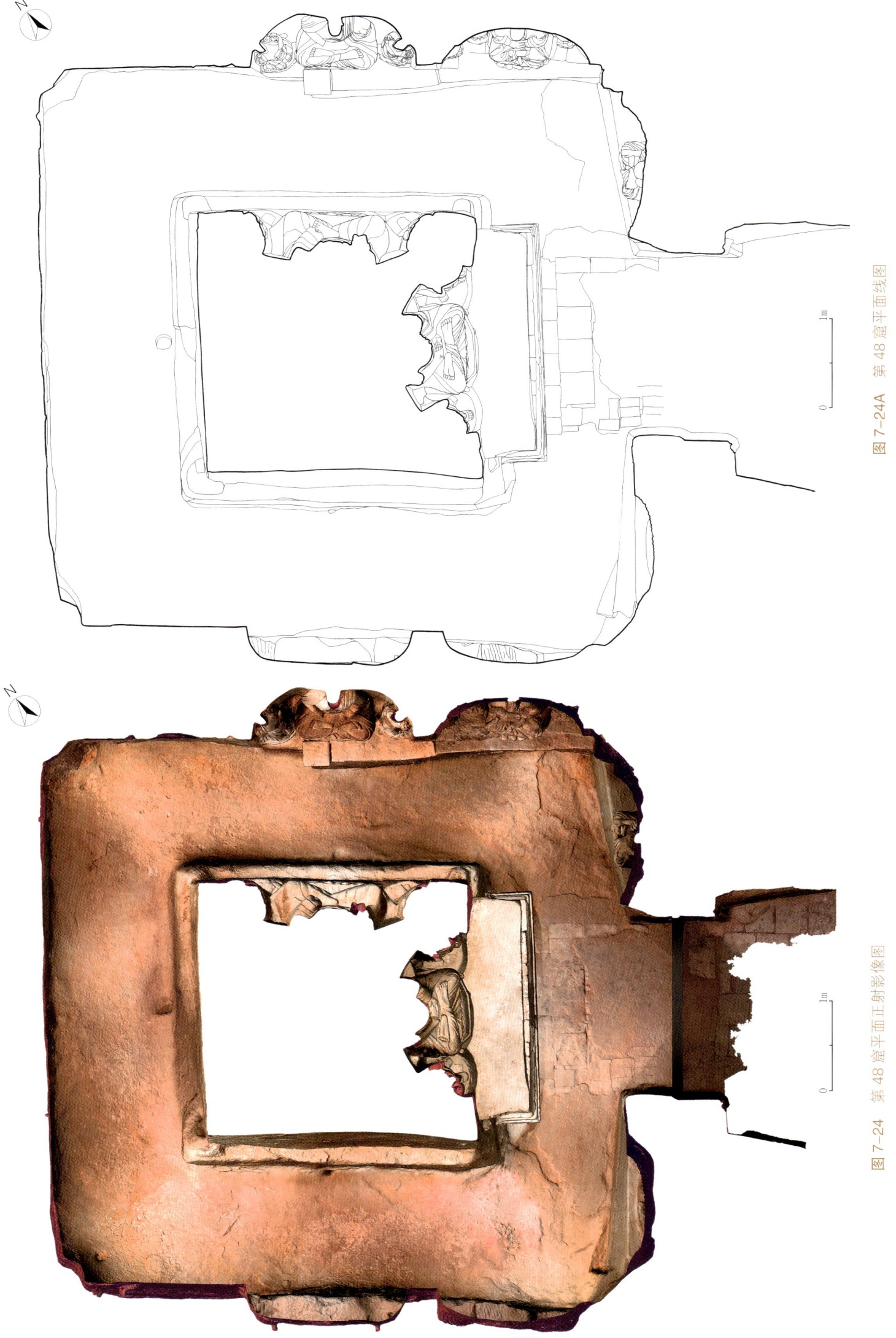

图 7-24A　第 48 窟平面线图

图 7-24　第 48 窟平面正射影像图

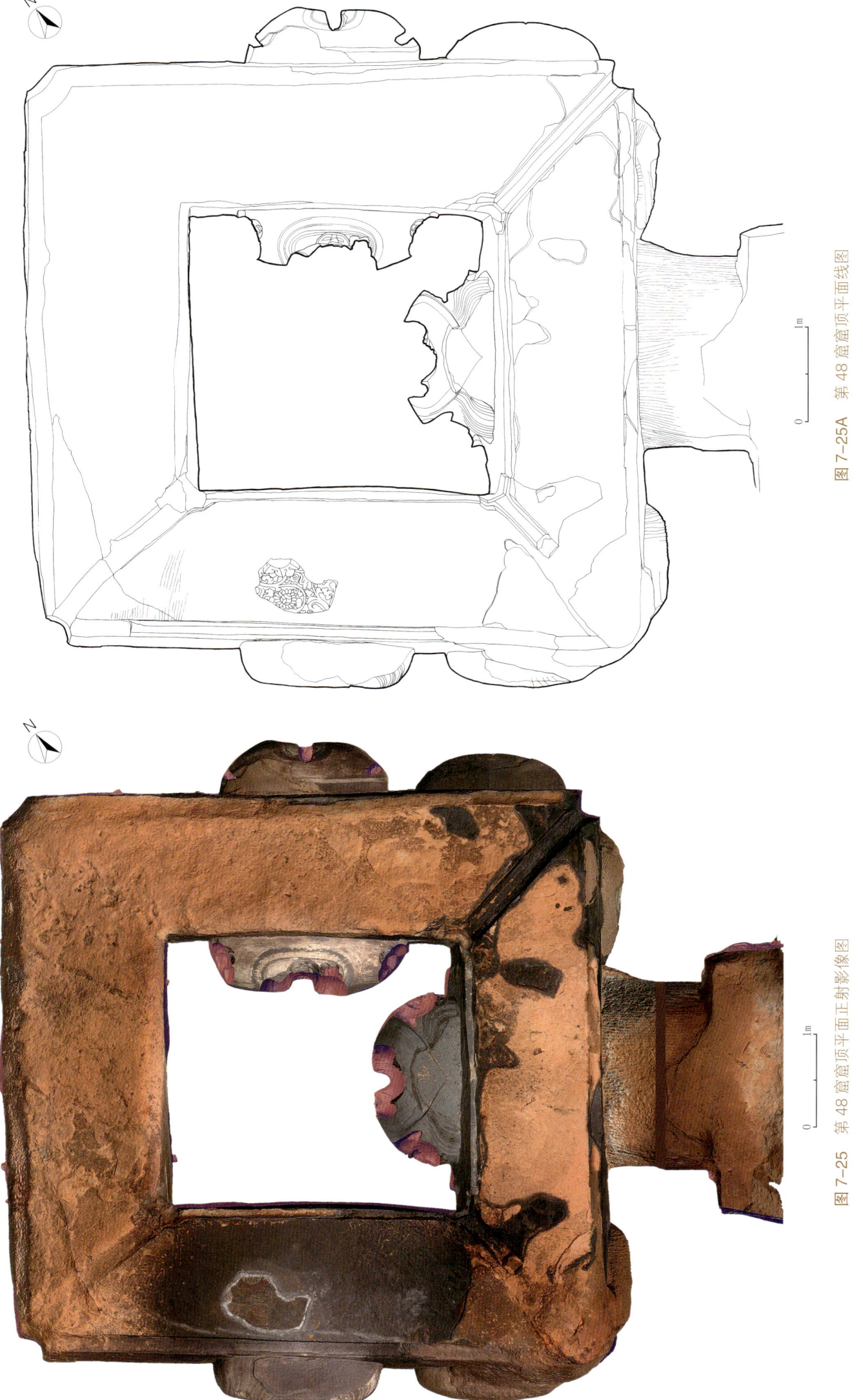

图 7-25A　第 48 窟窟顶平面线图

0 ____ 1m

图 7-25　第 48 窟窟顶平面正射影像图

0 ____ 1m

图 7-28　第 48 窟前剖后视右视正射影像图

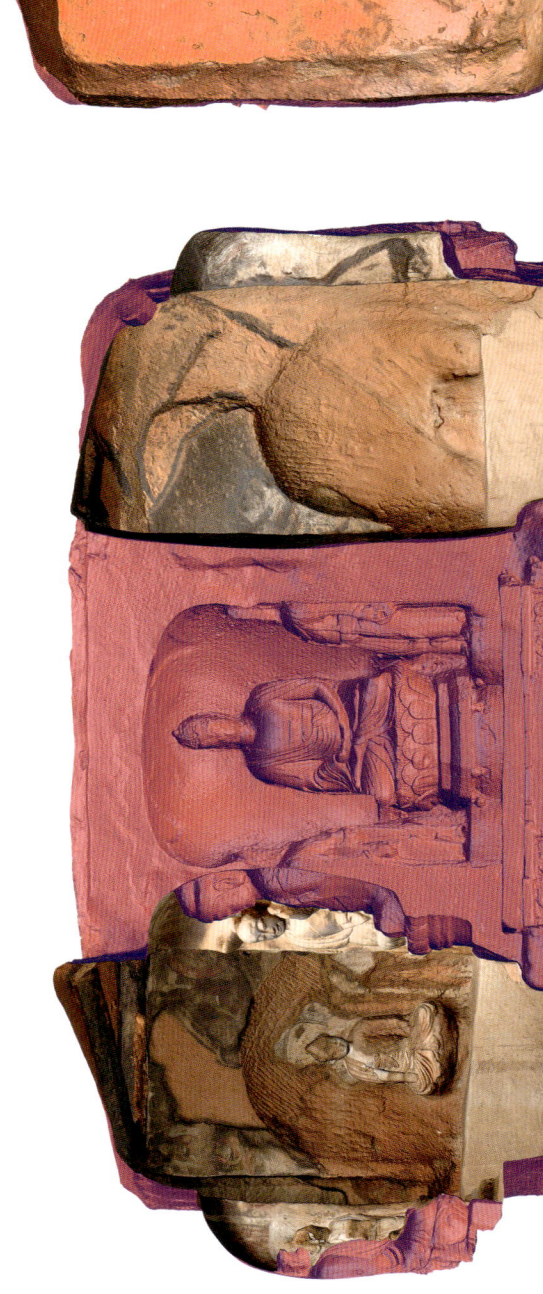

图 7-29　第 48 窟前剖后视左视正射影像图

图 7-26　第 48 窟左右剖前视正射影像图

图 7-27　第 48 窟左右剖后视正射影像图

图 7-28A　第 48 窟前后剖后右视线图

图 7-29A　第 48 窟前后剖左视线图

图 7-26A　第 48 窟左右剖前视线图

图 7-27A　第 48 窟左右剖后视线图

图 7-30　第 48 窟中心柱整体保存情况之一·中心柱前壁和左壁

图 7-31　第 48 窟中心柱整体保存情况之二·中心柱后壁和左壁

图 7-32　第 48 窟中心柱整体保存情况之三·中心柱右壁壁画

图 7-33 第 48 窟洞窟整体遗迹之一·前壁
残龛与龛外壁画

图 7-34 第 48 窟洞窟整体遗迹之二·前壁
残龛与龛外壁画

图 7-35 第 48 窟洞窟整体遗迹之三·右壁
残龛及龛内装绘

洞窟保存状况差，甬道地面、四壁下部、中心柱的基台与基座等均大部残损，而且中心柱前甬道地面、洞窟门洞和洞窟前壁、左壁壁面下部，还经过后期的铺砌、重砌、重抹等整修，仅窟顶与各壁及中心柱各壁间的界线、界面、界枋等遗迹尚可观察，特别是洞窟四角的倚柱在窟顶尚存与帐枋相交的帐构，以窟左前角保存最好，雕造精细。（图7-39）

目前窟内烟熏、油垢、风化、剥蚀、空鼓等现象严重，且渗水、风化、空鼓等现象都在日益恶化中。[7]

四　中心柱

中心柱具基台、基座和柱身（图7-40~7-43、7-40A~7-43A）。大致形制遗迹遗痕尚可察知，柱身四角倚柱及柱础已见雏形。从目前残迹观察，即便开有龛像的中心柱前、左二面，基台、基座、柱身三段似仅予大

图7-36　第48窟洞窟整体遗迹之四·未开龛的后壁残迹

图7-37　第48窟洞窟整体遗迹之五·左壁二龛造像壁画遗迹

图7-38　第48窟洞窟整体遗迹之六·左壁龛外壁画残迹

图7-39　第48窟前壁与左壁角倚柱与窟顶横枋斜枋和帐构雕凿细部

[7]
2013年7月14日星期日下午记录，连续一周雨后，48窟后壁出现明显渗水。

图 7-41　第 48 窟中心柱右壁正射影像图

图 7-40　第 48 窟中心柱前壁正射影像图

0　　　50cm

0　　　50cm

图 7-43 第 48 窟中心柱左壁正射影像图

图 7-42 第 48 窟中心柱后壁正射影像图

50cm

0

50cm

0

图 7-41A　第 48 窟中心柱右壁线图

0 ⌐⌐⌐⌐⌐ 50cm

图 7-40A　第 48 窟中心柱前壁线图

0 ⌐⌐⌐⌐⌐ 50cm

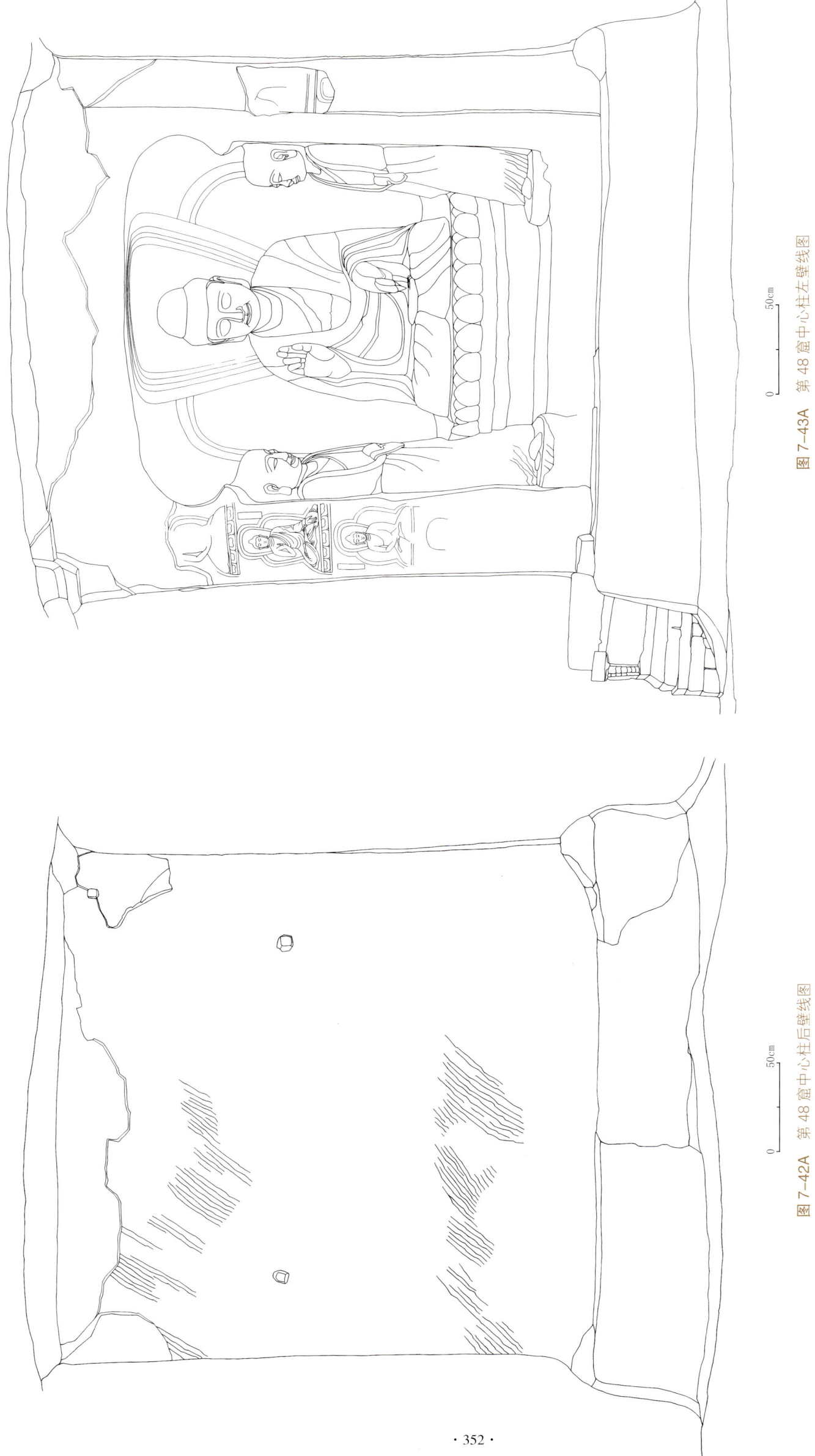

图 7-43A 第 48 窟中心柱左壁线图

50cm

0

图 7-42A 第 48 窟中心柱后壁线图

50cm

0

致平整，未及进一步精细处理和装饰。

（一）基台

基台为方形矮台，残甚，加之其四周甬道地面残至高低不平，其尺寸只能大致估测。

前壁。残长约 345.0 厘米，估测残高约 15.4 厘米。

右壁。残长约 350.1 厘米，估测高度约 10.2 厘米。

后壁。残长约 349.8 厘米，残高几乎无法估计。

左壁。残长 345.2 厘米，因地面残甚，残高无法估测。

（二）基座

基座，位于基台之上，方形，四面稍有收分。无装饰，残损严重。基座前壁有后期砖砌须弥座。

前壁。下长约 334.6 厘米，上长约 328.7 厘米，残高约 46.5 厘米，比其上柱身宽出 31.4 厘米。

基座之前砖砌须弥座，比基座稍高。须弥座上台平砌砖三层，束腰立砖一层高。具体做法，以侧立砖为左右界柱，之间再以两侧立砖三分束腰，左右两端部分，砖雕仿木构彩画的如意藻头和写生画枋心，居中现外被黄泥抹平，应该原也有砖雕。束腰之下以六层砖平砌，为须弥座枭混线脚和底座，稍有琢磨收分。砖规格长 35 厘米、宽 15 厘米、高 7 厘米，与明代固原其他寺院用砖尺寸相垺[8]。现须弥座最上二层砖抹以黄泥。（图 7-44、7-44-1）

右壁。残毁严重，仅存大略。下长约 316.7 厘米，上长约 316.2 厘米，残高约 42.0 厘米，比其上柱身宽出约 27.2 厘米。

后壁。虽残损，保存较前述各面稍好，存大略。下长约 345.2 厘米，上长约 323.5 厘米，残高约 57.1 厘米，比其上柱身宽出约 30.6 厘米。

左壁。下长约 329.7 厘米，上长约 318.1 厘米，残高约 47.9 厘米，宽出其上柱身约 25.8 厘米。

[8]
宁夏考古所固原考古工作站樊队告知，固原城砖 41～42 厘米长，20～21 厘米宽，7.5 厘米厚。石空寺明代千佛洞砖 36 厘米长，16 厘米宽，6.5 厘米厚；焰光洞砖 33 厘米长，16 厘米宽，6 厘米厚；九间无量殿砖 30.2 厘米长，14.7 厘米宽，7.7 厘米厚。

图 7-44　第 48 窟基座前砖砌须弥座

图 7-44-1　第 48 窟基座前砖砌须弥座束腰部位砖雕细部

7-44

7-44-1

（三）柱身

柱身方形带倚柱。中心柱自上起雕而未完工。四角倚柱之上承枋栌斗已粗具形制，而其下壁面倚柱形态未完全凸显，从柱身前壁可观察到倚柱底部尚未完成的柱础残迹。

1. 前壁

下宽 304.2 厘米，上宽约 299.1 厘米，右高 309.5 厘米，左高 293.2 厘米。壁面稍内弧。壁面与窟顶界以横枋，被栌斗承接。横枋长 269.7 厘米，高 11.9 厘米。壁面居中开内弧式凿进龛。（参见图 7-40）

1）龛形

壁面居中开内弧式凿进龛。龛形立面似表现为由火焰柱承托的圆拱龛，龛口拱弧内收，形制为圆光寺区洞窟仅见。龛高 244.5 厘米，最宽处 181.4 厘米，最窄处 160.2 厘米，龛拱高 63.2 厘米，龛深 95.8 厘米。龛口外壁面残剥，局部存后代装銮抹泥，龛形龛饰原始形貌不清，上下左右无与第 45、46 窟相类的繁缛装饰。

2）龛内造像

龛底为外表抹泥、高 24 厘米的通龛台座，上为雕、塑尊像三身，居中结跏趺坐主尊佛，两侧二菩萨侍立。三像身后均雕出桃形头光。二菩萨基本保持石造像面貌；主尊坐佛经后世重凿重塑，身后残存原石造须弥座遗迹，头部泥装残剥残处亦可见不多的原石造像遗迹。从整体遗迹看，龛内造像的重装重塑与中心柱基座正面的加砌关系密切。（图 7-45、7-46）

主尊佛。通高 215.0 厘米，坐高 150.0 厘米；肩宽 62.2 厘米，跏坐膝间距 97.3 厘米；头高 45.7 厘米，宽 24.1 厘米；面高 28.1 厘米，宽 21.0 厘米。座为在通龛座上泥塑的三层叠涩卷云足托八角几案，上托两层长瓣仰莲台座。几案式托座叠涩居中一层塑出线脚，自下而上逐层表面墨绘卷草、覆莲、卷草。

佛面部残，青螺发，高肉髻，顶佩髻珠，结跏趺坐，双脚上翻，结定印，袒胸着内衣，系带，外着两层佛衣一袒右一覆右肩，左右仅少许佛衣角覆座。全身贴金。

佛首全身经塑装，座亦完全重塑，但佛身衣泥装不厚，基本上似是依造像原样进行的修复性塑装，并根本改变造像形态。

右胁侍菩萨。足下抹泥台座，上部稍残，露出部分石雕仰莲瓣痕迹，高 24.0 厘米。菩萨身高 170.0 厘米；肩宽 48.1 厘米；头残高 39.6 厘米，宽 23.4 厘米；面残高 20.1 厘米，宽 18.2 厘米。头面经泥装，现又全残，仅存泥装冠带少许。颈圆润，肩部垂落原石刻冠带，胸高隆饱满，腰纤细，右腿稍屈，左腿直立，面朝主尊侍立。（图 7-47 ~ 7-49）

袒胸，披帛，右肩披帛由屈抬至胸的左手持握，覆左肩披帛当腰以上绕屈抬至胸的左臂，垂至裙际，后转折搭右手腕下垂至龛侧壁。右手自然下垂体侧，提执桃形法器。下身着裙，贴身下垂，长及足面，显双腿形，

图 7-45　第 48 窟中心柱前壁龛三尊造像遗存整体情况
图 7-46　第 48 窟中心柱前壁与其前砖砌须弥座关系

裙腰外翻，翻转衣褶自然饱满。双足饱满，残。

当胸佩戴大项饰，内环联珠，外缘火焰如意纹样，花纹繁缛。身挂双联珠间串大珠花长璎珞，最下居中大珠花，虽残，亦显繁缛。璎珞随身形起伏，刻画生动。左手腕戴双环腕钏。

左胁侍菩萨。立于通龛经抹泥的台座上，泥下原也应为高约 24.0 厘米的莲座。菩萨高 162.5 厘米；肩宽 45.6 厘米；头残高 31.0 厘米，宽 18.6 厘米；面残高 20.1 厘米，宽 14.6 厘米。除比右菩萨稍矮外，姿态、服饰与右菩萨基本相同。只因经过泥装，衣、饰关系稍有改变，比如左手臂略显臃肿。（图 7-50 ~ 7-54）

龛后整体装绘。佛、菩萨头光，均原石刻桃形头光。之后龛背经整体装绘，施地仗平整龛壁，基本沿原刻头光位置墨绘头光，填赭色退晕。在佛头光与菩萨头光之间，绘饰宝相花卷草。龛背上部绘彩色虹光。现地仗剥落，可见原石刻和重新装绘之间清楚关系。（图 7-55 ~ 7-59）。

需要指出的是，中心柱龛内造像，虽二菩萨基本保持原雕状态，从头

图 7-47 第 48 窟中心柱前壁龛右胁侍菩萨
遗存整体情况

图 7-48 第 48 窟中心柱前壁右胁侍菩萨正
射影像图

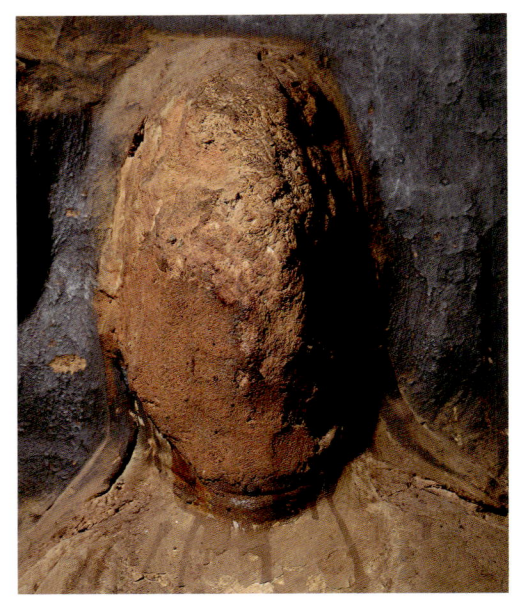

图 7-49 第 48 窟中心柱前壁龛右胁侍菩萨
头部残迹

图 7-50 第 48 窟中心柱前壁龛左胁侍菩萨
正射影像图

图 7-52 第 48 窟中心柱前壁龛左胁侍菩萨
泥装头冠残迹

图 7-54 第 48 窟中心柱前壁龛左胁侍菩萨
身姿衣饰细部·璎珞珠花

图 7-51 第 48 窟中心柱前壁龛左胁侍菩萨
遗存整体情况

图 7-53 第 48 窟中心柱前壁龛左胁侍菩萨
身姿衣饰细部

图 7-55　第 48 窟中心柱前壁龛内主尊、胁
侍菩萨原刻头光又经整体装绘的情况

图 7-56　第 48 窟中心柱前壁右菩胁侍萨头
光遗迹

图 7-57　第 48 窟中心柱前壁左胁侍菩萨头
光遗迹

图 7-58　第 48 窟龛背主尊佛和右胁侍菩萨
间墨绘卷草

图 7-59　第 48 窟龛背主尊和左胁侍菩萨间
墨绘卷草

冠残迹看，因当时已残而与主尊全面改凿和重塑同时均经修复式泥装，之后再施以通龛——从全部洞窟遗迹的情况看是通窟——装绘。

3）龛外壁画及题记

龛外壁面包括横枋，整体画壁。横枋之下，尚存壁面右侧上方散绘小朵折枝花（图7-60、7-61）；在龛外左右下部，各墨绘插花瓶一，内插写生花。花瓶敞口，长束颈，溜圆肩，弧腹，平底，颈部两侧方形耳，耳中穿圆环，肩与底部绘饰卷云纹饰带一匝。瓶内插花为写生花，之下还有一层与龛内身头光间绘饰同样较为程式化的花叶绘饰，与横枋下花朵画法相似。（图7-62、7-63、7-63-1）

中心柱前壁的壁面装绘，延续到中心柱的右壁和左壁。从残迹观察，其壁面抹泥和彩装是同时完成的（图7-64、7-65）。如同前述龛外左右侧壁画，表明中心柱正壁在整体装绘之后，还有过一次局部重绘。

图 7-60　第 48 窟中心柱前壁龛外壁面横枋下壁画残迹

图 7-61　第 48 窟中心柱前壁龛外横枋下壁画折枝花细部

图 7-62　第 48 窟中心柱前壁龛外右侧壁画瓶插花

图 7-63　第 48 窟中心柱前壁龛外左侧壁画瓶插花

图 7-63-1　第 48 窟中心柱前壁龛外左侧壁画瓶插花细部

图 7-64　第 48 窟中心柱前壁龛外右侧壁面
与中心柱右壁整体装绘遗迹
图 7-65　第 48 窟中心柱前壁龛外左侧壁面
与中心柱左壁整体装绘遗迹

　　壁面存墨书题记两则。

　　（1）在左侧瓶花之右上角，紧挨左龛沿（火焰柱）下，写于墨绘置
于带须弥座的花带牌正中的榜题框内，花带牌顶端和两侧绘云板。框宽 7.6
厘米，高 15.4 厘米。题记竖写，四行，字迹漫漶不能全读，仅小部分可辨
认（图 7-66）。录文如下：

　　　　南 …… 甘州群牧

　　　　□□ ……

　　　　佛百□ …… 百□拾

　　　　□□ ……　　意

从残存题记看，应为"甘州辟牧"供佛功德记。

　　（2）另一处在左侧花瓶瓶颈右侧，墨书，字体大多可辨认（图 7-67、
7-67-1）。内容为[9]：

　　　　持红叶叮咛之嘱咒

　　　　对绿水再三之申诉

　　　　你想象扶持一叶□又恐怕漂流无处

　　　　万瀛难□你夐前寻收绿窗□□木户若

　　　　□□□身等□□继轻……

　　题记似一首新体诗歌，或与花瓶内新点绘的墨绘枝叶在时间上有所
关联。

[9]
《总录》记载为："持红叶叮咛之嘱咒」对绿
水再三之伸诉」你想象扶持一叶舟又恐怕漂流
无处」万瀛难据你夐前寻收绿窗□雨木户若」
□□□身等□□继轻……"（第 89 页）此次调
查中，"舟""据""雨"字已辨认不出。

图 7-66　第 48 窟中心柱前壁龛外左侧壁画题记一

图 7-67　第 48 窟中心柱前壁龛外左侧壁画题记二

图 7-67-1　第 48 窟中心柱前壁龛外左侧壁画题记二细部

图 7-68　第 48 窟中心柱右壁壁画残处暴露的地仗做法细部

2. 右壁

右壁下宽 295.0 厘米，上宽 311.3 厘米，右高 313.0 厘米，左高 302.3 厘米，明显上大下小，稍内弧。壁面与窟顶界以横枋，被栌斗承接。横枋长 281.6 厘米，高 10.5 厘米。

壁面大致平整，敷地仗，绘壁画。右侧大约三分之一的壁面，地仗泥皮剥落，露出满布细致凿痕的壁面。凿痕应是绘制壁画前平整的遗痕，现留烟熏痕迹，表明壁画残剥已经较长时间了。壁面下部三分之一，有酥碱剥落，有的地方壁画颜色风化殆尽，仅存地仗泥皮，有的地方敷抹水泥，有的露出石壁凿痕。从幸存壁画残迹观察，地仗大致分三层，下层为麦秸泥，上层为带有麻丝纤维的细泥，最上为打底白灰，然后施绘壁画。（图 7-68）

壁画居中坐佛一尊，左侧菩萨一尊，佛右侧已脱剥，存与左菩萨头光对称的右菩萨头光左侧局部。佛、菩萨头光均圆形，无身光。佛、菩萨头光内赭色晕染，外绘饰云纹。壁面左上角，佛、菩萨头光、云纹之外的壁面，绘跏坐于莲座上的小佛一尊。小佛左侧绘制祥云托拥的榜题框，内题记漫漶不可读。在小佛之上有一弧线，似为整个壁面画面边框。佛坐高180.3厘米；肩宽71.2厘米，跏坐宽141.1厘米；头高60.1厘米，宽42.1厘米；面高36.0厘米，宽33.1厘米。面方圆，上大下稍窄，弯眉、细目，直鼻，闭唇，耳齐眉至颈，耳垂硕大，有戴珰孔，螺发，尖塔式高髻，顶珠。上身袒，着绛红色袒右袈裟。结金刚跏趺坐姿，右足在前；右手屈抬至胸作屈指半握状，左手平置膝上，掌心向上，指屈持禅定说法印。佛座以下部分壁画剥蚀不可辨。佛纯圆头光内涂色，现遭烟熏被烟油覆盖。佛发染白色。（图7-69）

图7-69　第48窟中心柱右壁壁画遗存整体情况

7-69

左菩萨坐高 127.3 厘米；侧身肩宽 37.6 厘米；头高 37.7 厘米，宽 18.9 厘米；面高 21.8 厘米，宽 15.4 厘米。面饱满，戴如意宝冠，珠宝项饰，披帛，最外披覆赭色田相佛衣，合掌恭敬。墨绘佛衣轮廓线凸出小齿。菩萨发、冠、珠饰均黑白晕染。左肩绘出祥云一朵，托举位于大朵莲花之上的一座殿阁。建筑多重檐，中攒尖宝瓶檐下，由带托木的柱子托举，为藏传建筑特征。菩萨纯圆头光，墨绘轮廓，内边涂白，再内晕染赭色，衬托菩萨的头及冠。（图 7-70）

画面右上角小佛。坐高 41.6 厘米；肩宽 17.6 厘米，跌坐宽 32.5 厘米；头高 12.7 厘米，宽 9.4 厘米；面高 10.2 厘米，宽 7.9 厘米。与大佛面相、身姿、坐姿、佛衣式样构图大小而微，遵守几乎相同的造像量度。未见重绘的痕迹。（图 7-71）

以上壁画、佛、菩萨及头光，线条沉着纯熟，画技高超。小佛及佛菩萨头光外祥云，绘制线条稍显稚嫩，但同时绘制迹象显明。

3. 后壁

壁面下宽 302.3 厘米，上宽 293.3 厘米，右高 293.7 厘米，左高 290.9 厘米。保存未完成的倚柱柱础和柱身大体，与窟顶界以横枋，枋长 326.8 厘米，高约 10.9 厘米。壁面残剥，素平，无龛像。大致可反映第 48 窟中心柱未经开龛造像时的壁面形态。（图 7-72）

壁面满布细密凿痕，与右壁壁画剥落后暴露的相似：壁面上部左右残存零星几片与右壁背光、云纹相似的壁画泥皮；残存与相邻右、左壁跨壁地仗遗迹，表明壁面与右壁及将要叙述的左壁同时统一装绘画壁，惜已脱剥殆尽。（图 7-73 ~ 7-75）

4. 左壁

下宽 300 厘米，上宽 300 厘米，右高 284.6 厘米，左高 298.4 厘米，与窟顶界枋呈弧状，长约 255.3 厘米，高 14.4 厘米。居中开一内弧凿进式龛。龛外绘制壁画。（图 7-76）

1）龛形

与中心柱前壁相同，似火焰柱托圆拱龛。龛高 253.1 厘米，龛口最窄处 185.0 厘米，中宽 200.0 厘米，深 64.4 厘米。龛外左右上下未见雕刻装饰。

2）龛内造像

龛内凿留高 32.1 厘米低矮台座，长 185.0 厘米，上造三像。居中为于仰莲座上结跏趺坐佛一尊，佛左右二弟子侍立。佛与弟子上身、佛座上部均已完成，而身体下部及通龛台座似未凿完。（图 7-77）

主尊佛。 通身经粗糙塑装，面部尤甚。今左半遗存泥装较多，右侧尚存原石像大致。通高 205.0 厘米，坐高 158.1 厘米，肩宽 76.8 厘米，跏坐宽 107.2 厘米，头高 56.2 厘米，头宽 37.6 厘米，面高 28.1 厘米，面宽 31.0 厘米。座为置于龛内矮台座之上的圆形须弥座，下部隐于矮台，之上圆形束腰，束腰之上刻两层叠涩线脚，上承仰莲一匝。（图 7-78）

发髻整齐，高肉髻，面小，前倾下视，弯眉，鼓睑，唇角内收，双耳下垂至颈。着内衣，结带，外衣厚重，覆搭清楚，披覆方式与第 45、46 窟内佛像不同。右手屈抬至肩，左手平举，手掌向外，二指触跏坐腿，作说法印。佛衣裹腿，右脚足心向上外露。佛衣未下覆佛座。（图 7-79）

佛首身塑作虽粗糙，却浅薄，特别是佛身衣姿态仍基本可以看作是依据的石造原样。

左右二弟子。 二弟子亦经过局部泥装。面相与佛相似，鼓睑，弯眉，眼目下视，着交领内衣，外披袈裟，袈裟穿着为通肩式，长及足面。双手拢束于佛衣下，被一角僧衣覆盖。右弟子高 166.6 厘米；肩宽 43.1 厘米；

图 7-72　第 48 窟中心柱后壁遗存整体情况

图 7-73　第 48 窟中心柱后壁上部左侧残壁画 （尚存某尊像头光局部和云纹）

图 7-74　第 48 窟中心柱后壁上部右侧存与中心柱左壁相连的壁画残迹 （上隐约可见的弧线，或是某尊像圆形头光局部）

图 7-75　第 48 窟中心柱后壁下部和右壁跨壁的壁画地仗

图 7-76　第 48 窟中心柱左壁遗迹整体情况

图 7-77　第 48 窟中心柱左壁龛内三尊未完
全凿造完成的一佛二弟子造像

图 7-78　第 48 窟中心柱左壁龛主尊佛

图 7-79　第 48 窟中心柱左壁龛主尊佛头侧面

7-80

0   20cm

7-81

7-83

7-82

0   20cm

头高 37.3 厘米，宽 27.3 厘米；面高 27.3 厘米，宽 23.6 厘米。双足未刻清楚，似未完工。左弟子足下台高 8.8 厘米，净高 157.2 厘米；肩宽 43.4 厘米；头高 35.6 厘米，宽约 27.6 厘米；面高 27.2 厘米，宽 21.7 厘米。足部也未刻画清楚。（图 7-80～7-83）

左侧弟子衣领绘饰交领，彩装残迹存。

龛内整体装绘。佛身后龛背并龛顶双线墨绘马蹄形身光、头光，占后壁大部面积。身光内填赭色，头光两重，中填白色。在身光、头光之外，龛顶线绘边框。弟子身后龛背装銮绘饰也是佛龛整体装绘的一部分，无身光、头光。（图 7-84）

3）龛外坐佛壁画

龛外壁面绘左右对称上下成行的坐佛壁画。现大多剥落。

龛右存佛像四身，均于莲座金刚结跏趺坐，佛座同时起界栏作用，上下排布。（图 7-85、7-86A）

佛加莲座通高 48.1 厘米，莲座高 4.7 厘米，佛高 36.2 厘米；肩宽 16.2 厘米，趺坐宽 30.0 厘米；头高 9.3 厘米，宽 7.7 厘米；面高 7.0 厘米，宽 5.4 厘米。面相方圆、螺发、尖高肉髻，顶饰发珠。身着赭色佛衣，身后马蹄形身光、头光。量度比例、形象与右壁主尊和小佛像基本相同。佛像右上或左上绘榜题框，其中两尊像题记完存。（图 7-87～7-93）

上起第二佛榜题框在左，框高 12.1 厘米，宽约 2.8 厘米，内单行墨书

图 7-80　第 48 窟中心柱左壁龛右弟子正射影像图

图 7-81　第 48 窟中心柱左壁龛右弟子遗存整体情况

图 7-82　第 48 窟中心柱左壁龛左弟子正射影像图

图 7-83　第 48 窟中心柱左壁龛左弟子遗存整体情况

图 7-84　第 48 窟中心柱左壁龛内整体装绘
情况

图 7-85　第 48 窟中心柱左壁龛外右侧坐佛
壁画遗存情况

图 7-86A　第 48 窟中心柱左壁龛外右侧壁
画坐佛线图

0　　　　25cm

图 7-87　第 48 窟中心柱左壁龛外坐佛壁画
遗存上起第一佛

图 7-88　第 48 窟中心柱左壁龛外右侧上起
第二坐佛

图 7-89　第 48 窟中心柱左壁龛外右侧上起
第二坐佛像左上榜题

图 7-90　第 48 窟中心柱左壁龛外右侧上起
第三坐佛

图 7-91　第 48 窟中心柱左壁龛外右侧上起
第三坐佛细部

图 7-92　第 48 窟中心柱左壁龛外右侧上起
第三坐佛右上榜题

图 7-93　第 48 窟中心柱左壁龛外壁画上起
第四佛残迹

图 7-94　第 48 窟中心柱左壁龛外左侧坐佛
壁画遗迹
图 7-94-1　第 48 窟中心柱左壁龛外左侧坐
佛壁画细部

共 10 字（图 7-89）：

南无西南方世界帝相佛

上起第三佛榜题框在右，框高 12.6 厘米，宽约 3.8 厘米，内两行墨书
共 6 字（图 7-92）：

奉
佛弟子普能

两则题记，佛名榜题在佛像左上，供养人榜题在佛像右上。

龛左侧壁画，大部剥落，残存两身佛像局部。构图、形式、量度与右
侧壁基本相同。（图 7-94、7-94-1）

壁画地仗泥做法与中心柱右壁相同，且与前壁连同，为整体制作，前
文已经述及。

五　洞窟四壁

（一）前壁

1. 总述

窟门所在的前壁，曾因地震塌毁，整修工程中因残就简整修。现壁面
下部约三分之一比原壁薄，上部三分之二的壁面，与左壁相连接部分整齐，
窟顶角部倚柱和其上帐构、界枋保存较好，与右壁连接的部位，连同窟顶，
风蚀残剥严重。壁面底长约 612.7 厘米，右高约 308.0 厘米，其余残不可测。
（图 7-95、7-95A、7-96、7-97）

图 7-95　第 48 窟洞窟前壁正射影像图

0   50cm

图 7-95A　第 48 窟洞窟前壁线图

0 ————— 50cm

前壁居中为券洞式窟门。此非最原始窟门式样。门洞宽 203.8 厘米，高 308.5 厘米，深 59.1 厘米。门洞券顶存规则的凿痕，上有烟熏痕迹。

窟门两侧壁面各凿一龛，基本对称。

2. 窟门右侧壁面

1）龛形龛饰

大致为圆拱龛。弧凿进式浅龛，龛口宽 133.3 厘米，高 153.4 厘米，深 26.7 厘米。龛底因修整略斜。（图 7-98）

2）龛内造像

龛内原应有造像三身，现仅存居中跌坐佛一尊和左侧菩萨的残迹，右菩萨所在龛背被凿残，遗迹全无。

主尊佛。经全面泥装。佛首塑作为螺髻，高肉髻，顶戴髻珠。左肩臂泥装脱落，露出内里被改凿的石造像。像下座残，可见原石座。佛残通高

图 7-96　第 48 窟洞窟前壁遗存整体情况
图 7-97　第 48 窟洞窟前壁遗存整体情况
图 7-98　第 48 窟洞窟前壁右龛整体情况

110.0 厘米，坐高 86.7 厘米；肩宽 41.5 厘米，趺坐腿宽 67.1 厘米；头高 30.0 厘米，宽 20.0 厘米；面高 15.6 厘米，宽 16.3 厘米。佛体量超过龛下经 20 世纪 80 年代修整的壁面。

佛像泥装的形式与中心柱前壁主尊和洞窟左壁居中龛主尊佛像相似，特别是佛首塑作为螺发、高肉髻、顶戴髻珠形式。佛衣已不全，难以排除也是依原样的修复性泥装。

龛内整体装绘。佛像身后龛背整体装绘，墨绘与左壁中龛同样形式的身光、头光（图 7-99）。

左菩萨。残高 95.0 厘米。

3）龛外坐佛壁画

龛外坐佛壁画，是洞窟及前壁整体装绘的遗存。窟角倚柱、帐构、界枋等部位仅存装绘残迹。（图 7-100、7-101）

龛外壁面绘制坐佛壁画。集中保存在壁面上部，右上角还有可能反映画壁整体布局的一些遗迹。结跏趺坐佛在龛外壁面，上下左右成行列分布。现遗存七身。龛右侧两身，龛上部四身，龛左与窟门右侧壁面为较大的一身。（图 7-102）

图 7-99　第 48 窟洞窟前壁右龛主尊佛头及头光残迹

图 7-100　第 48 窟倚柱、窟顶、枋整体装绘壁画残迹

图 7-101　第 48 窟洞窟前壁倚柱柱头装绘残迹

图 7-102 第 48 窟洞窟前壁右龛外坐佛壁画遗存情况

　　小佛形制与中心柱右壁小佛相似，莲座、跌坐、袒右覆肩绛红袈裟、青螺髻、高肉髻、红色顶髻珠、面相亦相同。佛像量度尺寸，约高 37.3 厘米；肩宽 16.6 厘米，跌坐宽 29.8 厘米；头高 10.1 厘米，宽 8.1 厘米；面高 7.0 厘米，宽 5.4 厘米。佛身后有马蹄形身光和头光。身光、头光间绘制云纹。

　　窟门右侧壁面绘制的较大一尊佛，跌坐于纯圆头光内。形制、量度比例与前述小佛相似，佛像残损无法测量坐宽与肩宽，唯头光纯圆，直径约 26.7 厘米。从整体尺度看，壁画布局考虑了券式窟门的存在。[10]

　　佛像均未见榜题。

　　残迹显示，壁画地仗构造材料、做法与中心柱右壁相同，也是在原石壁上用麦秸粗泥打底，再覆以麻丝细泥，再施白色粉底，然后绘制壁画。从笔触细部看，绘画技艺亦极高，非出自凡庸画工。

3. 窟门左侧壁面

　　龛形、龛底高度与右龛相似，应是同时开凿的。龛内现无造像，仅龛底存小台，或是未完成的主尊像座？龛内装銮遗存局部。（图 7-103）

　　龛外壁面大面积残剥，部分留存有凿痕的原壁，之上留部分壁画泥皮残迹。其中龛右上部残存与右侧龛外坐佛形制相同的一尊坐佛跌坐双腿、莲座和云纹；龛右则存墨绘榜题框，未见字迹。（图 7-104、7-104-1）

[10]
颇疑券门的开凿亦是第 48 窟整体装绘工作的组成部分。

图 7-103　第 48 窟洞窟前壁左龛及整体装绘壁画残迹

图 7-104　第 48 窟洞窟前壁左龛外壁画残迹

图 7-104-1　第 48 窟洞窟前壁左龛外趺坐佛残迹细部

（二）右壁

1. 总述

　　与右壁相连的地面、前壁、窟顶右前角均残甚；与窟顶右坡的界枋在整个第 48 窟保存最好，上满布规则的凿痕，应是第 48 窟初凿成型时的遗存；与后壁界限清楚。尽管部分岩体风残严重，右壁仍有部分整饰，是了解第 48 窟洞窟开凿形制的重要遗迹。（图 7-105、7-105A、7-106、7-107）

　　壁底残长 526.1 厘米，顶残长 566.5 厘米，右残高 329.5 厘米（包含了横枋高度），左残高 312.4 厘米（包含了横枋高度）。横枋断面五边形（方形抹棱），残长 337.0 厘米，高 19.1 厘米。

　　壁面开凿二浅龛。一龛位于壁面中部，一龛位于壁面右部。

图 7-105 第 48 窟洞窟右壁正射影像图

0 ⊢——⊣ 50cm

图 7-105A　第 48 窟洞窟右壁线图

0 ─────── 50cm

图 7-106　第 48 窟洞窟右壁遗存整体情况
图 7-107　第 48 窟洞窟右壁后端横枋柱头
残迹

2. 右龛

距中龛大约 34.2 厘米，龛口仅左边完整，应是圆拱形龛，余皆大片剥落残毁。弧凿进式龛，龛底距地面约 75.3 厘米，比中龛低 41.6 厘米。龛残宽 158.2 厘米，残高 178.8 厘米，深 24.1 厘米，甚浅。（图 7-108）

龛内无造像，仅居中龛底之上存一梯形高台，应是计划雕造佛座的遗迹。

该龛龛底、龛内壁面全部剥蚀，无凿痕分布。局部有龛背装銮墨线泥皮遗存。（图 7-109）

龛外顶部和近中龛壁面有与中龛贯连的整体装绘壁画残迹，余皆剥蚀不存。（图 7-110）

3. 中龛

1）龛形

为弧凿进式拱形龛，龛底距地面高约 116.3 厘米，龛口高 186.5 厘米，宽 172.2 厘米，深 34.3 厘米。龛底不平整，中似有作座的凸起，两侧凹下。龛内现无造像遗存。龛内装銮遗迹保存较多。（图 7-111）

2）龛内整体装绘遗迹

近龛顶大片剥落。残剥处被水泥抹封。

居中绘圆形头光，左右两侧分别绘圆形头光。头光外满绘云纹，云纹之上近龛口处绘五彩虹光。（图 7-112、7-112-1 ~ 7-112-6）

从龛顶未剥落处可见龛内装銮与龛外相连通，覆盖至窟顶界枋并窟顶。可惜现已大部剥落不存。

龛内装銮彩绘的形式、做法，与跟其相对的中心柱右壁壁画完全相同。身光头光局部剥落，露出龛背石壁凿痕，显示画壁前原或曾雕或塑有佛像，或未完成的造像遗迹，后未知何时因何被凿除或移除。

从现存龛内装銮一丝不苟看，此时龛内供奉的应当是可移动的尊像。而原尊像的轮廓从龛内壁画绘饰留白处看得十分清楚，应当为一佛二菩萨组合。

3）龛外壁面

中龛之左侧壁面未凿龛。壁面存泥皮，与中心柱右壁、左壁和本壁龛内装銮做法同，显示是原整壁绘制有壁画的遗存。

（三）后壁

与圆光寺区其他所有洞窟一样，后壁是窟内风蚀、残剥、渗水最严重的壁面。壁面素面无龛像。可见泥皮遗迹，知道此面也曾经过全面装绘，现基本残剥不存[11]。

长 561.5 厘米，高 315.6 厘米。（图 7-113、7-113A、7-114）

图 7-108　第 48 窟洞窟右壁右龛遗存整体情况

图 7-109　第 48 窟洞窟右壁右龛内装銮残迹

图 7-110　第 48 窟洞窟右壁右龛外与中龛之间壁面壁画残迹

图 7-111　第 48 窟洞窟右壁中龛遗存情况

[11]
2013 年 7 月中旬，须弥山连续一周暴雨之后，我们得以观察到北壁渗水的实际情况。来自自身的渗水，是须弥山石窟最大的隐患，但估计也是最难解决的隐患。

7-112

7-112-1

7-112-2

7-112-3

7-112-5

7-112-4

7-112-6

图 7-112　第 48 窟洞窟右壁中龛内整体装绘佛、菩萨头光及云纹、虹光

图 7-112-1　第 48 窟洞窟右壁中龛内装绘细部

图 7-112-2　第 48 窟洞窟右壁中龛右胁侍菩萨头光细部及其外云纹

图 7-112-3　第 48 窟洞窟右壁中龛内装绘云纹细部

图 7-112-4　第 48 窟洞窟右壁中龛内云纹、虹光细部

图 7-112-5　第 48 窟洞窟右壁中龛虹光细部

图 7-112-6　第 48 窟洞窟右壁中龛虹光及左侧墨绘竹石细部

图 7-113　第 48 窟洞窟后壁正射影像图

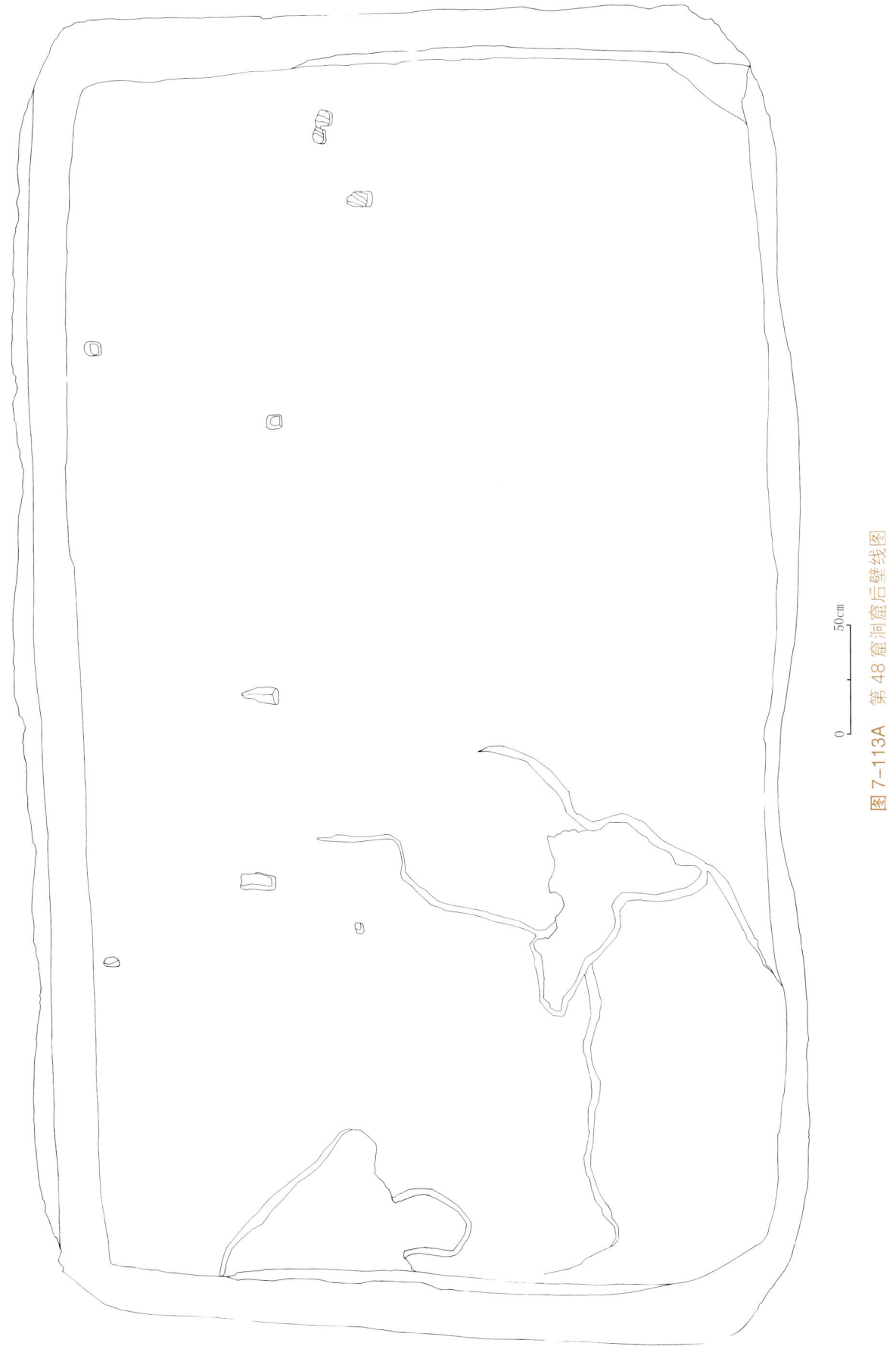

图 7-113A 第 48 窟洞窟后壁线图

图 7-114　第 48 窟洞窟后壁遗存整体情况

（四）左壁

1. 总述

左壁前地面残损凹凸严重，与后壁相连处也残剥严重，仅与前壁相连处较完整，横枋、帐构等能直接反映第 48 窟仿帐式龛窟形制特征的遗迹完存。壁面底长约 532.4 厘米，顶长 553.2 厘米，右高 318.4 厘米，左高 313.6 厘米，横枋长 541.3 厘米，高 18.2 厘米。（图 7-115、7-115A、7-116、7-117）

壁面开凿二龛。一龛居中，另一龛位于其左侧。两龛内均遗存造像若干。龛下部的壁面后世用砖加砌外抹麦秸草泥，在龛前形成台面，陈设供具、供品。（图 7-118）

2. 中龛

1）龛形

弧凿进式圆拱龛，龛底距地面约 77.4 厘米，龛口宽 176.9 厘米，高 205.0 厘米，深 57.4 厘米。（图 7-119）

2）龛内造像

龛内一坐佛二胁侍菩萨。三像都经全面重新塑作，三像头部残毁之处可见覆于泥塑之内的石造像残迹。三像重塑情况也不尽相同。如忽略装銮细部，三像布局尚疏朗，比例适度。（图 7-120）

图 7-115　第 48 窟洞窟左壁正射影像图

图 7-115A　第 48 窟洞窟左壁线图

0   50cm

图 7-116　第 48 窟洞窟左壁右侧风化情况

图 7-117　第 48 窟洞窟左壁左侧上部残剥
情况

图 7-118　第 48 窟洞窟左壁左龛下后世补
砌情况

图 7-119　第 48 窟洞窟左壁中龛遗存整体
情况

图 7-120　第 48 窟洞窟左壁中龛内造像

图 7-121　第 48 窟洞窟左壁中龛右胁侍菩萨

图 7-122　第 48 窟洞窟左壁中龛左胁侍菩萨

图 7-123　第 48 窟洞窟左壁中龛左胁侍菩萨头部及上身细部

主尊佛。跏趺坐于双层仰莲台座之上，莲座之下为八角形矮台。矮台在壁前包砌的砖台之上，与仰莲台有清楚的界限，外抹草泥，刷白灰地仗，墨线绘饰。此像通高 159.3 厘米（含莲座），佛坐高 115.0 厘米；肩宽 60.0 厘米，趺坐宽 87.6 厘米；头残高 33.9 厘米，宽 24.0 厘米；面高 18.8 厘米，宽 18.0 厘米。手、臂虽残，可见结定印，残边现以水泥抹敷。造像塑作形制与中心柱前壁类同，特别是坐式、佛衣披覆方式、佛衣搭覆莲座诸细节同，应是同时期的塑装。从造像量度看佛衣塑作不是很厚，应是基本依原样的复原性塑装。

右胁侍菩萨。面朝主尊立于莲座上。莲座下基台为用卵石饰面的圆台，基台之上再砌圆台，表面用白灰塑作莲瓣，以为莲台，两层台总高 26.2 厘米。菩萨头面全残，全身经塑装，全身涂白。净高 124.5 厘米，肩宽 36.6 厘米，身厚度 30.8 厘米[12]，头残高 26.6 厘米，头宽已残不可测。袒胸、腴腹、披帛，着裙，束系腰带，具菩萨大意，与本龛主尊以及圆光寺区诸窟石造者或泥装者相较，造作工艺水准悬殊。（图 7-121）

左胁侍菩萨。与右菩萨大同小异。头面残，连座通高 137.3 厘米，净高 115.6 厘米；肩宽 33.5 厘米；头高 22.8 厘米，宽 14.6 厘米。（图 7-122、7-123）

3）龛背装銮

龛背经整体装绘，右上角部分装绘残剥，露出与中心柱前壁相同的原造像桃形头光。整体装绘做法亦与前述中心柱前壁相同，先以地仗抹平龛

[12]
塑装菩萨腴腹，与其菩萨像手法大异，因此增此一项厚度尺寸。

背，再绘饰。装绘以佛像边界为准，表明是在佛像塑装完成或已存在的状况下进行的。其下层当存更早装绘的残迹。居中绘佛马蹄形身光和头光。其形式与正对的中心柱左壁龛内佛像身光、头光相同，边缘装饰比中心柱左龛更丰富，在头光身光交角部位，绘法轮和云纹。龛顶边缘晕染，点画墨线云纹。值得注意的是装绘仅用墨，未及彩，且笔触浮浅。（图7-124、7-124-1）

墨绘菩萨头光和吉祥云纹。头光之上再覆盖了一层与菩萨通身一体的白灰涂饰。白灰涂饰应该是该龛最后一次装绘活动的遗迹。

图 7-124　第 48 窟洞窟左壁中龛内整体装绘情况

图 7-124-1　第 48 窟左壁中龛内装绘细部

4）龛外坐佛壁画

龛外壁面地仗泥皮与龛背地仗连通，表明与龛后壁地仗是同时整体营作之后绘饰的。

现仅龛左上部尚存部分壁画，内容为成行排列的坐佛，存三身。坐佛式样、量度与前述各壁绘制的坐佛壁画相同。（图 7-125）

佛通高 29.1 厘米；肩宽 12.3 厘米，趺坐宽 23.4 厘米；头高 7.0 厘米、宽 6.2 厘米；面高 5.4 厘米，宽 4.9 厘米。面相方圆，青螺发，尖高髻，顶饰红色髻珠，袒右，着内衣，外披绛红色袈裟，结跏趺坐，结定印。佛身后马蹄形身光、头光。中佛身光涂白，左右两座佛身光赭色晕染。佛身光头光之外，墨绘云纹，局部涂朱。最左一尊佛身侧墨绘山石松枝，与第 44 窟壁画用笔手法相似。（图 7-126 ~ 7-128）

图 7-125　第 48 窟左壁中龛外坐佛壁画遗迹
图 7-126　第 48 窟洞窟左壁中龛外右起第一佛
图 7-127　第 48 窟洞窟左壁中龛外右起第二佛

7-125

7-126

7-127

图 7-128　第 48 窟洞窟左壁中龛外右起第
三佛及其左侧松石细部
图 7-129　第 48 窟洞窟左壁左龛龛形及造
像遗存整体情况

3. 左龛

1）龛形

位于中龛左侧，为内弧凿进式尖拱龛，龛形轮廓整齐优美，为圆光寺
诸龛中唯一。底距地面约 93.9 厘米，较中龛高 17.1 厘米。龛高 149.5 厘米，
宽 163.6 厘米，深 43.5 厘米。（图 7-130）

图 7-130　第 48 窟左壁左龛内造像遗存整体情况

2）龛内造像

龛内原造一铺五身像，布局疏朗。现五像均残毁严重，且经多次重装，就目前残迹看泥装技艺不变，除居中坐佛外，且多残剥，露出泥装之内已残毁的石造像大致。（图 7-130）

主尊佛。结跏趺坐于位于须弥座之上的仰覆莲座上，全身塑装，头部塑装残剥，露出佛头部分已残的石造像佛头。佛通高 110.7 厘米，坐高 82.8 厘米；肩宽 34.2 厘米，跏坐腿宽 57.7 厘米；头高 25.3 厘米，宽 14.5 厘米；面高 16.6 厘米，宽 13.0 厘米。

佛塑装前已残，除存大致比例外已难辨面相。

着经泥装的通肩"双领下垂式佛衣"，最外层搭左肩佛衣塑作衣着尚生动清楚，下部存者粗糙。佛交足结跏趺坐，双手结定印。佛衣衣角稍覆座。从残处看，泥装并不十分厚重，可见塑装是修复性的。

右弟子。正面侍立在主佛身后右侧，残高及佛口唇部。泥装上部脱落。

残高 60.0 厘米，着交领式僧衣，拢袖立。

左弟子。正面侍立在佛身后左侧，残稍高于右弟子。泥装仅小腿部分存，之上露出石造像身形大体。弟子残高 89.3 厘米，肩宽 19.6 厘米，头高 14.0 厘米。着僧衣详部不存，大体可见右手垂，左手屈抬至腰侧。

右菩萨。侧身侍立于佛右侧。泥装只存衣裙下部，之上出露石像残迹，菩萨形貌已不辨，可见残高 93.2 厘米，肩宽 20.8 厘米，头残高 15.3 厘米、残宽 9.3 厘米。似右手屈抬至前胸，左手左下垂状。高及佛额际。

左菩萨。侧身侍立于佛左侧。泥装只存下部，之上露出石像残迹。详细形貌不辨，但大致身姿比例犹存。残高 88.7 厘米，肩宽 18.7 厘米，头高 16.3 厘米。腰腹前腆，右手垂体侧，左手似持挽飘至龛外的披帛尾。

从附表 7-1 的各尊像量度看，造像虽残，大范尚存[13]。

3）龛背装銮

龛背经整体装绘。在麦秸泥地仗之上绘饰佛身光、头光，形制、做法与前述中龛佛身头头光同。特别是主尊佛头的残剥处与头光地仗连通，表明身光头光是佛像塑装完成后绘制。龛背装銮泥皮剥蚀，后面露出处置平整的龛背，上面隐约残存绘制的云纹，应该是更早期的佛身光外的云纹遗迹。[14]（图 7-131）

另四尊像头部有白灰涂饰，与中龛菩萨涂饰头光同，覆压在上述身光

［13］
此龛右菩萨已严重凿残，有学者认为其残迹具有唐代菩萨的大体比例姿态。供大家参考。

［14］
第 48 窟龛内装銮和龛外壁画十分复杂，或关系第 48 窟及整个圆光寺经营年代的重要信息就深藏其中。

图 7-131　第 48 窟左壁左龛内整体装銮

头光之上，是龛壁最后一次装绘活动的遗迹。

4）龛外遗迹

根据前述中龛龛外情况，知本壁作为洞窟的一部分，经过全面装绘画壁。现龛外应为壁画残剥脱落后壁面。壁面满覆平整细致的凿痕，应是第48窟原凿壁面或开凿本龛后修整的壁面遗迹，也可能是画壁前再平整壁面的遗迹。（图7-132）

六　窟顶

窟顶烟熏残剥严重。洞窟四壁转角倚柱，四壁与窟顶相界横枋，稍弧垂的窟顶四坡间斜枋，皆可清楚观察出洞窟的形制。（参见图7-25、7-25A；图7-133a、b、c、d）

图7-132　第48窟左壁左龛外壁面整体装绘残迹
图7-133a　第48窟窟顶前坡仰视
图7-133b　第48窟窟顶右坡仰视
图7-133c　第48窟窟顶后坡仰视
图7-133d　第48窟窟顶左坡仰视

图 7-134 第 48 窟窟顶右坡装绘残迹细部

作为洞窟整体装銮的一部分，窟顶曾经过全面装銮；因风化残剥，所遗不多。仅右坡近右壁处保留一片约 0.5 平方米的壁画，内墨绘卷草纹番石榴和如意托中心圆盘的花式，花瓣与如意朱彩点染，中心圆盘内墨书兰扎体梵字。（图 7-134）

第三节　第 49 窟

一　位置

第 49 窟位于第 48 窟东侧，处圆光寺主峰正壁第一层。窟门朝向 136°。海拔 1691.02 米，比现圆光寺地面高 2.83 米。

与第 48 窟二窟窟门中心间距 7.09 米，相邻两壁间距离 0.95 米。

二　窟外遗迹

窟外遗迹共两种，一种是窟口及相关遗迹，一种窟外建筑遗迹。

（一）窟口及相关遗迹

1. 窟口

窟前曾经凿有窟口。因岩体塌毁，左右已不平整，大致宽 214.1 厘米，深 72.9 厘米。新建的窟前大殿左侧山墙接续在窟口右壁砌筑。窟口前可见原始台地岩体和就原始崖壁凿造的 4 级窟前踏道以及高约 128.7 厘米的窟口平台。（图 7-135、7-136）

窟口后壁居中开凿窟门。窟门方形，高 288.8 厘米，高 288.9 厘米，宽 215.6 厘米，门壁厚 74.4 厘米。（图 7-137）

2. 相关遗迹

窟门右侧门壁存线刻一帧，为趺坐于莲花之上的双手合十的供养人，

图 7-135 第 49 窟窟口和窟前天然岩体
图 7-136 第 49 窟窟前就岩体开凿的踏道
图 7-137 第 49 窟窟门

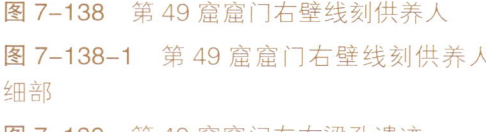
图 7-138　第 49 窟窟门右壁线刻供养人
图 7-138-1　第 49 窟窟门右壁线刻供养人细部
图 7-139　第 49 窟窟门左右梁孔遗迹
图 7-140　第 49 窟今窟檐之上原窟檐椽孔遗迹

其右侧壁上似有题记，已漫漶不可读。（图 7-138、7-138-1）

（二）窟外建筑遗迹

第 49 窟曾建有独立窟檐。现窟门两侧左右各保留一个梁孔，右者宽 0.26 米、高 0.42 米，左者宽 0.26 米、高 0.49 米，尺寸相当，应为同时开凿的。窟门上方已严重风化残剥，可见隐约不多几处椽孔残迹，居中一处用碎砖和水泥封护。整修工程修建窟前建筑时，新造作为大殿挟屋配殿的单坡窟檐，椽子位置仅比窟门略高，避开了稍高处的原窟檐遗迹。（图 7-139、7-140）

洞窟上方岩壁尚存部分凿出的排水道痕迹。

在窟的左前侧，有一处崖壁裂隙，其上的崖壁上凿有规律排列的椽孔。这是《图录》和《总录》中提及但未予编号的圆光寺一处曾被以独立护檐的水窖残迹[15]之水窖的一部分，已被新盖的圆光寺僧厨遮盖。（图 7-141）

三 平面形制及窟内遗迹

平面方形，覆斗顶。现为圆光寺储物库房，堆满各种寺院日常杂物，平面原始遗迹已不可见。

平面方形不规则。地面前壁 496.7 厘米，右壁 434.1 厘米，后壁 505.5 厘米，左壁 422.3 厘米；窟顶前壁 460.7 厘米，右壁 393. 厘米，后壁 520.8 厘米，左壁 426.9 厘米（图 7-142A）。

覆斗窟顶，前 85.3 厘米，右 86.1 厘米，后 87.0 厘米，左 88.3 厘米。

洞窟四角、窟顶等部位未见仿木结构遗迹。（图 7-143、7-143A）

四壁无造像。现四壁遭烟熏和烟油污染严重，遗存不同层次的凿孔和各种泥皮，透过烟熏迹还能辨认零星的彩饰泥皮，说明这个洞窟曾经被尝试过各种利用，但除前述窟门右壁的线刻佛像外，窟内没有留下明显的佛教活动的遗迹[16]。（图 7-144 ~ 7-146）

图 7-141　第 49 窟左侧岩壁一座曾搭建护檐的水窖遗迹

图 7-142A　第 49 窟平面线图

[15]
据须弥山管理处工作人员告知，水窖左侧门小平房后面曾有两个未编号的可能是僧房窟的遗迹，现被新建平房遮挡。
[16]
这也提醒我们考虑遗迹本身的局限性，因为并不是所有的活动都有遗迹可循，反过来遗迹也未必是全部活动的遗迹。

0　　　　　1m

7-143

图 7-143　第 49 窟窟顶平面正射影像图
图 7-143A　第 49 窟窟顶平面线图
图 7-144　第 49 窟四壁及窟顶
图 7-145　第 49 窟四壁现状
图 7-146　第 49 窟四壁现状

7-145

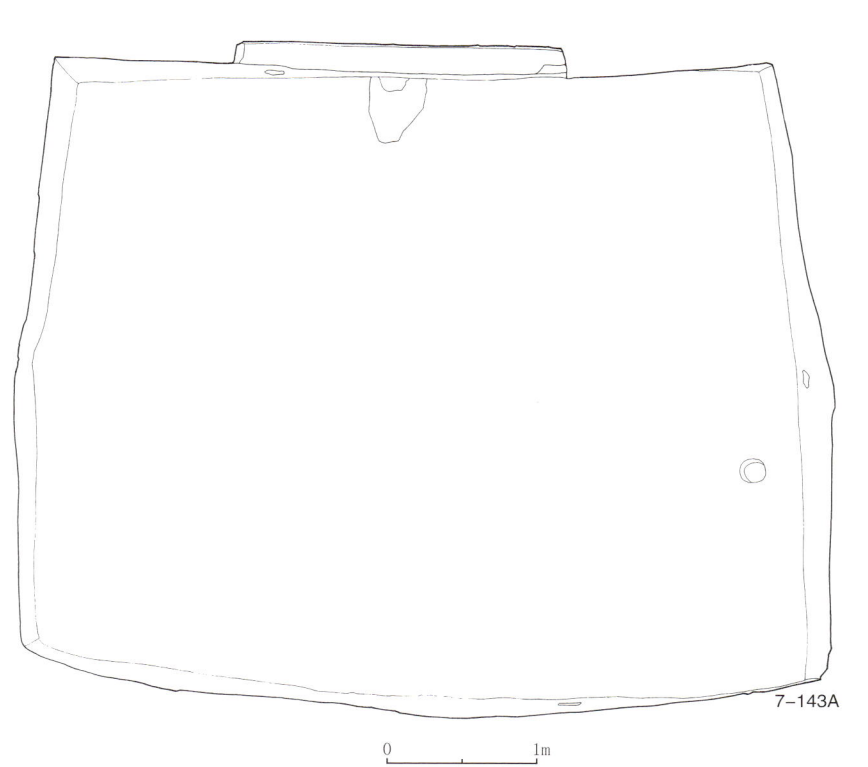

0　　　　　1m

7-143A

7-144

7-146

附表7-1 第48窟龛像、壁画佛、菩萨现状量度尺寸一览表

龛（壁画）所在洞窟位置	龛（壁画）所在壁面位置	龛组合	主尊姿态	佛量度尺寸（厘米）通高	坐高	肩宽	趺坐宽	头高	头宽	面高	面宽	右胁侍菩萨（弟子）量度尺寸（厘米）通高	净高	肩宽	头高	头宽	面高	面宽	左胁侍菩萨（弟子）量度尺寸（厘米）通高	净高	肩宽	头高	头宽	面高	面宽
中心柱	前壁龛	一佛二菩萨	结跏趺坐，右足在上	215.0	150.0	62.2	97.3	45.7	24.1	28.1	21.0	194.0	170.0	48.1	39.6	23.4	20.1	18.2	186.5	162.5	45.6	31.0	18.6	20.1	14.6
	右壁壁画	一佛二菩萨	结跏趺坐，双脚上翻	残	180.3	71.2	141.1	60.1	42.1	36.0	33.1	残没	残没	残没	残没	残没	残没	残没	残	127.3	37.6	37.7	18.9	21.8	15.4
		画面右上小佛	结跏趺坐，双脚上翻	57.4	41.6	17.6	32.5	12.7	9.4	10.2	7.9														
	后壁（壁画）	残没																							
	左壁龛	一佛二弟子	结跏趺坐，双脚上翻	205.0	158.1	76.8	107.2	56.2	37.6	28.1	31.0		166.6	43.1	37.3	27.3	27.3	23.6	95.0	157.2	43.4	35.6	27.6	27.2	21.7
		龛外壁画小佛	结跏趺坐，双脚上翻	48.1	36.2	16.2	30.0	9.3	7.7	7.0	5.4														
前壁	窟门右侧龛	一佛二菩萨	结跏趺坐，双脚上翻	110.0	86.7	41.5	67.1	30.0	20.0	15.6	16.3														
	龛外壁画小佛	结跏趺坐，双脚上翻		40.8	37.3	16.6	29.8	10.1	8.1	7.0	5.4														
	窟门左侧龛	造像遗迹残没																							
右壁	右龛	无造像，龛内龛外其他遗迹无存																							
	中龛	无造像，龛内有精致装饰遗存，龛外应绘制笔画，无存																							
后壁	无开龛，壁面应用笔画，现全残没																								
左壁	中龛	一佛二菩萨	结跏趺坐，双脚上翻	159.3	115.0	60.0	87.6	33.9	24.0	18.8	18.0		124.5	36.6	26.6	--	--	--	137.3	115.6	33.5	22.8	14.6	--	--
	龛外壁画坐佛	结跏趺坐，双脚上翻			29.1	12.3	23.4	7.0	6.2	5.4	4.9														
	左龛	一佛二弟子二菩萨（?）	结跏趺坐，右足在上	110.7	87.8	34.2	57.7	25.3	14.5	16.6	13.0		佛93.2	20.8	15.3	9.3	--	--		佛88.7	18.7	16.3	--	--	--

第八章　第50窟

第一节　位置及窟外遗迹

一　位置

第50窟，因窟内保存有带"灵官"榜题的壁画，今称为"灵官洞"。位于圆光寺区所在山体后山海拔1731.16米高处近乎直立的陡峭崖壁上，方向97°。与相国寺区诸窟隔涧相望。比第47、48、49窟所在海拔高约41.13米；与主峰正壁水平直线距离约25.7米，从航拍和实测的图看，距离不远。（参见测图2；图8-1、8-2）

实际踏勘，从第50窟到主峰正壁无路可通。从圆光寺崖壁正面诸窟去第50窟，需要首先绕过山脚，再攀登约119级台阶，方可到达，十分艰险。

二　窟外遗迹

第50窟窟外遗迹包括它的位置本身、从山脚开凿的登临洞窟的蹬道和窟口及窟外砖砌建筑遗迹等。

第50窟的位置，是其窟外遗迹中首先值得注意的。

其次是通往第50窟的蹬道及其早期遗迹。通往第50窟的蹬道，共119级，分呈90度转折的两段，是整修工程中拓宽、剔凿的。在新蹬道右

图8-1　圆光寺区第50窟与相国寺、桃花洞区相望形势

8-1

图8-2　第50窟与圆光寺区主峰正壁诸窟关系　（航拍）

侧（上行登山方向），安装钢管立柱和钢制悬索。前一段蹬道两侧部分保存旧蹬道的遗迹。旧蹬道踏步窄、不平整，有的蹬道靠悬崖的一侧，遗留安装栏杆开凿的方形榫口。说明此段新蹬道大体沿旧路径拓凿。（图8-3 ~ 8-5）

　　前段蹬道尾端为一临山弯的缓冲平台，然后九十度转折到后一段蹬道。后段蹬道，在窟前近乎直立的崖壁开凿，虽然安装有铁质护链，登临仍十分危险。这段蹬道为整修工程中新凿，并不是原来通往第50窟的自然山路的延续。（图8-6）

　　前段蹬道结尾处，有一段较容易攀援的不高的山弯，上面是一小块平缓地带，可俯瞰相国寺区全景，沿山弯边至第50窟所在崖壁西侧半腰，有一条人工开辟的羊肠山道，可通达窟前西壁侧门。这些迹象表明，在开凿新的蹬道之前，登临第50窟的后段道路，是在山坡崖壁间"就势就近"[1]辟出的山道，没有在窟前陡崖上"硬凿"蹬道。（图8-7）

　　三是现存窟外门道等建筑遗迹。第50窟窟外现有砖砌单坡窟前前室一座。开间3.35米，进深1.79米。前面开敞，左侧壁开宽0.62米、高1.85米的券门，券门外通前述羊肠小道。（图8-8）

[1]

这一现象是意味深长的。在手工业时代除非有巨大的政治军事力量的引入，在自然山崖上开凿石窟或开辟整饬道路都不易，故就势而建而营凿就是通常行为了。

图 8-3　第 50 窟前沿山势开凿呈 90 度转折的蹬道

图 8-4　第 50 窟窟前前段蹬道沿旧蹬道重新剔凿 （右侧上山方向即为原有旧蹬道遗迹）

图 8-5　第 50 窟窟前旧蹬道遗迹和新蹬道细部

图 8-8　第 50 窟窟前砖砌的前坡窟前建筑
（其左侧壁开券门连通进洞窟的山坡羊肠小道）

图 8-9　第 50 窟窟前建筑

图 8-10　第 50 窟砖砌窟檐和原开凿洞窟窟口遗迹

图 8-11　从第 50 窟洞窟内部看其前壁坍塌及后以砖补砌的遗迹情况

　　砌筑单坡前室的砖尺度较大，长 25.4 厘米，宽 21.5 厘米，厚 6.9 厘米。与第 48 窟中心柱前壁前所砌砖台的用砖以及固原地区明砖尺度相近。（图 8-9）

　　前室的后壁砌厚 22.3 厘米砖壁（一砖墙的厚度），贴在第 50 窟窟门所在窟外窟口后壁崖壁，但未覆盖窟口全部，原有窟口遗迹因此暴露可见。（图 8-10）

　　第 50 窟也是首先在崖壁开凿方形窟口，整治出平整的窟口后壁，居中凿窟门，在窟前形成窟口空间。

　　窟口后壁，上宽 4.45 米，下宽 4.79 米，高 3.34 米。从崖壁边缘至窟口后壁的窟口底部最深处 1.38 米，窟口顶部深约 1.19 米。之上崖壁上凿出山形排水沟，整体似浅窟檐。

　　窟门现为券门，高约 2.29 米，门壁厚约 0.71 米（包括 0.22 米的前室砖壁和 0.49 米窟壁包砖面）。原窟门形制已不可见，其所在前壁曾坍塌，后以砖补砌平整，前室的砖砌后壁和砌补窟口坍塌后壁合为一体。（图 8-11）

第二节 平面及窟内遗迹

一 洞窟形制现状

洞窟平面方形，四壁长宽高低不一律，窟室地面经重新砖铺，缓平覆斗顶。（图 8-12A、8-13A）

现地面砌开口向外的凹形矮台，由国家非物质文化遗产保护项目隆德杨氏泥塑代表性传人杨栖鹤主持，于 2001 年重塑"灵官"一堂七身尊像。主尊"灵官"金面三目赤发，手执九节神鞭，壮烈威猛。左右各三身扈从、神将，姿势威武生动。前壁和左右壁残存部分壁画，后壁原残，经整治并重新绘饰。（图 8-14～8-17）

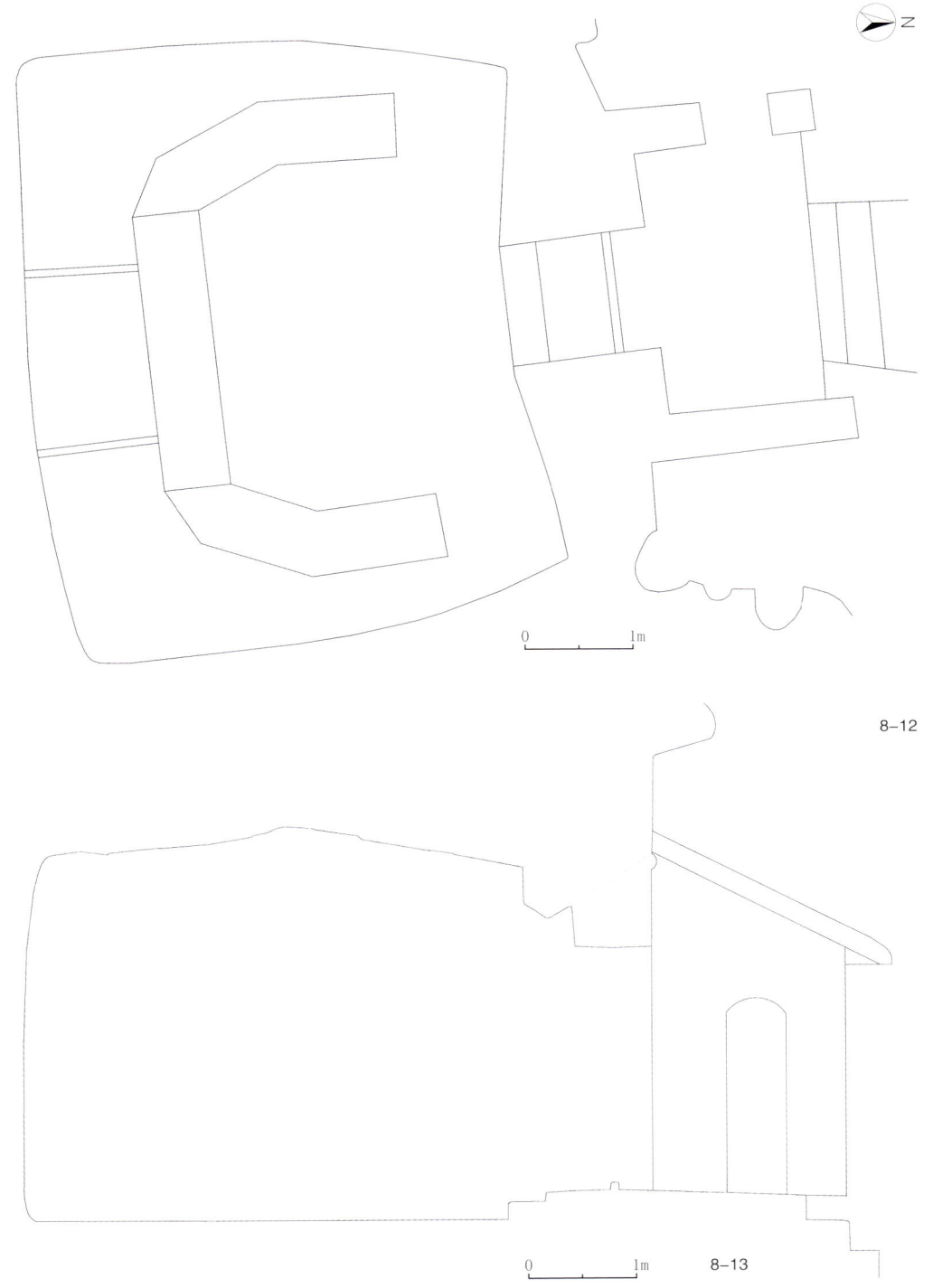

8-12

8-13

图 8-12A　第 50 窟平面线图
图 8-13A　第 50 窟前后剖左视线图

图 8-14 第 50 窟内现存 2001 年新塑灵官像之一和新绘后壁

图 8-15 第 50 窟内现存 2001 年新塑灵官像之二和右壁原灵官壁画残迹

图 8-16 第 50 窟内现存 2001 年新塑灵官像之三和左壁原灵官壁画残迹

图 8-17　第 50 窟窟顶残迹
图 8-18　第 50 窟前壁壁画残迹

二　洞窟四壁

前壁。如前所述，窟门所在前壁曾坍塌，以砖砌补，外抹麦秸泥。砌筑砖材与窟前单坡前室相同，均为明砖。未坍塌部分尚存部门石壁并施地仗绘饰残迹。（图 8-18）

壁面宽 4.69 米，高 4.12 米，窟门宽 1.14 米，前部补砌为券门，后部就门上部残断岩整砌，为不规整方洞。从残迹看，原前壁即窟门门壁厚度约为 0.92 厘米。

右壁。宽 4.51 米，高 3.67 米。原壁面满作麦秸泥地仗，绘壁画。现壁画大部脱落，只临近前壁存局部。（图 8-19）

后壁。宽 5.70 米，高 3.40 米。有 1986 年整修工程中和塑像一道新绘的壁画。画面居中为造像的身光、头光，身光左右各绘两身神将。现塑像已全为新塑，在头光中部留下残迹，显示原有塑像的位置。新绘壁画下面

图 8-19　第 50 窟右壁壁画残迹
图 8-20　第 50 窟后壁新绘壁画和掩于其下
的原有壁画

8-19

8-20

图 8-21　第 50 窟左壁壁画残迹
图 8-22　第 50 窟窟顶及窟顶壁画残迹

隐约可见旧有壁画的痕迹。（图 8-20）

　　左壁。宽 4.44 米，高 3.60 米，原壁面绘饰与右壁同类的壁画，保存稍多于右壁。（图 8-21）

三　窟顶

　　方形，覆斗顶，平整。上与后壁同时新绘八卦图等壁画，现大部已脱落。（图 8-22）

四　洞窟壁画内容

　　洞窟四壁绘饰壁画的内容，为道教雷神"灵官萨祖"事迹，布局在左、

表 8-1　第 50 窟左右壁壁画（灵官故事）遗迹表

位置		内容（榜题）			
		第四格	第三格	第二格	第一格（靠门前1，前—后）
左壁（西侧）	第一行	萨祖爷灵官治瘟	舍金济世	萨祖焚庙	对师发誓
	第二行	萨祖传天□	灵官点帅将	灵官普救众生	萨祖供养（？）参拜
	第三行	怒容收火精	灵官道□□	灵官入水府	灵官□□□
	第四行	残灭	残灭	残灭	残灭
		第一格（靠门前1，前—后）	第二格	第三格	第四格
右壁（东侧）	第一行	（榜题残灭）画面残存部分	残灭	残灭	残灭
	第二行	（榜题残灭）画面残存部分	残灭	残灭	残灭
	第三行	（榜题残灭）画面残存部分	残灭	残灭	残灭
	第四行	残灭	残灭	残灭	残灭

后、右三壁（表 8-1）。前壁现仅可见四壁统一装绘的线条，原绘画有否或什么内容均已不明。后壁如前所述，已被新画覆盖。

左右两壁绘制布局方法是，首先在壁面绘饰装饰带两重，形成"画池"，然后以双条赭色线纵横四分划为十六格，每格绘独立墨绘山水人物故事，画面右上角画榜题框。

左壁壁画[2]。最上行，四格画均基本完整，自右至左为（观览方向，非内人物左右）：第一"对师发誓"；第二"萨祖焚庙"；第三"舍金济世"；第四"萨祖爷灵官治瘟"，画面左上残剥。（图 8-23、8-23-1～8-23-3，8-24，8-25、8-25-1，8-26、8-26-1）

第二行保存也基本完整，第一"萨祖供养（？）参拜"；第二"灵官普救众生"；第三"灵官点帅将"；第四"萨祖传天□"，画面与后壁相邻处残剥，不完整。（图 8-27、8-27-1、8-27-2，8-28、8-28-1、8-28-2，8-29、8-29-1～8-29-3，8-30、8-30-1）

第三行起，与前壁、后壁相邻处画面残剥，而且墨迹磨灭加剧。第一格画面右侧残，榜题仅余"灵官□□□"，但画面尚基本完整；第二"灵官入水府"；第三"灵官道□□"；第四"怒容收火精"。（图 8-31～8-33，8-34、8-34-1）

[2]
因左壁保存壁画形制内容遗迹多，且第一行、格榜题"对师发誓"，似萨祖传故事之首起，故叙述起自左壁。或有误，但为方便全面记叙而已。

图 8-23　第 50 窟左壁上起第一行右起第一
幅壁画 "对师发誓"

图 8-23-1　"对师发誓" 细部一

图 8-23-2　"对师发誓" 细部二

图 8-23-3　"对师发誓" 细部三

图8-24　第50窟左壁第一行第二幅壁画"萨祖焚庙"

图8-25　第50窟左壁第一行第三幅壁画"舍金济世"

图8-25-1　"舍金济世"细部一

图 8-26　第 50 窟左壁第一行第四幅壁画"萨祖爷灵官治瘟"

图 8-26-1　"萨祖爷灵官治瘟"细部

图 8-27　第 50 窟左壁第二行第一幅壁画"萨祖供养（？）参拜"

图 8-27-1　"萨祖供养（？）参拜"细部一

图 8-27-2　"萨祖供养（？）参拜"细部二

图8-28　第50窟左壁第二行第二幅壁画"灵官普救众生"

图8-28-1　"灵官普救众生"细部一

图8-28-2　"灵官普救众生"细部二

图8-29　第50窟左壁第二行第三幅壁画"灵官点帅将"

图 8-29-1　"灵官点帅将"细部一

图 8-29-2　"灵官点帅将"细部二

图 8-29-3　"灵官点帅将"细部三

图 8-30　第50窟左壁第二行第四幅壁画"萨
祖传天□"

图 8-30-1　"萨祖传天□"细部

图 8-31　第50窟左壁第三行第一幅壁画"灵
官□□□"

图 8-32 第 50 窟左壁第三行第二幅壁画"灵官入水府"

图 8-33 第 50 窟左壁第三行第三幅壁画"灵官道□□"

图 8-34 第 50 窟左壁第三行第四幅壁画"怒容收火精"

图 8-34-1 "怒容收火精"细部

第四行，则只能隐约看见分格框、画面、榜题基本残灭。

右壁壁画。壁画布局画法与左壁同，现仅存邻前壁上下三行第一格画面局部，榜题无存[3]。余皆残剥，断面处可见地仗及露出的窟壁。（图8-35、8-35-1～8-35-3，8-36、8-36-1，8-37、8-37-1～8-37-3）

虽已基本成残迹，但第50窟灵官壁画，画面生动，线条流畅，功力深厚，非平庸画家所为，从一个侧面说明该洞窟被改造为道教洞窟绝非草率。

窟顶所绘八卦图案，比较简单，且已大部残剥。从残存画迹看应是整修工程中与后壁一同装绘。但残剥反映了洞窟风化的剧烈和装绘遗迹留存之难。

［3］
《总录》第91页记："东壁上段前数第一'玉帝赐鞭'；第二'灵官诛妖庙'。以下残。"可见20世纪80年代中期，该壁壁画上部残剥情况还没有现在这么严重。第一或从窟门方向起计？列表（表8-1）准此。至于"第二"是指上下或左右，未敢断，故表中不列。

图8-35　第50窟右壁第一行壁画残迹

8-35

图 8-35-1　第 50 窟右壁第一行壁画残迹细
部一

图 8-35-2　第 50 窟右壁第一行壁画残迹细
部二

图 8-35-3　第 50 窟右壁第一行壁画残迹细
部三

图 8-36　第 50 窟右壁第二行壁画残迹

图 8-36-1　第 50 窟右壁第二行壁画残迹细部

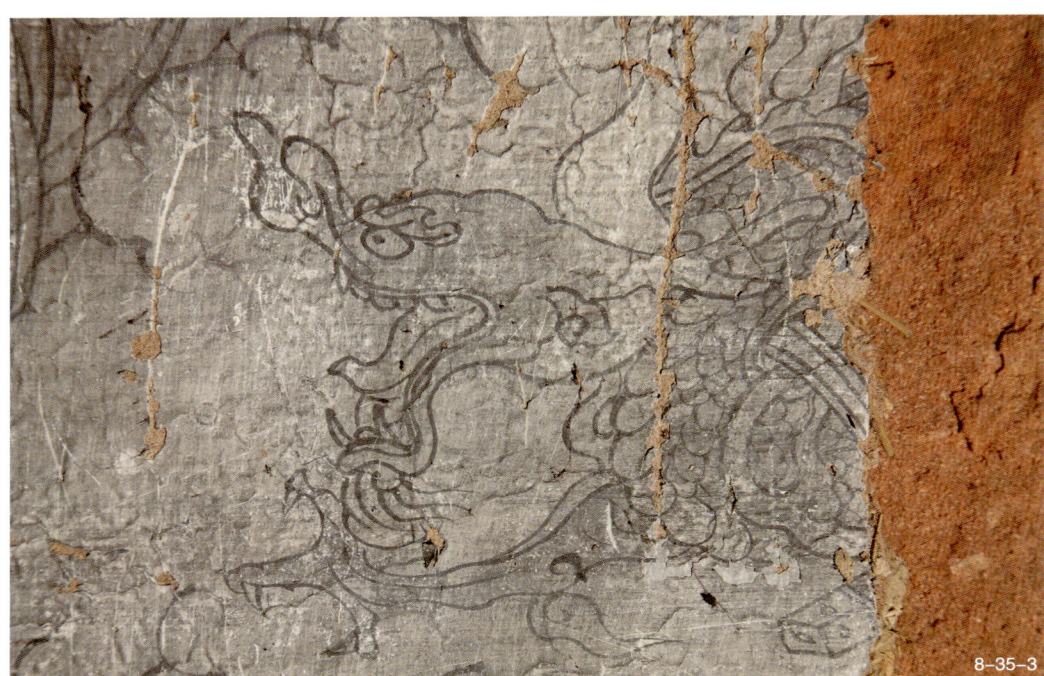

图 8-37　第 50 窟右壁第三行壁画残迹

图 8-37-1　第 50 窟右壁第三行壁画残迹细部一

图 8-37-2　第 50 窟右壁第三行壁画残迹细部二

图 8-37-3　第 50 窟右壁第三行壁画残迹细部三

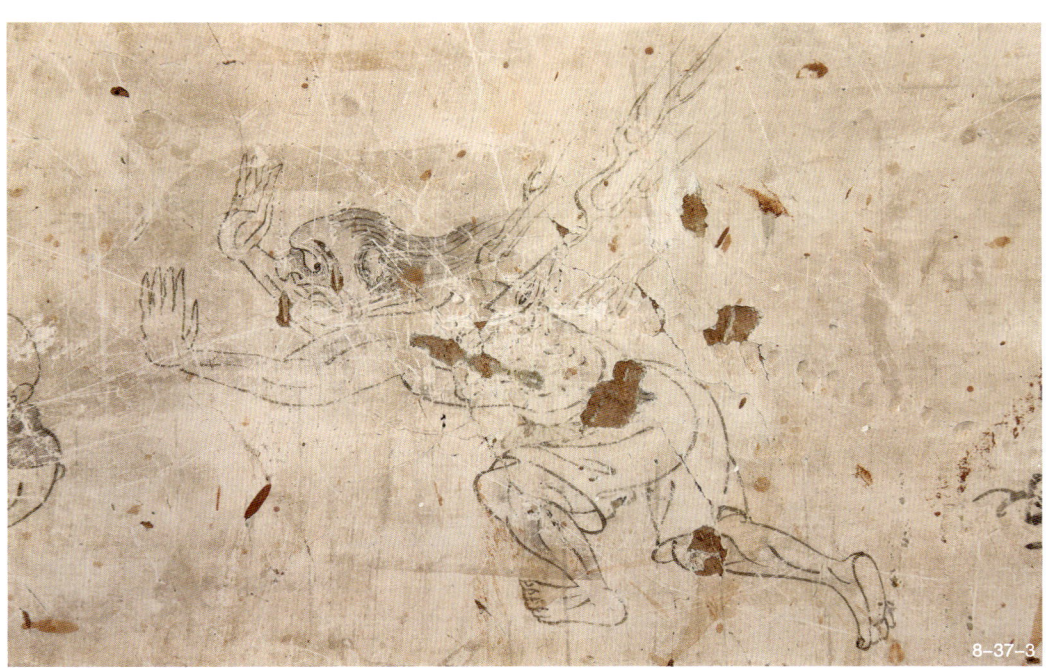

第九章　圆光寺区现存两通明碑

一　"敕赐圆光"碑

位于大殿右侧回廊。圆首方趺。通高 153 厘米，碑身高 110 厘米、宽 80.5 厘米、厚 34 厘米，座高 43 厘米、宽 84 厘米、厚 53 厘米。座、身均为红褐色砂岩。多处残损，碑座有水泥修补痕迹。（图 9–1 ~ 9–3）

碑阳、碑阴二面，左、右及下方刻饰卷草纹碑边，内镌刻碑文。

碑阳。 碑首中央方形篆额书四字"敕赐圆光"，其两侧各雕舞鹤一只，首、喙向中央作飞舞状，余部线雕云纹。碑面整体剥蚀，下部残损严重，字迹漫漶、剥蚀，极难辨认，上、中部保存较好。碑文题为"敕赐圆光禅寺记"。

现可辨认文字存 33 行，680 字（图 9–4、9–5）。录文如下：

图 9–1　"敕赐圆光"碑碑阳
图 9–2　"敕赐圆光"碑碑阴
图 9–3　"敕赐圆光"碑碑阳碑额

图 9-4 　 "敕赐圆光" 碑碑阳

图 9-5　"敕赐圆光"碑碑阳拓本

敕赐圆光禅寺记

钦差镇守靖虏等处定国将军参将……

　　　　守备固原州定□□□指挥同□□□□……

　　　　苑马寺承事郎长乐监正建□□□□……

　　　　乡贡进士平凉府学训导三山林芝□□……

　　释氏之教其来尚矣迄古迄今未尝不同圣□□……

　　□皎如日星可一览具见降而考之宋崇宁……

太祖皇帝龙飞淮甸混一区夏乾坤定位日月丽天……

　　　　拟兹寺古常以为聚兵祈祷之地名山胜境……

　　　　栖绕还寺有峰峦参揖诚边秦古寺之杰出者□□……

　　　　受番僧教因而抖其地而开山创业焉遂收古封田地二十……

　　　　十有余今住持僧姓陈讳觉进号大方孤峰高徒也□□□……

　　　　志永乐元年发心出家礼孤峰为师是人胸次湛寂□□□……

　　　　喜能继所志正统五年大方诣

　　□请给度牒归寺住持谈禅问道明心见性上则□□□……

　　　　□靡忻美本寺经历风雨盖亦有年不能无敝大□□殿……

　　　　善众或捐金帛或馈货贿命工重建前后二殿东西□□……

　　　　□覆庙重檐刮楹达乡奚踰于是耶兹非有为之士……

　　　　十二年大方复诣

　　□说情意其自古敕赐禅林愿锡褒宠伏蒙

皇上□渥之恩辄赐玺书易扁曰圆光降经一藏上则为

　　国家祝厘下则与生民祈福兹寺僧众可谓荣欤至成化四年时□……

钦差镇守靖虏等处定国将军参将河南刘清廼秦地方镇西□□□□……

　　　　轮奂新美青红之错杂丹垩之炫耀可以动人视见可以□人……

　　　　时大方年已七十有八矣使不刻其名则后人因何以见其善□□……

　　　　求言以彰之予曰人生天地之间当建善功杨美名也今大方□□行之……

　　　　遗址缘无良工美制大方一旦奋然忞募良缘俾斯寺几颓而复立□□……

　　　　视夫丝纷伏佛务私者犹犟鼠之重轻鹏□之巨细砥玉诚国之殊薰□……

　　　　□矣则后人之履斯地也登斯堂也莫不指曰大方建前殿亦莫不曰大方……

　　　　□修者亦从大方可肇矣是功也不惟杨名于一时而又激劝于后日不……

　　　　□休于百世也将与佛寺相为兴废将与石碑同为悠久后之思睹大方……

　　　　今书□□碑以纪其不朽云耳

　　　　大明成化四年岁次戊子孟夏吉旦立　金陵朱显　□□……

　　述圆光寺僧陈觉进号大方者，于正统五年（1440年）请旨给度牒，归寺住持，重修圆光寺，以及钦差镇守靖虏等处定国将军、参将河南刘清于成化四年（1468年）主持立碑之事迹。依碑刻所记，此碑立于成化四年夏。

碑阴。碑阴碑额中央方形区域内刻楷体"圆光碑记"四字，两侧及上方雕刻鹤与云纹，布局近同于碑阳。碑面残损比碑阳严重，下部及碑文之末均残剥、漫漶。多处字迹风化漫漶或被人为凿刻毁坏。（图9-6、9-7）

碑文现存17行约202字（图9-8）。录文如下：

圆光碑记

本寺住持长老喃噶坚参　□占藏卜　□□　□□　□

　僧人坚敦监参　领占班丹　喃噶锁南　□□　□□□

　　绰吉刺竹　戒月　□□□卜　普惠　忍巴坚参

　　忍巴扎　忍巴亦□　□□□　定聪　定忠　普清

　　普满　定海

　　沙密普成　普澄　普□

　　居士普果　普信　普海　普□……

宝塔寺僧人端岳领占　洪湂……

　甘州群牧千户所……　　　　　　　　[諨]

　　彭衍　薛普[惠]　林……　　[安]　　林□

　　饶山　何全　饶□　□□　高□　丘彦□

　　黄监　觉通　袁智　□□……

陕西苑马寺带管黑水口□……　　连文　金守……

　　严守祥　刘通……　　徐文华　计□……

　　刘腾霄　□通玄……　孙敩　陈守明……

　　周祯　袁得　徐璟　栾清　郭宣　栾庆　祈荣

平凉卫右千户所善士孙义

（以下五行字迹漫漶过甚，释文从略。）

应为列记预前事之寺僧、住持及赞襄功德主名讳、官职。

图9-6　"敕赐圆光"碑碑阴碑额

图 9-7 "敕赐圆光"碑碑阴

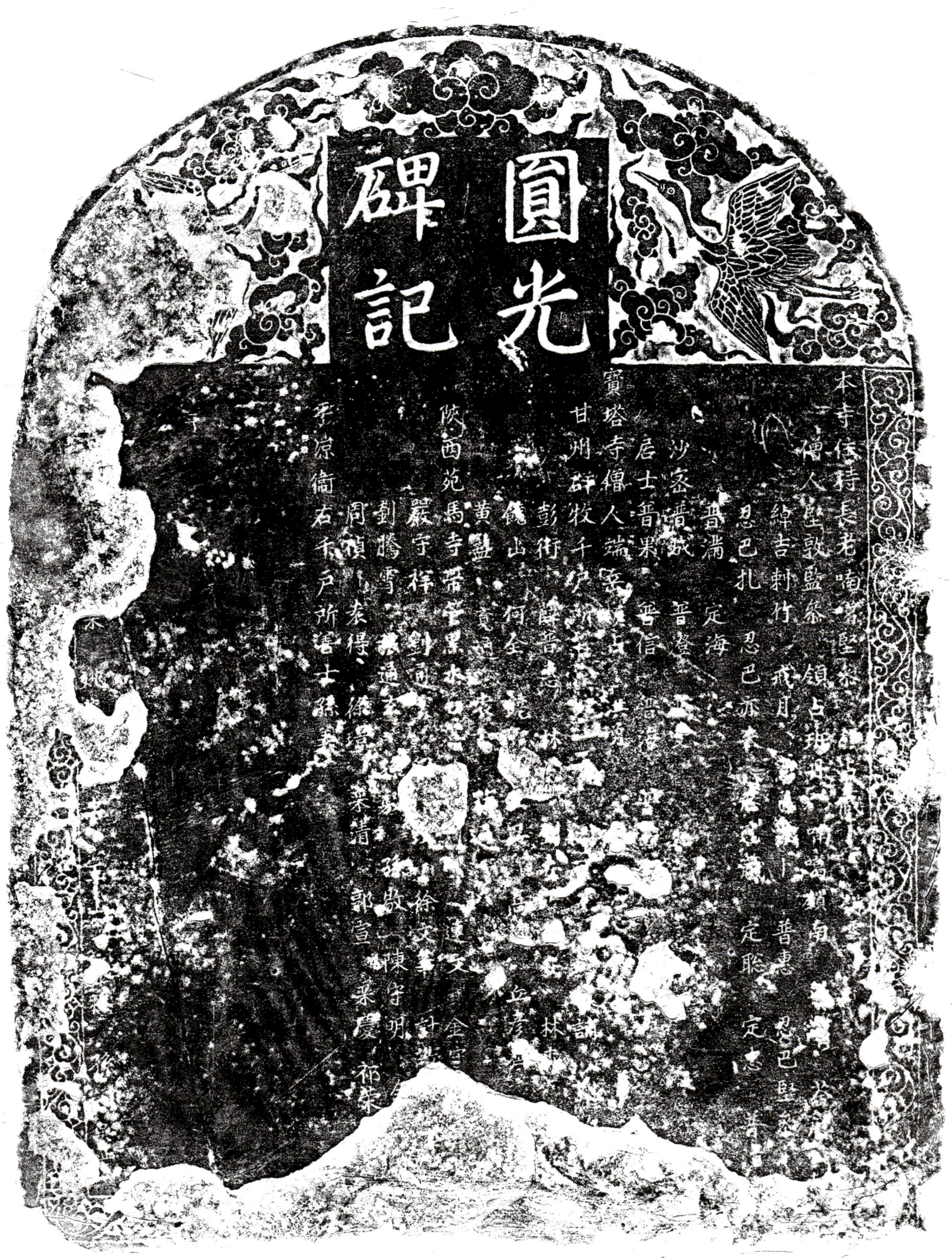

图9-8 "敕赐圆光"碑碑阴拓本

二 "敕命之宝"碑

位于大殿左侧回廊。圆首方趺，形制同前碑。通高192.5厘米、碑身高138.5厘米（其中碑首高43厘米）、宽83.5厘米、厚27厘米、座高54厘米、长86厘米、宽52厘米。碑身与座均为红褐色砂岩。两碑面下部均残剥，碑阴碑首右上残缺，碑座边缘风化残剥严重，经水泥修补。（图9-9～9-14）

碑阳、碑阴碑身左右及下方刻饰卷草纹边框，内刻碑文。

碑阳。碑首中央方形碑额（图9-10）内篆体"敕命之宝"四字，其上方居中减底平钑雕祥云纹拱绕的火焰宝珠，两侧各雕一四爪升龙，龙首向中央火焰宝珠作欣欣欢舞状，身周祥云满布。碑面下部残剥。

碑文以楷书大字刻成，内容为正统十年（1445年）二月十五日皇帝圣旨。（图9-11）

现存文字12行99字（图9-12）。录文如下：

图9-9 "敕命之宝"碑

　　　　敕命之宝
皇帝圣旨朕体名山
天地保民之心恭成
皇曾祖考之志刊印大藏……
　　赐天下用广流传兹……
　　安置陕西平凉府开……
　　光寺永充供养听祈……
　　僧徒看诵赞……
　　厘下与生民祈福务……
　　守护不许纵容闲杂之……
　　借观玩轻慢亵渎致有损……
　　遗失敢有违者必究……
　　正统十年二月十五日

图9-10 "敕命之宝"碑碑阳碑额

敕命之寶

皇帝聖旨朕體名山
天地保民之心恭成
皇曾祖考之志列印大藏
賜天下用廣流傳近聞
安置陝西平凉府閬近
光寺永充供養聽近
僧徒音誦與民祈福移
輦下不許輕慢褻瀆致有
守護不許縱容閑雜有
借觀玩敢有遠者必宄
遺失玩有遠者必宄
正統十一月十五日

图 9-11　"敕命之宝" 碑碑阳

·428·

图 9-12 "敕命之宝"碑碑阳拓本

碑阴。碑首右上残缺。中央为 T 字形碑额区域，上横长位置，阴刻兰札体梵文一行，现存五字，其中最右侧一字大半残；其下方形位置刻楷体"敕赐禅林"四字。两侧各减地平雕一只飞鹤，作向中飞舞状，其余空间雕云纹。碑面下部残剥、漫漶。碑文楷体，字形较小，漫漶难辨者较多，且碑文格式复杂，为照录政府札付文书，现只按自右至左次序著录。（图 9-13、9-14）

现存可辨碑文，25 行 435 字。录文如下：

敕赐禅林

礼部为求请寺额事于礼科抄出陕西平凉府开城县旧景云寺僧……

奏照得本寺原有石碑系崇宁三十五年九月二十四日敕赐名景……

倒塌见存基址石佛身长八丈有余臣思系古刹发心将自己……

盖佛殿廊庑方丈俱已完备缘无寺额如蒙伏望

圣恩怜悯乞

赐寺额俾臣住持朝暮领众焚修祝延

圣寿以图补报实为便益正统八年二月十四日通政使司官于

奉天门奏奉

圣旨与他做圆光寺礼部知道钦此钦遵抄出到部参照前事拟合通行□□□行

前去本寺住持恪守戒律领众焚修施行此系

钦赐额名寺院毋容僧俗军民人等搅扰亵慢不便须至劄付者

礼字贰百叁拾肆号

右劄付圆光寺住持僧绰吉汪速准此

正统八年二月二十四日封同都吏俞亨

劄付　　押　押

肃府承奉□ 觉（觉）果 阮道和 黄斌 典□ □源……

黔宁王孙 沐轮　　　　　　善友杨□……

平凉府承事郎开城县知县太原吴祥 儒斈（学）□……

守御固原州右千户所千户保安 阿通 □□……

甘州群牧千户所致仕千户孙仕贤 千户孙□……

平凉卫指挥佥事□□ 群牧所善士彭衍 陆通

楚府海剌都操守靖虏卫昭勇将军指挥使房鑑

敕赐大能仁寺觉义端竹巴 都纲马剌麻 觉了 觉□……

苑马寺黑水口善友徐守真 金守正 唐守定

大明成化四年岁次戊子孟夏吉旦立 金陵朱显

以上两碑均立于明成化四年（1468 年），详细记载的是明正统年间汉、番僧人复兴旧寺、获钦赐圆光寺匾并获赐大藏经的史事。谢继胜先生《宁夏固原须弥山圆光寺及相关番僧考》（《西夏研究》2013 年第 1 期）对碑

图 9-13 "敕命之宝"碑碑阴（"敕赐禅林"）

图9-14 "敕命之宝"碑碑阴（"敕赐禅林"）拓本

文所涉史事进行了详细考释，参见附录二。

值得注意的是，二碑位置在今复建的圆光寺内，亦即明代获赐匾额的圆光寺寺院庙院建筑旧址内，汉番僧人联合复兴经营圆光寺活动的核心区域即在今圆光寺区。虽然从遗迹看，复兴整修活动遍及整个须弥山范围，而在圆光寺区诸窟窟内窟外遗迹中却反映得更加详细充分。

第十章 结 语

本章主要是讨论圆光寺区石窟的营凿遗迹。

一 圆光寺区诸窟开凿位置、形制、性质和组合

圆光寺区山峰为须弥山第三峰，东西走向，折而向北，主峰正壁在东端高立，前面是一块天然围合的平整台地。

划入本区的 14 个洞窟，即第 40～50 窟及其附窟，分别开凿在相对独立、海拔 1700～1780 米的四处崖壁。除第 50 窟外，窟口均朝东南，面向须弥山前开阔的谷口，避风向阳。规模、形制、性质和组合各不相同。（表 10–1）

编为第 40 窟附窟的洞窟，独立开凿在与圆光寺区山峰隔谷峙立的一座孤峰面向寺口子河的平整崖壁上，宽 2 米余，深 1 米余，高 0.8 米，仅可供一人坐卧，应当是一座供人禅修的禅窟。

第 40、41 二窟，开凿在圆光寺区山峰南坡西端，间距约 10 米，大小相当，形制相似，均为有较深窟口的方形覆斗顶窟。第 40 窟平面长宽均 2 米余，第 41 窟长宽 2.4 米左右，窟内均凿有床台，仅可供一人坐卧起居，应是僧房窟。因第 41 窟窟门外左右造两尊立像（应是护法尊像），其或还兼具礼拜窟性质。二窟彼此相邻，距主峰正壁遥远，应是满足僧人最基本修行起居活动组织的独立组窟。

第 42、43、44、45、45 附、46、47、47 附、48、49 窟等十座洞窟，集中、分层开凿在主峰壁面，规模、形制、性质及组合复杂。

第 42 窟，开凿在主峰正壁西侧高僻位置，宽 2.2 米，深 1 米，高不足 1.2 米，与第 40 窟一样仅可容一人坐卧，应也是一座禅窟，但与第 40 窟附窟孤立不同，其与第 43 窟之间有脚窝蹬道联系。

第 43 窟，在第 42 窟下方，为规模较大的方形窟，无造像，宽 4.45 米，深 4.76 米，面积近 21.2 平方米，窟内高度超过 2.3 米，窟前凿有直通的蹬道方便出入。目前仍被用作僧房，应是其原来功能的延续。

第 45 窟，开凿在主峰正壁第二层，是经统一设计后雕凿完成、龛像繁复的中心柱窟，面积约 34 平方米（约 6 米 ×5.7 米）。中心柱和洞窟四壁共凿 15 座大帐龛和 1 座小帐龛共 50 尊像，帐龛雕饰富丽，尤以中心柱

表 10-1　圆光寺区洞窟的开凿与性质一览表

编号	同比例平面图（线图）	大小（长 × 宽：米 / 面积：平方米）	崖壁位置	性质	造像及保存情况	后期重新装绘利用情况
40 窟		2×2 / 4	圆光寺区山峰南坡西端，与 41 窟毗邻	僧房窟（兼禅窟）	无造像，残	
40 窟附窟		2×1 / 2	与圆光寺区山峰隔谷峙立的独立崖壁	禅窟	无造像，残	
41 窟		2.3×2.4 / 5.52	圆光寺区山峰南坡西端，与 40 窟毗邻	僧房窟（兼禅窟并礼拜窟）	窟门左右有立像，窟内无造像，残	
42 窟		2.2×1 / 2.2	圆光寺主峰正壁西侧高僻位置	禅窟	无造像，残	
43 窟		4.45×4.76 / 21.182	圆光寺主峰正壁，45 窟西侧	僧房窟	无造像，残	至今被利用为僧房窟
44 窟		3.4×3.7 / 12.58	在第 45 窟上方偏东的崖壁上，正壁第三层	高级僧房窟（方丈），兼具礼拜性质	残，有壁画残存	
45 窟		6×5.7 / 34.2	圆光寺主峰正壁第二层，东邻 46 窟	礼拜窟	中心柱窟。四壁和中心柱四壁共凿 15 大帐龛和 1 小帐龛共 50 尊像，并供养和伎乐。造像整体基本保存，有残	经晚期全面修复性整修，重装
45 窟附窟		2.3×2.2 / 5.06	圆光寺主峰正壁第二层，第 45 窟右前	附属生活用窟，内遗存水窖	窟内仅甬道口上部壁面有小龛，残没，存长期使用痕迹	经晚期缮修利用，起居空间。储水功能延续较长时间
46 窟		4×4.3 / 17.2	圆光寺主峰正壁第二层，西与第 45 窟毗邻	礼拜窟	中心柱窟。开龛方式与 45 窟相同，共开大龛 15 和小龛 3，造像 50 尊，并伎乐、神王和供养人，规模为第 45 窟之半，造像精美、装饰富丽、工程繁剧一如 45 窟。造像整体基本保存，有残	经晚期全面修复性整修，重装
47 窟		5.8×5.8 / 33.64	圆光寺主峰正壁第一层	未完成礼拜窟	无造像，未完成中心柱窟。未完成中心柱被凿除，残	目前被利用为寺院仓储空间
47 窟附窟			圆光寺主峰正壁第一层第 47 窟前右	未完成或废弃僧房窟	无造像，残	部分遗迹被晚期修缮时遗弃
48 窟		6.1×5.8 / 35.38	圆光寺主峰正壁第一层，西与 47 窟相邻	未完成礼拜窟	初凿未完成中心柱窟。后有续凿，共 8 龛，造像残缺不全	经晚期全面修复性整装回，存壁画
49 窟		4.9×4.3 / 21.07	圆光寺主峰正壁第一层，西与 48 窟相邻	僧房窟？	窟内无造像，残	现被利用为仓储空间。几无性质清楚的其他遗存
50 窟		5.7×4.5 / 25.65	高居主峰正壁山背，面向相国寺山峰东北坡	僧房窟	无造像，残	被晚期缮修绘画壁，成为道教场所灵官洞

前壁壁龛和洞窟右壁右龛、左壁左龛等一入洞窟即入目的三龛的帐饰、像设组合最富变化。尊像组合除洞窟前壁窟门之上小龛为三佛二菩萨一铺五身像外，均为一主尊二胁侍菩萨一铺三身像，其中各壁中龛主尊为立佛，右壁右龛主尊为倚坐菩萨，左壁左龛主尊为倚坐佛，其余各龛以结跏趺坐佛为主尊，在回环重复中显现佛菩萨组合的丰富变化。中心柱象座伎乐和环窟供养人及窟顶飞天伎乐香花诸供养浮雕，连同各龛尊像，营造出一座可供观想礼拜具足庄严的佛殿。设计整饬，工程浩大（参见表5-1）。

第46窟与第45窟左右比邻，相邻壁面最近距离仅1.72米，形制相似，面积为45窟之半（约17平方米，4米×4.3米）。整体龛像布局意匠与第45窟有呼应般的相似性。经统一设计雕凿、造像精美、装饰富丽、工程繁剧，一如第45窟。布局与第45窟相似，共凿15座大龛和3座小龛，造像50尊并伎乐、神王和供养人，具体龛形和造像组合有所变化。首先，中心柱前壁、后壁和洞窟后壁左右两龛均为火焰柱圆拱龛；其次，洞窟右壁右龛以交脚菩萨为主尊，与之相对的左壁左龛仍以倚坐佛为主尊；其三，各壁中龛立佛，没有胁侍菩萨；其四，在洞窟前壁窟门之上凿三座小帐龛，居中龛凿一佛二菩萨二弟子一铺五身像，造像组合中首次出现弟子，左右分别为以焚香礼佛的男女供养人各一龛；其五，中心柱基座左壁辟出一个壁面雕凿僧、俗供养人（参见表6-1）。如此，第46窟供养人凡两出，是特别值得注意的遗迹特点。

第一处为成组供养人列龛，在中心柱基座之左壁（参见图6-32A、6-36），与前壁伎乐供养及右、后壁护法神王同列，位于中心柱右旋次第之末，尊崇而"低调"。居中香炉，其右龛为作驻足顶礼状僧人，其左龛者持香炉前行；再左右列龛，右者为女性供养人及其随侍，作向中心驻足顶礼状，左为男性供养人及随侍，亦作向中心作驻足顶礼状（驻足顶礼？），刻画写实。

第二处供养人龛位于洞窟前壁窟门之上、居中一铺五身像左右（参见图6-187、6-187A）。右侧龛主像为男性供养人，长跪在一座香炉前作虔诚顶礼状，身后一随侍侍立；左侧龛主像为女性供养人，同样长跪在一座香炉前作虔诚顶礼状，身后一女性随侍侍立。供养人尺度与一铺五身像佛像相埒。

值得注意的是，居中龛一铺五身像中的主尊佛和胁侍菩萨，同洞窟内各龛造像，其二弟子像则同前述第一处供养人龛像中的弟子形象；而第一处供养列龛中的男女供养人和第二处男女供养人，虽然立姿、跪姿看似不同，但衣饰形貌则又是一致的，说明这两处龛像是对供养人的专门刻画。

第45窟各龛均为垂直凿进式，中心柱相邻壁龛在转角处因此偶有凿穿，而第46窟各龛采用了斜直凿进式，便未再出现凿穿情况。从营造角度观察，这是二窟经统一设计布局、先后次第完成的明证之一。如推测不误，则第46窟应是两座中心柱窟的收尾洞窟，这两组虔诚向佛的供养人，或是开凿者"刻意隐藏"的洞窟施造者的形象信息。应成为日后讨论洞窟营造者时的重要资料。

第 45 窟附窟，开凿在第 45 窟右前崖壁，方形窟，约 5 平方米（2.3
米 ×2.2 米），无造像。虽已经过改造和后期利用，但从其甬道上部开凿
龛像的遗迹看，其是与第 45 窟以甬道相连的附属窟，内凿有水窖，具有
实际功能。

从方位、形制、性质和开凿实际完成的遗迹看，第 42、43、45、45 附、
46 窟等五座洞窟，应当是主峰正壁最先开凿完成的洞窟组合，以第 45 和
46 窟为礼拜窟，以第 45 窟附窟为附属功能窟，以第 43 窟为僧房窟，以第
42 窟为禅窟，可满足一定规模僧团宗教生活的组织，是具足寺院基本功能
的石窟寺组窟。

第 47、48 窟，为未凿造完成的中心柱窟，左右比邻，位于第 45、46 窟之下，
洞窟方向、形制、规模相同，空间上水平相错，中心柱均开凿在实体崖壁上，
既确保自身工程安全，又不会对上层洞窟造成损害和影响，显然这是知照已
完成上层洞窟做出的安排。第 47 窟附窟与 47 窟的方位关系和第 45 窟附窟
与 45 窟的关系相似；而第 49 窟与 48 窟比邻，大小（4.9. 米 ×4.3 米，面积
21.07 平方米）与第 43 窟相埒。因此这四座洞窟，应是参照上一组窟，选
择正壁下部壁面设计开凿的另一组石窟寺组窟，只是未能按计划凿造完成。

第 44 窟，开凿在 45 窟上方偏东的崖壁上，高居主峰正壁其他各窟之上，
为不规则方形窟，无造像，面积不大（约 3.4 米 ×3.7 米，12.58 平方米），
四壁装绘水平高超的山石罗汉壁画，绘制内容和做法与其他各窟重装遗迹
有年代上的相互关联，显示其应为开凿在广大洞窟的重装年代，应当是具
有尊崇地位、兼具起居和礼拜性质的高级僧房窟。从主峰正壁各层洞窟组
合测图可清楚看出（参见测图 2），其直接叠压在第 45 窟之上，方向相差
近 9 度，窟门位置甚至正当第 45 窟南面窟顶上方，窟内门前地面与第 45
窟窟顶间崖壁厚度仅 0.3 米。考虑到须弥山砂岩强度不高的实际，这种安
排给下层洞窟造成损坏危险（事实上现已穿为残洞，对第 45 窟窟顶及前
壁造像造成破坏），这与上述第 47、48 窟选址、开凿所遵循的规则已非
同期意匠。或已无可供做出更好安排的开凿崖壁也是重要的因素。

第 50 窟开凿在与主峰正壁相背、面向相国寺的圆光寺山峰东北坡近
乎直立的陡峭崖壁上，方形，缓平覆斗顶，面积 25.6 平方米（5.7 米 ×4.5
米）。登临攀援困难，曾建有独立窟檐，应是供僧人起居、修行的独立洞窟。

综上，圆光寺区开凿有独立的禅窟和僧房窟，还有由造像丰富的礼拜
窟与僧房窟、禅窟及辅助功能窟组成的承担寺院功能的洞窟组合，以及包
括带有礼拜窟性质僧房窟可满足最基本修行起居活动的僧房窟组合。承担
寺院功能的洞窟组合，因本身工程浩大和实施完成必需的宗教、经济、政
治力量的浩大，选择了圆光寺区最利于开凿洞窟的主峰正壁壁面，其他小
组窟或独立洞窟崖壁条件就要远逊于前者。与之相应，规模较小且未造像
或造像数量不多的洞窟，窟内裂隙丛生、风化剧烈，得到后续保护、整修

和利用机会不多，往往残毁更烈。而规模较大、造像丰富的洞窟，在起初崖壁选择上便具优势或优先条件，后期的承继、维护、整修、利用活动更多，也因此有相对更好的保存状况。

这一现象在石窟寺遗存中是普遍的，不限于须弥山石窟。

二　圆光寺诸窟的开凿工程遗迹·窟外遗迹

前述圆光寺主峰正壁三层洞窟间的空间关系，是圆光寺区诸窟开凿工程遗迹中首要的遗迹。

此外，诸窟还保存着丰富而复杂的开凿工程遗迹：窟外开凿窟口遗迹；供出入洞窟或窟间联络的踏步、蹬道、阶梯、脚窝等遗迹；为防止雨水倾泻进入洞窟在崖壁开凿的排水沟渠遗迹；为更好地保护洞窟及组织活动营建的独立仿木结构窟檐或窟前殿阁开凿的梁孔、椽孔遗迹；以及为组织一群洞窟或以洞窟为基础的更大规模寺院生活营建的寺院建筑遗迹；还有洞窟统一设计、手工营凿、甚至凿造失误、改进等细部遗迹。凡此种种，呈现出诸窟营划开凿及实施完成的大致情况。

窟口。诸窟不管规模大小，均顺应山势凿出有窟口，在窟口后壁平整的壁面开窟门，未见有过劈整崖壁然后再行开凿的迹象。即使主峰正壁各窟窟前崖壁历经坍塌、改造和整修，原状已不十分清楚，但其现有遗迹剖面测图显示三层洞窟也是就山势开凿窟口，未见大规模劈整崖壁。僧房窟，如第 40、41 窟，与洞窟方向时有不同，因需要满足背风向阳实际使用功能要求，顺应崖壁走势的窟口较深，而洞窟内部开凿则可能还要兼顾尽量顺应岩脉以便利工程，故此出现了洞窟与窟口方向不同的情况。虽然窟口较深，但均未见前室。

蹬道和脚窝。第 40 附、42 窟及第 50 窟遗存部分蹬道遗迹，显示在 1984～1988 年大规模整修工程之前，洞窟主要通过在崖壁上就山势剔凿的蹬道和脚窝来组织出入和彼此联络，从而与整个环境建立活动关联。第 40、41 窟残存的零星蹬道遗迹，也显示大体相似的情况。集中开凿的洞窟与独立的洞窟间此前也未曾开辟大规模的窟间联络通行路线和类似如今第 50 窟前“硬凿”的宽大、险峻的蹬道。

直通第 43 窟的蹬道，因窟前主峰向西南延伸的山坡就势开凿，最下一级蜿蜒至山脚地面。这条蹬道连续、整饬并配置护栏或护索，非常醒目，一来凸显开凿者对礼拜（43 窟前面推断是僧房窟）等仪式化的宗教活动之外僧众生活起居组织的重视，因为蹬道所在山坡朝向窟前台地的一面，还有蓄养牲畜的石槽和栓口，二来也可能曾经是就山势因地制宜剔凿的通往主峰正壁诸窟的通道之一。

第 44～49 窟等主峰正壁各窟，窟前崖壁自然形态不存，从三层洞窟就山势开凿情况推论，各窟最初的登临路径，可能也是就崖壁坡势开辟组织的。第 44 窟所在崖壁高悬直立，因未被纳入整修工程复建大殿目前尚无路可通，说明其出入需要设置与组织下层洞窟设施，即圆光寺窟前建有或准备建设窟檐建筑，关联一体的人工栈道和登临梯道。这也应该是纳入判断其开凿时间的因素之一。

第45窟附窟窟门之下崖壁上现存两排整齐脚窝，直到20世纪80年代中期圆光寺大殿未复建时，还曾是借助铁链和绳索从山脚地面登临第45、46窟的路径。这一情况与第44窟情况相类似，在山势不可利用组织出入时，窟檐、窟前建筑及其他设施的营建是石窟寺功能得以组织实现的必要手段。

窟檐。今未被复建大殿覆盖的第44窟、49窟、50窟都曾建有独立的窟檐，梁孔、椽孔历历可见。洞窟修建窟檐，目的在遮风避雨、保护洞窟及保障和便利其使用功能的组织实施。第44窟窟檐残损，导致风雨侵袭，使窟门内地面水蚀为残洞，壁画坍落殆尽，正是说明窟檐必要性的鲜明事例。今复建大殿覆盖的第47、48和第45、46窟所在的崖壁上，存在"单独窟檐"和"五间大殿式窟檐"至少两个时期两种不同营建行为丰富而复杂的窟前建筑遗迹（参见图5-4）。值得注意的是，窟前大殿的建设，使开凿状况不同的洞窟间建立起统一的空间关系，与之对应的是对开凿洞窟统一整修、重装和利用。

排水沟槽。为保证洞窟和窟檐免遭山水的侵蚀和影响，诸窟口之上都开凿有专门、独立的排水沟槽或第45窟附窟处于积水需要的引流沟槽，如第43窟、44窟窟口上部的人字形分水槽，第50窟窟口上部直接开左右分水凹槽。但主峰正壁高于第44窟窟口沟槽上部，还有一条非常鲜明的跨度近30米、覆盖全部主峰崖壁三层洞窟范围的人字形排水道，显示其不是为某一独立洞窟、而是为一群洞窟开凿的排水道，显然应当开凿于各层洞窟被作为一个整体对待经营的时期。这恰好与窟前统一营建窟前建筑相呼应。

三　圆光寺诸窟的开凿工程遗迹·窟内遗迹

窟内龛像统一设计。第45、46窟遗存完整繁复的龛、像雕凿细部，反映其经过精心的统一设计，然后一次性雕凿完成。最能说明该问题的是两窟窟门所在的洞窟前壁。第45窟洞窟前壁左右两龛流苏以窟门为中心相互对称而同龛长短不一，窟门之上的小龛龛框与雕凿流苏互为边界等等雕凿细部，表明壁面龛像是整体设计开凿的。第46窟洞窟前壁的情况类似。因两窟都只在窟门上部壁面的小龛尊像布局出现"新变化"，如果单纯从尊像组合观察的话，很容易因其与中心柱及洞窟其他壁面龛像组合完全不同以为是后期补凿的新内容。（参见图5-177、6-186、6-187、6-187A）

手工雕凿。与统一设计相应的是雕凿遗迹中出自匠人手法的"灵活"产生的无所不在的"偏差"，使龛像充满令人眼花缭乱的细部变化。如第45中心柱各龛统一设计的通龛宝装覆莲，高低大小变化多样；四角所刻八角倚柱，细部均不同；基座各面的象首、香炉、伎乐从布局疏密到具体形貌，参差多态，充满了来自匠艺的生命和活力；第 46 窟保存更好的各龛流苏组合不同、深浅不一，反映出手工雕凿意匠的丰赡粹美。

龛形开凿形式所致的失误和改进。第 45 窟壁面各龛均采用"垂直凿进式"开凿，由是中心柱相邻两壁龛出现"凿穿"的情况（参见图 5-22、5-22A），第 46 窟采用了"斜直凿进式"，中心柱便未再出现凿穿的情况，这应当是针对第 45 窟凿造失误而进行改进的结果。我们也因此从工程营造的角度推测第 45 窟开凿在第 46 窟之前。

自上而下的雕凿次第。第 47、48 两座未完成的中心柱窟，仅初凿完成形制大略，稍具细节的遗迹保存在顶部。如第 47、48 窟二窟均遗留了已经琢凿得较为精细的仿木结构帐枋、倚柱以及雕琢甚至有些繁复的帐构节点。显示在洞窟形制大致凿定后的细部雕凿，是自上而下展开的。

洞窟龛像的续凿。第 48 窟是圆光寺区唯一续凿龛窟的洞窟。遗迹显示，续凿龛像布局、龛形、尊像组合和造像形态、量度细部，均不同于第 45、46 窟，也非统一设计安排的续凿，只是利用和遵守着原窟初步凿定形制大致。

四　与圆光寺区诸窟相关的寺院营建遗迹

从洞窟分布的实际可见，圆光寺区有石窟开凿活动伊始，其主峰正壁前的台地，就可能是组织石窟寺院生活的场所。至于洞窟开凿和使用的不同时期地面寺院有怎样的组织，与洞窟有怎样的具体关系，现在可追溯的最早的遗迹是整修工程前、今寺院据以复原的原明代圆光寺寺院的旧迹。

据现存两通明碑，圆光寺是在宋代赐额"景云寺"倒塌旧址上的重建，起于明代正统年间（正统五年，1440 年），延续至明成化年间（成化四年，1468 年，二碑树立），由住持须弥山的番汉僧人共同主持，地方军政组织及信众参与，前后历时达 30 年，完成寺院房舍修建、上京请赐匾额"圆光寺"、获颁大藏等系列堪称须弥山有佛教活动以来唯一被铭刊史册的一次振兴活动。两块明碑，从地震台拆除后的照片上辨认，分立于第一层洞窟窟前纷乱的废墟左右，一碑在今第 45 窟附窟前的地面上，另一碑在今第 49 窟窟前的地面上，与今天的位置差异不大——考虑到石碑安置、移动之难，应基本算是原位，从而可确认今圆光寺区即明圆光寺庙院建筑旧址。20 世纪 80 年代须弥山全面学术调查特别是第一次分区编号时，把此地洞窟及其相关遗迹区域位置均冠以"圆光寺"予以标定记录，在旧址重建的寺院，继承了"圆光寺"寺名。

整修工程报告，根据复建前圆光寺区主峰壁面的诸窟窟前建筑遗迹和遗存的窟前大殿地面台阶（台基）和柱础，判断圆光寺主殿是建筑在第 47、48、45、46 四座洞窟窟前的"五间重檐楼阁式大殿"。目前台基和柱础与现存壁面遗迹间关系的具体情况已无法核查，但记录的信息确认了今第 45、46、47、48 四座洞窟窟外可标定出"五间殿"的梁孔和柱痕，即第 45、46、47、48 整体窟檐遗迹，就是可追索的地面寺院遗迹中最基本最重要的遗迹关系。

照片还显示，台地前居中有一条下山蹬道。把蹬道中心线向后延伸恰当暴露的第 45、46 窟所在"整体的平整"的壁面中心，今窟前大殿的台基北、东、西三面就山势砌筑，南面台明距寺院地面 1.7 米高，前沿用须弥山本地红砂岩条石砌筑，白灰砂浆嵌缝，部分用为水泥砂浆补缝，收分鲜明。据参加整修工程的人士说，今台基高度、位置基本因旧貌，只三面稍事砌筑修整而已。

也就是说，由主峰崖壁和其前正对的台地决定的贯穿大殿到下山蹬道的轴线是整修前旧寺的轴线，被新建寺院所继承。

除窟前大殿外，未见整修工程中对台地上其他建筑遗迹观察和清理的记录资料。现寺院两厢台基用白石新砌，庭院也经重新墁铺，已不见任何旧遗。明碑中记载的"重建前后二殿东西□□"具体位置与今两厢是否有所关联已无从追溯。今西厢房后第 43 窟窟前蹬道面向台地一侧遗存的两处马槽等遗迹，说明除中轴线建筑群外，台地上还营建有蓄养牲畜等寺院日常生活的功能建置。

五　圆光寺区诸窟的重装遗迹

圆光寺区造像遗存较多的三个洞窟第 45、46、48 窟，均进行过全面重装和绘饰，成为圆光寺区诸窟遗迹中不能忽略甚至最为重要的遗迹。

重装方式基本分四类：一是改变原石像形态的改装和改凿；二是对残壁、残缺造像的修补、补缺、修复性塑装；三是依原凿像样式的重新装銮性塑装；四是造像重装同时对洞窟进行的全面绘饰，特别是在未开凿完成洞窟壁面绘制（或重绘）大型壁画。

改变原石像形态的改装和改凿。只发生在第 45、46 二窟的中心柱前壁。

第 45 窟中心柱前壁的佛像，属于改装性重塑（参见图 5-54）。佛像结跏趺坐于仰莲台承托的须弥座上，结定印。面相圆润饱满。藏青色螺发，发正中半月形髻珠。袒胸饱满，见双乳，着内衣，带系乳下。外覆佛衣，裹覆腿，二足足心向上露。最外佛衣衣缘覆于须弥座台正面、侧面。像面及身、臂，经贴金装銮，残存金色及红色地仗。唇角朱丹。上衣绛红色，局部贴金剥落后露出朱红地仗。内衣束带青蓝，衣褶涂红。

值得注意的是，塑装外层佛衣之下，露出凿作的与第 45 窟其他龛石造佛像相同的三层幔卷状佛衣下摆。塑装的外层佛衣与雕作的多层覆座佛衣，分划截然，强化出塑装佛像与原石造像之间的分界。塑装造像显示的风格、量度（参见附表 5-1），与以北京智化寺造像为代表的明正统年间饱满圆润的造像风格相近。

第 46 窟中心柱前壁的佛像，是改凿之例，也是全部洞窟中唯一被改凿并精心重塑的一例（参见图 6-47）。佛像交足结跏趺坐于塑作的帷幔覆盖的须弥座上，椎状高肉髻、螺发、小面、细腰、宽膝，着袒右佛衣。细部显示，本尊造像是在原石造像基础上经改凿、塑作、再修补重塑的一尊佛像，遗迹复杂层叠。佛左肩臂、左腿和右脚下部分，在改凿的石像上塑装，装銮表面尚遗留沥粉卷草纹饰缘的袒右佛衣局部。右脚塑作泥装坍落处，可见打凿粗糙的右脚石坯，左脚则完全泥塑。佛像右腿连同其下同时塑作覆帏，均凸出原凿中心柱前壁壁面。经改凿、重塑最终完成的佛像，高髻、细腰、金刚结跏趺坐，是一尊具有鲜明藏传佛教风格的佛像。

两窟中心柱正壁佛像，是这两座洞窟的主尊佛像。主尊佛像被改装和改凿，而且成一汉一番两种风格，显然不是匠人无意识或率性而为的结果。与前述碑记汉、番僧人共同经营重振圆光寺的纪事联系起来，应是当时重整古刹旧迹经营活动的直接成果。

对残壁的整修和对残缺造像的修补、补缺、修复性塑装。这是重装遗迹中最为普遍的。第 45 窟后壁和左壁相交的洞窟残损最严重部位，遗存呈行列相错分布的细小梅花桩孔，局部还有未脱落的木桩遗留（参见图 5-245 ~ 5-247）。这是为加强待整修残壁岩石与修补材料的黏结打凿的护壁桩孔。但残迹同时表明，整补须弥山持续不断风化的岩壁，难以建功。修补塑像的情况与之类似。

现存第 45、46 窟佛、菩萨造像，遭劈面残剥的情况比较普遍。

有些劈残面部残存有戗木桩或桩孔，显示这些地方都曾经过补塑，但最终补塑部分还是脱落了。第 46 窟右壁主尊交脚菩萨像头部是造像的修复性塑装尚未残剥殆尽的典型一例（参见图 6-194、6-202、6-203）。这尊像全身经精心塑装，面部全残，仅冠、冠带、额、耳遗存部分。从残处可见塑装前原石造像面部已遭残毁，残断面起伏深浅不同，于是就残断实际进行修复性塑装。具体做法是首先填充厚度不同的含麻丝的粗泥塑形，再以和麻丝的细泥进行精细造型，最外层以更精细的塑泥，形成坚硬光洁的塑像表面，最后上蜡、贴金装銮。塑形之泥与塑像表面定型之泥，用料不同。塑装残处与尚存者完全共有塑装最外层并与头冠、衣饰流畅连贯，显示修复性塑装是一次性完成的。正因为原石像残断面不平整，修复性面部塑装才得以幸存。值得注意的是此像冠带等塑作细部形式，与第 45 窟中心柱前壁左菩萨冠带相似，可见塑作中模摹原石造像的意匠，且塑作精细、细腻、坚实，非庸匠所能为。菩萨尊像颈部浑圆，塑作精细，表面光洁。局部残处可见塑泥极薄，下露未残的石作。仅就这一尊像，可知针对原石像不同保存情况，塑作采取了不同做法。

对于石像残损特甚的修复性塑装，典型或极端的事例是第 46 窟后壁左龛左菩萨（参见图 6-284）。该尊石作已风化残剥至无法辨形，头部也仅可估计大体位置，补塑因此失去了基本的大致比例依据，于是该菩萨头部成了第 46 窟菩萨面部比例最独特的一例。

如此修复性塑装的例子在第 45 窟、46 窟还有许多，比如第 46 窟的中心柱的伎乐就经过全面的修补性塑装。

补缺修复类遗迹，值得提到的还有第 45 窟中心柱前壁左 3、左 4 伎乐头部遗留的补塑桩孔。孔直径 4 厘米许，内存填泥，深不可测。这两处极易被忽略的细小补塑遗迹表明，对洞窟残损造像的修补是全面的（参见图 5-36-1）。

依石造像"原样"进行的装銮性塑装。这是晚期重装另一普遍的做法。具体看来，第 45 窟与第 46 窟的情况还有较大的差别，尽管残迹反映两者的塑装材料、手法应属同期工艺，差别主要因原石作保存状况不同而致。第 45 窟各壁造像普遍保存不好，从泥装脱剥处可见在重装之前造像就遭遇程度不同的风化、剥蚀，因此塑装厚度普遍较大。佛像通常佛首浑圆，佛身臃肿（参见图 5-121）；菩萨面相饱满，衣、饰浑厚粗放，形成塑装后的造像特征（参见附表 5-1）。详究其衣饰特征，则可见塑装者依照石作原式塑装的愿望和努力，尽管由于雕、塑本身工艺手法不同，很难在细节上完全遵循原样。

而第 46 窟的情况则稍不同，特别是第 46 窟的中心柱，从泥装剥蚀露出石作的情况看，原石像保存较好，塑泥因此较薄，有些地方只外加很薄一层地仗，塑装与原石造像之间和谐共存，毫无违和感。而且，仔细观察便可发现，第 46 窟的佛像，特别是中心柱的佛像很薄的泥装，被精细地施以绘饰。

全面装绘。最后一类就是塑装完成后从龛背到龛顶、龛外对洞窟进行全面绘饰的遗迹。尽管大多彩绘遭到烟熏，也有剥蚀，但第 45、46、48 三窟中佛、菩萨的头光、身光以及其外的绛色云气，倚柱、壁面的"八宝"卷草绘饰和壁面的兰扎体梵文装饰，显然也是受汉、番两种风尚的影响。

特别是 48 窟这座未凿刻完成的洞窟，大面积遗存的壁画、洞窟倚柱和枋等残迹上遗存的厚重地仗和绘饰残迹，显示洞窟进行了工程浩大的全面重装。其中中心柱西壁壁画，更是巨制，其内容、风格，显示强烈的受西夏、藏地佛教图像影响的藏传佛教造像特点（表 7-1）。第一层洞窟装绘比第二层呈现更多的"藏式"特点，或应当是"番僧"主持佛事活动集中的洞窟。

综上，圆光寺区洞窟晚期重装的种种遗迹，有改装、修补、或依原式的装銮，也有最终整体的装绘，不同做法彼此关联，是针对洞窟保存实际，有计划、有系统实施的全面修复工程，几乎没有一处原凿遗迹未被波及，非零星的善施行为能够解释和措办。

结合圆光寺区窟外和窟前地面寺院遗迹，圆光寺区洞窟如此繁复的重装遗迹，反映的应该正是前述明碑记录汉番僧众缮修旧寺大规模工程中整修洞窟的部分。也就是说，圆光寺重兴，除在窟前和窟前台地进行建筑营建活动外，对圆光寺区诸窟及其大量造像等"古刹旧迹"进行的重新整理、装銮和修缮，是其重要组成部分。

而第 45、46 二窟的倚柱、龛背现存数条成化之后装銮贴金题记，比如分别书于第 45 窟中心柱前壁倚柱两侧的弘治十八年（1505 年）四月十五日至五月十八日为期一月的佛龛、佛像装金的纪事题记，表明造像的贴金、装銮等供养活动，在重兴的圆光寺还持续不断地进行着。

需要特别强调的是，重装类型中最普遍的"依原样重装"，使圆光寺开凿遗迹信息得到最大程度的保存。依原样重装，体现出古人珍重前世故迹的态度。圆光寺区洞窟造像，常被学者当作开凿时期遗迹进行研究和讨论，正得益于此。而重装遗迹显示的整个重装工程，作为古代石窟寺修缮的案例，可供研究石窟寺修缮理念、方法、工艺和材料等诸多事项，了解古代塑匠技艺的高超和信仰的虔诚。

必须指出，龛像重装遗迹不仅局限于圆光寺一区，而是普遍存在于今须弥山石窟群各区段，关涉到初凿、续凿洞窟的所有遗迹，说明须弥山圆光寺在历史上的寺域范围并不局限于今庙院建筑所在。

附　录

附录一

须弥山石窟考古勘测与加固维修大事记
（1959 ～ 1999）

雷润泽

1.1959 年 7 月自治区文教厅文化处先后派牛达生陪同文化部文物局朱希元先生到固原须弥山石窟考察。

2.1962 年，自治区文教厅文化处让自治区博物馆筹备处派李俊德、王谦到须弥山石窟考察，并为重点洞窟编了二十个窟号。

3.1963 年，自治区将须弥山石窟、石空寺公布为自治区第一批重点文物保护单位。

4.1966 年下半年，破四旧红卫兵上须弥山企图砸毁石窟造像，被政府派人及时阻止，未造成大的损伤。

5.1980 年 7 月 12 日，自治区文化局向国家文物局推荐报送《我区第二批全国重点文物保护单位名单（五处）》中，将须弥山石窟推荐为国保单位。

6.1982 年 1 月份，自治区文化局社文处根据牛达生的建议和汇报，决定邀请中央美术学院美术史系师生与我区文博专业人员合作，联合对须弥山石窟进行测绘考察。2 月 23 日，固原须弥山石窟被国务院公布为第二批全国重点文物保护单位。随后自治区文化局社文处派雷润泽到京以自治区文物管理委员会办公室名义与中央美术学院美术史系签订联合测绘调查协议书。

7.1982 年 5 月 27 日，中央美术学院美术史系教师王泷、刘永祥率领十一名学生与我区专业人员牛达生、于存海、马以慰等去须弥山石窟联合进行测绘调查，文管会办公室还邀请自治区地矿局水文地质 2 队工程师吴连山等三人配合进行窟区地形地物的实测。整个工作由须弥山石窟测绘调查领导小组（组长庞三保，副组长王泷、李树贵，成员雷润泽、牛达生、吴连山）组织完成。为须弥山石窟考古调查、保护范围的划定、古遗址的保护和研究利用，提供翔实的地形地物实测图，为石窟编号注录提供准确的基础资料。

8.1982 年 9 月 7 日，固原县在须弥山石窟正式设立文物管理所，指定王树森临时负责。结束石窟无专门管护机构的状况。

9.1983 年 5 月 20 日，国家文物局委派中国文物保护科学技术研究所石窟室工程师姜怀英偕同洛阳龙门石窟保管所刘景龙来银，与自治区文管会、文化厅共同研究须弥山石窟加固修缮问题，并由雷润泽、于存海陪同到各重点文物保护单位考察勘测，与当地政府及文化部门商议加固修缮方案与保护措施。6 月 3 日，自治区文化厅向国家文物局正式呈送了《关于抢修须弥山石窟重点洞窟的请示报告》。国家文物局依据自治区文化厅的报告，为须弥山石窟加固维修，从内蒙古调运一个整车皮的杉杆，用作施工脚手架，并划拨加固维修费 25 万元。

10.1983 年 11 月 4 日，中国文物保护科学技术研究所石窟室姜怀英、杨玉柱和洛阳龙门石窟刘景龙等来宁，与文化厅、固原行署、固原县共同商议须弥山石窟加固修缮工程的开工事宜；并成立了加固维修工程领导小组，由固原行署专员李国山和文化厅副厅长叶勃出任领导小组正副组长，下设办公室，由文化厅文物处副处长雷润泽、固原博物馆副馆长韩兆民、县文化局副局长张世杰任正副主任，主持加固维修工程，在姜怀英、杨玉柱、刘景龙三位工程师的设计指导下，于次年春首先从大佛楼区以加固第五窟为重点，进行岩体卯固、维修加固各洞窟与造像。

11.1984 年 5 月 27 日，自治区文管会、文化厅在固原召集自治区和固原行署及县城建、财政、文化部门负责人和专家学者讨论须弥山石窟的综合治理建设规划，着手修建通往窟区道路和桥梁，并决定固原县地震局将圆光寺地震台拆迁走，支持固原县在山上修建文物管理所，加强石窟管护建设。自治区文管会办公室邀请自治区对台办摄影记者孙小伟，对须弥山石窟各窟区与重点洞窟进行系统拍摄，记录保存下未修复前窟区和重点洞窟的原始状况的图片资料。

12.1984 年 7 月 20 日，应邀出席自治区人民政府在银川召开《北周李贤墓学术座谈会》的中央学术单位专家学者：顾铁符、宿白、杨泓、徐元邦、汤池、王恒杰、马世长、黄文昆等 22 人，7 月 22 日到须弥山石窟认真考察了各窟区的洞窟，并对加固维修工程和保护提供许多好的建议。

13.1984 年 7 月 21 日，文化部中国文物保护科学技术研究所所长蔡学昌，带领部分科技人员到我区检查须弥山石窟修缮工程，并与文化厅有关人士举行座谈。

14.1984 年 8 月 28 日，自治区文管会、文化厅在固原召开须弥山石窟加固修缮一期工程验收总结会。10 月 3 日，自治区文化厅向人民政府呈送了《须弥山石窟第一期修缮工程总结报告》。

15.1985 年 4 月，在文化部文物保护科学技术研究所姜怀英、杨玉柱指导下，须弥山石窟二期加固修缮工程开工。须弥山石窟二期加固修缮工程以子孙宫区和相国寺区诸多洞窟与崖体为重点，对山体崖面排除危石、进行卯固，复原坍塌的 51 窟，凿造登临窟区的栈道，装设防护栏杆。同时为了改善窟区管护和接待条件，复原圆光寺区窟前建筑，构筑窟区跨沟桥梁，并在远离洞窟的入口处，另选空地修建文物管理所办公住宿接待设施，做好拆除地震台在圆光寺遗址上构筑的准备。

16.1985 年 9 月 12 日，自治区文管会、文化厅在中宁县召开须弥山石窟二期工程和康济寺塔、鸣沙塔修缮工程验收总结会。11 月 8 日，自治区文化厅向人民政府提交了《须弥山石窟二期和康济寺塔、鸣沙塔修缮工程总结报告》。

17.1986 年 4 月 9 日，须弥山石窟维修领导小组在固原召开扩大会议，审议第三期加固修缮工程施工计划，研究开工和综合整治建设问题。须弥山石窟三期以圆光寺区和相国寺区洞窟加固修复为重点，循序展开，并在勘测设计的基础上，在明代圆光寺寺址的基础上复原修建了圆光寺庙院，辟出石窟陈列室和遗存保管室，便于游客参观游览，同时依划定保护范围、增设防护接待设施，修筑窟区道路和桥梁。

18.1986 年 5 月 19 日，北京大学考古学系教授马世长带领研究生来宁上须弥山石窟，与文管会办公室签订合作协议，决定对圆光寺遗址进行考古测绘调查。8 月 7 日，北京大学考古学系主任宿白、马世长带领研究生来宁上须弥山，与文管会办公室合作，指导研究生对圆光寺遗存进行测绘调查。

19.1986 年 10 月 8 日，应自治区文物管理委员会和文化厅邀请到固原参加《北周李贤墓壁画揭取和彩绘陶俑保护技术鉴定会》的国家文物局副局长庄敏与中国文物保护科学技术研究所、复旦大学、陕西省博物院、农勘院的专家学者，参观考察了须弥山石窟加固维修工程。

20.1986 年 10 月 15 日，国家文物局文物处副处长朱长翎和高级工程师杨烈检查须弥山石窟三期加固维修工程，对三期加固维修工程的设计施工操作予以肯定。

21.1987 年 4 月 11 日，须弥山石窟维修领导小组在固原行署会议室召开扩大会议，汇报安排第四期修缮整治工程开工事宜。第四期以桃花洞和松林洼窟区洞窟卯固支护修复为重点而全面展开。

22.1987 年 6 月 26 日，西安市古建园林设计处高级工程师王玙等应邀到须弥山协助拟定须弥山石窟游览区总体建设规划方案，并为自治区文管会提供规划示意草图五份。

23.1987 年 7 月 4 日，自治区农勘院到须弥山协助进行石窟区土壤、植被调查，并采集了土壤、岩石、植被标本，做出检测报告和制定绿化规划。北京大学考古学系马世长教授带领研究生对须弥山石窟大佛楼、圆光寺、相国寺、桃花洞窟前建筑遗址进行试掘勘测。初步认定大佛楼、圆光寺、相国寺、桃花洞在宋金之前修构有窟檐与殿堂遗址。明代又对大佛楼与圆光寺重建过，并将试掘残像和建筑残件收集起来。

24.1987 年 9 月 23 日，须弥山石窟第四期整修工程竣工验收总结会在固原宾馆召开，自治区人大常委会主任黑伯理与各方代表共同检查验收了这期修缮工程。

25.1988年5月21日，财政部田副部长一行，由区财政厅副厅长刘源茂、固原行署副专员周维让等陪同视察了通往须弥山石窟公路和跨河大桥修建工程及须弥山石窟整修工程。

26.1988年8月16日，应邀参加须弥山石窟加固修缮工程竣工验收会议的国家文物局、中国文物保护科学技术研究所、中央及相关省区学术单位的领导和专家学者，及本区地方领导和相关部门人士，齐集须弥山听取工程办汇报，检查验收了各项工程，并形成工程验收纪要存档和勒石于须弥山。

27.1988年8月27日，日本泛亚文化交流中心、佛教文化考察团由区外事办接待处和文化厅文物处负责人陪同参观考察了须弥山石窟。28日《人民中国》杂志社摄影记者狄祥华专门来宁对须弥山石窟进行采访，并在日文版《人民中国》杂志1989年第4期上进行了专栏报道。

28.1988年9月25日，全国政协副主席、国家民委主任、中央代表团成员司马义·艾买提等由自治区人大副主任马腾霭和区党委常委蔡竹林陪同参观须弥山石窟。

29.1988年9月，作为中央美术学院美术史系和宁夏文物管理委员会办公室合作勘测调查成果的《须弥山石窟》小册子和图录，经过文物出版社二编部黄文昆编辑成书，正式出版发行。

30.1989年5月15日，日本学术委员会委员、考古委员会委员长、古代东洋博物馆馆长、泛亚细亚文化交流中心会长江上波夫先生一行，在中国对外友协和宁夏对外友协的安排下来我区考察文物古迹，并由外办副主任程东辉、接待处副处长徐天祥、文化厅文物处副处长雷润泽陪同，参观考察了须弥山石窟。

31.1989年10月12日，中央文史馆馆长、著名作家肖乾和中央文史馆馆员、著名画家罗铭，由自治区文史馆副馆长孙鸿书等陪同参观考察须弥山石窟。

32.1990年4月30日，以日本国立佛教艺术研究所所长久野健先生为团长的"日本须弥山石窟敦煌艺术旅游考察团"一行20人，在中日关系史研究会常务理事汪向荣先生陪同下，到达银川考察须弥山石窟和固原博物馆。

33.1990年7月3日，须弥山石窟文管所发现相国寺区第67窟中心柱后龛北周坐佛佛头被凿盗。

34.1990年7月24日，中国文物保护科学技术研究所高级工程师黄克忠带领部分技术人员来宁到须弥山石窟进行岩石风化数据测试，商讨化学保护工程规划。

35.1990年8月31日，文化部代部长贺敬之、国家文物局局长张德勤，由自治区人民政府副主席杨惠云陪同赴固原须弥山石窟、固原博物馆检查工作。

36.1990 年 9 月 23 日，中国文物保护科学技术研究所与自治区文管会办公室在须弥山石窟合作进行的岩石化学保护防风化实验研究项目的曝晒场、测试点、实验室在须弥山石窟文管所建立。

37.1990 年 10 月 13 日，参加西夏陵保护规划研讨会的北大教授宿白先生、中国历史博物馆馆长俞伟超先生到须弥山石窟考察指导工作。

38.1991 年 4 月 23 日，中国文物保护科学技术研究所高级工程师姜怀英、蔡润等相继来宁重点研究须弥山石窟雕刻品造像的防风化问题，在自治区文管会组织相关人员配合下，开展石窟防风化试涂实验。

39.1992 年初，应日本广播协会（NK）所请，宁夏为在日本十大城市举办《大黄河宁夏秘宝展》，专请中国社会科学院考古研究所高级文物修复技师王振江先生来宁在须弥山复制 51 窟正后壁北周坐佛一尊，并运送日本参加陈列展示。惟妙惟肖的造像和复制技艺受到佛教美术史专家学者的赞扬。

40.1992 年 5 月 12 日，中国文物研究所所长张羽新、高级工程师姜怀英由文化厅文物处雷润泽陪同来宁夏勘察指导重点文物的抢救保护工程。22 日龙门石窟艺术研究所所长刘景龙来固原指导须弥山石窟岩石防风化保护施工。

41.1992 年 7 月 22 日，中国文物研究所高级工程师贾瑞光带领勘测技术人员来银到须弥山考察研究石窟近景摄影测绘计划。

42.1992 年 8 月 13 日，文化厅文物处、文管会办公室邀请中国社会科学院考古所研究员杨泓，宗教研究所研究员丁明夷，北京大学考古学系副主任、教授马世长来宁到固原须弥山石窟考察咨询，并与固原行署、固原县的有关领导座谈，指导开展固原地区重要古迹的抢救保护工作。随后马世长先生又带领文物出版社编辑黄狄和摄影师来须弥山系统拍摄洞窟与造像。

43.1994 年 9 月 12 日～24 日，原中国工艺美术学院院长、著名国画大师张仃先生一行六人来宁夏考察，由自治区文化厅文物处雷润泽陪同参观考察了西夏陵、宏佛塔、须弥山、固博、区博、贺兰山岩画，并在文博单位写生作画题字。

44.1997 年 6 月 9 日～12 日，日本著名画家、联合国教科文顾问平山郁夫先生携夫人来宁考察访问，由自治区外办副主任景占国和文物局长雷润泽陪同，先后参观了须弥山石窟、固原博物馆等文物单位。

45.1997 年，作为北京大学考古学系与宁夏文管会办公室合作、组织开展的圆光寺考古调查研究成果的《须弥山石窟内容总录》由文物出版社编辑出版，在全国发行。

附录二

宁夏固原须弥山圆光寺及相关番僧考*

谢继胜

引言

须弥山石窟位于宁夏回族自治区固原市[1]城西北55公里的六盘山支脉、古石门关遗址[2]。在南北长1800米、东西宽700米的几处砂岩山坡上现存132窟，始凿于北魏，盛于北周、隋、唐，保存较好的洞窟有20余个[3]。第45～49等5个窟分两层开在一直立壁面上，前方有寺院，名为圆光寺。笔者2002年夏天前往须弥山考察藏传佛教遗迹时，在第72窟东壁南端读到金大定二十一年刻划题记，在第5窟大佛像及第45窟至第49窟窟前圆光寺看到数通石碑。题记距今900余年，与石碑相隔也300余年，但内容都与"番僧"有关，令笔者欲罢不能！故不揣浅陋，对如上题记与碑文进行考释。恰逢中国藏学研究中心《西藏通史》项目启动，我有幸受邀赴陇右、河湟及河西考察藏传佛教遗迹，对碑文涉及的寺院进行了实地考察。

关于须弥山圆光寺及其番僧的历史，除零星介绍外，目前还没有学者加以关注。该寺明代正统以前称为景云寺，人们猜测景云寺最初应建于唐睿宗景云年间（710～711年），寺名取年号"景云"之意。但除了圆光寺明成化十二年的碑文，没有其他早期文献的证据[4]。现存的史料除大定题记、碑文外，尚有明清方志，如《嘉靖固原州志》云："须弥山，在州北九十里。上有古寺，松柏桃李郁然，即古石门关遗址。"《万历固原州志》云："须弥山，在州北九十里。上有古寺，松柏桃李郁然，即古石门关遗址。元封圆光寺。"[5]嘉靖年间固原兵备副使郭凤翱撰有《登须弥山阁》诗："春暮登临兴，寻幽到上方。云梯出树梢，石阁倚空苍。烽火连沙漠，河流望渺茫。凭栏思颇牧，百代将名扬。"[6]乾隆六年刻印的《甘肃通志》第四册卷五记载："须弥山，在州北九十里，上有古石门关遗址，又为逢义山。后汉建义初（528年），段频追先零叛羌自彭阳直指高平，战于逢义山，大破之。"[7]可见须弥山原名逢义山，为古战场，石窟乃至寺院的建立与战前的宗教仪式有关，洞窟题记及碑文都证明了这一事实[8]。同书卷十二记圆光寺云："在固原州西一百里，明正统年建。"宣统元年《固原州志》录固原八景之一的"须弥松涛"云："须弥山，古石门关也，距城北九十里。

*

本文所录碑文是作者2002年7月前往宁夏固原须弥山石窟调查时抄录，参加调查及碑文抄录者除作者外，还有中国社会科学院民族研究所廖旸博士、北京大学考古学系博士研究生陈悦新女士和须弥山文物管理所韩有成先生。本文使用的"番僧"一词，是沿用明代旧称。

[1]
固原西汉时置安定郡，治高平。北魏改原州，治高平；西魏改高平为平高；北周于原州设置总管府。须弥山一带称石门。唐广德年间陷于吐蕃，吐蕃弃之不居，大中三年（849年）归唐，陷蕃八十余年。

[2]
原州界有石门、驿藏、制胜、石峡、木靖、木峡、六盘等七关。《资治通鉴》卷二四八载："（大中三年）吐蕃秦、原、安乐三州及石门等七关来降。"

[3]
关于须弥山石窟，参看宁夏回族自治区文物管理委员会、中央美术学院美术史系编《须弥山石窟》，北京：文物出版社，1988年。

[4]
《宁夏通史》古代卷，银川：宁夏人民出版社，1993年，第121页。

[5]
《嘉靖/万历固原州志》第11～12页，银川：宁夏人民出版社，1985年，第12、134页。此处"元封圆光寺"当误。

[6]
《嘉靖/万历固原州志》，第86页。

[7]
《后汉书》卷九："……段颎大破先零羌于逢义山。"《资治通鉴》卷五十六："颎于是将兵万余人，赍十五日粮，从彭阳直指高平，与先零诸种战于逢义山。"《后汉书·皇甫张段列传》："建宁元年春，颎将兵万余人，赍十五日粮，从彭阳直指高平，与先零诸种战于逢义山。"可见《甘肃通志》所记有误，所谓"建义初"，当为"建宁元年"（168年）。"段频"当为"段颎"。羌在汉朝时有先零、广汉等十几个部落，散居于今四川北部、甘肃西部及青海一带。

[8]
如大定题记"……圣□景云寺，□聚兵□，祈□之及……"成化碑文："兹寺古常以为聚兵祈祷之地。"

元时敕建圆光寺，梵宇丛聚。今虽多圮，而重垣峭壁，静可参禅。山坐回抱势，崖有释迦像二，一坐一立，依石雕凿，生面别开，望之宛然至，其松柏葱蔚，根枝磐石如龙蛇状，风声谡谡，四时清幽。春日野桃花发，掩映其间，亦足点缀边关景物也。"[9] 以下就题记与碑文探讨圆光寺及其相关寺院与番僧的历史。

一 须弥山第72窟东壁南端金大定题记及考释

> ……景云寺……，听……，法泉禅寺……持……圣□景云寺，□聚兵□，祈□之……及……各一名送名番地，众所推伏之人，住持伪支拔所□□，……售有人住佃随人地据□一支，度牒一百道，修完后批示，大□□年十月七日，礼部本路经略司管公，修完其度牒，疾速仰给付赴本司交割。敕合准，准敕给降空名度牒一百道，本部已出给……，其□去须至府下，泾源路安抚司主者浥舍一依省礼□□□□□符到奉行右劄付平夏城仰详前项，尚书礼部符内所坐都□□□□□处者右帖，景云寺番僧设令抹，仰详前项上须札一内所坐都□，□观元年十一月十七日，帖须至给据者右令别行，出给公据，付景云寺番僧党征结，准此收执浥使施行。大定四年四月十七日。赐紫顺化大师党征芭、山主党征结、赐紫净严大师设令抹、山主党征温、赐紫密印大师撤底、监寺党征木、赐紫慈觉大师党征清、讲经律论戒师党征（继？）。岁次辛丑大定廿一年七月二十九日南佃上石记。[10]

法泉禅寺与景云寺、圆光寺

这里出现的法泉禅寺，实际上是指位于须弥山石窟西北，即今甘肃长征、屈吴山打腊池一带北宋所建怀戎堡东南的法泉禅寺。今在甘肃靖远县城东，称法泉寺或法泉禅寺。《嘉靖固原州志》所录《打剌赤碑记》云："崇宁元年（1102年）壬午岁，承朝旨筑打绳川。熙河（洮州与河州）帅姚雄驻兵会州，应钱粮运使吴安，宪统制官熙河郭祖德、刘戒，泾原乔松，秦凤刘德，西筑水泉、正川二堡通古会州。三月初，皆毕功。行打绳川，赐名怀戎堡，隶会州熙河第八将。后三年乙酉岁正月，割隶泾原改第十五将，将官张普，统领人马东筑通怀堡，接泾原定戎，开护道壕。当年八月，却隶熙河，复第八将。怀戎东南曰屈吴山、大神山、小神山，皆林木森茂，峰峦耸秀，山间泉流数派（脉），以法泉禅寺为额，给田五十顷，岁赐拨放柴衣。西南白草原，通会州。北有宝积山，产石炭、甘铁。东北去西寿监军一百五十里。北去马练城八十里。"[11]

清康熙四十八年编纂的《靖远志》卷五录"修红山法泉寺碑记"及张维《陇右金石录》卷六载"建修法泉寺碑"保留了有关法泉寺和景云寺的重要史料：

［9］
台湾学生书局1968年版《固原州志》卷一，新修方志丛刊第57种。
［10］
宁夏回族自治区文物管理委员会、北京大学考古系《须弥山石窟内容总录》，北京：文物出版社，1997年，第120页。
［11］
《嘉靖/万历固原州志》，第78~79页。

靖远卫去城东半舍许，有山曰红山，山之隅有寺曰法泉，创自前代，莫考其详，但据开城景云寺碑云：宋崇宁五年，尝钦赐度牒五百纸至会州大红山岔法泉禅寺，遣僧党真巴，赴西安隶下景云而给之。则知法泉为上院而景云为下院也。我大明开国，兵火之余，殿廊颓圮，佛像剥落，基址蓬莱，石殿瑶室俱为土人畜牧之篱。惟石佛十余座，洞中风雨所不及而金碧犹有存者。正统乙未（1439 年），僧桑迦班丹，其性慈而纯，其质沉而静，为京师大慈法王徒，西游至法泉，观其山幽而林茂，石冽而泉清，诚修行之善地，证道之胜境也。乃为鸠材庀工，撤其卑陋，廓其故址，始创大佛殿，次葺天王殿、伽蓝殿、观音堂以至山门、僧舍、栋楹、怀桷，一皆美材而又坚以砖石，涂以丹腹，可以耸人观瞻。于是守备靖远都指挥房贵、本卫指挥常敬、陈尊、朱能、路贵、葛全、冯或、吴荣、裴建、连荣、张正倡率僚属及乡人之好善者，亦皆乐为之助。由是壮丽益增，远近称为雄刹。成化丁酉（1477 年），都督白公祀经其寺，因询倡建之由，记载莫稽。乃命掌卫事指挥路昭具其寺之始末，索余为记，镌于石以垂不朽。夫西竺之教，虽与吾儒异，然其导人为善之心则一也。住持桑迦班丹，守大慈法王戒，恒以与人为善之心自许，是以举百余年之废而重新之，然后栖止有地，瞻拜有像，趋善之心油然而生矣。继而元戎白公命余记书以昭将来，可谓好善者。余因以是复之，不知观者以余言为是否？

康熙四十八年《靖远卫志》卷二"寺观"条记法泉禅寺云：

> 红山法泉寺，在城东十五里，宋崇宁钦赐度牒五百纸至会州大红岔法泉禅寺，遣僧党真巴给下隶景云寺。金元为兴教寺，明正统建卫于此，景泰间指挥房贵创建大佛殿。成化丁酉，固原兵备杨冕撰记，儒学训导徐寿亦撰有记。弘治初也，释迦班丹以桑迦班丹徒领海音寺都纲事还乡呈□，本寺藏卜札实礼部给札住持。嘉靖壬子，僧圆明葺修废圮，郡人刘玺撰记。万历十年，固原北寺僧宽玉游此，喜其境幽地寂，可修戒定，同徒祖通凿石穿洞为僧院，倚崖建阁，安置经藏，佛像庄严。左有悬崖，泉水清冽成池，可供灌注，迥成佳景。有碑记存焉。

方志与碑文提及的景云寺碑现已不存，本文所录圆光寺碑文一碑阴有"得本寺原有石碑系崇宁三十五年九月二十四日，敕赐名为景云寺……倒塌，见存基址，石佛身长八丈有余"的句子。证之法泉寺明碑，可知"崇宁三十五年"系"崇宁五年"之误（徽宗崇宁年号共五年）。此外，须弥山第51窟在北耳室南壁门上小龛东侧有"记题耳……崇宁癸未□春十……"之句，崇宁癸未即崇宁二年（1103 年），可见是在姚雄收复陇干、北宋控制须弥山地区以后才开始修葺破败的石窟与寺院[12]。徽宗于崇宁五年赐

[12]
宋在绍圣、元符间收复天都地区以后多有建树，设置城堡、驿站，修复寺院，例如，在靖远县打腊池西有崇宁寺，即为崇宁年建。

名景云寺，所以景云寺一名或许始于北宋。景云寺碑所记内容为崇宁五年朝廷钦赐度牒五百纸给会州大红山岔法泉禅寺，并派遣番僧党真巴赴西安属下（北宋时西安州，位于今宁夏海原境，北宋时须弥山正属西安州）的景云寺交付度牒。碑文由此判定两寺同属一个大寺，其中法泉为上院而景云为下院。这正与须弥山第72窟金大定题记所记度牒事吻合。题记中的"大□□年十月七日"与"□观元年十一月十七日"当为"大观元年十月七日"与"大观元年十一月十七日"。崇宁五年为1106年，大观元年为1107年，钦赐度牒是五百纸，实际上给景云寺的只有"一百道"。洞窟题记中的第一人是交付景云寺度牒的"赐紫顺化大师党征芭"，即法泉禅寺明碑中的"党真巴"，第二位是领取度牒并付收据的"山主党征结"。需要注意的是众高僧签名落款前的"大定四年四月十七日"，景云寺请度牒事发生在宋崇宁五年至大观元年，为何落款却在大定四年？大观元年至大定四年，即1107年至1164年，相隔57年，当时送度牒或领度牒的党征芭和党征结，假如当时20岁，大定四年皆已77岁高龄。题记末的"岁次辛丑大定廿一年七月二十九日南佃上石记"当为金大定四年（1181年）的人追记前代之事，"南佃上石记"说明碑文的内容而不是人名。

度牒是由官府发给僧尼的出家凭证，有牒者免征地税、徭役。唐宋僧尼簿籍归祠部掌管，由其发放度牒。官府可出售度牒，以充军政费用。金代售卖度牒风气极为盛行，"（大定元年）五月，上谓宰臣曰：'顷以边事未定，财用阙乏，自东、南两京外，命民进纳补官，及卖僧、道、尼冠度牒，紫、褐衣师号，寺观名额。今边鄙已宁，其悉罢之。庆寿寺、天长观岁给度牒，每道折钱二十万以赐之。'"至承安二年，又"卖度牒、师号、寺观额"[13]。以往，学者认为第72窟金代题记所述为金代修窟事[14]。根据以上对题记和相关碑文的分析，虽然金代出售度牒风气极为兴盛，但72窟所述乃北宋崇宁年间事。明显的例证之一就是题记中的"泾源路安抚司"，为北宋建制，统辖渭州、泾州、原州、西安州、会州、德顺军、镇戎军和怀德军，而金代固原及须弥山一带属于凤翔路，"泾源路安抚司"无从说起。

大定题记中提及的平夏城与"平夏"是两个概念。"平夏"得名于赫连勃勃所建夏国[15]。《资治通鉴》卷二四九引赵珣《聚米图经》云："党项部落在银、夏以北，居川泽者，谓之平夏党项；在安、盐以南，谓之南山党项。"这些党项在唐末开始活跃。《万历固原州志》"官师志"云："吐敦诸部落在平夏"，可见"平夏"为党项部名。"平夏城"乃宋代所建新城，位于今宁夏固原市原州区。宋绍圣四年（1097年），"宋知渭州章楶筑城于好水河之阴，出兵争之，败绩。城成，名平夏。……楶上言，城葫芦河川，据形胜以逼夏。宋帝许之。乃以延绥及熙河、秦凤、环庆四路之师，阳缮理他堡壁数十所，自示其怯，或以楶怯，请曰：'此夏人必争之地，夏方营石门峡，去我三十里能夺而有之乎？'楶又阳谢之。阴具版筑守战

[13]
《金史》第四卷，中华书局校点本，第1124~1125页。

[14]
如宁夏回族自治区文物管理委员会、北京大学考古系编《须弥山石窟内容总录》第19页："在72窟东壁南侧有一则金大定正隆六年（？）公元1161年的题记，记载了重建景云寺，国家拨给度牒应付开支的情况。"又，杜建录《须弥山石窟题记研究》（载《宁夏文物》1988年第2期）"须弥山石窟保护工作专刊"第40~44页。

[15]
吴天墀《西夏史稿》，成都：四川人民出版社，1980年，第13页注释11。

[16]
戴锡章《西夏纪》第470页，第471页；《宋史》，《列传》第八十七《章楶传》、《列传》第一百八"姚雄传"。

[17]
姚雄为宋御边名将，《宋史》有传，但没有提及收复陇干事。

[18]
例如须弥山第1窟立佛左侧衣裙下摆下缘，底层泥皮之上墨书："熙宗正""僧轑都四年二月十日僧悟□□第贺山哥巡礼□立"（西夏毅宗赵谅祚1057~1062年）；"僧德"；"拱化三年七月十五日……弥山□巡礼至竹石□山中□"（西夏纪年西夏毅宗赵谅祚1063~1067年）；第105窟（唐）东壁窟门南侧壁顶墨书："……元德□年□□……"（元德为西夏崇宗赵乾顺年号1119~1127年）

[19]
例如西夏《凉州碑》中记有七位赐绯僧人，但碑文中未出现赐紫僧人，但在榆林窟第15、16窟的《榆林窟记》有"阿育王寺释门赐紫僧惠聪俗姓张住持窟记"，此窟题记写于天赐礼盛国庆五年（1073年）。另外，俄藏黑水城西夏医学文书ТФ—6867中汉文记："敕赐紫苑丸东宫司之贾所"。须弥山大量赐紫僧人的出现对了解这一制度有重大帮助。实际上，辽金时期同样盛行僧尼赐紫制度。佚名《金志·浮图》云："浮图之教，虽贵戚望族，多舍男女僧尼。惟禅多而律少，在京曰'国师'，师府曰'僧录'、'僧正'。列郡曰'僧纲'，县曰'维那'。批剃威仪与南宋等。所赐号曰'大师'，曰'大德'，并赐紫。"又曰："所谓国师，在京之尊宿也，威仪如王者。国王有时命拜，服真红袈裟，堂堂问话，讲经与南朝等。僧录、僧正，师府僧职也，皆择其道行高者，限三年为一任，任满则又择别人。张官府社人从，僧尼有诤者皆理而决遣之。并服紫袈裟。都纲列郡僧职也，亦以三年为任，有师号者赐紫，无者如常僧服。维那县僧职也，僧尼有诤者，抵以下决遣之，杖以上者并申解僧录都纲司。"

之备，率四路师出葫芦河川，筑二城于石门峡江口、好水河之阴。夏人闻之，率众来争。窠令姚雄部熙河兵策应，与夏人鏖斗，流矢注肩，战益厉。夏师引却，追蹙大破之，斩首三千级，俘虏数万。先五日折可适败于没烟峡，士气方沮，雄贾勇得隽诸道，始得并力。二旬有二日，城成，赐名'平夏'"[16]。须弥山第 51 窟南耳室右壁刻有"绍圣四年（1096 年）三月二十三年收复陇干姚雄[17]记"的墨书题记。所以，当时虽然包括须弥山在内的固原一带属北宋管辖，但西夏人在此仍然活动频繁[18]。南宋时，须弥山一带归金统辖。

番僧党征

题记中出现了大量的"党征"姓赐紫僧人，为我们了解北宋至金的僧官制度提供了丰富的资料。赐紫、赐绯本是唐代一种服饰制度，以官服服色表示职位的高低，三品以上赐紫色袍，五品以上赐绯色袍，后来这一制度也施于僧道之职位较高者。如《旧唐书·舆服志》载："贞观四年又制：三品以上服紫。五品以上服绯。……赐诸卫将军紫袍。"《旧唐书·元稹传》载"朱书授臣制诰，延英召臣赐绯。"北宋时仍然沿袭这种制度，西夏、辽、金仍然如此[19]。从题记署名我们可以判定宋金时期的景云寺是一个非常大的寺院，除两位山主和监寺外，赐紫僧人就有顺化大师、净严大师、密印大师、慈觉大师及讲经律论戒师等五人。

大定题记中提及的番僧皆冠以"党征"，表明此为当时的番姓。因为西夏人曾在这里活动并与其他民族杂居，所以笔者最初怀疑党征可能是西夏的复姓，但目前没有找到例证，只在西夏汉文《杂字》的汉姓部分找到"党"之单姓[20]。况且题记所录史实发生在北宋崇宁年间，"番僧"不能只理解为西夏僧[21]。考之汉文文献有"党征"者，《续资治通鉴》卷九十二：载"丁酉，西蕃王子益麻党征降，见于紫宸殿。"《西夏书事》云："（大安八年十月，1082 年）西蕃益麻党征来降。党征，董毡弟[22]。初，梁氏以官爵唊董毡父子，拒不受。党征心慕之，乘间走投夏国，梁氏使居于怀德军。"《宋史·冯骥传》云："唃厮啰氏旧据青唐，置西宁州，董毡入朝，其弟益麻党征走西夏。大观中，羌人假其名归附，童贯奏赐姓名赵怀恭，官团练使。至是党征自西宁求归，贯惧事露，议者希贯意欲绝之。骥谓贯欺君，请辨其伪。贯怒，将厚诬以罪，会败而止。擢京兆府等路提举常平"[23]。《宋史·刘延庆传》又记"（宋政和七年，1117 年）益麻党征叛降于宋。唃厮啰氏旧据青唐，方董毡入朝于宋，益麻党征走西夏来降。大观间，羌人假其名以附宋，宋优待之，赐名赵怀恭。至是，宋刘延庆来攻成德军，夏酋赏屈被擒，益麻党征遂降于宋"[24]。"益麻党征"，又写作"尼玛丹津"或"尼玛丹怎"[25]。藏文作 nyi-ma-bstan-vdzin。此人经历甚为奇特，建炎元年（1127 年）被南宋封为陇右郡王，赐姓名为赵怀恩。金人占据陇右河湟后，益麻党征前往四川阆中投靠南宋[26]。可见，益麻党征活动的大观年间正是第 72 窟题记中景云寺番僧"党征"

[20]
史金波《西夏汉文本〈杂字〉初探》中国社会科学院民族研究所编《中国民族史研究》第 2 期，第 167～185 页（北京：中央民族大学出版社，1989 年）：在"汉姓名第一"部分有"党门"条，"党"为汉人单姓。或许"番姓名第二"中列举的西夏姓有的是"党征"的译名，请教聂鸿音先生，认为"党征"西夏文读若 to-co，但目前还没有找到完全对应的例证。

[21]
固原一带当为民族杂居地区，主要是吐蕃和党项。分析大定题记中的"番僧"、"党征"是西夏人还是吐蕃人，虽然在西夏时期的汉文文献"番僧"主要指西夏，而"西番"才是指吐蕃，但区分并不严格，尤其是在金人统治的地区。目前在可以找到的西夏汉文文献中还没有看到"党征"的姓氏，所以题记中的"番僧"应视作吐蕃僧。

[22]
〔清〕吴广成撰、龚世俊等校证《西夏书事校证》，第 299～230 页（兰州：甘肃文化出版社，1987 年）。应为董毡堂弟，因为益麻党征非唃厮啰直系，唃厮啰有三子：董毡、唃毡与磨毡角，益麻党征为溪巴温之子。此外，唃厮啰本人也没有入宋朝觐。参看祝启源《唃厮啰——宋代藏族政权》附表。

[23]
《宋史》，《列传》第二百七《忠义三》。

[24]
《西夏纪》，第 525 页。

[25]
《宋史·吐蕃传》；《续资治通鉴长编》卷五〇七，元符二年三月庚午记事。

[26]
参看祝启源《唃厮啰——宋代藏族政权》第 201～206 页，西宁：青海人民出版社，1988 年。李石《方舟记》卷十六录《赵郡王墓志铭》（《四库全书珍本初集》）是南宋时极为罕见的记载益麻党征及其家族谱系的资料，其文有云："君旧名尼玛丹生，宣和间以其世有之地至西海内属，请赐于朝，赐姓赵氏名怀恩，授武功大夫，留京师。"

请求度牒的时间，此党征可视作彼党征。

《宋史·吐蕃传》另有"苏南党征"者，为阿里骨弟，瞎征的叔父。《续资治通鉴长编》则记"苏南党征"为"索诺木丹怎"，藏文为 bsod-nmas-bstan-vdzin[27]。可见"党征"一词当是藏语 bstan-vdzin 的音译，而且文献中常简称"党征"。据此，我们可以判定，须弥山金大定题记出现的诸多"党征"应是藏族姓名。然而，这么多的"党征"同时出现在人名中，似乎很难理解，或许"党征"已经演变成一种姓氏。《宋会要·西凉府》提到居于渭州的吐蕃"党宗族"或许就是"党征"的异名。《宋史·吐蕃传》记有团练使"党令支"，《宋史·赵珣传》载渭州有"党留族"，《皇宋十朝纲要》卷六载秦州有"党令征"[28]。渭州在今天的平凉、泾原一带，紧靠固原，秦州在渭州西南。可见当时以"党□"作为吐蕃族名极为常见，我们在靠近固原的甘肃靖远、会宁、环县、泾川等地能够找到很多有"党"命名的地名，如党家水、党家川（靖远），党家岘（会宁），党家坬（环县）和党原（泾川）等。另外，笔者以为《明实录》中提到的西番寨"党者木"，恰好就是宋时的"党征"[29]。

宋时吐蕃人广泛分布于固原一带，《宋史·吐蕃传》云："（吐蕃）自仪、渭、泾、原、环、庆及镇戎秦州暨于灵、夏皆有之。"金代居住在此的"番僧"很可能是吐蕃唃厮啰后裔。《金史·移剌成传附结什角传》载金主诏令："诏曰：'远人慕义，朕甚嘉之。其遣能吏往抚其众。厚其赏赐。'"这是指唃厮啰五世孙、木波部首领结什角投金一事。木波部在唃厮啰政权解体后曾短暂归宋，1127 年金灭北宋，陈兵西向。1131 年，金人抚定河湟一带后，木波族长降金。金大定二年（1162 年，一说大定四年，即 1164 年）结什角被木波族酋长与洮州乔家族首领播通等族人立为四族长，号为王子，疆界八千里，统辖四万户。金临洮尹移剌成招降之，乃率四部族归金，进马百匹。仍请每年供马。[30]《金史·张行信传》云："及见省差买马官平凉府判官乌古论桓端市于洮州，以银百铤几得马千匹，云生羌木波诸部蕃族人户畜牧甚广。"从以上益麻党征附宋、其后人附金的史实分析，唃厮啰后裔承袭益麻党征的"党征"作为姓氏的可能性很大。大定题记中的"设令抹""撒底"及"仿支拔所"也都是番僧名字，但不知藏文如何还原。

另外一个很重要的问题是法泉禅寺明代的番僧，这与须弥山圆光寺的情形完全相同。据法泉禅寺明代成化年间碑文记载，正统己未年（1439 年），有"僧桑迦班丹，其性慈而纯，其质沉而静，为京师大慈法王徒，西游至法泉，观其山幽而林茂，石冽而泉清，诚修行之善地，证道之胜境也。乃为鸠材庀工，撤其卑陋廓其故址，始创大佛殿，次葺天王殿、伽蓝殿、观音堂以至山门、僧舍、栋楹、樏桷，一皆美材而又坚以砖石，涂以丹艧，可以耸人观瞻。"并夸赞"住持桑迦班丹，守大慈法王戒，恒以与人为善之心自许，是以举百余年之废而重新之，然后栖止有地，瞻拜有像，趋善之心油然而

［27］
参看祝启源《唃厮啰——宋代藏族政权》附表。
［28］
参考汤开建《五代宋金时期甘青藏族部落的分布》刊《中国藏学》1989 年，第 4 期，第 60～68 页。《宋会要·西凉府》："以渭州当宗族业罗并为检校太子宾客……"；《宋史·赵珣传》又《宋史·刘沪传》："（沪）权静边寨，击破党留族。"《皇宋十朝纲要》："（治平四年）陕西宣抚使郭逵奏，荡平党令征部，……"。
［29］
如景泰三年十二月庚子条："敕董卜韩胡宣慰使司都指挥使克罗俄监粲曰：'尔自我祖宗以来，世守西番，职贡不缺，称为忠孝土官，又称为迤西第一座铁围山。……近又闻尔愿将杂谷原抢占保县管下朴头寨、党者木寨……退还保县纳粮，……'"
［30］
《金史》卷九十一《移剌成传》。

生矣。"这段记载说明大慈法王的弟子桑迦班丹重修了靖远法泉禅寺，在藏传佛教影响较弱的宁夏和甘肃建立如此规模的藏传寺院，本身就是一件非凡的事件，况且此桑迦班丹（藏文作 sangs-rgyas-dpal-ldan）乃大慈法王之徒[31]。大慈法王是明代所封三大法王之一、宗喀巴大师的弟子释迦也失（shvakya-ye-shes，1352～1435年）。明朝曾于永乐六年（1408年）、永乐十二年（1414年）先后两次遣使召格鲁派创始人宗喀巴进京，大师虽因大法会和患病未能成行，但第二次派遣弟子释迦也失前往，永乐十三年被封为"西天佛子大国师"，十四年辞归。宣德九年再次入朝，明宣宗留之京师，封为大慈法王（byams-chen-chos-rgyal），宣德十年（1435年）辞归，圆寂于归途[32]。作为大慈法王的弟子，在正统四年"西游至法泉"，这是法王圆寂后的第五年，而且西游至此的原因可能是护送法王回藏。在法王圆寂后滞留于此修建了法泉禅寺[33]，可见法王由藏返京时确实走西北一线[34]。

《明实录》正统十一年二月有"靖虏卫刺麻桑迦班丹来朝"的记载，可见他已驻锡于此并建寺、授徒、讲经。康熙《靖远志·寺观》记："集庆寺，明成化十年番僧桑迦班丹以卫城新展隙地修建，（成化）二十一年，其徒端竹藏卜告请赐今名，礼部有札，金城前监察御使赵英撰记。"笔者于道光《靖远县志·艺文志》检出赵英所撰《集庆寺碑记》，记载该寺建于明成化年间，"城东一舍许有寺曰红山法泉，乃古刹也。历代以来岁久颓敝，适大慈法王弟子桑迦班丹者，戒行专确，时出游住锡此地，遂葺废为新，疏涸涧通，而习仪拜贺始有在矣。越四十年，成化乙未增广城基，离寺遂远，桑迦乃率其徒发愿募材，新城内择善地一区而修建焉。乃请额于上，上赐名'集庆'且承礼部檄，授其徒端竹藏卜为寺住持。"康熙《靖远志·隐逸仙释》又云："也实班丹为桑（迦）班丹法徒，居红山寺严修戒行，将入涅时前三日，具馔召旧游以别，且戒其徒从曰：'吾于某日某时归涅矣。'至期沐浴，面西坐化，屹然如生"[35]。以上史料中出现的桑迦班丹弟子有藏卜札实（gtsang-po-bkra-shis，礼部给札法泉禅寺住持）和释迦班丹（海音寺都纲）、端竹藏卜（don-grub-bzang-po，集庆寺住持）、也实班丹（ye-shes-dpal-ldan）四人。

桑迦班丹等在靖远建寺并传法的史实在藏传佛教格鲁派的发展史上具有异乎寻常的意义。学术界认为，虽然大慈法王在永乐年间赴京，但大师在宣德十年圆寂后，此王传承遂绝。明初在甘青地区的格鲁派寺庙，见诸史籍的是今青海民和县南川口镇的灵藏寺和供奉释迦也失舍利的建于正统七年的弘化寺[36]，但其师承不明。明正统四年和成化二十一年间建立的格鲁派寺院、靖远法泉禅寺和集庆寺及其明晰的上师传承见诸成化碑文，对研究早期格鲁派在甘青传教历史至为重要！

［31］
沈卫荣《明乌斯藏大慈法王释迦也失事迹考述》（刊《海峡两岸蒙古学藏学学术讨论会论文集》，台北1995年）所录大慈法王的弟子以及《安多政教史》所记大慈法王子中还没有找到桑迦班丹和绰吉旺速。

［32］
王森《西藏佛教发展史略》，第240页，北京中国社会科学出版社1987年；另见《安多政教史》汉文版第222页，兰州：甘肃民族出版社，1989年。

［33］
有关大慈法王圆寂的时间另有说法。查《明实录》宣德十年记事并无法王圆寂之事，而且历经艰险到了京师，封为大慈法王，只住一年就走与情理不符。《河州志》却说大慈法王于正统四年（1439年）圆寂于京师，其佛骨舍利藏河州弘化寺（今青海民和县川口东南）。《陇右金石录》亦云："碑言僧桑迦班丹为京师大慈法王徒。大慈法王者，乌斯藏僧释迦也失，宣德九年封为大慈法王，……桑迦班丹以乙未建于红山，乙未即正统四年，其时大慈法王正居京师也。"

［34］
《安多政教史》说（汉文第222页，藏文第233页："大慈法王从内地途径理塘赴西藏，返回京城时途经青海湖，宗喀、西宁、犏牛城、河州、临洮、洮州、岷州、西安府、山西五台山等到达京师。"《清凉山志》卷八释迦也失传记："永乐十二年春（释迦也失）始达此土，栖止五台山显通寺。冬十二月闻于上，遣太监侯显诏至京入内……"中央民族大学陈楠教授近日撰《大慈法王与明朝廷封授关系研究》（未刊稿）考证大慈法王入京事宜尤详。

［35］
此也失班丹活动在成化年间，明陆容撰《菽园杂记》卷四云："成化初，一国师病且死，语人云：'吾示寂在某日某时。'至期不死，弟子耻其不验，潜绞杀之。"中华书局，1997年，第42页。

［36］
正统七年八月辛亥条："敕谕河州、西宁等处官员军民人等：'朕惟佛氏之道以空寂为宗，以普度为用，西土之人久事崇信。今以黑城子厂房地赐大慈法王释迦也失盖造佛寺，赐名弘化，颁敕护持。本寺田地、山场、园林、财产、孳畜之类，所在官军人等不许侵占骚扰侮慢。若非本寺原有田地、山场等项，亦许不因而侵占扰害。军民敢有不遵命者，必论之以法。'"

二　圆光寺诸碑文及考释

圆光寺已知的石碑共有四块，最早的是宋崇宁五年敕赐景云寺碑，但此碑现已不存，张维《陇右金石录》著录此碑，但无碑文，详见前述。宣统《固原州志》曾提及明圆光寺碑，但无完整录文。[37] 现存三块石碑，碑阴碑阳都有文字，其中两块为成化四年立，分别为碑文一"敕命之宝"（碑阳），"敕赐禅林"（碑阴），碑首有兰札体梵文六字真言装饰；碑文二"敕赐圆光"，即"敕□圆光禅寺记"（碑阳），圆光碑记（碑阴）。碑文三为成化十二年立"重修圆光寺大佛楼记"（碑阴阳两面镌文），现立于大佛楼之前。碑文四为康熙三十七年立"重修须弥禅院碑记"，原碑已佚，仅存碑文。

碑文一：

敕命之宝

（紫红砂岩，136×83×28 厘米，立于圆光寺院）

碑阳

敕命之宝

皇帝圣旨：朕体名山天地保民之心，恭成皇曾祖考之志，刊印大藏经□□，赐天下用广流传。兹以□□安置陕西平凉府开城县圆光寺，永充供养，听所有□□、僧徒看诵、赞扬。上为国家延厘，下与生民祈福。务希□□守护，不许纵容闲杂之人等，借观玩轻慢亵渎致有损□遗失，敢有违者必究。

正统十年二月十五日。

碑阴

敕赐禅林

（成化四年）

礼部为求请寺额事，于礼科抄出陕西平凉府开城县旧景云寺僧绰吉汪速奏照，得本寺原有石碑系崇宁三十五年九月二十四日，敕赐名为景云寺。……倒塌，见存基址，石佛身长八丈有余，臣思系古刹，发心将自己，盖佛殿、廊庑、方丈俱已完备，缘无寺额，如蒙伏望圣恩怜悯，乞赐寺额，俾臣住持朝暮领众焚修，祝延圣寿，以图补报，实为便益。正统八年二月十四日。通政使司官于奉天门奏。奉圣旨与他做圆光寺礼部知道，钦此。钦遵抄出到部，参照前事，拟合通行□□□行，劄付本僧前去。本寺住持恪守戒律，领众焚修施行。此系钦赐额名寺院，毋容僧俗军民人等搅扰亵慢，不便须至。劄付者

［37］台湾学生书局 1968 年版《固原州志》卷十《碑碣》，"新修方志丛刊"第 57 种。

［38］肃府：明肃庄王名朱楧，是明太祖朱元璋的第十四子。初封汉，洪武二十四年改封肃，二十八年（1395 年）就藩甘州，只有四年。建文元年（1399 年）迁兰州。永乐十七年（1419 年）肃王死后，直至明末，其府未废。到满洲人入主后，才将肃王府的一角改为行台。民国期间又将清朝行台改为张掖中学，现为市第一职业中学。学校后面原有水池，为王府园圃之遗迹，肃府牧地在固原大湾川堡，当时为甘州群牧千户所，《明史》卷一二三有肃庄王事迹。

［39］黔宁王沐英（1345～1392 年），是安徽凤阳回族人。《明史》卷一百二十六《列传》第十四有沐英传。正是由于征战西北有功，明太祖赐武延川（今西吉葫芦川）等六处草场，筑城沐家营（今西吉），沐英对固原回族势力的兴起有重要作用。碑文中"黔宁王孙"当时洪武年间留驻此地者（《宁夏通史》古代卷，第 287 页）。

［40］"甘州群牧千户所致仕千户孙士贤、千户孙铭、百户刘□□"，碑文中的"甘州群牧千户所"据"嘉靖固原州志"载："在州西二十里。肃府牧马地。城高二丈五尺，周三里七分，东南北三门。嘉靖五年，巡抚陕西都御史王荩奏设操守官一名，管领本所兵马，听调杀贼。"

［41］"平凉卫指挥佥事□□群牧所善士彭衍、陆通、李铭"，圆光寺立碑时间是成化四年，开城县改为固原州是在弘治十五年，正统年间开城县隶属于陕西平凉府。《嘉靖固原州志》记："弘治十五年，总制军务户部尚书秦纮驻节固原，奏改开城县为固原州。初，开城县设在固原之南四十里。洪武初，固原只设巡检司。正统十四年，北虏阿渠寇陕西平凉。景泰元年，始筑固原城。调洮、岷、临、巩等卫官军于固原操守；令都指挥荣福往提督。三年，调平凉卫右千户所全伍官军于固原，立为守御千户所，调靖虏卫署指挥佥事张正掌所事，荣福仍统理之。天顺五年，以平凉卫指挥使哈昭守备固原。"

［42］楚王（朱元璋第十六子朱桢）统辖西安州和海剌都等地，楚王扩建海剌都城，改名为海城（今海原）。"楚府海剌都操守靖房卫昭勇将军指挥使房鉴……"碑文中的"海剌都"指海剌都营，《嘉靖固原州志》记："海剌都营，在州西北二百一十里，楚府牧马地。洪武二十三年，调拨武昌护卫前所六百户，官军一千五百员名，屯牧于此。旧无城池，权于乾城儿建立公署、仓库。天顺三年，营人始自筑小城，周二里，高一丈余。成化四年，巡抚都御史马文升始奏选本府官军七百员名，冬操夏种，设操守指挥一员约束之。成化七年，兵备佥事杨勉始增筑其城，高阔皆三丈，周四里三分，东西南三门池深阔各一丈五尺。内有大小官厅，操守厅及承奉行司。"

礼字贰百叁拾肆号

右劄付圆光寺住持僧绰吉汪速准此

正统八年二月二十四日对同都吏俞亨

劄付　　押　押

肃府[38]承奉尚觉果　阮道和　黄斌　典官□源……

黔宁王[39]孙□伦　　善友杨……

平凉府承事郎开城县知县太原吴祥　儒学……

守御固原州右千户所千户保安　阿通　百户李……

甘州群牧千户所[40]致仕千户孙士贤　千户孙铭　百户刘□□

平凉卫[41]指挥佥事□□群牧所善士彭衍　陆通　李铭

楚府海剌都[42]操守靖房卫昭勇将军指挥使房鉴……

敕赐大能仁寺觉义端竹巴　都纲马剌麻　觉了　觉悟……消灾保□

苑马寺黑水口[43]善友徐守真　金守正　唐守忠包□　□□□　徐永

大明成化四年岁次戊子孟夏吉旦立　金陵朱显[44]　何□□　王伯刚

绰吉旺速与正统十年颁赐大藏经

成化四年由朱显所立石碑共二通，碑文一"敕命之宝"主要叙述寺院正统年间事。碑阳记述正统十年敕赐大藏经，碑阴主要记载建寺经过和番僧住持绰吉旺速祈请寺额事。关于绰吉旺速（藏文为 chos-kyi-dbang-phyug 或 chos-rgyal/rje-dbang-phyug）的生平事迹不详，由于靖远法泉禅寺与景云寺关系密切，笔者推测他与法泉禅寺正统年间修复寺院的桑迦班丹一样，都是大慈法王的弟子[45]。《明实录》正统七年十二月癸巳条记："景云寺剌麻绰吉汪速等来朝"，可见他在正统七年十二月前往京师为寺院祈请寺额，历时三月，正统八年二月二十四日礼部正式颁发寺额，至正统十年又敕赐大藏经一部。但圆光寺所赐大藏经今佚，具体情形不得而知。笔者在甘肃武威博物馆及张掖西夏所建大佛寺同样看到正统十年敕赐大藏经的圣旨及著名的"张掖金经"，从中我们可以知道圆光寺佛经的详情。例如武威博物馆藏圣旨云："皇帝圣旨：朕体天地保民之心，恭成皇曾祖考之志，刊印大藏经殿，颁赐天下用广流传。兹以一藏安置陕西凉州在城大寺院，永充供养，听所有僧官、僧徒看诵、赞扬。上为国家祝厘，下与生民祈福。务希敬奉守护，不许纵容闲杂之人私借观玩轻慢亵渎，致有损坏遗失，敢有违者必究治之谕。正统十年二月十五日。"这与圆光寺敕赐碑文几乎完全相同，只是换了其中的几个字，时间也完全符合。张掖大佛寺收藏的"金经"，就是御赐的《北藏》佛经[46]。此经又名《明北本大藏经》或《永乐北藏》，今名《大明三藏圣教北藏》，为明朝宫廷刻本大藏经，开雕于明成祖永乐十九年（1421年），完成于明英宗正统五年（1440年），共收经1621部，636函，6361卷，折装成卷，以千字文编次，"天"字至"石"字，每版25行，折为5页半，每行17字，其经首版画以藏汉结合风格刻成。

[43]
苑马寺非寺也，乃明初在陕西平凉地方设立的从藏区买马乃至牧马的机构。明代固原的草场大都被划分为藩王的牧地和陕西苑马寺所属的各监、苑的军屯牧地。《明史》卷志第十八地理三记："平凉倚。洪武二十四年建安王府。永乐十五年除。二十二年，韩王府自辽东开原迁此。西南有可蓝山。西有崆峒山。又有笄头山，泾水出焉，下流至高陵县入渭。又西有横河，东有湫峪河，俱流入泾河。又西有群牧监。洪武三十年置陕西行太仆寺。永乐四年置陕西苑马寺，领长乐等六监，开成等二十四苑，俱在本府及庆阳、巩昌境内。正统三年又并甘肃苑马寺入焉。"甘肃省图书馆藏明靖《平凉府志》记"陕西行太仆寺之职……（设）卿一员，从三品"，"苑马寺之职，主二监七营牧马之政事。……设寺丞一员，正六品。"《嘉靖固原州志》云，苑马寺所属坐落固原州地方监苑有："长乐监，在城城东北隅。监正一员，录事一员。有苑马行寺马神庙所属在固原者三苑：开城苑，在头营内，围长三员，领八营马房六百三十九间，草厂八所，马圈一十三处，二营中置有苑马行寺，东至可可川，天城山、私盐路，南至古黑城，抵广宁苑；西至须弥山、把关山，北至韩府群牧所，抵中营湾、三峰儿堆。广宁苑，在城城内监衙司。围长二员，领巩昌、青州、临洮、平凉四营马房四百五十四间，草厂四所，草场、马圈三十六处。黑水苑，在州城北九十里，……内有苑马行寺。"碑文里的"苑马寺黑水苑"当指此苑。

[44]
此人可能与庆王、肃庄王、楚王、韩王等朱氏诸王亲属有关，成化时庆王早已迁往宁夏，况其就藩地在宁夏，与固原史实牵扯不大。但这位朱显的具体事迹不详。庆王洪武二十六年就藩宁夏，因"宁夏以转饷未敷"，令暂驻韦州。建文三年（1401年），徙国宁夏。正统三年（1438年）薨，谥曰靖，故称"庆靖王"或"靖王"。

[45]
弘治元年六月辛亥条记："乌思藏阐化王遣番僧绰旺等来朝，供佛像，马匹等物。赐宴并彩段、钞锭等物有差。其留住洮州该赏者，亦付给之。"（注：这里的"绰旺"，是否就是"绰吉旺速"的缩写？但此时又过了40余年，绰旺是否太老？但"绰旺"在整个《明实录》中只出现了一次。值得考虑。另外，卫藏阐化王差人入藏亦走洮州路线。）

[46]
另有《南藏》为永乐中明成祖重刊洪武年间编集的大藏经（略有更改），后人称《明南本大藏经》，开刻于永乐十年至十五年，永乐十七年颁行。该藏共636函，1610部，6331卷。

可见圆光寺当时是非常著名的大寺，故获赐《北藏》一部。

圆光寺碑文中最引人注目的是出现了北京大能仁寺的僧人："敕赐大能仁寺觉义端竹巴（don-grub-pa）、都纲马剌麻、觉了、觉悟"，因为提及番僧，此"大能仁寺"为北京大能仁寺无疑。大能仁寺原为南京的寺院，称为"能仁寺"，是明初敕立的国家五大寺院之一[47]。原在南京古城西门，建于刘宋元嘉中，洪武二十一年毁于火灾，明太祖下令将寺徙于城南聚宝门外二里。明迁都北京后，南京能仁寺仍存。北京的大能仁寺正是承袭南京能仁寺而来，该寺在北京西城兵马司胡同以北，其地因寺而名为能仁寺胡同，该寺现已不存。《日下旧闻考》卷五十记："大能仁寺，洪熙元年因旧重修。"又引明礼部尚书胡濙《大能仁寺记略》碑文云："京都城内有寺曰能仁，实元延祐六年开府仪同三司崇祥院使普觉圆明广照三藏法师建造，逮洪熙元年，仁宗昭皇帝增广故宇而一新之，特加赐大能仁寺之额，……正统九年甲子七月立。"[48]《明实录》多有大能仁寺的记载[49]，此寺为京师番僧居住的四大寺院之一。《明实录》正统元年五月丁丑条："番僧有数等，曰大慈法王、曰西天佛子、曰大国师、曰国师、曰禅师、曰都纲、曰剌麻，俱光禄寺支待，有日支酒馔一次、二次、三次又支廪饩。上即位初，礼部尚书胡濙等议减去六百九十一人，正统元年五月，濙等备疏慈恩、隆善、能仁、宝庆四寺。番僧当减去者又四百五十人。"景云寺在正统八年祈得寺额"圆光寺"志庆之时有京师番僧大寺觉义和都纲祝贺，可见此寺当时的地位。不过，大能仁寺僧人也经常前往陇右，下面的史料说明了北京大能仁寺僧人前往临洮的情形。《明实录》成化十三年十二月癸卯条："礼部奏："大能仁寺都纲舍剌藏卜并静修弘善大国师镇（锁）南坚参（bsod-nams-rgyal-mtshan）等，奉命往临洮等处回，各献马、驼等物。"所以，北京大能仁寺的番僧来到须弥山景云寺就不难理解。

碑文二：

敕赐圆光

（紫红砂岩，108×80×30，立于圆光寺院）

碑阳

（成化四年）

敕赐圆光

敕□圆光禅寺记

钦差镇守靖虏等处定国将军参将河南刘清

守备固原州定远将军□挥同知……

苑马寺承事郎长乐监正建安……

乡贡进士平凉府孝训导三山林芝……

□释氏之教，其来尚矣。迄古迨今，未尝不同圣……。□□皎如

[47]
南京明初五大寺为灵谷寺、天界寺、天禧寺、能仁寺和鸡鸣寺。见《金陵梵刹志》卷十六、十七。参看何孝荣《明代南京寺院研究》中国社会科学出版社，2000年，第100页。鸡鸣寺当时就有番僧居住，如《明实录》洪武十八年十二月丁巳条："建鸡鸣寺与鸡鸣山，……初，有西番僧星吉监藏（seng-ge-rgyal-mtshan）为右觉义，居是山，至是，别为院寺西以居之。
[48]
《日下旧闻考》第三册，北京出版社，第801页；王尧《"金瓶梅"与明代藏传佛教》，载《水晶宝蔓——藏学文史论集》，台北：佛光文化出版公司，2000年，第278~279页。
[49]
如宣德六年五月壬辰条："能仁寺西番僧孤纳芒葛辣有罪，当斩。初，孤纳芒葛剌以游方为名，遍谒诸王干施与。又诈言奉旨采察几事以惑众。"其次在正统十四年六月丙辰："能仁寺番僧朵尔只星吉，……天顺元年八月戊申："命大能仁寺左觉义乃耶室哩为灌顶国师。"成化十二年二月乙未："大能仁寺大悟法王扎巴坚参……"成化十二年十一月癸卯："大能仁寺觉义结瓦领占隆禅师，锁南舍辣陞右讲经。"此外，在成化十三年十二月；成化十五年十二月；成化十七年五月；成化二十二年十一月丙午："太监覃昌传奉圣旨：升大能仁寺灌顶国师锁南加、讲经领占竹为灌顶大国师，觉义贡葛舍利、都纲结桑领占为禅师，剌麻罗丹扎失、罗竹监参、沙加锁南、领占监（剌）贡噶扎失、罗竹监参、贡噶领占、你麻监参、贡噶绰、乳奴班丹、领占扎扎失、多只领占绰、舍剌扎失、锁南伦布、领占往秀、参竹监参、扎实远丹、锁南巴藏卜领占、藏卜舍剌为都纲。"又成化二十二年十一月丁卯条："太监韦泰传奉圣旨：……陞大能仁寺觉义锁南巴列、都纲扎失监参、领占巴监（剌）扎失、贡噶端竹为禅师，剌麻那卜监参、掌出班丹、扎失班丹、扎失伦竹、远丹宗奈、舍剌罗竹、班丹端竹、扎巴藏卜、结列扎失、班丹监参、班丹扎失、端竹扎失、喃渴锁南藏卜、短竹远丹藏播、朵儿只巴藏卜、扎失桑加远丹为都纲，住持僧人胡（明）晟为僧录司右觉义。在弘治二年正月丙寅条记载："先是，西僧锁南坚参为言官所劾，自法王降国师，勒还本土，久而未发。至是，其徒为之请留京城大能仁寺。许之。"

日星，可一览具见。降而考之宋崇宁……，太祖皇帝，龙飞淮甸，混一区夏，乾坤定位，日月天□。兹寺古常以为聚兵祈祷之地，名山胜境，喜……柏绕还寺有峰峦参揖，诚边秦古寺之杰出者也！……受番僧教因而据其地而开山创业焉。遂收古赐田地……十有余。今住持僧姓陈，讳觉进，号大方，孤峰高徒也。祖系……志，永乐元年发心出家，礼孤峰为师。是人脑次湛……喜能继所志。正统五年，大方诣□请给度牒。住持谈禅问道，明心见性。上则……□靡忻羡。本寺经历风雨盖亦有年，不能无□。大……。吾众或捐金帛，或馈货贿，命工重建。前后二殿，东西……□复庙重檐刮楹达乡奚蹢于是耶。兹非有为之士……十二年，大方复诣□□情，意其自古敕赐禅林，愿锡褒宠，伏蒙皇上圣渥之恩，辄赐玺书，易匾曰圆光，降经一藏。上则为国家祝厘，下则与生民祈福。兹寺僧众可谓荣钦。至成化四年时……钦差镇守靖虏等处定国将军参将河南刘清，乃秦地方西……轮奂新美，青红之错杂，丹垩之炫耀，可以动人视见，可以……，时大方年已七十有八矣！使不刻其名，则后人因何以见其善哉。……求言以彰之。予曰："人生天地之间，当建善功扬美名也。"今大方……遗址。缘无良工美制，大方一旦奋然忞募良缘，俾斯寺几颓而复立哉。……视夫纷纷仗佛务私者，犹□□之重轻，鹏鹐之巨细，砥玉诚伪之殊……廷矣，则后人之覆斯地也，登斯堂也，莫不指曰大方建前殿，亦莫不曰大方……□修者亦从大方可肇矣。是功也，不惟扬名于一时而又激劝于后日，不……□休于千百世也。将与佛寺相为兴废；将与石碑同为悠久，后之思睹大方。今书□□碑以纪其不朽云。峕

大明成化四年岁次戊子孟夏吉旦立　金陵朱显　何□□　□□□

碑阴
圆光碑记
（成化四年）

本寺住持长老喃噶坚参□□□
　僧人坚敦监参　领占班丹　喃噶锁南　□□荅……
　绰志刺竹　戒月　□□□□　普惠　忍巴坚参……
　忍巴扎　忍巴亦参　忍巴□[50]定聪　定忠　普□……
　　普满　定海
　沙密普成　普澄
　居士普果　普信　普□　普……
宝塔寺僧人端岳领占　洪□　……
　甘州群牧千户所……□
　　彭衍　薛　普惠　林□　□□　□□　林……

[50]
喃噶锁南藏文作nam-mkhav-bsod-nams，忍巴坚参为rig-pavi-rgyal-mtshan，忍巴扎为rig-pavi-grags，忍巴亦参为rig-pavi-（？）。

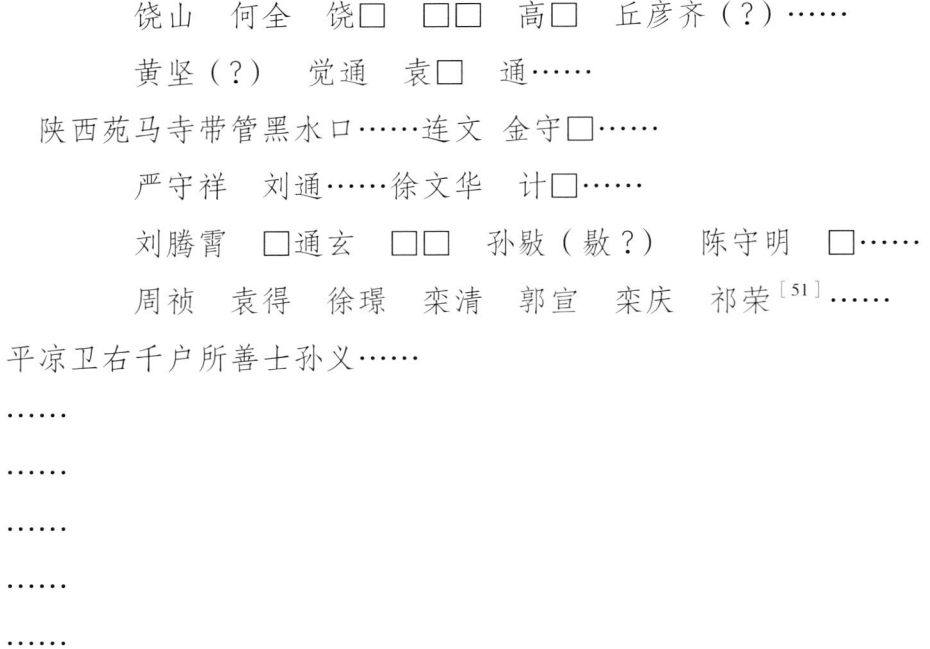

饶山　何全　饶□　□□　高□　丘彦齐（？）……

黄坚（？）　觉通　袁□　通……

陕西苑马寺带管黑水口……连文　金守□……

严守祥　刘通……徐文华　计□……

刘腾霄　□通玄　□□　孙敫（敤？）　陈守明　□……

周祯　袁得　徐璟　栾清　郭宣　栾庆　祁荣[51]……

平凉卫右千户所善士孙义……

……

……

……

……

……

　　圆光寺成化四年的两块碑住持番僧皆不同，记述时间也不同，笔者以为正统十年的敕赐颁藏碑及碑文是当时的旧碑及碑文，成化四年又在碑阴补镌正统八年敕赐寺额及住持绰吉旺速事迹。他在倒塌的景云寺旧址上修复殿堂并召聚僧人，祈赐寺额。金陵朱显所立的碑阳"敕赐圆光寺碑记"，首先介绍此寺"诚边秦古寺之杰出者也"并承认"受番僧教因而据其地而开山创业焉"。然而，碑文又记："今住持僧姓陈，讳觉进，号大方，孤峰高徒也。祖系……志，永乐元年发心出家，礼孤峰为师。是人脑次湛……喜能继所志。正统五年，大方诣请给度牒。住持谈禅问道，明心见性。至成化四年时，……时大方年已七十有八矣！"由此可见，大方在绰吉旺速正统七年出现在景云寺时早已在此，故有大方正统五年请求度牒事。其师为"孤峰"[52]，正统七年赴京乞额是番僧前往，可以考虑番僧进入景云寺大概是在正统初年。另外，成化四年，大方已经 78 岁，此碑碑阴的"喃噶监藏□□□"等当为成化四年圆光寺的住持，而不是大方，正统年间的绰吉旺速已不在寺了。此外，碑文二碑阴"圆光碑记"很多在番僧名字，其中"本寺住持长老喃噶坚参□□□"，藏文当为 nam-mkhav-rgyal-mtshan-dpal-bzang-po。这位"喃噶坚参□□□"会不会是"西番赞善王"？明代在藏区共封五王，赞善王著思巴儿监藏（chosd-pal-rgyal-mtshan）管辖甘青藏区，《明史》称其为灵藏僧。有说"灵藏"即今之林仓（gling-tshang）者，其地在康区[53]。但这与赞善王活动的事迹并不相符，其职是管理甘青，为何居地在四川？有学者认为"灵藏"为部族名，其地在西宁、河州一带[54]，此说为是。今青海民和县川口镇南尚有明永乐年间所建灵藏寺[55]。

　　著思巴儿监藏于永乐四年遣使入贡，受封灌顶国师。永乐五年（1407年），加封赞善王，洪熙元年（1425 年）卒，其从子喃噶监藏袭赞善王位。正统六年（1441 年）喃噶监藏因年老奏请令长子班丹监捌为赞善王，不许。成化十八年，"遂封赐喃噶坚粲巴藏卜为赞善王。弘治十六年卒，

[51]
须弥山第 45 窟中心柱西面龛北侧龛柱下方墨书"奉佛信士祈玉发心庄佛"与碑文中的"祁荣"应为同一家族的人。
[52]
此位长老孤峰为何人尚不得知，《大平府志》记明僧弘德，号孤峰，住太平吉祥院，道行清坚，曾持不语戒，以念珠掷暗室，摸索诵佛，号摸珠祖师。另有元明之际僧明德，字孤峰，昌国（浙江舟山西北）朱氏。元明帝授元明定慧之号，事迹见《新编高僧传四集》五。《释鉴稽古略续集》："孤峰禅师讳明德，号孤峰。昌国人。族姓朱。"
[53]
石泰安、任乃强、王森诸先生皆认为灵藏就是林仓。根据是《明史》卷三三一，列传第二百九十，西域三："赞善王者，灵藏僧也，其地在四川徼外，视乌斯藏为近。"至于居于四川康区的灵藏赞善王为什么又被称作陕西洮州赞善王，至今仍是一个谜。河州灵藏或许是康区灵藏的一支。或如吾友沈卫荣博士所言，成化所封赞善王与永乐所封赞善王不同，是明廷多封众建的另一个赞善王。参看沈卫荣《元、明两代朵甘思灵藏王族历史考证》（未刊稿）。
[54]
见尹伟先《明代藏族史研究》，第 178 页，民族出版社，2000 年；隆庆二年三月壬戌条说（灵藏）属于纳马熟番，其分布在河州、西宁一带；《明史稿》卷一一七《番部僧官》说灵藏族及灵藏族禅师初隶河州，后属循化。
[55]
此寺建于大慈法王赴京途经河州时，在明代香火鼎盛，《河州志》有记，参看蒲文成主编《甘青藏传佛教寺院》，第 31～32 页，西宁：青海人民出版社，1993 年。

命其弟端竹坚咎嗣。"应该加以区别的是，"喃噶坚粲巴藏卜"[56]与洪熙元年所封"喃噶监藏"为不同的两位赞善王。"喃噶监藏"，藏文作 nam-mkhav-rgyal-mtshan，"喃噶坚粲巴藏卜"，藏文作 nam-mkhav-rgyal-mtshan-dpal-bzang-po。圆光寺碑文中的"喃噶坚参□□□"应是"喃噶坚参巴藏卜"，《明实录》将此王也写作"喃噶坚参巴藏卜"。因为此僧住持圆光寺是在成化四年，至成化十八年被封为赞善王，《明宪宗史录》成化二十一年三月甲午条尚有"陕西洮州灵藏赞善王遣僧洋札巴等来朝"的记载，确凿表明赞善王居地就在陇右。圆光寺是敕赐寺院，赞善王又管理并活动于这一地区，况且碑文所录皆为当时政教名人，如立碑的皇族"朱显"、"钦差镇守靖虏等处定国将军参将河南刘清"、"临洮府都纲宝塔寺僧等"。所以，碑文置于至尊首位、名为"喃噶坚参□□□"的"本寺住持长老"当为成化十八年的赞善王。此王二十二年后卒（弘治十六年，1503年），当时（成化四年，1468年）应是盛年，并未袭赞善王位，故称"长老"而没有称其封号。[57] 必须注意的是，《明实录》另录有"喃噶坚粲巴藏卜"，为辅教王，但其活动事迹与圆光寺碑文所载不符[58]。

碑文中出现的番僧名"坚敦坚参"和"绰志剌竹"，藏文分别为 dge-vdun-rgyal-mtshan（？）和 chos-kyi-blo-gros。《明英宗实录》正统十三年十二月戊辰条记载圆光寺、景云寺番僧朝京云："平凉府开城县圆光寺番僧谨敦藏卜、岷州等府卫大崇教等寺番僧公噶坚参、剌麻速南藏卜、忍巴星吉等、平凉府景云寺番僧绰吉罗竹等来朝，贡马及降香、佛像、舍利等物。"这位圆光寺的番僧谨敦藏卜，藏文作 dge-vdun-bzang-po，与碑文中的坚敦坚参名字不同，应是圆光寺碑文中没有提到的另一位番僧。但景泰七年十一月戊辰条提到的都纲"锦敦坚参"当为"坚敦坚参"的另一种写法，藏文完全相同。而碑文中的"绰志剌竹"，正是《明实录》中被称为"景云寺番僧"的绰吉罗竹。可见在正统七年，番僧绰吉旺速朝京，得赐景云寺住持僧。正统八年赐寺额"圆光寺"后过了五年，正统十三年又派番僧入京朝贡。值得注意的是，他们仍然使用"景云"和"圆光"两个寺名。似乎英宗赐额之后，景云寺之名并未立即废除，或许大佛楼沿袭景云寺旧名，番僧另在今圆光寺区外扩建了圆光寺。

碑文中的领占班丹在《明实录》中的同名者是岷州大崇教寺的僧人，如"陕西岷州大崇教寺国师锁南藏卜（bsod-nams-gtsang-po）遣番僧领占班丹（rin-chen-dpal-ldan）等来朝"（景泰五年四月甲辰条）。另《明史·大慈法王传》亦有领占班丹："封领占班丹为大庆法王，给番僧度牒三千，听其自度。或言，大庆法王，即帝（武宗）自号也。[59]"但还没有找到与碑文时间吻合的领占班丹。

碑记中"宝塔寺僧人端岳领占"所提及的宝塔寺，经笔者调查，该寺位于今甘肃省临洮县城东广福巷，是明朝在元临洮大寺的基础上建立的五小寺之一，现存的小寺是在原址基础上建成的。临洮大寺据说是八思巴建

[56]
如《明英宗实录》成化十八年九月丁酉条："赐喃噶坚粲巴藏卜（nam-mkhav-rgyal-mtshan-dpal-bzang-po）袭西番赞善王。"
[57]
《明实录》，卷三三一《列传》第二百九十《西域三》"赞善王"条。[58]
《明史》卷三三一，西域三："辅教王者，思达藏僧也。……永乐十一年封其僧南渴烈思巴为辅教王，……景泰七年，使来贡，自陈年老，乞令其子南葛监粲巴藏卜代，帝从之，封为辅教王。"
[59]
以上记载常使研究明代西藏史的学者以为大庆法王就是明武宗自称，但有一件文物可以证明真有大庆法王。布达拉宫藏有一幅刺绣普贤菩萨唐卡，下方有金线刺绣的内容一致的汉藏文题记，云："大明正德十四年九月二十四日大护国保安寺秉秘密教掌西方坛大庆法王领占班丹发心绣施"。其中大护国保安寺在正德十五年以前称为大隆善护国寺，就是今天的护国寺。参看欧朝贵《大庆法王领占班丹绣施普贤菩萨像考释》刊《西藏研究》1987年第2期。

于1271年至1274年建成，此间八思巴居住在临洮。关于八思巴建临洮大寺，除了宣统《狄道州续志》卷一的简略记载，笔者目前没有看到确凿的史料，但此寺与八思巴的关系是确定无疑的。《安多政教史》记载：

> 临洮城也叫香根寺。《达温传》中说："在这座城市里，有达温巴奉众生怙主八思巴供施双方的命令修建的寺院，当年聚集着数千名僧伽。""贡玛供施双方前来视察时，由于皇上对上师极为崇信，要求要经常看得见上师的身相，听到上师的讲说，不能有所分离。上师指示说：'造一个和我相似的像！'乃以最佳妙的香木雕造了一尊上师的像，它在一个时期内，化为真实的上师，讲经说法。"
>
> 这尊称为八思巴大师的木像，作为宝积寺的主要依止圣物。后来有一位叫做西华康的喇嘛，自卫地来到这里，由他把寺院改为格鲁派，把内修法王供奉作护法。因兴修了三座大塔，又称为宝塔寺。《第二世一切知嘉木样全集》有嘉仁巴·楚丞丹巴请求为临洮噶丹却丕林寺撰写寺规，可能就是给这座寺写的。[60]

据笔者访问宝塔寺的主持，84岁高龄的本静法师，他说萨班赴凉州时将两个侄子留在临洮，寺中原有八思巴的铜（木？）像，每年四月十二日临洮有供奉八思巴像在城内巡游的习俗，可见八思巴与临洮大寺的建造确实有关。

甘肃省图书馆藏《兰州府志》卷四云："狄道州之旧土城俗名番城"。《临洮府志》卷六云："僧纲司府在府治东北宝塔寺内"，并记载临洮当时有众多寺院："狄东严寺在城东一里，西严寺在山麓、圆通寺、宝塔寺（司仪于此）、普觉寺、广通寺、正觉寺、安积寺、报恩寺、法轮寺、永宁寺、卧龙寺、乾清寺"。张维《陇右金石录》卷六云："临洮为陕西最西，府治密迩，西番时有高僧卓锡诸寺而城东北隅圆通[61]、广福、宝塔、圆觉、隆禧五寺最称弘盛。"据乾隆元年刻印的《甘肃通志》记："宝塔寺，在州治东，明永乐年建；圆通寺，在州治西北，明永乐年元法王寺旧址建；圆觉寺，在州治东北，明宣德年建；隆禧寺，在州治东北，明宣德年建。"以上史料表明宝塔寺在明代为临洮府都纲司所在地，当时以宝塔寺为首建有五座藏传佛教寺院，其中圆通寺是在元代所建法王寺旧址上建成，可见八思巴所建大寺在明初已毁。

有名寺必有名僧，成化四年的圆光寺碑记中提到的"宝塔寺僧人端岳领占"。关于端岳领占，景泰七年十一月戊辰条提到一位端岳领占："命……端岳领占（藏文作 don-yod rin-chen）等五十二人俱为剌麻。"景泰七年（1456年）至成化四年（1468年）相差12年，他极可能就是宝塔寺的端岳领占，当时仅为剌麻。那么此寺的住持又是何人？笔者近日赴陇南考察，参观宝塔寺，承蒙本静长老[62]告知日本上野图书馆藏明万历《临洮府志》有宝塔

[60]
藏文本第648页（兰州：甘肃民族出版社1982）：Lin thovu chin nam shing kun mkhar/ der vgro mgon vphagspa mchod yod gyi bkas tva dbon pos dgon pa btab/ dge vdun stong phrag mang po tshogs/ gong ma mchod yod gzigs par byon/ rgyal po bla ma la dad gus che bas sku mtong ba dang gsung thos ba vbral med dgos zhus par/ khong nas nga rang vdra ba zhig gyis gsung spos shing bzang po las vdra sku bzhengs/ de bla ma dngos su gyur nas re zhig bar chos ston pa la sogs pavi mdzad pa mdzad ces tva dbon la rgyus las bshad/ sku de vphags shing skur grags shing bvo kye zivi rten gtsor bzhugs/ phyis su shi hvav khang zer ba dbus su byon pavi bla ma grags chen zhig byung/ des dge lugs su bsgyur/ chos rgyal nang sgrub chos skyong du bsten/ mchos rten chen po gsum bzhengs pas bvo thva zir grags/ rgya rams pa tshul khrims bstan pas zhus pavi lin thovu dgav ldan chos vphel gling gi bcas yig kun mkhyen bar mavi gsung vbum du bzhugs pa dgon vdi nyid kyi yin nam snyam/

[61]
据张维《陇右金石录》卷六记，此寺原有石碑一座，宣德十年敕建，工部尚书王丞撰写碑文。

[62]
宝塔寺现住持本静长老，俗姓白，名一清，今年84岁，16岁出家进入宝塔寺（1934年），老人说当时寺院有汉僧和藏僧，分别念藏文经和汉文经。如同五台山的青庙和黄庙，宝塔寺当时也分为青寺和黄寺，分居西禅院和东禅院，其中有藏僧15名。明代的宝塔寺毁于同治十三年，光绪十二年重建，但"文化大革命"中再次被毁，其中12个明代碑亭被砸。

寺僧人史料。笔者在甘肃省图书馆查得此志，其中有一段极为珍贵的记载：

> 喘竹领占，狄道人，俗姓石氏，自幼批剃为本郡宝塔寺番僧。永乐四年，以屡使绝域宣布王化，功陞苏州府僧纲司都纲，二十一年，奉命招降迤北鞑靼王子也先土木率部属两千余人归欵。是年，陞僧录寺右阐教。二十二年，陞左善世，赐诰命金图书服器。宣德元年，陞灌顶圆妙广智大国师。二年，奉使乌斯藏公干，陞号清修静觉崇善慈应辅教阐范灌顶圆妙广智大国师。八年正月内圆寂。天顺七年追封西天佛子。成化二十二年，上遣太子少保礼部尚书周洪谟谕祭追封大敏法王。

这位宝塔寺的大敏法王，是新近发现的法王之一。那么，方志记载是否确实？《陇右金石录》又录"清修国师塔碑"，张维记曰："此碑书撰人名俱泐，前题'清修静觉崇善慈应辅教阐范灌顶圆妙广智大国师塔'，后书景泰二年秋七月灌顶圆妙广智大国师□巴坚参立石，清修国师即端竹领占，俗姓石氏，永乐中以宝塔寺僧屡使绝域，累封至大国师。成化二十二年追封大敏法王。寺有永乐敕谕，临洮地面大小官员军民诸色人等文，石刻今亦无存。"

再看《明实录》有关端（喘）竹领占的记载。

洪熙元年六月辛酉条："命右善世端竹领占为圆妙广智大国师，给与金印、玉轴诰命。"这里记载的时间与方志略有不同，洪熙元年与宣德元年相差一年。然而，宣德元年四月，端竹领占确实前往京师朝贡并得到赏赐。如《明实录》宣德元年己卯条："陕西临洮卫国师端竹领占等来朝，贡马。"辛卯条又记："赐陕西临洮等卫国师端竹领占等一百七人钞、彩币表里、苎丝袭衣有差。"此处的临洮"国师"正是洪熙元年六月所封"圆妙广智大国师"。正统二年八月壬戌条："命大国师端竹领占（属下）完卜扎巴坚参袭为禅师，赐敕命、封号、银印、袈裟。"这位禅师即为端竹领占的继任、"清修国师塔碑"立碑者□巴坚参，从此可知其全名为"完卜扎巴坚参"。天顺六年六月戊寅条："追封已故灌顶圆妙广智大国师端竹领占为西天佛子，从其徒大国师扎巴坚参请也。"由此可知方志记载的时间晚实录一年，盖其路途遥远也。端竹领占被封为西天佛子是徒弟扎巴坚参（grags-pa-rgyal-mtshan）祈请的结果。又成化二十二年十一月丁卯条："太监韦泰传奉圣旨：追封已故西天佛子端竹领占为法王，赐祭一坛。"由此可见方志记载大致无误，但《明实录》没有提到"上遣太子少保礼部尚书周洪谟谕祭追封大敏法王"以及"永乐四年，以屡使绝域宣布王化，功陞苏州府僧纲司都纲"事。

《明实录》中有关宝塔寺的史料尚有正统五年三月癸丑条："陕西临洮府宝塔寺剌麻绰吉朵儿只（chos-kyi-rdo-rje）等俱来朝，贡马、驼、青鼠皮等物。赐彩币等物有差。"正统六年闰十一月乙丑条:"陕西临洮府僧纲司宝塔等寺都纲剌麻已什三丹(ye-shes-bsam-rten)等贡马及佛像、铜塔、舍利。赐钞币等物。"正统八年十二月辛卯条:"陕西临洮府宝塔、正觉寺剌麻三竹藏卜(bsam-grub-bzang-po)、圆觉寺剌麻札巴舍剌等贡马及貂鼠皮、佛像、舍利子。"[63]正统十三年十二月甲寅条:"临洮府宝塔寺番僧坚藏领占(rgyal-mtshan-rin-chen)等来朝。"以及正统十四年三月丙戌条:"陕西临洮府宝塔寺番僧锁南亦失(bsod-nams-ye-shes)来朝。"可见临洮宝塔寺在明初非常活跃。国家图书馆藏宣统《狄道州续志》收录太学士姚清撰《重建宝塔寺碑记》记述了当时寺院的辉煌并记载清康熙年间牛扎巴藏卜、陈那卜坚错等修复宝塔寺的事迹。

当时临洮府的其他寺院还有很多前往京城朝贡、甚至供职的番僧。如《明实录》宣德二年十二月癸亥条:"陕西临洮府普觉妙济国师领占藏卜(rin-chen-bzang-po)遣僧札石监藏(bras-shis-rgyal-mtshan)等贡马。"宣德二年十二月癸酉条:"赐……临洮府僧札石监藏等……钞……"乾隆《狄道州志》卷十记:"兀观着藏卜,髫年披剃,长通经文。宣德年间东海暴涨,上召藏卜以法力平水势。赐银印、敕诰六通并赐象图玉环。宣德二年得奉诏赐禅静国师之号。"《明实录》正统六年四月癸酉条:"陕西临洮府正觉寺番僧完卜剌麻三丹领占……来朝。"正统七年十二月癸巳条:"临洮府安积寺剌麻领占巴……来朝。"天顺六年十月壬午条:"临洮府番僧朵尔只领占等贡马。"《狄道州志》卷十又记:"那卜领占(nor-bu-rin-chen)俗姓梁,髫年披剃,长修禅业。正德改元加号大能仁寺清修悟法普慈广慧翊国崇教灌顶隆善西天佛子大国师。"

碑文三:
重修圆光寺大佛楼记(成化十二年)
碑阳

圆光寺……
赐进士出身奉议大夫
钦差整饬兵备陕西等处提刑按察司佥事□□□冕□
赐进士中顺大夫平凉府知府夹江□逊□
韩府通渭王教授恭和杨侗书[64]

平凉府开城县,去治西百里,□(有)山号须弥,内有胜刹。唐名为石门镇景云寺,今敕赐为圆光寺,历代兴废之由,碑刻尚存。是寺山势嵯峨,群峰拥揖,青松翠竹,奇花异卉,车辖阴森,盖俗气所不能至而佛境之所摄也,石壁之上,但有一龛一洞,人迹莫能攀援者,皆有佛像,森罗于其间,或□以为天造地设欤?寺西有峻壁,险不易逾。前人于此作一巨像,即古所谓丈六金身也。佛之上建今□(佛像)覆

[63]
据张维《陇右金石录》卷六记,圆觉寺也是明时临洮的著名藏传佛教寺院,有碑曰"何国师碑"为正统年间尚书胡濙撰文,叙述国师西天佛子何领占多尔只(he-rin-chen-rdo-rje)行事。
[64]
韩府通渭王:韩府为朱元璋第二十子朱松之府,在"平凉定北门内之右,本平凉卫,永乐六年改建韩王府"。其牧地在开城县北。明赵时春撰《嘉靖平凉府志》,刊《中国西北文献丛书·西北稀见方志文献》卷四十一。

之。正统间为风雨所颓，先住持大方长老理而葺之，完美若旧。成化七年楼复倾圮，佛之首□□□，身亦为之不全。肃府承奉郝兴遨游览胜，有感□归，启贤王殿下，遂捐府帑之□□□□定慧通晓以重修之，工既完，郝均来征□文以记诸石。余尝考汉明帝梦金人长丈六，顶有光。于是遣使天竺，闻佛道法，遂于中国图画形象，而佛之教始入中国。盖天竺为西域之国，王化之所不及。浮屠以不杀为教，国人皆化焉。故《汉书》赞有曰："逖矣西胡，天之外区，土物□□，□□滛□，不率礼教，莫有□书，若微□道，何恤何抚。"[65]观则佛以慈悲为教，不过化人为善，禁人为恶□□□。

自汉历唐宋□距天朝，皆崇设图像不废钦者□非佑助王化之一端欤。矧固原地方夷汉杂居，风土劲悍，不□□□□□化也。今郝均能修废以□□。俾一方之人瞻者礼者善□（念）油然感发；恶念惕然惩创，则其与人为善之美不亦可书乎？今不□人之，遂记以为为善者劝。

大明成化十二年岁次丙申夏五月吉旦立

碑阴

（成化十二年）

肃　府　典　宝　　　　　志

守备固原等平□□□佥事甘泽

固原卫指挥使王玺　□□　胡宽

指挥同知苗　赵　马林

指挥佥事萧然　曹　陈壬

申领　赵安

镇□府　　□杨文

千户孟□　张文通　尹昭

保安　贾泰　　黄震

群牧所千户　孙喜　孙铭

镇抚陕□

平凉府开城县知□□□达　典史赵振

儒世训□□符节[66]

清平广宁苑张祎　　俞□……

重修功德……

……僧人通会□□

普澄　普受　辩瑢　满受

立海　国氵復　圆瑢　满洪

圆光寺住持　定聪　普善　洪涌

定忠　普月　普秀　戒广

[65]
此段原文见《后汉书》卷八十八《西域传》第七十八："赞曰：逖矣西胡，天之外区。土物琛丽，人性淫虚。不率华礼，莫有典书。若微神道，何恤何拘。"
[66]
应为儒学训导符节，《嘉靖万历固原州志》记："符节，湖广钧州人，由监生任。"

普明　　恩宣　普清　定正

群牧所善士　卢玑　彭衍　黄黄宁

　　李松何全白安　李刚　王觉

　　彭荣　李谧　黄鳌　白亮？

固原卫善士　陈海　乔成　王道成

　　贾诚　胥恭　吴寿　蒋福安

黑水口善士　计俊　连详　金惟□

　　殷鉴　李刚　徐荣　严仲□

恭受徐永道　　张得　魏时大

　　在成化四年的碑文中置于碑阳首位的官员是"钦差镇守靖虏等处定国将军参将河南刘清"，刘清在成化四年镇压固原石城土达满四作乱时兵败，离固原而去。成化十二年碑文置于碑阳首位的是"钦差整饬兵备陕西等处提刑按察司金事杨冕□"。《万历固原州志》记载："杨勉，四川安岳人，由进士成化五年以按察司金事任。今永宁驿草场、鼓楼，西安守御千户所城垣、官署，咸所创建，称有功焉。"[67] 杨冕撰有《重建靖虏卫打剌赤城记》，记载番僧桑迦班丹事迹的《重修法泉禅寺碑记》亦为杨冕所撰。此碑记载须弥山大佛楼，即第5窟唐代大像的修复，碑文题为"圆光寺大佛楼"。可见当时须弥山的大佛楼区亦属于圆光寺，或者说整个须弥山石窟都被看作是寺院范围。碑文记载大佛楼在正统年间因风雨坍塌，是"先住持大方长老理而葺之，完美若旧"，但没有提及修复圆光寺的番僧绰吉旺速等。"成化七年楼复倾，圮佛之首□□□，身亦为之不全。"正值"肃府承奉郝兴遨游览胜有感"，于是归启贤王殿下，由肃府捐钱重修大佛楼。值得注意的是，在成化四年的碑文中有"番僧云集"之语，这是成化十二年的碑文，竟没有提到一位番僧。甚至圆光寺的住持已经成了汉人，成化四年碑文中出现的普通僧人"定聪"、"定忠"等在成化十二年的碑文中成了"圆光寺住持"，好像他们谁作住持还没有最后决定，故住持一栏竟有十一人之多，而且住持名字没有排在碑阴碑文的前列。碑文中对番僧绰吉旺速修缮寺庙、乞请寺额并敕赐经藏事绝口不提，番僧的突然离去似乎与此相关。圆光寺当在成化十二年前后没有一个番僧了。在清康熙三十七年（公元1698年）又有"兵宪刘老爷"、"李俊堡善士康守禄等"及诸功德善士聚资重修，并建玉皇阁，改建一些洞窟为道观，此时须弥山始有道教祠观，但番僧已经消失得无影无踪。

　　碑文四：

重修须弥禅院碑记[68]

（康熙三十七年）

　　粤稽两仪，□锤陶熔，万象生物，荷蒙其宏，造圣贤垂迹同归一

［67］
《嘉靖／万历固原州志》，第176页。
［68］
原碑已佚，旧存子孙宫，现根据李俊德先生1962年4月笔记录文复制，碑立于圆光寺山门前；录文见宁夏文物管理委员会编：《宁夏文物》1988年总第2期"须弥山石窟保护工作专刊"。

善。士庶均赖斯风化，所谓移风易俗、启迪后来、诱善以诚。故天之生民，不其性智愚贤不肖也，惟善以致；地之产物参差者，斯各禀其脉。华丽壮峻美砺工以……。百里之地存山，曰："须弥"。有寺，名曰："圆光"。翠状山河，巍□日月。历代圣君敕修，累朝士庶瞻望，年深日远不可尽述。后，自我清朝定鼎，有□兵宪刘老爷，因愿登山，慨发积诚，重修前寺殿宇，金壁楼阁辉煌□。有……适告李俊堡善士康守禄等，视境佐幽而瑞花琦璋□象□绘而□□琳珑以是……未能局完满□□王德舍身持众告幕（募？）十方乐善君子辐辏资财，修建禅院……玉皇阁，兹名殿宇而功成告谊，焕彩复新。上祝国泰奠（民？）安无虞而源远流清，下祈□生民兆福有庆。绵绵以此为叙来告不……

功主　康守禄　会长　唐女兴　化主　李絮极　生员……

乾沟堡……

固原盐茶厅……

重修化主……

生员……

管理八营守备功加九等纪录七次孙奇成号杜奇生

□□茂州付总库杨茂功

大清康熙三十七年季月吉旦造

根据以上对须弥山圆光寺碑文及其史实的分析，我们可以给圆光寺编制一个大事年表：

圆光寺大事年表

唐睿宗景云年间（公元 710 ～ 711 年）

考虑到唐代所建大佛，景云寺最初位置应在大佛楼（第 5 窟）处，故推测此寺建于唐睿宗景云年间。当时须弥山一带称为石门镇。寺院最初或为汉人所建。

唐代宗广德年间（公元 763 ～ 765 年）—唐宣宗大中三年（公元 849 年）陷蕃

吐蕃虽据有原州（故原州），但弃之不居。所以，陷蕃以后的须弥山石窟雕塑看不出吐蕃时期的影响，且建于唐代的石窟都是陷蕃以前的作品。

宋崇宁三（十五）年九月二十四日（公元 1104 年）

敕赐度牒一百道（或五百纸）赐名景云寺（据正统十年碑阴）并立石碑。与靖远法泉禅寺互为上下寺。

宋大观元年（公元 1107 年）—金大定二十九年（公元 1189 年）

吐蕃番僧党征氏控制。此后该寺仍由唃厮罗部后裔藏人控制。

元代（公元 1227 ～ 1279 年）

史载不详。

明宣德二年（公元 1427 年）

第 46 窟（圆光寺中层）题记："南京僧录司僧智□宣德二年六月廿一日到寺记耳。"[69] 可见第 46 窟当时亦为景云寺的一部分，与大佛楼（第 5 窟）同属一寺。

明正统五年（公元 1440 年）

汉僧住持大方亦在此寺，并请赐度牒。

明正统七年（公元 1442 年）

番僧绰吉旺速正统七年赴京师朝贡并乞赐寺额。

明正统八年二月十四日（公元 1443 年）

正统八年敕赐景云寺为圆光寺，并委任番僧绰吉旺速为圆光寺住持，京师大能仁寺僧人参与仪式。

明正统十年（公元 1445 年）

敕赐《敕命之宝》并颁赐《永乐北藏大藏经》一部供养。

明正统十三年十二月（公元 1448 年）

正统十三年十二月，圆光寺番僧绰志刺竹等赴京朝奉。

明成化四年（公元 1468 年）

《敕命之宝》碑阴《敕赐禅林》；《敕赐圆光》碑阳。大方长老年 78 岁。碑阴《圆光碑记》则有住持长老番僧喃噶监参□□□，实为喃噶监参住持。有定聪、定忠等位汉僧。

明成化七年（公元 1471 年）

据《重修圆光寺大佛楼记》：大佛楼倾倒，佛首佛身受损。肃府承奉郝兴等资助修缮。

明成化十二年（公元 1476 年）

《重修圆光寺大佛楼记》住持为定聪等人，藏人已不见踪影。

清康熙三十七年（公元 1698 年）

《重修须弥禅院碑记》，寺院已无住持，圆光寺部分殿堂改为道观。

民国九年（公元 1920 年）

宁夏海原大地震，大佛楼等处毁。

结语

虽然须弥山一带旧为民族杂居之地，但至元末明初，吐蕃势力已经退出，当地所居是多民族杂居格局下以汉人为主体的民族。景云寺此时也由汉僧大方主持，笔者以为考察须弥山番僧的来源必须将固原须弥山景云寺和甘肃靖远法泉禅寺联系起来，法泉禅寺的番僧桑迦班丹与景云寺的绰吉旺速都是正统年间分别主持了两座相邻不远、并有历史渊源的名寺。桑迦班丹为大慈法王弟子，在法王圆寂后返藏途中主持修缮寺院，绰吉旺速的情形也大抵如此。他们都是在大慈法王圆寂后来到这一地区，或许是两人分头主持了两座寺院，虽然当地史志中没有提及两位番僧的籍贯及其后

· 470 ·

[69]

这是一条重要的题记："南京僧录司僧智□宣德二年六月廿一日到寺记耳。"宣德二年为1427年，比绰吉旺速于正统七年（1442 年）前往北京早 14 年。明成祖朱棣于永乐十八年（1420 年）迁都北京，其时僧录司设在何地？为什么仍称南京僧录司，据称保留两处僧录寺，但南京僧录寺必称"南京僧录寺"，北京僧录寺只称"僧录寺"即可。在第 105 窟北壁东龛西侧壁阴刻"僧智果辛丑后三月廿四日"，这里的僧智果是否就是第 46 窟南京僧录寺的僧智□呢？很有可能。因为题记中的"辛丑"只有永乐二十一年(1423 年)，那么这位僧智果在须弥山已经有六年？如果两条题记中的"僧智□"并非一人，笔者推测这位僧人是随同宣德二年辛酉（1427年 4 月 29 日）太监侯显出使乌斯藏和灵藏等地的（《明实录》宣德二年四月辛酉条）。从北京到须弥山已经走了将近两月，时间极为吻合。石窟所存其他明代题记有第 51 窟有弘治九年题记："大明国□定□昌护□见在海□都□□□奉今□□加佛装颜购金保安信士……天□化泊命家善人□是日□……供造意者伏为信士□发心前诣……诣□□圆光寺感古殿……施资财贰□上报四恩均霑□宥同种善果弘治九年五月廿日记。"

世的传承，但从须弥山为古代名山古刹的背景、朝廷赐额、颁藏并记其事于实录等礼遇来看，决非普通的番僧。所以，绰吉旺速的继任者竟为后来统辖甘青的赞善王。碑文中出现的宝塔寺、大能仁寺都是明初番僧主持的著名大寺，说明当时在内地的番僧与寺院相互之间存在密切的联系，他们在各寺院之间的流动非常频繁。今日的须弥山除了题记、碑铭外，尚留有不少藏传佛教的文物遗存，如第51窟南耳室窟门西侧力士头像西面阴刻藏文题记一方，现已漫漶不清。松树洼区的第111窟门楣上方有阴刻藏文题记已无法辨识，仅见"pad-ma……rten-ba"。圆光寺区的第46窟窟门东壁有藏文阴刻题记，隐约可见"srong"字样，主室中心柱南面龛北周（557～581年）一佛二菩萨像，中央佛像在明代重妆，其风格为典型明初藏式风格。第48窟主室西侧龛上有明代藏传壁画残存，北壁亦有壁画残片。中心柱南面龛外有明画藏式千佛，东面龛外两侧亦绘千佛。西面有一铺大的佛与弟子壁画，窟顶有藏式卷草纹。此窟是明代绰吉旺速住持景云寺时大规模重妆和彩绘的窟室，都在今天的圆光寺区。桃花洞区的第105窟中心柱北壁龛上有明代藏传绘画。须弥山松树洼区第112窟为典型喇嘛塔，第114窟为明代雕刻的喇嘛塔。估计这些喇嘛塔都建于绰吉旺速与喃噶坚参□□□住持圆光寺时期，即正统与成化年间。

明代采用"广行招谕"与"多封众建"的治藏政策。"初，太祖招徕番僧，本借以化愚俗，弥边患，授国师、大国师者不过四五人。至成祖兼崇其教，自阐化及二法王外，授西天佛子者二，灌顶大国师者九，灌顶国师者十有八，其他禅师，僧官不可胜数。其徒交错于道，外扰邮传，内耗大官，公私骚然，帝不恤也。然至者犹即遣还。及宣宗时则久留京师，耗费益甚。"当时，在西宁藏僧三剌请建瞿坛寺并乞皇帝赐予寺额之后，此类风气大盛。"初，西宁番僧三剌为书招降罕东诸部，又建佛寺于碾白南川，以居其众，至是来朝贡马，请敕护持，赐寺额。帝从所请，赐额曰瞿坛寺。立西宁僧纲司，以三剌为都纲司，又立河州番、汉二僧纲司，并以番僧为之，纪以符契。自是，其徒争建寺，帝辄锡以嘉名，且赐敕护持。番僧来者日众。"圆光寺僧正是在番僧朝京祈请寺额供养的潮流中多次前往京师，仅记于实录的就有正统七年和正统十三年两次。与其他洮、岷一带原本就是藏区的寺院不同，作为非常古老的汉传寺院的景云寺与法泉禅寺由番僧接管，这一事实说明明代藏传佛教势力向内地的渗透。从东汉先零羌居住的逢义山、须弥山、唐石门景云寺到北宋崇宁年间的番僧党征氏，再到明正统、成化年间的番僧主持，历史在惊人的重复。我们分析圆光寺的历史，就如同翻看汉藏人民交往的历史，正如一滴水折射出太阳的七彩光芒。

（原载于《西夏研究》2013年第1期，现据作者底稿增补了注释）

附录三

须弥山石窟大事记表

（根据碑刻、题刻、题记、灾害、修缮、著录、考古调查等材料整理）

时代	年代	题记材料内容	题记所在洞窟	题记材料等位置	著录情况	备注
唐	唐大中三年（849年）	大中三年□□九日	105	105窟左壁后龛右侧龛壁，阴刻	《须弥山石窟内容总录》（以下简称《总录》）151页；《须弥山石窟》（以下简称《图录》）50页	
	唐大中三年（849）	大中三年 / 吕中万	5	第5窟大佛右侧阴刻，高43厘米，宽40厘米	《总录》33页；《图录》29页	从题刻形式及姓氏，判吕子荆或为吕中万同宗者
		陕州河北 / 佛弟子□ / □□□吕 / 子荆一心供 / 养佛	5	西壁中部阴刻题记，高26厘米，宽40厘米	《总录》33页；《图录》29页	
	唐咸通（860~874年）	……咸通……	62	第62窟北壁左右龛之间的壁面上阴刻	《总录》未录；《图录》未录	据韩有成辑录录补
西夏	西夏赵谅祚奲都四年（1060年）	僧惠奲都四年二月十日僧 / 悟□□第贺山哥巡礼□立（？）	1	第1窟立佛左侧衣裙下摆下缘底层泥皮之上，墨书	《总录》29页；《图录》28页，"第"为"弟"	
	西夏赵谅祚拱化三年（1065）	拱化三年七月十五日 /……须弥山□巡礼至竹石□山中□	1	第1窟立佛左侧衣裙下摆下缘底层泥皮上，墨书	《总录》29页；《图录》28页	此为"须弥山"名首次出现，"须"字为韩有成补。补《图录》王泷、牛达生文中的"须弥寨"信息
	西夏崇宗赵乾顺元德年间（1119~1127年）	……/ 元德□ / 年□□……	105	第105窟东壁窟门南侧壁顶端墨书	《总录》151页；《图录》50页	是北宋末，西夏攻怀德军
	西夏崇宗赵乾顺元德三年（1121年）辛丑	僧智呆□辛丑后三月廿四日	105	第105窟北壁东龛西侧壁，阴刻	《总录》151页；《图录》50页	
北宋	北宋绍圣四年（1097年）	绍圣四年三月 / 二十三日收复 / 陇干姚雄记	51	第51窟南耳室西壁阴刻	《总录》94页；《图录》40页	

时代	年代	题记材料内容	题记所在洞窟	题记材料等位置	著录情况	备注
北宋	绍圣四年（1097 年）章楶修建平夏城，大观二年（1108 年）升怀德军	怀德军 / 梁铤古	1	第 1 窟立佛座仰莲瓣底层壁画上，墨书	《总录》29 页；《图录》28 页	《总录》29 页，将此条与其他两条同录，因其位置相同，应为同时。与 72 窟金题记所述北宋赐度牒事应
		原州平安寨蕃 / 杰四十二指挥□□曾到 / □□□□□	1	第 1 窟立佛座仰莲瓣底层壁画上，墨书	《总录》29 页；《图录》28 页	此与上条在《总录》中同条，位置同。同时
	北宋崇宁二年（1103 年）癸未	记题耳……/ 崇宁癸未□春十……/ 而还灵十时……/ 复行……/……	51	第 51 窟北耳室窟门外门上小龛西侧墨书	《总录》94 页；《图录》40 页	此题记释读次序恐误。题记有非从左向右书之例
	北宋崇宁五年（1106 年）	据开城景云寺碑云：宋崇宁五年，尝钦赐度牒五百纸至会州大红山岔法泉禅寺，遣僧党真巴，赴西安隶下景云而给之。则知法泉为上院而景云为下院也。 红山法泉寺，在城东十五里，宋崇宁钦赐度牒五百纸至会州大红岔法泉禅寺，遣僧党真巴给下隶景云寺。 陕西平凉府开城县旧景云寺僧……奏照，“得本寺原有石碑系崇宁三十五年九月二十四日，敕赐名景……倒塌，见存基址，石佛身长八丈（24 米）有余，臣思系古刹，……”		清康熙四十八年纂《靖远志》卷五录“修红山法泉寺碑记”及张维《陇右金石录》卷六载“建修法泉寺碑” 康熙四十八年《靖远卫志》卷二“寺观”条记法泉禅寺条 圆光寺《敕赐禅林》碑		此景云寺碑现已无存。相国寺区第 51 窟像高 6.2 米；大佛楼区第 5 窟坐佛高 20.60 米；第 1 窟立佛高 4.85 米。崇宁年号只有五年，另据法泉寺明碑，可知“崇宁三十五年”当系“崇宁五年”之误
金	金大定廿一年七月二十九日（1181 年）	……景云寺……听 /……法泉禅寺……持 /……圣□景云寺□聚兵□祈□之及……/……各一名送名蕃地，众所推伏之人住持仂支拔所□□ /……售有人住佃随人地据□一支度牒一百道修完后批示大 / □年十月七日礼部本路经 / 略司管公修完其度牒 / 疾速仰给付赴本司交割 / 敕合准，准敕给降空名度牒一百道，本部已出给……/ 其□去须至府下泾源路安抚司主者洹舍一依都省礼□□□ / □□符到奉行右劄付平夏城仰详前项尚书礼部苻内所坐都□□ / □□□处者右怗景云寺蕃僧设令抹仰详前项上须札一内所坐都 / □□观元年十一月十七日怗须至给据者 / 右令别行出给公据付景 / 云寺蕃僧党征结准此 / 收执洹使施行。大定四年四月十七日 / 赐紫顺化大师党征芭 山主党征结 / 赐紫净严大师设令抹 山主党征温 / 赐紫密印大师撒底 监寺党征木 / 赐紫慈觉大师党征清 / 讲经律论戒师党征（继？）/ 岁次辛丑大定廿一年七月二十九日南佃上石记	72	第 72 窟东壁南端 阴刻	《总录》120 页；《图录》44 ~ 45 页	番僧经营须弥山寺院始？此金大定题刻在洞窟东壁未被造像占用的壁面上，因壁而布局，绕开处为有佛像者，可据补原造像位置。一年后，金升镇戎军为镇戎州
元	元至元二十年（1283 年）	……至元二十年……	51	第 51 窟南耳室姚雄题刻侧墨书	《总录》未著录；《图录》未录	据韩有成辑录补
明	明宣德二年（1427 年）	南京僧录司僧智□宣德二年六月二十一日到寺记耳	46	第 46 窟中心柱南龛东侧龛柱抹角面约位于莲花柱头之下	《总录》85 页；《图录》38 页	
	明正统五年（1440 年）	今住持僧姓陈，讳觉进，号大方，孤峰高徒也。□□□……志。永乐元年发心出家，礼孤峰为师。是人胸次湛寂□□……喜能继所志。正统五年，大方诣□请给度牒。归寺住持，谈禅问道，明心见性。上则□□□……□靡忻羡。本寺经历风雨盖亦有年，不能无敝。大□□殿……善众或捐金帛，或馈货贿，命工重建。前后二殿，东西□□……□覆庙重檐刮楹达乡奚踰于是耶。兹非有为之士……十二年，大方复诣□说情，意其自古敕赐禅林，愿锡褒宠，伏蒙皇上□渥之恩，辄赐玺书，易匾曰圆光，降经一藏，上则为国家祝厘，下则与生民祈福。兹寺僧众可谓荣钦。至成化四年时，□……钦差镇守靖虏等处定国将军参将河南刘清，廼秦地方镇西□□□□……轮奂新美，青红之错杂，丹垩之炫耀，可以动人视见，可以□人……时大方年已七十有八矣，使不刻其名，则后人因何以见其善□		现圆光寺窟前大殿西山墙侧台基上成化四年（1468 年）《敕赐圆光禅寺记》碑阳碑文		汉僧住持大方亦在此寺，并请赐寺名

时代	年代	题记材料内容	题记所在洞窟	题记材料等位置	著录情况	备注
明	正统七年（1442年）	……景云寺剌麻绰吉汪速等来朝……		《明实录》正统七年十二月癸巳条	转引自谢继胜文	
	正统八年（1443年）	礼部为求请寺额事，于礼科抄出陕西平凉府开城县旧景云寺僧……秦照，得本寺原有石碑系崇宁三十五年九月二十四日，敕赐名景……倒塌，见存基址，石佛身长八丈有余，臣思系古刹，发心将自己……，盖佛殿、廊庑、方丈俱已完备，缘无寺额，如蒙伏望圣恩怜悯，乞赐寺额，俾臣住持朝暮领众焚修，祝延圣寿，以图补报，实为便益。正统八年二月十四日。通政使司官于奉天门奏。奉圣旨与他做圆光寺礼部知道，钦此		现圆光寺窟前大殿第一层东山墙侧台基上明成化四年（1468年）《敕命之宝》碑碑阴《敕赐禅林》碑文	《图录》《总录》均著录	
	明景泰三年（1452年）	苑马寺奏修固原城			嘉靖《固原州志》卷一《城池》	
	明天顺（?）三年（1459年）	奉伏舍财施主温扫（?）□佛菩／萨三尊舍财叁匹……／尽除消灾吉祥如意……伏竖真伏天启（顺?）三年五月……	46	第46窟南壁西龛佛头东侧，墨书	《总录》85页；《图录》38页	从内容和题记格式看，应为记题同时期同事件的
		奉伏男生乃吉□□／□□钞壹定□信／□□吉祥如意／□□□□……	46	第46窟北壁中龛西龛壁佛右肩侧，墨书	《总录》85页；《图录》38页	
	成化四年（1468年）	"敕赐禅林"和"敕赐圆光"二碑立				
	成化十二年（1476年）	圆光寺…… 赐进士出身奉议大夫 钦差整饬兵备陕西等处提刑按察司金事□□杨冕 赐进士中顺大夫平凉府夹江□□逊□ 韩府通渭王教授恭和杨偶书 平凉府开城县，去治西百里，有山号须弥，内有胜刹。唐名为石门镇景云寺，今敕赐为圆光寺，历代兴废之由，碑刻尚存。是寺山势嵯峨，群峰拥揖，青松翠竹，奇花异卉，樛轕阴森，盖俗气之所不能至而佛境之所勒（?）摄也。石壁之上，但有一龛一洞，人迹莫能攀援者，皆有佛像，森罗于其间，或□以为天造地设欤！寺西有峻壁，险不易逾。前人于此作一巨像，即古所谓丈六金身也。佛之上建今楼□覆之。正统间为风雨所颓，先住持大方长老理而葺之，完美若旧。成化七年楼复倾圮，佛之首毁□□□，身亦为之不全。肃府承奉郝兴遨游览胜，有感于□归，启贤王殿下，遂捐府帑之□□□□定慧通晓以重修之，工既完，郝均来征□文以记诸石。余尝考汉明帝梦金人长丈六，顶有光。于是遣使天竺，闻佛道法，遂于中国图画形象，而佛之教始入中国。盖天竺为西域之国，王化之所不及。浮屠以不杀为教，国人皆化焉。故《汉书》赞有曰："邈矣西胡，天之外区，土物□□□，溢□，不率礼教，莫有□书，若微神道，何恤何抚。"观此则佛以慈悲为教，不过化人为善，禁人为恶□□□自汉历唐宋□距天朝，皆崇设图像不废钦慕者□非佑助王化之一端欤。别固原地方夷汉杂居，风土劲悍，不□□□□□化也。今郝均能够废以□□。俾一方之人瞻者礼者善□油然感发，恶念惕然惩创，则其与人为善之美不亦可书乎？今不□人之，善遂记此以为善者劝。 大明成化十二年岁次丙申夏五月吉旦立		现大佛楼前立碑《重修圆光寺大佛楼记》		
	明景泰三年（1452年）	苑马寺奏修固原城		《嘉靖固原州志》卷一《城池》		

时代	年代	题记材料内容	题记所在洞窟	题记材料等位置	著录情况	备注
明	大明弘治九年（1496 年）	大明国□定□昌护□见在海□都□□□奉 / 今□□加佛装颜购金保安信士……天□化 / 泊命家善人□是日□……/供造意者伏为信士□□发心前诣……诣□□阆光寺感古殿……施资财贰□ / 上报四恩均需□宥同种善果 / 弘治九年五月廿日记铃	51	第 51 窟西壁大龛南侧壁面，墨书，高 56 厘米，宽 33 厘米	《总录》95 页；《图录》40 页	《图录》碑文录字较《总录》多。
	弘治十三年（1500 年）	设固原州，固原卫，三关总制衙门设固原				
	大明弘治十七年（1504 年）	□□长乐监黑水苑马□卒□佳（？）/ 牛荣修造 / □□弘□□柒年吉旦	51	第 51 窟南壁西龛主佛左腿衣褶墨书	《总录》未收；《图录》未收	2012 年 5 月韩有成新发现者
	大明弘治十八年（1505 年）	……/□□造像信□□□人□□□□ / ……信氏□家□□□□ / 金佛共壹龛冀舍贷□□ 作巨扶祈家居迪□家 / 眷平安吉祥如意□ / 大明弘治十八年四月十五日起 / 装五月十八吉日开光	45	第 45 窟中心柱南壁东龛柱、西龛柱。题刻左右对称，位于两龛柱差不多相同高度，应为同一则记事题记分别布列于二柱者	《总录》80 页；《图录》37 页	贴金时间可定？
	弘治十八年（1505 年）（？）	奉 / 佛信士祁玉 / 发心庄佛	45	第 45 窟中心柱西龛北侧龛柱中部，纸本、墨书	《总录》81 页；《图录》37 页	可系于大约前后时期，且或同为祁家奉佛一事
	明，年份不详	群牧所管屯吏目郭上香到此	45	第 45 窟窟门西壁	《总录》80 页；《图录》37 页	根据"群牧所"为明代，苑马寺建置系于明代
		黑水苑□□□佥事刘世隆到此□□□□	45	第 45 窟窟门西壁	《总录》80 页；《图录》37 页	
		□□□州府□州人黑水苑围长魏禄上香 /……在此见佛□□□	45	第 45 窟窟门西壁	《总录》80 页；《图录》37 页	
		固原卫□□官行□□	45	第 45 窟窟门西壁	《总录》80 页；《图录》37 页	
		南瞻□□□□陕西甘州群牧 / 所居□□□ / 佛百户陶时臣□□□百备拾 / 妆塑佛像□□□吉祥如意	48	第 48 窟中心柱南壁龛东侧上方墨书	《总录》89 页；《图录》39 页	甘州群牧所为明代肃府牧马地
		奉弟子普能 / 奉弟子普智	48	第 48 窟中心柱东面龛外南侧壁画佛像右上榜题	《总录》89 页；《图录》39 页	普能、普智二名应为僧人法名，或居士法名。与明代成化二碑中所列僧人名同序
		南无西南方世界帝相佛	48	第 48 窟中心柱东面龛外佛像榜题		藏传佛教西方世界佛名，西南方二佛，一名帝相佛，一名梵相佛
		藏文题记一则	46	第 46 窟窟门东壁，阴刻	《总录》85 页；《图录》38 页	
		藏文题记一则	51	第 51 窟南耳室窟门西侧力士头像西面，阴刻，高约 100 厘米，宽 35～40 厘米	《总录》94 页，未录文，无释读；《图录》40 页，记"（南耳室）北壁西侧存藏文阴刻题记"	

时代	年代	题记材料内容	题记所在洞窟	题记材料等位置	著录情况	备注
明		藏文题记一则	111	第111窟窟内南壁	《总录》160页；《图录》52页	东壁、南壁均存彩绘比丘像，因此该二则题记十分重要
		藏文题记一则	111	第111窟窟内门楣上方	《总录》160页；《图录》52页	
		藏文题记	113	第113窟窟内西壁，阴刻	《总录》162页；《图录》53页	该窟西壁坛上雕一禅僧，跌坐，定印。因此，该题记也十分重要
	明崇祯元年（1628年）	黑水口……/崇祯元年□月□日来此见门户洞开/佛像被风吹尘埋不忍目击城许做门/一保佑进学□□□□	45	第45窟窟门西壁墨书	《总录》80页；《图录》37页	为须弥山明代最晚的题记，从题记录情况看，此时的须弥山已经为风尘淹没、门户洞开的颓败状态。从所记事，知此二条为同时同事
		因为功德事/藏修古须弥/保我今年进/愿意修门间	45	第45窟窟门西壁墨书	《总录》80页；《图录》37页	
清	康熙三十七年（1698年）	粤稽两仪，□锤陶熔，万象生物，荷蒙其宏，造圣贤垂迹同归一善。士庶均赖斯风化，所谓移风易俗、启迪后来、诱善以诚。故天之生民，不其性智愚贤不肖也，惟善以致，地之产物参差者，斯各禀其脉。华丽壮峻美砺工以……百里之地存山，名曰"须弥"；有寺，名曰"圆光"。翠状山河，巍□日月，历代圣君敕修，累朝士庶瞻望，年深日远不可尽述。后，自我清朝定鼎，有□兵宪刘老爷，因愿登山，慨发积诚，重修前寺殿宇、金壁楼阁辉煌□。有……适告李俊堡善士康守禄等，视境佐幽而瑞花琦璋□象□绘而□□玲珑以是……未能完满□□王德全身持众募十方乐善君子辐辏资财，修建禅院□玉皇阁，慈名殿宇而功成告谊，焕彩复新。上祝国泰奠安无虞而源远流清，下祈□生民兆福有庆而瓜耿。绵绵以此为叙来告不……		重修须弥山禅院碑记原存子孙宫，佚	《总录》、《图录》均未著录	此碑已佚，现录文是韩有成据李俊德1962年4月笔记抄录复制。据此，圆光寺殿宇曾经修缮
	清康熙四十九年（1710年）	固原卫义郭淮成于□□/康熙四十九年□□□□因公游……/……延……/……题	45附窟	第45窟附窟北壁墨书	《总录》82页；《图录》37页	此时圆光寺45窟于明崇祯年施装的门应尚存，故题记题于附窟？
民国	民国（？）	持红叶叮咛之嘱咒/对绿水再三之申诉/你想象扶持一叶舟又恐怕漂流无处/万瀛难□你奂前寻收绿窗□/雨木户若/□□□身等□□继轻□……	48	第48窟中心柱南面龛东侧下方墨书	《总录》89页；《图录》39页	注意题记与现存壁画之关系
	民国期间（？）	48窟有过重新装塑（？）	48窟			据48窟东壁的砖墙、台及其上重塑的像而推测
	民国九年（1920年）	海原发生8.5级地震，须弥山大型洞窟的坍塌破坏应主要发生在此时期				参见《修缮工程报告》
当代	1949年	中华人民共和国成立				
	1956年	须弥山石窟造像被著录		刘敏《甘肃省固原县的石窟造像》	《文物参考资料》1956年第4期	
	1958年	修建寺口子水库，民工在须弥山洞窟内居住。居住的主要地点应是圆光寺诸洞窟。因烧柴取暖故，圆光寺诸洞窟遭严重的烟熏		参见《图录》收的1984年前后拍摄的图版，那时烟熏痕迹尚著。今又经过30年，当时尚存的烟熏痕迹有些也已剥落	《图录》《总录》相关文章均未提及1958年的烟熏问题	

时代	年代	题记材料内容	题记所在洞窟	题记材料等位置	著录情况	备注
当代	1961 年	须弥山石窟被公布为宁夏回族自治区重点文物保护单位				
	1962 年	自治区文化局首次组织调查，对造像保存较好的 20 个窟进行了编号				未出版任何材料。当时保存情况不详。今 72 窟金大定题记左侧力士和天王造像之间的壁面上有工整的粉笔题记："1962 年 5 月 21 日调查描字"。今大定题记均有粉笔描画过的痕迹，为此次所留。可视为抢救性的描写，否则今可释读字会更少。这次调查除其编号信息外，没有留下当时状况的图像或者文字材料，甚为可惜
	1966～1976 年	文化大革命				
	1982 年	自治区文物管理委员会会同中央美术学院美术史系联合调查须弥山石窟。对须弥山全部遗存洞窟进行重新编号。编号洞窟共 132 个，并将 132 个洞窟分为 8 个区。1985 年以后在 1988 年编辑出版这次调查成果《须弥山石窟》的过程中，陆续又发现了一些洞窟，按照就近的原则，编为已有洞窟的附窟		王泷、牛达生文《须弥山石窟》	《图录》1～25 页	现学界使用的须弥山编号和分区即此次的科学编号、分区。《图录》的若干图版记录了未经整修之前的须弥山石窟遗迹状况
	1984～1988 年	须弥山石窟加固整修工程，1984 年开工至 1988 年竣工，历时五年		雷润泽、韩兆民《须弥山石窟加固整修工程总结》，姜怀英、杨玉柱《须弥山石窟修缮工程的主要做法和经验》	《宁夏文物》1988 年总第 2 期	加固工程实施单位是文化部文物保护科学技术研究所。两篇文章详实地记录了须弥山石窟修整工程的内容，从而从一个侧面反映出了修整前的遗迹情况，对于 30 年后的工作意义重大。除《宁夏文物》1988 年总第 2 期收录的文字外，未出版专著
	1987 年	宿白先生和马世长先生带领北京大学考古学系石窟寺考古研究生调查须弥山石窟。1997 年出版《须弥山石窟内容总录》		马世长、李裕群、陈悦新《须弥山石窟内容总录》几点说明	《总录》第 27 页	
	2003 年	重装窟门				第 72 窟壁面右粉笔题记存
	2012～2013 年	宁夏文物考古研究所和浙江大学文化遗产研究院联合调查须弥山石窟				

以上表说明的问题：

题记最早的唐大中三年，最晚的 2003 年，限于巡礼游记、装銮功德、保护诸项。未见有涉及造像题记。除今子孙宫区的极少数洞窟外，须弥山洞窟的开凿完成均在题记所记录的年月之前。

题记出现的年代唐、西夏、北宋、金、元、明、清各代，以明时期为最多，且明代的题记以装、修功德记为主。结合现存的明代三碑，知道须弥山明代的重整是其历史上的大事，且均有遗迹可寻。

题记集中的洞窟：

根据碑文和现存遗迹涉及佛菩萨像的重新泥装及龛内壁画和龛外壁画的情况，明代的重装涉及全部须弥山的洞窟，以目前圆光寺主要洞窟、相国寺主要洞窟和桃花洞洞窟为主，也涉及大佛楼区的大佛。重整的次第，似为重新复原性泥装并绘饰加壁画，绘饰的部分，显示出强烈的藏传佛教影响，与圆光寺碑文所示的蕃僧在成化十二年（1476 年）前后主持须弥山圆光寺有关。据此或可卡定藏传佛教壁画的时代。

从以上碑记和遗迹的实际情况看，在明代正统敕赐"圆光寺"之前，须弥山的寺院名为"景云寺"。成化《重修圆光寺大佛楼记》碑有"平凉府开城县，去治西百里，有山号须弥，内有胜刹。唐名为石门镇景云寺，今敕赐为圆光寺，历代兴废之由，碑刻尚存。是寺山势嵯峨，群峰拥揖，青松翠竹，奇花异卉，轇轕阴森，盖俗气之所不能至而佛境之所勒(?)摄也。"知景云寺或为唐代以来旧名。从金大定题记出现在第 72 窟，圆光寺大佛楼位于今大佛楼区，且正统请寺额时言"景云寺……。……倒塌，见存基址，石佛身长八丈有余，臣思系古刹，发心将自己……，盖佛殿、廊庑、方丈俱已完备，缘无寺额"云云，知，在景云寺僧的眼里，须弥山圆光寺也是囊括了须弥山所有的洞窟的。圆光寺与景云寺有承继沿革关系。从明代二碑原立于 1986 年之前未经修整前破败的今圆光寺院内第 48、47 洞窟前的台基前的情况看，承继"景云寺"的圆光寺就在今圆光寺址，也似应是景云寺旧有在明代正统间已倒塌被主持大方整修重建的基址，那么，推论原景云寺寺院的旧址也应该在今圆光寺范围？

据遗迹和实际的地理情况，须弥山整个区域内，只有两块平地可供营建地面建筑，一是今圆光寺范围，一是今相国寺区洞窟前。相国寺寺名从何时起，未见正式记录，仅牛达生先生在《图录》前专文《须弥山石窟》中提到"第 51 窟前曾建有相国寺（遗址尚未发掘）"，未知何所据。而今须弥山景区在相国寺区第 51 窟前的台地上立木牌"唐景云寺址"。这块被称为景云寺址的地面上，存一石凿力士像，已扑倒断成三截，存基座、下身、头，石质非须弥山本地石，可以肯定为寺院陈设像，非洞窟倒塌者。从力士形式看，应为唐代造像。另据韩有成先生言，今相国寺台地左侧的冲沟是近代形成的。他踏查知在冲沟对岸，尚存有大量的砖瓦等建筑遗物。如此则此地或曾建有寺院，或即是景云寺？如此则圆光寺为明时期僧人重新择地而兴建者？

值得强调的是，我们不能从今天的寺院格局来推测历史上的或可能是寺院院落林立的局面。

后　记

　　宁夏回族自治区文物考古研究所与浙江大学文化遗产研究院、固原市原州区须弥山文物管理所联合进行的须弥山石窟考古调查，是须弥山石窟研究史上的第三次全面调查，也是将文物数字化技术引入石窟寺考古工作全过程的一次尝试，其目标是全面记录并呈现这座中国西部重要石窟群的全面信息。工作开始于 2012 年 4 月中旬，首选区域就是本报告记录的圆光寺区。

　　须弥山石窟考古工作，从田野调查到报告出版，全程得到国家文物局的高度重视和经费支持。目前工作已经完成第三期，第四期工作已经在计划中。

　　本次工作，还得到长期心系须弥山的宿白先生的全力支持。从田野记录到报告体例的确定，都得到宿先生的直接指导。先生为本报告题写了书名。我们谨以此书献给宿白先生！

　　石窟寺考古界的前辈，特别是曾经参加过第一、第二次须弥山石窟调查工作的各位学者和专家，都曾亲临工作现场对田野工作进行指导。报告编写过程中，石窟寺考古界的诸位老师给予了直接的指导和把关。他们是李裕群、杭侃、朱岩石、陈悦新、孟嗣徽、魏正中、谢继胜诸位先生。工作过程中，青州博物馆、忻州市文物管理处的同仁也亲临指导。在此一并致谢！

　　新技术手段全面介入石窟寺考古全程，在 2012 年时尚属正在全面探索方法的新事物，本次工作也是浙江大学和宁夏文物考古研究所联合承担的国家社科基金重大课题《中国石窟寺考古中 3D 数字技术的理论、方法和应用研究》（12ZD&232）的实践案例。这一项目除须弥山石窟考古团队全体人员均参与外，还吸纳了云冈石窟、龙门石窟、克孜尔石窟、麦积山石窟田野考古一线同仁的共同参与。本报告也是这一社科基金重大课题的成果之一。

　　石窟寺考古报告编写之繁难，是通过本次工作才深切体会的。虽然我们努力坚持石窟寺考古的原则来工作，面临和解决了过程中的许多难题，探索了解决的办法，其结果也大都呈现在本报告中了，但毕竟水平有限，一定存在很多差误，望广大的读者给予严格批评，以便在后续的工作中能够持续进步。

本报告是一部数字化介入条件下以记录和呈现遗迹与遗迹关系为核心的石窟寺考古报告，各种类型的图量很大，给编辑、排版带来挑战。报告能够以现在的面貌呈现，要特别感谢谷艳雪编辑，为了本书的版式，她真是操碎了心，一趟一趟跑雅昌，每个校次都要盯机调版。面对前所未有的大量图版，她一直都处于取舍的困惑中，令人同情！更要感谢蔡敏主任，他一直都在操心报告的线图问题，在报告最后审定阶段，认真校核图文，提出中肯的意见，令人感佩！

特别需要说明的是，从 2012 年田野工作到 2020 年报告出版的八年间，中国文物数字化事业迅猛发展，浙江大学文化遗产研究院团队在石窟寺数字化领域取得了长足进步，于是报告中呈现的 2012 年的石窟寺数字化记录成果，便具有了见证数字化技术发展史的意义，虽然我们秉承的石窟寺考古原则始终未变。

编　者

Abstract

The Xumishan Grottoes located on the Xumishan (Mt. Sumeru) 55 km to the northwest of Yuanzhou District, Guyuan City, Ningxia Hui Autonomous Region, is one of the important Buddhist grottoes in Northwest China. The Xumishan Grottoes consists of 151 numbered caves, including 132 independently numbered ones and 19 attached caves. According to their distribution on the peaks of the Mt. Sumeru, these caves are grouped into eight parts, namely the Dafolou (Giant Buddha Pavilion, Caves 1–5), Zisungong (Offspring Palace, Caves 6–39), Yuanguangsi (Halo Temple, Caves 40–50 and the ones attached to Cave 40, Cave 45 and Cave 47), Xiangguosi (Grand Councilor Temple, Caves 51–103), Taohuadong (Peach Blossom Cave, Caves 104–108), Songshuwa (Pine Hollow, Caves 109–118), Sangeyao (Three Caves, Caves 119–125) and Heishigou (Black Stone Valley, Caves 126–132). Since 2012, Ningxia Institute of Cultural Relics and Archaeology, Cultural Heritage Institute of Zhejiang University and the Commission for the Preservation of the Xumishan Grottoes in Yuanzhou District, Guyuan City conducted archaeological surveys to the Xumishan Grottoes and compiled the multi-volume *Archaeological Report of the Xumishan Grottoes.*

The present report is the Volume One of the *Archaeological Report of the Xumishan Grottoes,* which reports the results of the archaeological surveys to Caves 40–50 and the caves attached to Caves 40, 45 and 47, in total 14 caves, in the Yuanguangsi Area. The contents are arranged by the numbers of the caves, and the descriptions to these caves are from the external of the caves to the internal. The "Introduction" chapter at the beginning outlines the general distribution of the Xumishan Grottoes, the history of the surveys and researches, and the background of this survey; the "Conclusion" chapter at the end makes summarizations to the remains of all of the types in the Yuanguangsi Area.

This survey conducted digital measurement with the multi-image three-dimensional restoration technology developed independently by Zhejiang University, by which the high-fidelity models of the caves are built first, then the digital orthophotos of all types are output according to the demand of the archaeological records for the cave temple archaeology, and the line drawings are artificially produced with the orthophotos as the originals. The orthophotos, in addition to their general measurement functions, accurately reflect the cliffs out of which the caves are opened, the sculpting, decoration, weathering situation, and other phenomena which can hardly be expressed by the traditional survey line drawings, and therefore they are published in this report together with the line drawings.

要　旨

　　須彌山石窟は寧夏回族自治区固原市原州区の西北方面 55 キロの須彌山に位置し、中国西北地方に重要な石窟群のひとつである。石窟群で洞窟番号が明らかなのは 151 箇所あり、編号が明らかな 132 箇所のほか、それらに付随する 19 箇所の洞窟からなる。これらの洞窟は、須彌山を構成する自然地形の峰を利用した分布が特徴であり 8 つに区分され、大仏楼区（第 1 ～ 5 窟）、子孫宮区（第 6 ～ 39 窟）、円光寺区（第 40 ～ 50 窟、40 付窟、45 付窟、47 付窟）、相国寺区（第 51 ～ 103 窟）、桃花洞区（第 104 ～ 108 窟）、松樹窪区（第 109 ～ 118 窟）、三箇窯区（第 119 ～ 125 窟）、黒石溝区（第 126 ～ 132 窟）というように分けられている。2012 年から寧夏文物考古研究所、浙江大学文化遺産研究院と固原市原州区須彌山文物管理所により、それぞれの区分ごとに須彌山石窟の考古調査が実施され、複数巻で構成される『須彌山石窟考古報告』の編集が進められている。

　　本書は、『須彌山石窟考古報告』の第 1 巻であり、円光寺区第 40 ～ 50 窟、40 付窟、45 付窟、47 付窟の計 14 箇所の洞窟に関する考古調査の成果である。報告書は、洞窟の編号順に掲載されている。遺構の様相については、洞窟の外側から洞窟内という順序で記載されている。まず「序章」において須彌山石窟群全体の分布、調査研究史と今回の調査背景について述べ、最後の「結語」では、円光寺区洞窟遺構に対する類型の状況をまとめている。

　　今回の調査では、浙江大学が独自に開発した多画像 3 次元技術を用いたデジタル測定による洞窟の高精度モデルの構築をおこなった。そして、石窟寺の遺構を考古学的に記録する必要性から、さまざまな正射投影図によるデジタル測量図を作成し、それをベースとして、人工的に明瞭な図面に仕上げた。その中の正射投影図には、一般的な測量としての意義のほか、洞窟の断崖壁、造像、彩色や風化など、これまでの測量図では反映することが難しい遺構の諸現象が、本シリーズの報告では、図面と共に発表されている。